dtv

Manche Gefühle sind überwältigend: die Euphorie des Verliebtseins, die Angst zu scheitern, oder der Schmerz, einen geliebten Menschen zu verlieren. Andere sind flüchtiger: der Ärger über den pampigen Chef, die Genervtheit über die lange Schlange an der Supermarktkasse, die Erleichterung, den letzten Bus zu erwischen, oder die Vorfreude auf eine schöne Unternehmung. Von manchen erfahren wir hier zum ersten Mal, dass sie einen Namen haben: Basorexie zum Beispiel, das plötzliche Verlangen, jemanden zu küssen. Oder Iktsuarpok, ein Wort, das die Inuit verwenden für das zappelige Warten auf Besuch.

»Wut, Trauer, Hass, Freude und Liebe – und das war's dann schon? Mitnichten! Tiffany Watt Smith benennt in ihrem Buch der Gefühle bislang unbekannte Regungen der menschlichen Seele.« *Angelika Hager, Profil*

»Empfindungen, die jeder kennt, ohne zu wissen, dass es für sie einen Namen gibt.« *Maren Keller, ›Der Spiegel‹*

Tiffany Watt Smith, Dr. phil., studierte Philosophie und Anglistik in Cambridge und arbeitet heute als Kulturwissenschaftlerin am »Centre for the History of the Emotions« der Queen Mary University in London. Außerdem schreibt sie für den ›Guardian‹, ›The New Scientist‹ und ist regelmäßig Gast bei der BBC. Neueste Buchveröffentlichung: ›Schadenfreude. The Joy of Another's Misfortune‹.

TIFFANY WATT SMITH

VOM PLÖTZLICHEN VERLANGEN, JEMANDEN ZU KÜSSEN

DAS BUCH DER GEFÜHLE

Aus dem Englischen
von Birgit Brandau

dtv

Ausführliche Informationen über
unsere Autoren und Bücher
www.dtv.de

Dieses Buch ist auch als eBook erhältlich.

Ungekürzte Taschenbuchausgabe 2018
dtv Verlagsgesellschaft mbH & Co. KG, München
© Tiffany Watt Smith, 2015
Titel der englischen Originalausgabe:
›The Book of Human Emotions. An Encyclopedia of Feeling
from Anger to Wanderlust‹ (Profile Books LTD, London)
© 2017 der deutschsprachigen Ausgabe:
dtv Verlagsgesellschaft mbH & Co. KG, München
Erstveröffentlichung der deutschsprachigen Ausgabe unter dem Titel:
›Das Buch der Gefühle‹
Das Werk ist urheberrechtlich geschützt.
Jede Verwertung ist nur mit Zustimmung des Verlags zulässig.
Das gilt insbesondere für Vervielfältigungen, Übersetzungen und die
Einspeicherung und Verarbeitung in elektronischen Systemen.
Für Inhalte von Webseiten Dritter, auf die in diesem Werk verwiesen
wird, ist stets der jeweilige Anbieter oder Betreiber verantwortlich,
wir übernehmen dafür keine Gewähr. Rechtswidrige Inhalte waren
zum Zeitpunkt der Verlinkungen nicht erkennbar.
Umschlaggestaltung: Buchgut
Satz: Fotosatz Amann, Memmingen
Gesetzt aus der Caslon und Chevalier
Druck und Bindung: Druckerei C.H.Beck, Nördlingen
Gedruckt auf säurefreiem, chlorfrei gebleichtem Papier
Printed in Germany · ISBN 978-3-423-34945-1

Für meine Familie, wie immer voller Liebe

*Und wie köstlich die Gefühle der anderen waren! –
viel interessanter als ihre Meinungen, schien es.*
— OSCAR WILDE, ›DAS BILDNIS DES DORIAN GRAY‹

Inhalt

Einleitung 11

A
ABHIMAN 29
ACEDIA 31
AGORAPHOBIE 33
AMAE 35
ANGEKÄSTSEIN 37
ANGST 38
ANTIZIPATION 42
APATHIE 44
APPEL DU VIDE, L' 47
ARGWOHN 48
AUSRASTEN 48
AWUMBUK 49

B
BASOREXIE 51
BEDROHLICHKEIT 51
BEFRIEDIGUNG 53
BELEIDIGTSEIN 56
BESTÜRZUNG 57
BRANDIS 59
BRÜTIGKEIT 60

C
CYBERCHONDRIE 63

D
DANKBARKEIT 64
DEMUT 68
DEMÜTIGUNG 68
DÉPAYSEMENT 71
DOLCE FAR NIENTE 72

E
EIFERSUCHT 73
EINGESCHNAPPTSEIN 77
EINSAMKEIT 78
EKEL 81
EKSTASE 86
EMPATHIE 89
EMPÖRUNG 94
ENTTÄUSCHUNG 96
ENTZÜCKEN 99
ERLEICHTERUNG 100
ERREGUNG 103
EUPHORIE 107

F
FAGO 110
FASSLÄUFTÜBER-GEFÜHL 111
FERNWEH 111
FÖRMLICHES GEFÜHL 114
FREMDSCHÄMEN 115

FREUDE 117
FRÖHLICHKEIT 119
FROHSEIN 123
FRUSTRATION 124
FURCHT 125

G
GÄNSEHAUT 128
GEREIZTHEIT 128
GEWISSENSBISSE 131
GEZELLIGHEID 135
GLÜCK 136
GRENG JAI 141
GROLL 142

H
HÄMISCHES HÄNDE-
  REIBEN 145
HAN 146
HASS 147
HEIMATGEFÜHL 150
HEIMWEH 151
HIRAETH 154
HOCHSTAPLERGEFÜHL
  155
HOFFNUNG 157
HUNGER 159
HWYL 160

I
IJIRASHII 161
IKTSUARPOK 162
ILINX 163
INHABTIVENESS 164

K
KAUKOKAIPUU 165
KINDERLIEBE 165
KLAUSTROPHOBIE 166

KONFUSION 168
KRÄNKUNG 168

L
LANGEWEILE 169
LIEBE 172
LIGET 176
LÍTOST 177

M
MALU 179
MAN 180
MATUTOLYPEA 181
MEHAMEHA 182
MEHRDEUTIGKEITS-
  PHOBIE 183
MELANCHOLIE 183
MITARBEITERFRUST
  187
MITFREUDE 190
MITGEFÜHL 191
MITLEID 195
MONO NO AWARE 197
MORBIDE NEUGIER
  198
MUDITA 202
MUFFENSAUSEN 202
MUT 204

N
NACHES 208
NEID 209
NEUGIER 212
NGINYIWARRARRINGU
  215
NOSTALGIE 216

O
OIME 219

P
PANIK 220
PARANOIA 222
PERVERSHEIT 226
PRONOIA 227

R
RACHSUCHT 228
RAGE 231
REUE 233
RINGXIETY 236
RIVALITÄT 237
RUHE 240
RUINENLUST 242

S
SAMMELZWANG 243
SAUDADE 245
SCHADENFREUDE 247
SCHAM 249
SCHOCK 253
SCHRECKEN 256
SCHULD 258
SEHNSUCHT 263
SELBSTGEFÄLLIGKEIT 266
SELBSTMITLEID 268
SELBSTVERTRAUEN 269
SIEGESFREUDE 272
SONG 273
SORGE 274
SORGLOSIGKEIT 277
STAUNEN 279
STOLZ 282
STRASSENWUT 285

T
TECHNIKSTRESS 287
TORSCHLUSSPANIK 288
TOSKA 289
TRAUER 290
TRAURIGKEIT 293
TROST 298

U
ÜBERRASCHUNG 302
ÜBERWÄLTIGUNG 305
UMPFIGKEIT 308
UNGEDULD 309
UNGEWISSHEIT 311

V
VERACHTUNG 313
VERBLÜFFUNG 316
VERLEGENHEIT 317
VERSCHNUPFTSEIN 321
VERSCHWINDEN-
  WOLLEN 322
VERWIRRUNG 323
VERWUNDBARKEIT 325
VERZWEIFLUNG 328
VIRAHA 331
VORWURF 333

W
WANDERLUST 334
WARM GLOW 334
WIDERSTREBEN 337
WOHLFÜHLEN IN
  SEINER HAUT 338
WUT 341

Z
ŻAL 346
ZORN 347
ZUFRIEDENHEIT 347

Über die Autorin 348
Anmerkungen und weiterführende Literatur 349
Dank 383

EINLEITUNG

Blicken Sie hoch. Schauen Sie die Wolken an. Stehen sie grau und düster am windstillen Himmel? Oder treiben Fetzen locker in der Brise? Ist der Horizont in das leuchtende Rot eines Sonnenuntergangs getaucht, Inbegriff der brennenden Sehnsucht?

Für den Maler John Constable war der Himmel voller Emotionen. Er bezeichnete ihn in einem Brief von 1821 als »Leitthema« und »Hauptorgan der Empfindung in der Malerei«. Aus diesem Grunde widmete er der Sammlung und Klassifizierung von Wolken so viel Zeit. Er zog los von seinem Haus in Hampstead, damals noch ein Dorf bei London, mit einem Stapel Papier und die Taschen voller Pinsel, saß stundenlang in der Heide und malte hastig die sich verändernden Formen über ihm, während der Wind im Papier raschelte und Regentropfen die Farben zusammenlaufen ließen. Sobald Constable wieder zu Hause war, sortierte er seine Skizzen nach den neuesten meteorologischen Klassifizierungen und notierte Datum, Uhrzeit und Wetterverhältnisse.

Constable wollte die Sprache des Himmels verstehen – und wenn man seine Bilder betrachtet, sieht man, dass ihm das gelang. Gleichzeitig lebte er in einer Zeit, die besessen davon war, alles zu etikettieren und zu sortieren. Bei einer solchen Leidenschaft für Klassifizierung konnte man angesichts der zergehenden, fließenden Formen am Himmel nur Unbehagen verspüren. Wolken lassen sich schwer fixieren. Sie in Gruppen zusammenzufassen, ist immer eher eine Frage »von Bequemlichkeit denn von echter Beschreibung«, wie der Kunstkritiker John Ruskin vierzig Jahre später erkannte. Die Wolken fügen sich zusammen und treiben davon. Sie verbinden sich, bis man sie kaum mehr unterscheiden kann.

Sieht man den Wolken zu, nimmt man vielleicht ein Gefühl wahr, das einen Moment lang alles einfärbt – doch dann verändert sich der Himmel, und es ist wieder verschwunden.

Unsere emotionale Klimakarte zu erkennen und zu benennen, kann eine ebenso eigentümliche Aufgabe sein. Versuchen Sie zu beschreiben, wie Sie sich genau in diesem Augenblick fühlen. Flattert Ihr Herz aufgeregt wegen dem Menschen, der auf dem Bahnsteig warten wird, wenn Sie aus dem Zug steigen? Krampft sich Ihr Magen zusammen, weil Sie an den morgigen Abgabetermin denken? Hat Sie vielleicht die Neugier getrieben, dieses Buch in die Hand zu nehmen? Oder war es etwa eine Mischung aus Widerwillen und Sich-herausgefordert-Fühlen, die Sie dazu brachte, darin zu blättern, statt den Buchladen einfach wieder zu verlassen? Sind Sie erwartungsvoll? Sind Sie überrascht? (Sind Sie gelangweilt?)

Manche Gefühle überziehen die Welt tatsächlich mit einer einzigen Farbe, etwa der Schrecken, den man erlebt, wenn das Auto ins Schleudern gerät, oder die Euphorie, wenn man sich verliebt hat. Andere sind, wie die Wolken, schwerer fassbar. Wenn Sie eine Überraschung für einen geliebten Menschen planen, verspüren Sie vielleicht freudige Erwartung, aber im Hintergrund auch eine leichte Angst. Was, wenn das Geschenk nicht gefällt? Wenn Sie nach einem Streit davonstürmen, ist es vermutlich schwer zu bestimmen, wann genau die Empörung in schwere Selbstbeschimpfung umschlägt. Manche Gefühle sind so leise, dass sie schon vergangen sind, ehe wir sie überhaupt bemerken, etwa der kurze Moment von Behagen, wenn wir im Supermarkt nach einer vertrauten Ware greifen. Und dann gibt es Gefühle, die am Horizont dräuen, vor denen wir am liebsten davonlaufen, weil wir Angst haben, dass sie über uns hereinbrechen: die Eifersucht, die unsere Finger dazu zwingt, die Taschen des geliebten Menschen zu durchwühlen, oder die Scham, die sich zur Selbstzerfleischung hochschaukeln kann. Manchmal scheint es, als würden solche Emotionen weniger uns als vielmehr wir ihnen gehören.

Vielleicht aber können wir uns selbst erst dann wirklich verstehen, wenn wir unseren Gefühlen Beachtung schenken, wenn wir versuchen, sie einzufangen, so wie Constable das mit den Wolken tat.

Was sind Emotionen?

Tief in unserem Gehirn in den Temporallappen befindet sich ein tropfenförmiges Gebilde, das Amygdala genannt wird. Neurowissenschaftler bezeichnen sie als die »Kommandozentrale« der Gefühle. Sie bewertet die Reize aus der Außenwelt und entscheidet, ob wir sie meiden oder darauf eingehen sollen. Sie löst Reaktionskaskaden aus, erhöht den Herzschlag, veranlasst Drüsen, Hormone auszuschütten, zieht Muskeln in den Gliedmaßen zusammen oder lässt ein Augenlid blinzeln. Wenn Ihr Gehirn gescannt wird, während Sie an eine traurige Geschichte denken oder sich ein Foto Ihres neugeborenen Babys ansehen, wird die Amygdala zu den Bereichen gehören, die im computergenerierten Bild »aufleuchten«.

Mit ihren magentafarben und smaragdgrün leuchtenden Flickenteppichen können Gehirnstudien sehr verführerisch sein. Sie können sogar den Eindruck erwecken, als wäre damit das letzte Wort darüber gesprochen, wie und warum wir so fühlen, wie wir es tun. Doch wenn wir unsere Emotionen nur als biochemisches Feuerwerk in unserem Gehirn betrachten, ist das, wie es die Schriftstellerin Siri Hustvedt formuliert hat, »als würde man sagen, Vermeers Gemälde ›Dienstmagd mit Milchkrug‹ sei eine Leinwand mit Farbe drauf, oder Alice selbst sei Worte auf einem Blatt Papier. Das sind Tatsachen, aber sie erklären weder mein subjektives Erleben der beiden Mädchen noch, was sie für mich *bedeuten*«.

Mehr noch: Ich glaube, dass die Betrachtung von Gefühlen als primär und überwiegend biologische Fakten ein falsches Bild davon zeichnet, was ein Gefühl wirklich ist.

Die Erfindung der Emotionen

Bis etwa 1830 empfand niemand wirklich Emotionen. Stattdessen verspürte man andere Dinge – »Leidenschaften«, »Unfälle der Seele«, »sittliche Empfindungen« – und beschrieb sie völlig anders, als wir heute Emotionen verstehen.

Bei den alten Griechen glaubten manche, wilder Zorn werde von einem üblen Wind herbeigetragen. Frühe Christen, die in der Wüste lebten, meinten, Langeweile würde der Seele von bösartigen Dämonen eingepflanzt. Im 15. und 16. Jahrhundert waren Leidenschaften nicht den Menschen vorbehalten, sondern konnten ihre seltsamen Wirkungen auch woanders ausüben, sodass Palmen sich verliebten und nach einander sehnten und Katzen melancholisch wurden. Doch parallel zu diesem immateriellen Reich der Seelen und übernatürlichen Kräfte entwickelten Ärzte auch komplexe Ansätze, um den Einfluss des Körpers auf die Passionen zu verstehen. Ihre Einsichten basierten auf der Theorie der Humoralpathologie des griechischen Arztes Hippokrates, die sich über die Ärzte der mittelalterlichen islamischen Welt verbreitete und in den Schriften der renaissancezeitlichen europäischen Hofärzte aufblühte. Diese Theorie besagt, dass jeder Mensch vier elementare Substanzen in seinem Körper hat – Blut, gelbe Galle, schwarze Galle und Schleim (Phlegma) –, die in einem bestimmten Verhältnis zueinander stehen. Diese Säfte seien für die Ausbildung der Persönlichkeit und die Gemütslage verantwortlich: Menschen mit mehr Blut in den Adern haben ein hitziges Temperament, aber auch Mut, während die Dominanz des Schleims einen friedfertig, aber auch schwermütiger macht. Die Ärzte glaubten, starke Leidenschaften stören den empfindlichen Haushalt der menschlichen Natur, indem sie Hitze durch den Körper schicken und die Säfte in Wallung bringen: Zorn lässt das Blut vom Herzen in die Gliedmaßen strömen, sodass der Mensch angriffslustig wird. Erhitzt sich die schwarze Galle, steigen hingegen giftige Dämpfe zum Gehirn auf und überschwemmen es mit schrecklichen Visionen. Spuren dieser Vorstellungen haben sich erhalten: Darum sprechen wir davon, dass Leute phlegmatisch sind oder ihr Blut am Kochen ist.

Der Ursprung unseres modernen Begriffs von Emotionen kann bis zur Geburt der empirischen Wissenschaften Mitte des 17. Jahrhunderts zurückverfolgt werden. Der Londoner Anatom Thomas Willis sezierte gehenkte Straftäter und kam zu dem Schluss, dass Freudenausbrüche oder nervöses Zittern nicht durch merkwürdige Säfte und Dämpfe verursacht würden, sondern durch das empfindliche Geflecht des Nervensystems, in dessen Zentrum ein einziges Organ stehe, das Gehirn. Rund hundert Jahre später gingen Physiologen, die Reflexreaktionen bei Tieren untersuchten, noch weiter und erklärten, wenn Körper vor Angst zurückfahren oder vor Entzücken zucken, handele es sich um rein mechanische Prozesse – immaterielle Seelensubstanz sei dafür nicht nötig. Anfang des 19. Jahrhunderts forderte der Philosoph Thomas Brown in einem zugigen Hörsaal in Edinburgh, dass für das neue Verständnis des Körpers auch ein neues Vokabular hermüsse, und schlug den Begriff »Emotion« vor. Der war im Englischen zwar bereits in Gebrauch (von dem französischen *émotion*), wurde aber etwas diffus für alle Bewegungen von Körpern und Objekten benutzt, vom Schwanken eines Baums im Wind bis zum plötzlichen Erröten, das sich über die Wangen ausbreitet. Die Begriffsfindung bedeutete einen neuen Ansatz im Reich der Gefühle – einen, der mit Experimenten und anatomischen Untersuchungen arbeitete und sich auf beobachtbare Phänomene konzentrierte: zusammengebissene Zähne, rinnende Tränen, Schaudern, aufgerissene Augen.

Dies löste unter viktorianischen Wissenschaftlern ein aufgeregtes Interesse daran aus, zu verstehen, wie innere Emotionen durch Lächeln und Stirnrunzeln ausgedrückt oder sogar stimuliert werden. Vor allem ein Mann stach dabei hervor: Charles Darwin. Bereits in den 1830ern betrachtete er Emotionen als Thema, das es wert sei, ernsthaft wissenschaftlich untersucht zu werden. Er schickte Fragebögen an Missionare und Forschungsreisende rund um den Globus und befragte sie, wie die Einheimischen, denen sie begegneten, Trauer oder Erregung ausdrückten. Er experimentierte an sich selbst und versuchte die Muskeln zu identifizieren, die er benutzte, wenn er sich schüttelte oder lächelte. Er beobachtete sogar seinen kleinen Sohn William und zeichnete dessen Reaktionen akribisch auf: »Im Alter von acht Tagen runzelte er oft die Stirn … mit knapp fünf Wochen lächelte er.«* Seine Ergebnisse veröffentlichte Darwin 1872 in ›Der Ausdruck der Gemütsbewegungen bei dem Menschen und den Tieren‹ und behauptete kühn, unsere Emotionen seien keine

---

* Es gibt gewisse Hinweise, dass man im Hause Darwin solche Untersuchungen nicht immer rückhaltlos unterstützte. Während ihrer Verlobungszeit brachte seine Braut Emma Wedgwood ihre Besorgnis zu Papier: »Du wirst Theorien über mich bilden & wenn ich verärgert bin oder aus der Haut fahre, wirst du einzig überlegen: ›Was beweist das?‹«

festgelegten Reaktionen, sondern das Ergebnis von Millionen Jahren evolutionärer Prozesse, die immer noch andauerten. Emotionen seien, beim Tier ebenso wie beim Menschen, so grundlegend und bedeutend wie Atmen und Verdauen, und sie existierten, weil sie uns helfen zu überleben – Ekel hindert uns daran, giftige Substanzen zu uns zu nehmen, Liebe und Mitgefühl ermöglichen uns, Bindungen aufzubauen und zu kooperieren. In den 1880ern war die Sichtweise, dass Emotionen angeborene Reflexe sind, unter Wissenschaftlern so etabliert, dass der Philosoph William James argumentieren konnte, die körperlichen Reaktionen *seien* die Emotion und das subjektive Empfinden würde erst darauf folgen. Während »der gesunde Menschenverstand sagt … wenn wir einen Bären sehen, bekommen wir Angst und rennen weg«, schrieb er, sei es vernünftiger zu sagen, wir »bekommen Angst, weil wir zittern«. Er glaubte, dass die physische Reaktion zuerst komme und die subjektive Empfindung ein Nebenprodukt sei – er bezeichnete sie als »Epiphänomen« –, das einen Sekundenbruchteil später einsetze.

Nicht jeder näherte sich Emotionen auf diese Weise. Ein Jahr, nachdem Darwin seine Theorien zur Evolution des Ausdrucks der Emotionen veröffentlicht hatte, begann Sigmund Freud in Wien seine medizinische Ausbildung. Doch Anfang der 1890er hatte er seine Karriere als Neurologe aufgegeben, weil er glaubte, es reiche nicht aus, über anhaltenden Kummer oder übertriebenes Misstrauen einzig in der Begrifflichkeit des Körpers und des Gehirns zu sprechen: »Es ist nicht einfach, Gefühle wissenschaftlich zu behandeln«, schrieb er. Man müsse auch den weitaus flüchtigeren und komplexeren Einfluss des Geistes oder der Psyche berücksichtigen. Obwohl er nie eine umfassende Theorie dessen entwickelte, was er unter Emotionen verstand – er nannte sie poetisch »Gefühlstöne« –, hat Freuds Werk der Sicht auf Emotionen als biologisches Zucken und Rucken Tiefe und Komplexität verliehen. Dank seiner Arbeit halten viele Emotionen für etwas, das entweder gezügelt werden kann oder aber sich hochschaukelt und sich Luft verschaffen muss. Und dass einige Gefühle – vor allem jene bedrängenden Schrecken und heftigen Sehnsüchte der Kindheit – hinabsinken und sich in den tiefsten Winkeln unseres Geistes verstecken können, um dann Jahre später in Träumen, Zwangshandlungen und sogar physischen Symptomen wie Kopfschmerzen oder Magenkrämpfen wieder aufzutauchen. Ebenfalls von Freud haben wir die Vorstellung übernommen, dass wir einige unserer Gefühle nicht einmal erkennen, sodass unsere Wut oder Eifersucht »unbewusst« sind und wie ein Springteufel aus Versehen (»freudsche Fehlleistung«) zutage treten können, in den Witzen, die wir erzählen, oder in Angewohnheiten (ständige Unpünktlichkeit etwa). Obwohl viele technische Details der freudschen Theorien längst in Misskredit geraten sind, hat die Vorstellung, dass unsere Emotionen auf verschlungenen Wegen in unserem Geist wie in unserem Körper kreisen, profunde therapeutische Bedeutung und Spuren in der heutigen emotionalen Sprache hinterlassen. In diesem Sinne zeichnen die Viktorianer für zwei der einflussreichsten heutigen Vorstellungen im Hinblick auf Gefühle verantwortlich: dass unsere Gefühle weiterentwickelte körperliche Reaktionen sind und dass sie vom Spiel unseres Unterbewusstseins beeinflusst werden.

Emotionskulturen

In Wahrheit lässt sich die Antwort auf die Frage, was Emotionen sind, nicht allein in unserer Biologie und unserer psychologischen Geschichte finden. Die Art, wie wir empfinden, ist ebenso mit den Erwartungen und Vorstellungen der jeweiligen Kultur verwoben, in der wir leben. Hass, Wut und Sehnsucht können scheinbar den ungezähmtesten, animalischsten Teilen unseres Selbst entstammen. Doch sie können auch von jenen Dingen geweckt werden, die uns eindeutig zum Menschen machen: unserer Sprache und den Begriffen, die wir uns von unseren Körpern machen, unseren religiösen Überzeugungen und unseren moralischen Urteilen, von den Moden und sogar der Politik und den Wirtschaftssystemen der Zeiten, in denen wir leben. Der französische Adlige François de La Rochefoucauld kam im 17. Jahrhundert zu der Erkenntnis, dass selbst unsere innigsten Triebe von dem Bedürfnis, mit den Konventionen Schritt zu halten, bestimmt sein können. »Es gibt Leute«, spottete er, »die nie verliebt gewesen wären, wenn sie nie von der Liebe hätten sprechen hören.« Und ebenso wie Reden, Beobachten und Lesen Emotionen in unserem Körper wecken können, können sich dadurch unsere Gefühle auch beruhigen. Die Baining in Papua-Neuguinea stellen nachts eine Schüssel mit Wasser auf, damit *AWUMBUK* absorbiert wird, die düstere Stimmung und die Trägheit, die sich einstellen, wenn ein vielgeliebter Gast gegangen ist. Wie berichtet wird, funktioniert dieses Ritual immer. Der Einfluss unserer Vorstellungen kann so mächtig sein, dass diese Vorstellungen manchmal biologische Reaktionen auslösen, die wir für höchst natürlich halten. Wie sonst wäre es möglich, dass im 11. Jahrhundert Ritter aus Bestürzung in Ohnmacht fielen oder aus Liebe gähnten? Oder dass vor 400 Jahren Menschen an NOSTALGIE starben?

Die Vorstellung, dass Emotionen ebenso wie durch Körper und Geist durch die Kultur geformt werden, wurde in den 1960ern und 1970ern begeistert aufgenommen. Westliche Anthropologen, die bei weltabgeschiedenen Gesellschaften lebten, entwickelten ein Interesse am Vokabular für Emotionen in den verschiedenen Sprachen. Beispielsweise hat *SONG* – die Empörung, die man empfindet, wenn man weniger als den gerechten Anteil bekommt – in der kooperativen Kultur auf der Pazifikinsel Ifalik einen hohen Stellenwert. Es wurde deutlich, dass manche Kulturen bestimmte Empfindungen, die in englischsprachigen Kulturen eher als kleinkariert gelten, sehr ernst nehmen. Mehr noch, manche Emotionen scheinen so signifikant zu sein, dass sich die Menschen mit ihren vielen subtilen Nuancen und Strukturen genau auskennen, wie etwa bei den 15 unterschiedlichen Arten von Angst, die die Pintupi in Westaustralien verspüren können. Wieder andere Emotionen, die Englischsprachler als grundlegend bezeichnen würden, fehlen in einigen Sprachen. Beispielsweise gibt es bei den Machiguenga in Peru kein Wort, das die Bedeutung von »Sorge« wiedergibt. Dieses Interesse an Emotionen und Sprache warf eine faszinierende Frage auf: Wenn verschiedene Völker verschiedene Formen haben, ihre Emotionen darzustellen, *fühlen* sie dann vielleicht auch unterschiedlich?

Historiker hatten lange gemutmaßt, dass Leidenschaften eine wichtige Rolle beim Verständnis der Denkarten früherer Zeiten spielen könnten. Etwa eine Dekade nach diesen ursprünglichen anthropologischen Studien begannen sie ernsthaft, längst untergegangene Emotionskulturen ans Licht zu holen. Natürlich konnten sie keine römischen Sklaven oder mittelalterlichen Liebenden nach ihren Gefühlen befragen. Aber sie konnten, indem sie Tagebücher und Briefe, Benimmanweisungen und Diätvorschriften, ja sogar juristische Dokumente und Politikerreden analysierten, freilegen, wie Menschen vergangener Zeiten ihre Leidenschaften und Empfindungen verstanden hatten. Sie begannen die Fragen zu stellen, die allen, die heute auf diesem Gebiet arbeiten, längst vertraut sind. Ist LANGEWEILE eine viktorianische Erfindung? Was führte dazu, dass amerikanische Präsidenten auf den offiziellen Porträts irgendwann anfingen zu lächeln? Wieso haben Selbsthilfeautoren im 16. Jahrhundert die Menschen ermuntert, traurig zu sein, wo man uns heute doch auffordert, glücklich zu sein? Warum wollten Künstler im 18. Jahrhundert zeigen, dass sie erschüttert waren? Warum verschwanden manche Emotionen – wie etwa die Kombination aus Lustlosigkeit und Verzweiflung, die die frühen Christen als ACEDIA kannten –, und andere, etwa *RINGXIETY*, erschienen plötzlich auf der Bildfläche? Die Emotionen vergangener Zeiten zu erforschen, bedeutete nicht nur zu erkennen, wie sich Liebes- und Trauerrituale im Lauf der Zeit verändert haben und warum in unterschiedlichen historischen Epochen manche Emotionen öffentlich gezeigt werden konnten, während andere verborgen wurden oder mit Hilfe von Buße und Gebeten gezügelt werden mussten. Das neue Forschungsgebiet warf auch die Frage auf, wie diese kulturellen Werte unsere persönlichen Erfahrungen geprägt haben. Man fragte sich, ob unsere Emotionen wirklich uns gehören.

Selbst Darstellungen von Emotionen, die gelegentlich als »grundlegend« oder »universell« bezeichnet werden, etwa Furcht oder Ekel, unterscheiden sich in Raum und Zeit. Die Vorstellung, dass manche Emotionen grundlegender als andere sind, ist ziemlich alt. Das ›Buch der Riten‹, eine konfuzianische Sammlung von Vorschriften und Ritualen, die mindestens bis ins erste nachchristliche Jahrhundert zurückreichen, kennt sieben inhärente Empfindungen (Freude, Wut, Traurigkeit, Furcht, Liebe, Abneigung und Zuneigung). Der Philosoph René Descartes sprach von sechs »ursprünglichen Leidenschaften« (Verwunderung, Liebe, Hass, Begehren (Sehnsucht), Freude und Traurigkeit). Heutzutage behaupten manche Evolutionspsychologen, dass sechs bis acht »Basisemotionen« von allen Menschen auf gleiche Weise ausgedrückt werden.* Die Liste umfasst üblicher-

---

* Emotionsforscher – also diejenigen, die sich in unterschiedlichen Bereichen mit Emotionen beschäftigen – streiten sich sehr viel über diese »Basisemotionen«. Der bekannteste heutige Verfechter der Vorstellung, dass es grundlegende, universelle Emotionen gibt, ist der Psychologe Paul Ekman. Andere Forscher haben in jüngerer Zeit seine Thesen in Frage gestellt und argumentiert, dass die Gesichtsausdrücke, die er als universell ausgewiesen

weise Ekel, Furcht, Überraschung, Wut, Glück und Traurigkeit – allerdings nicht »Liebe«, denn man geht davon aus, dass deren Ausdrucksformen mit den Ritualen der unterschiedlichen Kulturen verknüpft sind. Der Ausdruck dieser Basisemotionen gilt als durch die Evolution entstandene Reaktion auf universelle Situationen: Bei einer Grimasse des Ekels strecken wir die Zunge heraus und das Gift wird aus dem Mund geschleudert. Der Energieschub, der mit Wut einhergeht, kann uns helfen, einen Rivalen zu vertreiben. Aber folgt daraus tatsächlich, dass sich diese Emotionen für alle Menschen überall gleich *anfühlen* müssen? Stellen Sie sich einen New Yorker Börsenhändler mit schweißnassen Handflächen, Herzklopfen und kribbelnder Kopfhaut vor. Und dann einen Christen im 13. Jahrhundert mit den gleichen Empfindungen, der in einer kalten Kirche kniet und betet. Oder einen Pintupi in Australien, der diese Empfindungen ebenfalls hat, weil er mitten in der Nacht mit Magenschmerzen aufwacht. Der Börsenhändler dürfte seine Empfindungen als »Adrenalinstoß« oder »positive Angst« (beziehungsweise an einem schlechten Tag als »Stress«) bezeichnen, der Christ eher als »Ehrfurcht«, als wundersamen Schrecken, der ihn an die Präsenz Gottes gemahnt. Und der Pintupi könnte *ngulu* verspüren, eine spezielle Bedrohung, die die Pintupi erleben, wenn sie fürchten, dass jemand anders auf Rache aus ist. Die Bedeutungen, die wir einer Empfindung verleihen, verändern die Art und Weise, wie wir sie wahrnehmen. Sie be-

---

hat, in Wahrheit ein westliches Vorurteil widerspiegeln. Die Theorie universeller Emotionen zu hinterfragen, bedeutet nicht zu sagen, dass es keine Emotionen gäbe, die wir auf ähnliche Weise ausdrücken und empfinden, oder dass wir Emotionen anderer Kulturen nicht begreifen könnten. Schließlich ist es der erfreulichste Teil der Arbeit zur Emotionsgeschichte, sich die Emotionen anderer Menschen vorzustellen. Aber zu sagen, dass etwas sehr ähnlich ist, ist etwas anderes, als zu sagen, etwas sei in jeder Hinsicht identisch.

stimmen, ob wir eine Empfindung mit Entzücken oder mit Beklommenheit aufnehmen, ob wir sie genießen oder uns für sie schämen. Ignoriert man diese Unterschiede, geht das meiste von dem verloren, was unsere emotionalen Erfahrungen ausmacht. Letztlich geht es darum, was man selbst über eine Emotion denkt. Wenn wir über Emotionen sprechen, brauchen wir meiner Meinung nach das, was der amerikanische Anthropologe Clifford Geertz in den 1970ern als »dichte Beschreibung« bezeichnet hat. Geertz stellte eine elegante Frage: Was ist der Unterschied zwischen einem Zucken mit den Augen und einem Zwinkern? Beantwortet man diese Frage auf rein physiologischer Ebene und spricht von einer Reihe von Muskelkontraktionen des Augenlids, dann sind Zucken und Zwinkern mehr oder weniger das Gleiche. Man muss jedoch den kulturellen Kontext kennen, um einzuschätzen, was ein Zwinkern ist. Man muss wissen, was Spiel und Scherz, Flirt und Sex sind, und muss zudem Konventionen wie Ironie und Theatralik verstehen. Für Liebe, Hass, Sehnsucht, Furcht, Wut und den ganzen Rest gilt das ebenso. Ohne Kontext bekommt man nur eine »dünne Beschreibung« dessen, was vor sich geht, und nicht die ganze Geschichte – und genau diese ganze Geschichte ist es, die eine Emotion ausmacht.

In diesem Buch geht es um solche Geschichten über Gefühle und wie sie sich verändern. Es geht um die unterschiedlichen Formen, wie Emotionen wahrgenommen und dargestellt wurden – von den weinenden Richtern an griechischen Gerichtshöfen bis zu den tapferen bärtigen Frauen der Renaissance, von den pulsierenden Herzfasern der Ärzte des 18. Jahrhunderts bis zu Darwins Selbstversuchen im Londoner Zoo, von den unter Kriegszittern leidenden Soldaten des Ersten Weltkriegs bis zu unserer heutigen Kultur der Neurowissenschaften und der Gehirnscans. Es geht um die unterschiedlichen Formen, wie unsere sorgenvollen, stirnrunzelnden, zuckenden, erfreuten Körper von der Welt Besitz ergreifen. Und wie die menschliche Welt mit ihren ethischen Werten und politischen Hierarchien, ihren Annahmen zu Geschlecht, Sexualität, Rasse und Klasse, ihren philosophischen Sichtweisen und wissenschaftlichen Theorien wiederum von uns Besitz ergreift.

Emotionen sammeln: Ein Bestimmungsbuch

Heute sind die emotionale Gesundheit und die Notwendigkeit, unsere Gefühle zu erkennen und zu verstehen, um Erstere zu erlangen, in vielen Ländern, von Bhutan bis zum Vereinigten Königreich, ein festgelegtes Ziel der Rechtsordnung. Schalten Sie den Fernseher ein oder nehmen Sie eine Zeitung zur Hand – immer werden irgendwo Tipps gegeben, wie man dauerhaftes Glück erlangt, oder Sie erfahren, warum Weinen gut für uns ist. Der Gedanke, dass es wichtig ist, auf unsere Gefühle zu achten, ist nicht neu. Im alten Griechenland lehrten die Stoiker, dass man die beste Chance habe, eine Leidenschaft zu kontrollieren, wenn man ihre ersten Regungen erkenne. Erwischt man genau den Moment, wo die Nackenhaare anfangen, sich aufzustellen, so die Überlegung, kann man sich selbst noch davon abhalten, in blinde Panik zu verfallen. Im 17. Jahrhundert stellte Robert Burton, der Gelehrte und große Anatom der Melancholie, ebenfalls fest, dass es ihm guttat, seine Emotionen zu beobachten. Allerdings war sein Ansatz ein anderer. Seine Neugier galt der Verzweiflung und der Sorge, die er empfand, und er versuchte, sie im Dialog mit anderen Schriftstellern und Philosophen, besonders jenen vergangener Zeiten, zu verstehen. So bekam seine Melancholie, die zunächst so sinnlos erschienen war, schließlich einen Sinn – und ihr eiserner Griff begann sich zu lockern.

Der heutige Enthusiasmus, Emotionen ernst zu nehmen, lässt sich überwiegend auf psychologische Forschungen zurückführen, die Mitte der 1990er unter der griffigen Überschrift emotionale Intelligenz oder EQ populär gemacht wurden. Ihre Verfechter argumentierten, wenn man in der Lage sei, die eigenen Emotionen und die anderer Menschen zu erkennen und sie als Leitlinie bei Entscheidungen zu nutzen, sei das für die Vorhersage von Erfolg ebenso wichtig wie die herkömmliche IQ-Messung. Es hat sich gezeigt, dass das Bewusstsein für Emotionen eng einhergeht mit einer größeren Widerstandskraft in stressigen Zeiten, mit besseren Arbeitsergebnissen, mit höheren Führungs- und Verhandlungsqualitäten sowie mit stabileren Privatbeziehungen. Heute ist der EQ oder eine Form davon ein Konzept, das Erziehern, Geschäftsführern und Politikern gleichermaßen vertraut ist.

Egal, ob Sie die Aufregung über Emotionen mit einem breiten Lächeln oder einer hochgezogenen Augenbraue betrachten, ich hoffe, Sie stimmen mir darin zu, dass es faszinierende Verbindungen zwischen unseren Gefühlen und den Worten gibt, mit denen wir sie beschreiben. Manche Emotionen lösen sich in einem Lächeln auf, wenn man weiß, wie man sie benennen soll, etwa UMPFIGKEIT (das Gefühl, dass alles irgendwie schiefläuft) oder *MATUTOLYPEA* (eine Traurigkeit, die nur morgens auftritt). Andere Emotionen erweisen sich als Teil unserer Erfahrung, sobald wir wissen, dass sie einen Namen haben, etwa BASOREXIE (ein plötzlicher Drang, jemanden zu küssen) oder *GEZELLIGHEID* (das kuschelige Gefühl, das aufkommt, wenn man in einer kalten Nacht zusammen mit Freunden im Warmen sitzt). Und manchmal fühlen wir uns mit unseren eigenen Gefühlen weniger seltsam und isoliert, wenn wir über die Emotionen anderer lesen.

Als ich dieses Buch schrieb, boten mir viele der Geschichten, die ich erfuhr, den Trost gemeinsamer Erfahrungen. Andere brachten aus anderen Gründen eine Saite zum Klingen: Sie halfen mir, einige meiner eher eigenwilligen Gefühle aus neuen Perspektiven zu sehen. Wir vermeiden es meistens, über die eine oder andere Emotion nachzudenken. Man schämt sich vielleicht wegen seines Grolls, fürchtet die eigene Apathie oder kämpft mit Verlegenheit. Wenn wir uns jedoch auch nur halbwegs darauf einlassen, darüber nachzudenken, woher unsere Einstellungen gegenüber solchen Gefühlen kommen, entdecken wir womöglich, dass sie nicht immer die Schreckgespenster sind, als die man sie uns dargestellt hat. Ich hoffe, einige dieser Geschichten stoßen bei Ihnen auf Resonanz.

Es geht in diesem Buch eigentlich nicht um Ratschläge, wie Sie zu einem glücklicheren, erfolgreicheren (oder sogar reicheren!) Menschen werden. Obgleich die Kulturgeschichte unserer Emotionen auch voll faszinierender Kuriositäten ist, kann ihr Verständnis vor allem dazu beitragen, stillschweigende Annahmen darüber aufzudecken, was man für »natürliche« (oder noch schlimmer, »normale«) emotionale Reaktionen zu halten hat. Wenn Emotionen heute so wichtig für uns sind, wenn sie von Regierungen gemessen werden, wenn sie Gegenstand einer zunehmenden pharmazeutischen Intervention durch Ärzte sind, wenn sie in Schulen gelehrt und von Arbeitgebern beobachtet werden, dann wäre es schon gut zu wissen, woher die Überzeugungen eigentlich kommen, auf denen all das basiert – und ob wir das alles wirklich so unterschreiben wollen.

Gebrauchsanweisung

In der umfangreichen Literatur zu Emotionen finden sich viele Listen von Gefühlen. Dieses Buch erhebt nicht den Anspruch, umfassend zu sein. Es will sich auch nicht durch die Komplexität unseres Innenlebens bohren, in der Hoffnung, auf einen Kern zu stoßen. Stattdessen ist es als Sammlung kurzer Essays über Emotionen angelegt, die der Konvention zuliebe alphabetisch angeordnet sind. Es geht darum, dass die scheinbar minderen oder eigentümlichen Gefühle – wie VERSCHNUPFTSEIN oder *ILINX* (das Empfinden einer erregten Desorientierung, die man verspüren kann, wenn man im Büro den Papierkorb mit einem gezielten Tritt umwirft) – ebenso charakteristische Teile im Gewebe unseres Gefühlsleben sind wie Furcht oder Überraschung. Für die einzelnen Stichworte wird kein Vollständigkeitsanspruch erhoben. Sie sollen nur Einblicke in historische und heutige Ansätze zur Gefühlspolitik erhaschen und so hoffentlich ein wenig Licht in die Frage bringen, warum wir so fühlen, wie wir es heute tun. Ich hoffe, sie leisten einen Beitrag dazu, Diskussionen anzustoßen und Fragen aufzuwerfen.

Es ist nicht leicht, Emotionen in Kategorien zu quetschen. Als ich die Einträge zusammenstellte, kam ich mir manchmal vor wie ein verwirrter viktorianischer Wolkensammler, wenn es zum Beispiel darum ging, ob ein bestimmtes Schaudern von Freude oder Ekel herrührt (oder beidem) oder wo die Schuld aufhört und die Reue beginnt. Manchmal kann der Versuch, präzise zu sein, Einsichten vermitteln (siehe aber auch MEHRDEUTIGKEITSPHOBIE). Über Emotionen nachzudenken bedeutet, in ein Labyrinth von Korridoren und Drehtüren gezogen zu werden, und dann sind die Wörter, die wir zu ihrer Beschreibung benutzen, eher zweckdienlich als wirklich präzise. Deshalb ist das Buch so aufgebaut, wie Sie es vor sich haben. Sie können die Einträge in alphabetischer Reihenfolge lesen. Oder Sie können das Buch durchblättern, bis Ihnen etwas ins Auge sticht, und dann den Querverweisen folgen – ein Vorgehen, das der Art und Weise, wie unsere Emotionen ihre Form wechseln und miteinander verschmelzen, vielleicht ein bisschen näher kommt.

Rund 150 Emotionen sind hier dargestellt. (Natürlich gibt es viele andere, die auch …) Selbst wenn das Projekt, auf das ich mich da eingelassen habe, mit Sicherheit nie zu Ende zu bringen ist, so lege ich diese Sammlung mitsamt dem Hinweis auf ihre Unvollständigkeit als Bollwerk gegen alle vor, die behaupten, die wunderbare Komplexität unseres Innenlebens auf eine Handvoll Kardinalemotionen reduzieren zu können.

Eines habe ich als Forscherin in dieser schönen neuen Gefühlswelt mit Sicherheit gelernt: Was wir brauchen, sind nicht weniger Bezeichnungen für unsere Empfindungen – sondern mehr.

ABHIMAN

Zu den ältesten religiösen Texten, die wir kennen, gehören die sanskritischen Veden, die um 1500 v. Chr. gesammelt wurden. Ihre Gesänge, Beschwörungen und Rituale bilden die spirituelle Basis des Hinduismus. Gleichzeitig geben sie uns einen Einblick in das indische Alltagsleben vor 3500 Jahren.

Das Gefühl *abhiman* (*ab*-i-man ausgesprochen), das erstmals in den Veden erwähnt wird, ist auch heute noch auf dem indischen Subkontinent ein fester Bestandteil der Gefühlswelt. Es ist nicht möglich, es mit nur einem Wort zu übersetzen. Die wörtliche Bedeutung von »*abhi-man*« ist »Selbststolz«, doch einen Hinweis auf seine tiefere Bedeutung findet man in dem anderen Sanskritwort, das in ihm anklingt: *balam* (Stärke).

Abhiman ist der Schmerz und die Wut, die in uns aufkommen, wenn uns eine Person verletzt, die wir lieben oder von der wir erwarten, dass sie uns freundlich behandelt. Die Wurzeln dieses Gefühls sind Schmerz und Schock, aber diese entwickeln sich rasch zu einem heftig gekränkten STOLZ. Übersetzt wird es daher oft mit »verletzter Ehre« oder »gehässiger Vergeltung«, Formulierungen, bei denen der Vorwurf einer engstirnigen Haltung mitschwingt. In Indien stellt *abhiman* jedoch eine stärker akzeptierte, sogar erwartete Reaktion dar. Da davon ausgegangen wird, dass es ein extrem schwerer Betrug ist, die ungeschriebenen Verträge der Liebe und des Respekts zwischen Familienmitgliedern und Partnern zu brechen, wird *abhiman* als unumgänglicher Bestandteil des emotionalen Lebens verstanden.

Wie viele der Gefühle, die mit Stolz zu tun haben, kann auch *abhiman* dickköpfig sein. Und oft leidet derjenige am meisten, der es verspürt – ein doppelter Schlag. In der Kurzgeschichte ›Shasti‹ (›Die Bestrafung‹) von Rabindranath Tagore lebt die Hauptfigur Chandara in bitterer Armut zusammen mit ihrem geliebten Mann, dessen Bruder und der unglücklichen, stets jammernden Frau des Bruders. Als Chandaras Schwager unbeabsichtigt seine Frau tötet und die Polizei kommt, gerät Chandaras Mann in Panik. Um seinen Bruder zu retten, bezichtigt er Chandara des Mordes. Das ist nicht nur ein Verrat an ihrer Liebe, sondern auch an Chandaras Rolle als Ehefrau, und das verletzt sie zutiefst.

Sie richtet sich auf. Erstarrt vor kaltem und unversöhnlichem Groll gesteht sie den Mord und lässt sich stumm ins Gefängnis abführen. Tagore schreibt, dass das Motiv für ihr Handeln ihr *abhiman* sei. Englische Übersetzer haben verschiedene Formulierungen hierfür vorgeschlagen: »Welch unnachgiebiger Groll!«; »Solch grimmiger, leidenschaftlicher Stolz«; »Wie schrecklich reagierte sie auf ihr verletztes Gefühl« und so weiter. Als Chandaras Hinrichtung näher rückt, bereut ihr Mann, was er getan hat, und versucht rettend einzugreifen, aber ihre innere Wunde brennt noch zu stark. Sie weigert sich, ihn anzusehen, als sie zum Galgen hochsteigt.

☞ Siehe auch: DEMÜTIGUNG, GROLL, *LÍTOST*

ACEDIA

Stellen Sie sich vor, Sie sind ein christlicher Einsiedler, der im 4. Jahrhundert in der Wüste im Westen von Ägypten lebt. Die Sonne brennt auf das Dach Ihrer Lehmhütte. Sie knien drinnen auf dem Boden und beten – und Sie beginnen, sich ein wenig zu langweilen. Es ist ein beunruhigendes, schleichendes Gefühl, wie das Kitzeln, wenn eine Mücke Ihren Arm raufkrabbelt. Sie müssen es bekämpfen, andernfalls riskieren Sie, der gefährlichsten aller sündigen Leidenschaften zu erliegen: der Acedia.

Acedia (ausgesprochen: A-keed-*i*-a) oder auch Trägheit des Herzens beschreibt ein Gefühl, für das es heute kein echtes Äquivalent gibt. Es handelte sich um eine kurzfristige, aber verhängnisvolle emotionale Krise, die gewöhnlich zwischen 11 und 16 Uhr auftrat. Ihre ersten Anzeichen waren Lustlosigkeit und Reizbarkeit, doch nach kurzer Zeit schlug sie in Traurigkeit und Verzweiflung um.

Laut dem Wüstenvater Cassian (Johannes Cassianus) fühlte sich Acedia an, als wäre der Geist von einer »hässlichen Finsternis« ergriffen. Auch der Körper wurde in Mitleidenschaft gezogen. Amma Theodora, eine Nonne aus dieser Zeit, beschrieb das Gefühl, als würde man heruntergezogen werden, die Knie würden weich, die Glieder schlaff und der Kopf fiebrig.

Die Einsiedler lebten in lose zusammenhängenden Gemeinschaften und unterwarfen sich einem Leben in extremer Selbstverleugnung mit Gebeten in Höhlen und Hütten. Diese lagen weit über die Wildnis der Wüste verstreut. Unter dem Einfluss der Acedia suchten manche Mönche Streit mit ihren Nachbarbrüdern oder stellten klagend ihrer Berufung infrage; sie versuchten, zu den weltlichen Freuden in Alexandria oder Konstantinopel zurückzukehren, und stifteten ihre Freunde an, sich ihnen anzuschließen. Manche fand man zusammengebrochen und weinend in ihren Behausungen; andere wollten sich umbringen, indem sie ihre Körper der menschenfeindlichen Umwelt der Wüste aussetzten. Die Acedia war für die Lebensführung – und das Leben – dieser frühen Mönche eine so ernsthafte Bedrohung, dass sie als das gefährlichste der acht Laster, der Vorläufer der sieben Todsünden, angesehen wurde.

Doch woher kam sie? Die Wüstenmütter und -väter glaubten, dass sie von Dienern des Teufels, den sogenannten »Mittagsdämonen«, gebracht würde, die durch die Gemeinschaften schwirrten und die Bewohner krank machten. Heute würden wir wahrscheinlich eher sagen, Acedia sei bloß ein anderer Name für jene Krankheit, die wir »Depression« nennen. Doch die Tatsache, dass die Acedia immer nur kurzfristig und nur während der heißesten Zeit des Tages auftrat und alle ihre Opfer aufgrund des isolierten und entbehrungsreichen Lebens bereits fiebrig waren, legt nahe, dass die Ursachen der Acedia spezieller waren. Das Phänomen hatte vielleicht mehr mit dem Einsiedlerleben in der sengenden Wüstenglut und der Befürchtung zu tun, ein übelwollender Dämon lauere in der Nähe, als mit irgendeinem »chemischen Ungleichgewicht« im Gehirn.

Im 6. Jahrhundert wurde die Acedia von der Liste der Todsünden gestrichen. Einige ihrer Symptome wurden der Krankheit Melancholie zugeordnet, einem Vorläufer unserer heutigen Depression und Angst (siehe MELANCHOLIE). Der Rest bündelte sich im moralischen Laster der Faulheit. Da Menschen aber immer noch davon sprachen, Acedia zu verspüren, wandelte sich die Bedeutung zu so etwas wie Trägheit – wohl vergleichbar mit jenem Gefühl der Lustlosigkeit, das einen an einem verregneten Sonntagvormittag beschleicht (siehe APATHIE). Möglicherweise ist es kein Zufall, dass die Acedia stark zurückging, als sich das Zentrum des religiösen Denkens von der Wildnis in die angenehmeren Weingärten Italiens verlagerte. Wahrscheinlich verdrängten dicke Schädel nach dem Rausch die Hitzschläge als Hauptbedrohung mönchischen Lebens.

☞ Zu weiteren Einflüssen des Wetters auf Gefühle siehe: EINGESCHNAPPTSEIN

☞ Siehe auch: LANGEWEILE

AGORAPHOBIE

Madame B. stopfte ihre Wohnung mit Möbeln voll. Sie fand es tröstlich, sich in die kleinen Höhlen zu kuscheln, die sie sich aus Stühlen und Schränken gebaut hatte. Immer wenn sie gezwungen war, rauszugehen, schnürte sich ihr auf den großen Plätzen und breiten Boulevards von Paris die Kehle zu. Am schlimmsten war die Aussicht, eine Brücke überqueren zu müssen: Wenn sie sich vorstellte, auf dem Weg zur anderen Seite im Strom der Fußgänger und des Verkehrs gefangen zu sein, wurde ihr schwindelig. Sie begann zu zittern und war überzeugt, dass alle um sie herum sie anstarrten.

Das späte 19. Jahrhundert war die Ära der Phobien. Psychologen schienen jede Woche eine neue Form zu diagnostizieren. Bis 1914 umfasste ihre Liste über 100, von der absolut nachvollziehbaren Thanatophobie (Angst vor dem Tod) bis zur sehr eigenartigen Triskaidekaphobie (Angst vor der Zahl 13). Die bekannteste von allen war die Angst auf öffentlichen Plätzen. Ende der 1870er-Jahre diagnostizierte der französische Psychologe Henri Legrand du Saulle das Leiden seiner Patientin Madame B. als *peur des espaces*, eine Angst, die durch weite öffentliche Plätze ausgelöst wird. Im Deutschen wurden die gleichen Symptome als Platzangst bezeichnet, während Freud von der Störung bei der »Lokomotion« sprach. Bereits 1871 entschied sich der Psychologe Carl Otto Westphal für den Namen, der nun international am weitesten verbreitet ist: Agoraphobie (wörtlich: Angst vor dem Marktplatz).

Eine der Ursachen, die diese Ängste vor öffentlichen Plätzen Ende des 19. Jahrhunderts aufkommen ließen, waren neue Formen des Stadtlebens. Mit ihren Arkaden und großen Bahnhofshallen waren Europas neue moderne Städte Symbole des Fortschritts. Ihr Prunk sollte Gefühle von Ehrfurcht und Freiheit bei allen wecken, die das Glück hatten, dort zu leben. Doch für Autoren wie Georg Simmel und später Walter Benjamin brachte das neue Stadtbild vor allem Einsamkeit und Entfremdung mit sich – und auch Desorientierung, die sich einstellt, wenn wir zu viel Auswahl haben. Da das Panikgefühl, das wesentliche Merkmal der Agoraphobie, auf belebten Kreuzungen und Brücken stärker als in Wohngebieten auftrat, schien die Krankheit vor allem eine Reaktion auf die Rastlosigkeit der Moderne zu sein (siehe auch FERNWEH).

Unser Verständnis von Agoraphobie hat sich in dem Jahrhundert seit ihrer ersten Beschreibung kaum geändert, allerdings wurden zusätzliche Theorien entwickelt. Evolutionspsychologen stellten die These auf, dass unsere Vorfahren gelernt hatten, offene Plätze zu meiden, da sie sich auf ihnen nicht vor Feinden verstecken konnten. Deshalb sei die Agoraphobie eine Art Macke, ein nicht mehr benötigter Instinkt, der heute trotzdem immer noch durchbricht. Forscher vom University College London und von der Southampton University haben eine Verbindung zwischen Agoraphobie und Problemen im Innenohr hergestellt – dem Vestibularapparat, der der räumlichen Orientierung und dem Gleichgewichtssinn dient. Ihre These ist, dass Menschen mit schwachem Vestibularapparat schnell die Orientierung verlieren, wenn ihnen visuelle Anhaltspunkte fehlen –

etwa in leeren Flughafenhallen oder in wimmelnden Menschenmengen –, und dass das dann Schwindel auslösen kann. Feministische Kritikerinnen haben darauf hingewiesen, dass Agoraphobie weit häufiger bei Frauen als bei Männern diagnostiziert wird (rund 85 Prozent der Kranken sind Frauen). Sie haben die medizinische Profession daran erinnert, dass für manche Frauen öffentliche Räume nach wie vor einschüchternd sind, weil sie sich unwohl fühlen, wenn sie angestarrt werden, oder bedroht, wenn sie sexuell aggressiven Kommentaren ausgesetzt sind. Das könne sehr wohl zu einer Angst vor öffentlichen Räumen führen. In diesem Kontext ist Agoraphobie aber wohl weniger Einbildung oder Krankheit, sondern eine angemessene Reaktion auf eine feindselige Welt.

☞ Zum Gegenteil siehe: KLAUSTROPHOBIE, SAMMELZWANG

AMAE

Die meisten von uns möchten sich gern von Zeit zu Zeit in die Arme eines geliebten Menschen werfen, um sich verwöhnen und trösten zu lassen. Dieses zeitweilige Sich-Fallenlassen in absoluter Sicherheit ist unglaublich belebend und wichtig. Das Gefühl, das es uns verschafft, ist in unserer Sprache nicht mit einem Begriff zu beschreiben, aber Japaner kennen es als *amae* (ausgesprochen: ah-*ma*-eh).

In Japan existiert *amae* in einer ganzen Reihe von Beziehungen, sie ist nicht nur ein Gefühl zwischen Familienmitgliedern, sondern auch zwischen Freunden und am Arbeitsplatz. Dabei gibt es auch verschiedene Abstufungen dieses Gefühls. Kindern wirft man etwa vor, sie würden *amaeru*(en) – damit ist gemeint, dass sie mit großen Augen jemandem zu überreden versuchen, ihre Wünsche zu erfüllen. Oder Teenager werden davor gewarnt, *amai* (so das Adjektiv) zu sein, das heißt, sich nicht die Mühe zu machen, für eine Prüfung zu lernen – in der Annahme, dass sie irgendwie durchkommen. »Sich wie ein verwöhntes Kind verhalten«, lautet eine Übersetzung, »sich auf das Wohlwollen anderer verlassen«, eine andere.

Aber diese Umschreibungen werden der Wertschätzung nicht gerecht, die *amae* gleichfalls genießt. Laut dem japanischen Psychoanalytiker Takeo Doi ist *amae* das Gefühl, sich der Liebe eines anderen Menschen in einer Situation sicher zu sein, in der wir von dessen Hilfe abhängig sind, ohne die geringste Verpflichtung zu haben, dafür dankbar sein zu müssen. Oder man kann sogar ermuntert werden, sich selbst gegenüber ein wenig *amae* zu zeigen, wenn man zu hart arbeitet. Für Doi ist es bedeutend, sich *amae* vollkommen hinzugeben, denn dies stelle eine Rückkehr zum Verwöhntwerden und bedingungslosen Versorgtwerden der Kindheit dar. Dies sei der Kitt, der Beziehungen stabilisiere, ein Zeichen tiefsten Vertrauens.

Was die Neugier vieler Emotionsforscher geweckt hat, ist die Tatsache, dass diese Kombination von Verletzlichkeit und Zugehörigkeit *überhaupt* einen Namen in Japan hat. In den 1970ern war *amae* bei westlichen Anthropologen der große Aufreger, weil sie es als Beweis sahen, dass selbst unsere intimsten Gefühle von der politischen und wirtschaftlichen Organisationsform, in der wir leben, geformt werden. Sie argumentierten, dass *amae* in der traditionell kollektivistischen Kultur Japans zur Blüte gekommen sei und dies der Schlüssel sei, warum die japanische Gesellschaft die Abhängigkeit von der Gruppe über den Individualismus stelle. Manche gingen noch weiter und sagten, *amae* definiere den japanischen Nationalcharakter – eine Behauptung, die uns heute sehr simplifizierend erscheint.

Nach wie vor ist die Leichtigkeit, mit der Japaner über die Freuden von *amae* sprechen, verblüffend. Warum fangen diejenigen von uns, die englischsprachig aufgewachsen sind, an zu stammeln, wenn sie eine ähnliche Erfahrung beschreiben wollen? Vielleicht spricht diese Lücke Bände darüber, wie schwer es fallen kann, die Unterstützung anderer Menschen anzunehmen. Da ist die Sorge, man wirke wie jemand, der »es nötig« habe oder kindisch sei. Oder die Befürchtung, sich eine endlose Kette von Verpflichtungen aufzuhalsen (siehe DANKBARKEIT). Und vielleicht am stärksten: die Beschämung, zugeben zu müssen, dass wir nicht immer die absolut autarken Erwachsenen sind, als die wir uns so gerne darstellen.

☞ Siehe auch: TROST, VERWUNDBARKEIT

ANGEKÄSTSEIN

Nahrungsmittel und unsere Gefühle sind unmittelbar miteinander verknüpft: Die Matzeknödelsuppe, die tröstet. Die gerösteten Gewürze, die Sie direkt in die Küche Ihrer Mutter befördern. Der duftende Schokoladenpudding, der verführen soll.

Für Piloten der Royal Air Force bestand im Zweiten Weltkrieg ein Zusammenhang zwischen verbranntem Käse und Langeweile.

Angekästsein war die Verstimmung, die aufkam, wenn man auf dem Flugplatz herumlungern musste und auf seinen Einsatz wartete. Ursprünglich wurde dieses nervige Gefühl mit »braun werden« beschrieben: Die Piloten verglichen sich mit rostenden Maschinen. Der Ausdruck »angekäst« (auf Englisch »cheesed off«) kann bis ins 19. Jahrhundert zurückverfolgt werden; warum er dann aber bei der Luftwaffe so beliebt wurde, bleibt ein Rätsel. Manche sagen, weil Käse braun wird, wenn man ihn grillt. Andere meinen, da während des Wartens massenweise Käsetoast gegessen wurde, waren es die Männer im Wortsinne satt (siehe LANGEWEILE).

Manche Situationen und die Emotionen, die sie hervorrufen, sind so unangenehm, dass ein alberner Spitzname der einzige Ausweg ist, um sie zu ertragen (siehe auch UMPFIGKEIT, MUFFENSAUSEN). Man kann sich leicht vorstellen, wie Soldaten der Luftwaffe im Zweiten Weltkrieg häufig von strengen höheren Rängen zum Schweigen gebracht wurden. Doch der Ausdruck »Angekästsein« ist eine kleine Korrektur des Klischees. Er lässt uns erahnen, wie ein schiefes Lächeln die grausame Warterei für einen Moment aufhellte.

☞ Weitere Emotionen von Soldaten finden sich unter: HEIMWEH

☞ Siehe auch: LANGEWEILE

ANGST

Angst ist der Schwindel der Freiheit.
– SØREN KIERKEGAARD, ›DER BEGRIFF ANGST‹

Der Magen verkrampft sich und die Kehle ist wie zugeschnürt. Die Augen zucken und durch den Kopf schießen Tausende von Möglichkeiten. Im Gegensatz zu Furcht oder Besorgnis, die in der Regel einen bestimmten Grund haben, zieht die Angst hungrig ihre Kreise um das Büfett menschlicher Probleme, schnappt sich Allerweltssorgen und verwandelt sie in Katastrophenvisionen. Sie macht uns zittrig und raubt uns den Atem. Sie ist lähmend. Dieses stechende und einschnürende Gefühl lässt sich leicht in der griechischen Wurzel des Wortes erkennen, *angh*, die für fest zusammenpressen, strangulieren, von Trauer niedergedrückt werden steht.

Angst ist etwas, das uns alle von Zeit zu Zeit befällt. Aber heutzutage sind wir eher der Meinung, es handele sich um etwas ziemlich Sinnloses, etwas, das man überwinden und gewiss nicht ausleben sollte. Wir denken vielleicht an schwitzende, stotternde Filmfiguren – Jack Lemmon als Jerry in ›Manche mögen's heiß‹, Woody Allen in … eigentlich jeder Rolle –, die mit den Nerven runter und völlig entkräftet sind, weil sie sich unablässig Worst-Case-Szenarien vorstellen. Und so kommen wir zu dem Schluss, dass Angst nicht zu den Erfolgreichen und Glücklichen passt. Die Pharmaindustrie und die Vertreter der alternativen Medizin bekräftigen dies, indem sie Pillen und Elixiere, Übungen und Meditationen anbieten, die den angstvollen Geist beruhigen und »befreien« sollen.

Im 21. Jahrhundert gilt Angst unumstößlich als Fluch. Umso überraschender ist es, wenn man feststellt, dass sie erst vor wenig mehr als hundert Jahren zum Leiden avancierte – und dass davor manche Philosophen Furchtgefühle und Seelenqualen als bereichernde Reaktion auf die Entdeckung der persönlichen Freiheit betrachteten.

Der Gedanke, dass Angst eine Krankheit sein könnte, wurde erstmals 1893 von dem Wiesbadener Psychiater Ewald Hecker und knapp zwei Jahre später von seinem berühmteren Wiener Kollegen Sigmund Freud formuliert. Sie nannten sie Angstneurose, und Freud meinte, diese Bezeichnung böte eine präzisere Alternative zu der vagen, alles abdeckenden Neurasthenie, die zu jener Zeit bei vielen Patienten diagnostiziert wurde. Zu den Symptomen der Angstneurose zählten Überempfindlichkeit gegen Geräusche, nächtliches Aufschrecken, Herzrasen, Atemnot und Schweißausbrüche. Doch eines war das Kernsymptom: »ängstliche Erwartung«, die Befürchtung des Schlimmsten. Der Archetyp war eine nervöse Hausfrau. Freud schrieb: »Eine Frau z. B., die an ängstlicher Erwartung leidet, denkt bei jedem Hustenstoße ihres katarrhalisch affizierten Mannes an Influenzapneumonie und sieht im Geiste seinen Leichenzug vorüberziehen.« Die Hauptursache von Neurosen war seiner Ansicht nach die »Anhäufung von Erregung« oder, moderner formuliert, »sexuelle Frustration«, weshalb er jungvermählte Frauen für besonders gefährdet hielt. Freud meinte, dass die Verhütungsmethoden, die in jener Zeit eingesetzt wurden – Kondome und Coitus interruptus – den weiblichen Orgasmus verhinderten. Die nicht ausgelebte Libido der Frau würde daher auf eigenartige Weisen zum Ausbruch kommen. So interpretierte Freud beispielsweise Herzrasen und die flache Atmung einer Panikattacke als Surrogate für das schweißtreibende Schnaufen und Keuchen beim Geschlechtsverkehr. Für Freud war Angst also fehlgeleitete Libido, die sich zum echten Verlangen wie Essig zu Wein verhielt.

In den 1940er-Jahren sah sich der Dichter W. H. Auden angesichts all der psychischen Folgeerscheinungen durch den Krieg veranlasst, von einem »Zeitalter der Angst« zu sprechen. Die Regierungen von Großbritannien und den USA versuchten, die Flut der Angstgefühle einzudämmen, und beauftragten Psychologen, »Gelassenheit« und »Sicherheit« der Bevölkerung zu messen und zu erhöhen – ein Unterfangen, das an die heutigen Untersuchungen zum GLÜCKsniveau erinnert (siehe auch TROST). Als 1955 mit Miltown (Valium folgte 1963) das erste Beruhigungsmittel auf den Markt kam und zum Bestseller avancierte, war Angst bereits zum millionenschweren Geschäft und zum Hauptmerkmal der psychiatrischen Verfassung des 20. Jahrhunderts geworden. Allerdings neigte sich das »Zeitalter der Angst« in den 1960ern bereits dem Ende zu. Eine neue Krankheit – eine damals selten festgestellte Gemütsverfassung namens »Depression« – setzte sich durch, nicht zuletzt dank neuer diagnostischer Klassifizierungen, die eine rasch wachsende Pharmaindustrie beförderte (siehe TRAURIGKEIT). Heute ist Angst wieder auf dem Vormarsch und hat in den USA kürzlich die Depression als am häufigsten diagnostizierte Störung überholt. Dabei ist das Spektrum der verschiedenen Typen von Angst, unter denen man jetzt leiden kann, größer geworden (in der neuesten Ausgabe des ›Diagnostischen und statistischen Manuals psychischer Störungen DSM-5‹, dem Klassifikationssystem für psychische Störungen, sind es zwölf). Wie Ende des 19. Jahrhunderts betrifft diese Diagnose mehr Frauen als Männer. Sind Frauen von Natur aus ängstlicher? Oder ist es wegen der eindeutig geschlechtsbezogenen Art und Weise, wie die Krankheit in der Vergangenheit beschrieben wurde, grundsätzlich wahrscheinlicher, dass Frauen die Kriterien für diese Diagnose erfüllen?

Der dänische Philosoph Søren Kierkegaard, der gut vierzig Jahre vor Freud geboren wurde, hätte die Vorstellung, Angst sei eine weit verbreitete psychische Störung, wohl kaum gebilligt. Er war der Meinung, es sei unmöglich, über die menschliche Existenz nachzudenken, ohne all unsere Gefühle, auch die bedrückenden, zu verstehen. Für ihn war der Mensch eine zitternde, verängstigte, widerliche Kreatur, und eines der Gefühle, die ihn besonders interessierten, war das, was im Dänischen *Angest* heißt, eine Kombination aus quälenden Gedanken über die Gegenwart und Furcht vor der Zukunft. Mit seinen Abschweifungen und Scherzen, subversiven Argumentationen und Pastiches ist das 1844 veröffentlichte Traktat ›Begrebet Angest‹ (›Der Begriff Angst‹), dessen englische Übersetzung genau einhundert Jahre später erschien, so verschlungen, dass schon der

Versuch, es zu lesen, jedermann mit Angst erfüllen muss. Kierkegaard führt dort aus, dass Angst die angemessene Reaktion auf die Erkenntnis sei, dass das Leben nicht vorbestimmt ist, dass wir absolute Freiheit haben, unsere Entscheidungen zu treffen – und vollkommen verantwortlich für das Ergebnis sind. »Wessen Auge veranlasst wird, in eine gähnende Tiefe hinunterzuschauen, der wird schwindlig«, schreibt Kierkegaard. Doch auch wenn dieser Schwindel zermürbend sein kann, ist die Fähigkeit, ihn zu erfahren, das Kennzeichen eines authentisch gelebten Lebens. Nur »in der Geistlosigkeit ist keine Angst«, erklärte er. Die Aufgabe sei nicht, die schrecklich beunruhigenden Gefühle zu vermeiden oder sich von ihnen paralysieren zu lassen, sondern zu lernen, die Bedeutung der Wahlmöglichkeiten, die sie eröffnen, zu erkennen und zu verstehen.

Wahrscheinlich wäre Kierkegaard entsetzt, wenn er sehen würde, wie wir heute Angst als etwas behandeln, von dem man sich befreien sollte, und nicht als Beweis von Freiheit an sich.

Nur phantasielose Dummheit, warnte er, würde ein solch bedeutendes Gefühl als bloße Krankheit abtun.

☛ Siehe auch: UNGEWISSHEIT, SORGE, MUFFENSAUSEN

ANTIZIPATION

›Da wartet nur mal ab‹, sagte Omma.
Die Lichter gingen beinahe aus,
der untere Rand des Vorhangs glühte.
Das liebte ich besonders,
ich habe diesen Moment immer
am meisten geliebt, wenn die Lichter sich

dämpfen, der Vorhang leuchtet,
da weiß man, dass etwas Wunderbares
geschehen wird. Es macht nichts,
wenn das, was gleich als Nächstes kommt,
alles verdirbt; die Erwartung selbst
ist immer reines Glück.
Besser, hoffnungsvoll unterwegs zu sein,
als anzukommen, wie Onkel Perry
immer gesagt hat. Das Vorspiel hat mir auch
immer am besten gefallen.
Na ja. Also nicht immer.
– ANGELA CARTER, ›WIE'S UNS GEFÄLLT‹

Antizipation bedeutet, sich Freude zu stibitzen. Ein unbekümmertes Verbrauchen von Wonnen, die noch gar nicht gesichert sind.

Bis zur Mitte des 19. Jahrhunderts verwendete man den Begriff Antizipation für eine Geldsumme, die ausgegeben wurde, bevor sie verdient wurde: eine vorzeitige Auszahlung der Mitgift, ein Vorschuss auf den Lohn der nächsten Woche. Während sich also manche Emotionen auf das Wetter zurückführen lassen und andere auf landschaftliche Gegebenheiten, ist Antizipation fest in der Geschichte von Wirtschaft und Handel verankert.

Vielleicht ist es dieser Hauch des Anstößigen (»Kein Borger sei und auch Verleiher nicht!«), der manche Erwachsene dazu bringt, die Erwartungen ihrer Kinder stark einzuschränken. Oder es ist schlicht, weil sie die Auswirkungen von ENTTÄUSCHUNG nur zu gut kennen. Sich auf ein Ereignis zu freuen ist eine Sache. Sich in glühenden Farben bis ins Detail auszumalen, was passiert, wenn sich der Vorhang hebt, ist jedoch nichts für Feiglinge. »In der herrlichen Qual der Vorfreude«, schreibt Carter, wussten die Schwestern, dass der Vorhang »bald hochgehen würde, und dann, und dann ... Was für wunderbare Szenen würden sich uns dann enthüllen?«

»Da wartet nur mal ab.«

☞ Mehr zu Gefühlen und Geld findet sich unter: DANKBARKEIT

☞ Siehe auch: NEUGIER, HOFFNUNG

APATHIE

Das Buch fällt Ihnen aus der Hand. Sie starren an die Decke. Der Hund frisst die Pizzareste aus der Schachtel auf dem Fußboden, während ein Telefon – Ihres? Egal! – im Nebenzimmer klingelt und niemand abnimmt. Im Gegensatz zu LANGEWEILE, die darauf drängt, etwas zu tun, zeichnet sich Apathie durch eine grandiose Gleichgültigkeit aus. Für manche ist sie in der Tat die einzig sinnvolle Antwort auf Niedergeschlagenheit und Stress (siehe auch *DOLCE FAR NIENTE*). Doch vor gut 2000 Jahren sprachen ihr Philosophen sogar eine noch erhabenere Rolle zu.

Die Stoiker, deren Schule im 3. Jahrhundert v. Chr. in Athen gegründet wurde und fast 400 Jahre Bestand hatte, lehrten, dass *apatheia* unabdingbar für eine harmonische und gerechte Gesellschaft sei. Das Wort, das von *a-* (ohne) und *pathos* (Leidenschaft) kommt, bedeutete etwas völlig anderes als die schwerfällige Trägheit, die vielen von uns (insgeheim) nur allzu vertraut ist. Die Stoiker glaubten, dass Menschen Emotionen wie Wut und Eifersucht unterdrücken müssten, um rational und gerecht handeln zu können. Sie verstanden Emotionen als einen Prozess in zwei Schritten. Zuerst passierten die »mentalen Stöße«: Nackenhaare, die sich vor Furcht aufstellen, oder der elektrisierende

Schock des Verlangens, wenn zwei Augenpaare sich treffen. Danach folgte die richtige Emotion, ein potenteres Stadium. Ziel stoischer Praxis war zu lernen, die eigenen Empfindungen bei der ersten unwillkürlichen Regung zu unterbrechen und bewusst zu *entscheiden*, ihre Entfaltung nicht zu erlauben. Dabei waren die Stoiker nicht der Meinung, dass alle Emotionen schlecht seien: Den stoischen Idealcharakter beschrieb Mark Aurel »bei aller Leidenschaftslosigkeit« als voller Liebe. Nur die Unruhe stiftenden Gefühle mussten im Hinblick auf das Gemeinwohl gezügelt werden (siehe auch WUT).

Heute erscheint vielen von uns ein solches Leben im wohlwollenden Gleichgewicht als leer oder sogar sinnlos. Vielleicht denken wir auch, dass ein Leben ohne Gefühle wie Neid oder Begehren bloß kalt und spröde wäre. Doch zum größten Teil lässt sich das Misstrauen der Apathie gegenüber, das viele von uns heute hegen, auf den Mord an einer Frau namens Kitty Genovese zurückführen.

Im März 1964 wurde die 28-Jährige auf dem Grundstück eines Wohnhauses in New York City getötet. Der Mord war tragisch, aber nichts Ungewöhnliches. Erstaunlich war aber, was die Zeitungen am nächsten Tag berichteten: 38 Bewohner des Gebäudes hatten Genoveses Schreie gehört und hatten von den Fenstern aus den Überfall beobachtet, ohne die Polizei zu rufen. Zu jener Zeit glaubten viele Sozialpsychologen, dass Menschen, wenn sie Teil einer Menge sind, in Ekstase geraten können. Theorien zum Massenverhalten und »Gruppengeist« gingen von der These aus, dass primitive Emotionen freigesetzt und irrationales, impulsives Verhalten ausgelöst würden, wenn wir Teil einer Masse sind (siehe PANIK). Die Ermordung von Kitty Genovese deutete in eine andere Richtung. Hier hatten die zuschauenden Anwohner anscheinend ihre Alarm- und Mitleidsinstinkte unterdrückt oder aber angenommen, dass jemand anderes schon helfen würde.

Der Genovese-Mord wurde zum Paradebeispiel einer neuen Krankheit, die sich in den Metropolen ausbreitete. Die Psychologen Bibb Latané und John Darley tauften sie »Zuschauerapathie« oder »Zuschauereffekt«. In der folgenden Diskussion wurde Apathie als etwas definiert, das über Taten- oder Teilnahmslosigkeit hinausging. Sie beschrieb den Zustand einer leeren Indifferenz, der entstehen kann, wenn wir von etwas überwältigt sind, und in dem wir keinerlei Motivation oder Zielstrebigkeit verspüren (siehe ÜBERWÄLTIGUNG). Apathie wurde mit einem Gefühl der Niederlage assoziiert – und der Lähmung und Teilnahmslosigkeit, die aufkommen können, wenn wir meinen, dass für die Probleme andere Leute zuständig seien. Psychologen hatten sich bereits zuvor über Teilnahmslosigkeit Gedanken gemacht. Viktorianische Neurologen sorgten sich über »Abulie« oder den Mangel an Willen oder Motivation. Noch früher fürchteten Christen einen Zustand, der später als die Todsünde »Faulheit« (siehe ACEDIA) identifiziert wurde. Doch in den Jahrzehnten nach den Untersuchungen von Latané und Darley haben die Psychologie- und Soziologiestudenten des 20. und 21. Jahrhunderts gelernt, dass Apathie nicht nur eine Angelegenheit von Todsünde oder kranker individueller Psyche ist, sondern heimtückischerweise asoziales Verhalten hervorruft, das ausgerechnet aus dem Zusammenleben in Gruppen entspringt.

Allerdings waren jene ersten Berichte über den Fall Genovese nicht ganz richtig. Der Polizeichef hatte einem Redakteur der ›New York Times‹ gegenüber erwähnt, dass es erstaunlicherweise bei dem Mord 38 Zeugen gegeben habe. Ohne die Quellen zu prüfen, hatte der Journalist eine Geschichte geschrieben, in der 38 Augenzeugen den Mord beobachteten, ohne zu helfen. Eine neuere Untersuchung kam zu dem Schluss, dass nur drei der Anwohner den Überfall als solchen erkannt hatten und tatenlos geblieben waren. Natürlich sind das drei zu viel. Aber die Tatsache, dass die Zahl 38 überhaupt glaubhaft erschien, gibt zu denken. Warum waren die breite Öffentlichkeit und vor allem die Psychologen selbst davon überzeugt?

Heute leiden wir unter einem doppelten Erbe. Einerseits würden wir gern wie die Stoiker etwas weniger unter dem Widerstreit der Leidenschaften leiden, oder wir glauben, dass wir ohne die Beeinflussung durch Gefühle gerechter handeln würden. Andererseits feiern wir Emotionen als ganz wesentliche Triebfeder für alle möglichen Tätigkeiten, sodass der Empfindungsmangel der Apathie uns eher Angst macht. Der Fall Genovese zeigt viel von der Nervosität, die uns angesichts der Apathie befällt, einem Zustand, der uns zu müde macht, um zu wählen, unseren Abfall aufzuheben oder ein Verbrechen anzuzeigen. Und so schwanken wir hin und her und fragen uns, ob Apathie gut oder sehr schlecht für uns ist, bis wir uns, davon vollkommen überwältigt, wieder teilnahmslos aufs Sofa plumpsen lassen.

☞ Siehe auch: VERBLÜFFUNG, RUHE

L'APPEL DU VIDE

Sie gehen auf einem Pfad am Rand einer steilen Klippe entlang und werden von dem schrecklichen Verlangen gepackt, einen Schritt nach vorn zu machen. Ein Schnellzug braust heran und es juckt Sie, sich vor ihn zu werfen. Die Leute sprechen von Höhenangst, aber in Wahrheit hat die Angst vor dem Abgrund häufig weniger mit Fallen zu tun als mit dem verstörenden, unwiderstehlichen Drang zu springen … In Alfred Hitchcocks ›Vertigo – Aus dem Reich der Toten‹ (1958) ist es nicht Schwindel, der James Stewart bei der Verfolgung der selbstmordgefährdeten Kim Novak die maroden Stufen des Glockenturms hinauf lähmt. Hitchcocks genialer Kameratrick, der den Boden des Treppenschachts im Vordergrund verschwimmen lässt, macht den schwindenden Boden zur Verlockung. Stewart hat panische Angst, dass er dieser Verlockung nachgeben könnte.

Die Franzosen haben einen Begriff für diesen zermürbenden Drang: *l'appel du vide*, der Sog der Leere. Vielleicht ist es eine Art Angst einflößendes Spiel, das unser Gehirn spielt, ein Test, der uns daran erinnern soll, wie nah die Gefahr ist. Vor allem aber führt uns, wie Jean-Paul Sartre feststellte, *l'appel du vide* die zermürbende, verunsichernde Erkenntnis vor Augen, dass man seinen eigenen Instinkten nicht trauen kann. Und die Furcht, dass unsere Gefühle mit ihren tückischen irrationalen Impulsen in der Lage sein könnten, uns sehr weit auf Abwege zu bringen.

☞ Siehe auch: PERVERSHEIT, *ILINX*, SCHRECKEN

ARGWOHN

☞ Sind Sie sicher, dass es nicht um PARANOIA geht?

AUSRASTEN

Nachdem in den 1980er-Jahren eine Serie von tödlichen Amokläufen unzufriedener Postangestellter stattgefunden hatte, wurde in den USA der Begriff *going postal* geprägt, der das Ausrasten am Arbeitsplatz beschreibt.

Manche Psychologen betrachten amerikanische Amokläufe –

von denen die in Postämtern ein frühes Beispiel waren – als ein kulturell bedingtes Syndrom. So gibt es auch andere Beispiele einer derartigen Krankheit, die alle eigene Muster und Verhaltensweisen aufweisen. Bei den Gurumba auf Neuguinea befällt *guria* (wörtlich: ein Wildschwein sein) nur junge Männer zwischen 25 und 35. Als Auslöser gilt der Biss eines Ahnengeistes. Es lässt die Männer schwitzen und zittern, durch das Dorf rennen, wahllos wertlose Dinge stehlen und Frauen und Alte mit einem Messer bedrohen (allerdings wird dabei niemand verletzt). Das *guria*-Opfer rennt in den Wald, kommt drei Tage später wieder zurück, und alle Spuren des Wildschweins – so wie die Erinnerung an das Vorgefallene – sind verschwunden. Ganz anders ist *amok* oder *amuk*, das man in Malaysia kennt und das uns die Bezeichnung Amoklauf beschert hat. Hier spielen Delirium und Gewalt die Hauptrolle. Auch *amok* wird der Besessenheit durch einen Geist zugeschrieben, aber üblicherweise wird es durch eine Beleidigung oder Demütigung ausgelöst. Es folgt eine Zeit intensiven Brütens, das schließlich in einer wilden Raserei mündet, bei der die betroffene Person alle tötet, die ihr in den Weg kommen, und dann zum Schluss entweder Selbstmord begeht oder wieder zur Vernunft kommt und nicht mehr weiß und versteht, was passiert ist.

☞ Zu einem anderen kulturell bedingten Syndrom siehe: FERNWEH

☞ Siehe auch: RAGE, MITARBEITERFRUST

AWUMBUK

Nachdem Gäste unser Haus verlassen haben, tut sich eine Leere auf. Die Wände hallen wider, und der Raum, der vorher so vollgestopft war, erscheint jetzt unheimlich groß. Oft sind wir in solchen Momenten erleichtert, können aber auch mit einem dumpfen Gefühl zurückbleiben – als ob sich ein Nebel auf uns gelegt hätte und alles sinnlos erscheint (siehe APATHIE).

Dem indigenen Volk der Baining, das in den Bergen von Papua-Neuguinea lebt, ist diese Erfahrung so vertraut, dass es hierfür einen eigenen Namen hat: *awumbuk**. Die Baining glauben, dass Besucher, die gehen, beim Abschied eine Art Schwere abstoßen, um leicht für die Reise zu werden. Dieser bedrückende Dunst bleibt drei Tage bestehen und löst ein Gefühl von Zerstreutheit und Trägheit aus, was es für die Familie schwer macht, sich um Haus und Ernte zu kümmern. Sobald die Gäste das Haus verlassen haben, stellen die Baining daher eine Schüssel mit Wasser auf, damit dieses über Nacht die faulige Luft absorbiert. Am nächsten Tag steht die Familie sehr früh auf und schleudert das Wasser feierlich in die Bäume. Nun kann das normale Leben wieder beginnen.

☞ Siehe auch: MELANCHOLIE, TRAUER

---

* Der Philosoph Peter Goldie schlug vor, dass ein Wort für die Abgespanntheit, die man beim *Eintreffen* von Familie und Freunden empfindet, gleichfalls hilfreich wäre.

B

BASOREXIE

Der plötzliche Drang, jemanden zu küssen.

 Siehe auch: VERWUNDBARKEIT

BEDROHLICHKEIT

Als die Große Pest Europa um 1350 heimsuchte, muss es mit am schrecklichsten gewesen sein, zu spüren, wie sie immer näher kam. Sie schlängelte sich durch das Land, ein »wurzelloses Phantom«, so der walisische Dichter Jeuan Gethin 1349. Pilger und Reisende verbreiteten die Nachricht von verlassenen Straßen und bejammernswerten Überlebenden. Städte machten ihre Tore dicht, und die Einwohner vollzogen verzweifelte Bußrituale. Die Juden wurden beschuldigt, die Brunnen vergiftet zu haben, Dienstmädchen ins Gefängnis geworfen, weil sie absichtlich die Kleidung infiziert hätten. Aber nichts nützte. Manche Chronisten berichteten, dass in Europa neun von zehn Einwohnern starben. Diese Darstellungen waren mit großer

Wahrscheinlichkeit übertrieben, aber viele dachten, dass der Weltuntergang begonnen habe und Gottes Strafe für irdische Sünden gekommen sei.

Solange einen die Krankheit noch nicht erreicht hatte, konnte man einzig abwarten.

Oft heißt es, dass die Bezeichnung »Schwarzer Tod« von den dunklen Flecken herrühre, die die Haut der Erkrankten überzogen. Wahrscheinlicher aber ist eine Übersetzung des lateinischen *atra mors* – *mors*, Tod, *atra*, dunkel, abscheulich: das bedrohliche Ende.

Im Gegensatz zu Furcht oder Panik, die im Allgemeinen durch eine unmittelbare Gefahr ausgelöst werden, ist Bedrohlichkeit ein fröstelndes Unwohlsein, das man angesichts des herankommenden Schattens einer Bedrohung verspürt, gegen die man nicht viel unternehmen kann. Der englische Begriff (*dread*) umfasste früher auch das Gefühl, wenn man angesichts der ehrfurchtgebietenden Macht Gottes sprachlos wird und sich zu Boden wirft (siehe STAUNEN). Diese religiöse Bedeutung hielt bis ins frühe 20. Jahrhundert an. Deshalb bezeichnen Rastafari sich als Dreads und ihre verfilzten Haare als Dreadlocks.

Doch was manche für eine angemessene Ehrerbietung halten, ist für andere eine Art Defätismus. In seiner Beschreibung des Pestausbruchs im Florenz des 14. Jahrhunderts beklagt Giovanni Boccaccio das bestialische Verhalten und die APATHIE, die die Epidemie hervorgerufen habe. Bauern ließen ihre Tiere und Ernten zurück, manche Männer durchstreiften die leeren Häuser und stahlen Nahrungsmittel, andere saßen Tag und Nacht in Tavernen und verspielten ihre Habseligkeiten. In dieser Atmosphäre düsterer Vorahnungen waren die gesellschaftlichen Regeln außer Kraft gesetzt.

Im Zeitalter des Internets und einer wachsenden Terrorismusgefahr klingt das Gefühl einer leisen Bedrohung wahrscheinlich in uns allen mit. Und durch den heutigen Luftverkehr können sich Epidemien so schnell ausbreiten, dass sich das Herannahen einer Krankheit weniger wie das Treiben eines »wurzellosen Phantoms« anfühlt, sondern eher wie ein Hüpfkästchenspiel quer über den Globus. Bei jeder neuen Pandemie – AIDS, Vogelgrippe, Ebola – wird es schwieriger, die Augen davor zu verschließen. Und da sich Bedrohlichkeit aus Gerüchten und Falschinformation speist, stellt das Internet die ideale Petrischale dar (siehe auch: CYBERCHONDRIE). Manche geraten dann in Panik und horten Medikamente, während die Regierungen Gesundheitskontrollen an den Grenzen anordnen. Aber den meisten von uns bleibt kaum eine andere Wahl, als in einer eisigen, zähen Hilflosigkeit zu versinken – und zu hoffen, dass es nicht zu nah herankommt.

☞ Siehe auch: PANIK

BEFRIEDIGUNG

Sandy pfeffert ihre Pompons auf den Boden: »Du bist ein Lügner und ein Blender und ich wünschte, ich hätte dich nie getroffen!« Danny ist total geknickt – aber Rizzo, die das Aufeinandertreffen der beiden eingefädelt hat, ist begeistert. Ihre Augen glänzen, ihr Gesicht hellt sich auf. Diese Szene aus ›Grease‹ enthält eines der besten Lächeln der Filmgeschichte: schadenfroh, verächtlich und absolut selbstzufrieden. Rizzo hatte ihre Revanche.

Wir lächeln aus allen möglichen Gründen: Entzücken, Fröhlichkeit, Ungläubigkeit. Es gibt das gequälte Lächeln. Und das Grinsen der Cheshire-Katze, der Grinsekatze aus ›Alice im Wunderland‹. Aber ein Lächeln hat eine besonders interessante Geschichte: das befriedigte Lächeln. Es kann voller SIEGES-

FREUDE oder ZUFRIEDENHEIT sein, irritierend selbstgefällig oder ironisch und gequält (der Ausdruck, den die Italiener *il sorriso di chi la sa lunga* nennen, das Lächeln dessen, der die ganze Geschichte kennt). Egal, welche Form dieses befriedigte Lächeln jeweils hat, es erlebte eine Blütezeit im Frankreich des 18. Jahrhunderts, als die Pariser – kurzzeitig – lernten zu lächeln.

Diese »Revolution des Lächelns« lässt sich zu einer Gruppe von Naturphilosophen zurückverfolgen, die Mitte jenes Jahrhunderts aktiv waren. Sie bezeichneten ihre Zeit als *le siècle des lumières*, Zeitalter der Lichter, der Aufklärung, befreit von der Düsternis und der Unterdrückung durch kirchengesteuertes Wissen. Die Philosophen stellten sich als frei, wissensdurstig und glücklich dar. Für sie war ein Lächeln die ideale emotionale Haltung, um der Welt zu begegnen. »Man muss über alles lachen«, sagte Voltaire. Und tatsächlich zeigt eine Büste von ihm einen leicht schelmischen Ausdruck (auch wenn Voltaire es selbst das Grinsen eines »verkrüppelten Affen« nannte). Jedenfalls zeigt sie keinen Mann, der von Sehnsüchten geplagt oder von Zweifeln gequält wird, sondern einen, der neugierig ist und ruhige Zuversicht ausstrahlt. Sie verrät etwas von dem Gefühl, das heutige Selbsthilfegurus als »Selbstverwirklichung« bezeichnen. Jene *philosophes*, die unter den Herausgebern Denis Diderot und Jean d'Alembert die große Bibel der Aufklärung schufen, die 35-bändige der Wissenschaft und dem säkularen Denken gewidmete ›Encyclopédie‹, nannten dieses Gefühl »Befriedigung« oder »innere Zufriedenheit«.

Mit Befriedigung war ursprünglich die Bezahlung von Schulden oder die Erfüllung einer Verpflichtung gemeint. Ganz besonders galt das für das richtige Maß an Buße, um eine Sünde aufzuwiegen (siehe GEWISSENSBISSE). So steht diese Bedeutung in der ›Encyclopédie‹ an erster Stelle, aber die Autoren fügten auch Überlegungen hinzu, Befriedigung als Sentiment (so ihr Wort für Emotion) zu betrachten. Sie glaubten, dass ein

Gefühl von Befriedigung, das sie manchmal auch »Zufriedenheit« nannten, aufkäme, wenn man sein Können auf angemessene Weise einsetzen würde. Unzufriedenheit oder Ruhelosigkeit würde dagegen entstehen, wenn man bestimmte Fertigkeiten besäße, sie aber nicht zum Zuge kämen. In gewisser Weise nehmen diese Diskussionen im 18. Jahrhundert die heutige Beschäftigung mit »Jobzufriedenheit« vorweg. Für diese Autoren der Aufklärung war die Befriedigung, ihr Vermögen zu nutzen (wir würden heute von Können oder Fähigkeiten sprechen), eine »stille Freude« und »das angenehmste Gefühl von allen«.

Im Verlauf der Unruhen, die zur Französischen Revolution 1789 führten, entfernten sich manche französischen Aristokraten von der Steifheit bei Hofe und übernahmen die Haltung der *philosophes*. Frühere Generationen der Oberschicht wurden mit fest geschlossenen Lippen porträtiert – vielleicht wollten sie verhindern, dass man die Stümpfe ihrer verfaulten Zähne sah, oder sie fürchteten, unschicklich zu erscheinen, denn auf Gemälden waren nur Bauernknechte und Dienstboten mit aufgesperrtem Mund zu sehen. In den 1780ern begann jedoch Lächeln die Wände von Versailles aufzuhellen. Es wurde zu einem Symbol für Fortschrittlichkeit wie für Wohlstand – denn nur die Reichsten konnten sich das neue prestigeträchtige Lächeln leisten, das den damaligen Fortschritten der Zahnheilkunde zu verdanken war. Doch ob *philosophes* oder Aristokraten, die Pariser konnten sich nicht sehr lange an ihrem selbstzufriedenen Lächeln erfreuen. Zum Zeitpunkt der Septembermassaker 1792, bei denen der Pariser Mob Tausende tötete, die als Royalisten galten, wurden sie gemeinhin heftig schreiend abgebildet.

Rund 150 Jahre später, in den 1950ern und 1960ern, konnte man durch die Straßen jeder beliebigen amerikanischen Stadt laufen und wurde vom ermunternden Lächeln auf den Reklametafeln angestrahlt. Weitere Fortschritte der Zahnheilkunde speisten die Bereitschaft der Anzeigenkunden, Produkte mit einem Lächeln zu verkaufen – wobei die amerikanische Begeisterung für FRÖHLICHKEIT sicherlich auch eine Rolle spielte. Lächelnde Hausfrauen verbreiteten das Bild eines befriedigenden – nicht zuletzt auch eines sexuell befriedigenden – Lebens. Dieses besondere befriedigte Lächeln ist auch auf den ursprünglichen Plakaten für ›Grease‹ zu sehen. Während Danny (John Travolta) mit einem Schmollmund schmachtet, sieht man Sandy (Olivia Newton-John) in ihrem neuen »verruchten« Outfit, die Lippen zu einem Lächeln geöffnet, sodass alle ihre perfekten, perlmuttweißen Zähne sehen und beneiden können.

▻ Siehe auch: SELBSTGEFÄLLIGKEIT

BELEIDIGTSEIN

Jetzt hören Sie mir zu … Dieser Mann hat keinen harten Schlag … er ist langsam, er ist plump, er hat keine Beinarbeit, er ist ungeschickt … Dieser Mann hat genau zwei Chancen, erstens eine geringe und zweitens gar keine.
– MUHAMMAD ALI IM INTERVIEW MIT DAVID FROST 1974

Es ist Muhammad Ali zu verdanken, dass Sprücheklopfen ein so bedeutender Teil des Boxsports geworden ist. Seine virtuosen Beleidigungen an die Adresse des Schwergewichts-Weltmeisters George Foreman – im Vorfeld des »Rumble in the Jungle« – sind legendär. Heute verbreiten Boxer Monate vor einem Kampf Beleidigungen in den sozialen Medien – je witziger, desto besser. Und die Tatsache, dass sie das als effektive Möglichkeit betrachten, den Gegner aus dem Takt zu bringen, sagt viel darüber, wie es sich anfühlt, beleidigt zu werden.

In der Hauptsache ist es ein SCHOCK: ein plötzlicher und irritierender Verlust des Ansehens. Im einen Moment fühlt man sich geachtet, im nächsten – rums! – der Lächerlichkeit und Verachtung preisgegeben. Am meisten schmerzen die Beleidigungen, die aus dem Nichts kommen. Sie bringen uns durcheinander und machen uns fassungslos.* Das ist aber nicht der einzige Grund, warum Boxer Beleidigungen austeilen. Sie wollen ihre Gegner nicht bloß nervös machen. Sie wollen sie auch reizen, bis sie blind vor Wut um sich schlagen und so schon im Vorfeld müde werden.

Boxen mag als ein Sport erscheinen, der von Wut und Aggression getragen wird. Doch wie Ihnen jeder Boxer bestätigen wird, ist der Kämpfer, der beim Ertönen des Gongs rot sieht, derjenige, der verlieren wird – weil ihn der Zorn überwältigt.

☞ Siehe auch: VERWIRRUNG

BESTÜRZUNG

Auf ihrem Bild ›Here‹ (1987) ist das Künstlerpaar Gilbert & George vor einer Fotomontage des Ridley Road Market im Londoner Stadtteil Hackney zu sehen. Müll liegt auf der Straße. Ein Auto parkt quer, als wäre es ins Schleudern gekommen. Zu jener Zeit war dies eine bitterarme Gegend, die nach Wellen von Rassenunruhen und Zusammenstößen mit der Polizei aufgegeben und sich selbst überlassen worden war.

---

* Dieses unangenehme Gefühl nennen die Franzosen *l'esprit d'escalier*, »Treppenwitz«: Die ultimative Antwort fällt einem erst dann ein, wenn man den Schauplatz der Auseinandersetzung verlassen hat und sich bereits auf der Treppe zum Ausgang befindet.

Die Künstler stehen aufrecht und mit leerem, fast erschrockenem Gesichtsausdruck da. Dies ist kein Appell oder eine Geste der Empörung (»Tut etwas!«), sondern eine Art hilflosen Achselzuckens: »Was sollen wir tun?«

Bestürzung ist eine Mischung aus Entsetzen und Lähmung. Sie kann uns total sprachlos machen wie STAUNEN oder VERWIRRUNG und uns wie im SCHOCK die Augen verschließen. Bestürzung oder Konsternation kommt vom lateinischen *consternatio*, dessen erstgenannte Bedeutung »das Scheuwerden« ist.

In den Romanen von Charles Dickens fallen lächerliche Männer und übersensible Frauen bestürzt in Ohnmacht. Im 12. und 13. Jahrhundert allerdings, als die mittelalterlichen Liebesgedichte entstanden, ließen übermächtige Gefühle sogar die Helden regelmäßig umkippen. Lancelot fällt in Ohnmacht, als er einen Kamm mit Haaren von Guinevere sieht. Boeve wird bewusstlos, als er entdeckt, dass Josiane tot ist. Ihre Ohnmachten galten nicht als unmännlich, sondern zeigten die Tiefe ihrer Leidenschaft und ließen sich mit den medizinischen Vorstellungen der damaligen Zeit gut begründen.

Die mittelalterliche Medizin war der Ansicht, dass das Herz durch eine extreme Emotion eingeschnürt und zusammengedrückt wird und dadurch die Lebensgeister, die den Körper beseelen, blockiert werden. In Chaucers ›Troilus und Cryseide‹, das in den 1380ern geschrieben wurde, sind die Folgen nachzulesen. Die Liebenden verbringen die erste gemeinsame Nacht. Troilus wird von Eifersucht übermannt und bezichtigt Cryseide der Untreue. Sie ist außer sich über diese Anschuldigung. Er wiederum ist bestürzt über die Qual, die er verursacht hat. Er fällt auf die Knie, sprachlos mit gesenktem Haupt: »Was sollte er sagen? Er fühlte sich dem Tode nahe.« Das Gefühl ist so tief, dass »ihm die Verzweiflung das Herz so eng« macht. Seine Lebensgeister stecken nun fest und es kommen ihm nicht einmal mehr die Tränen. Schließlich verliert er das Bewusstsein: »Jede Wahrnehmung seines Kummers, seiner Ängste, überhaupt jedes Gefühl hatte sich davongemacht, und plötzlich sank er ohnmächtig nieder.«

Heute wird von Ohnmachten aufgrund übermächtiger Gefühle immer noch ab und an in Medizinzeitschriften berichtet (beispielsweise können Liebe und Entsetzen einen Menschen in Ohnmacht fallen lassen). Wer unter dem Stendhal- oder Florenz-Syndrom leidet, dem wird vielleicht bei Hochzeiten oder im Krankenhaus schwindlig, insbesondere aber dann, wenn er vom Anblick besonders schöner oder zahlreicher Kunstwerke überwältigt wird. Benannt ist das Syndrom nach dem französischen Schriftsteller Stendhal, der im 19. Jahrhundert lebte. Bei seinem Florenzbesuch war er so ergriffen von der Schönheit an jeder Straßenecke, dass er »bis zum Äußersten erschöpft« war »und fürchtete umzufallen«. Manchmal ist die einzige Antwort auf jede Art von überwältigendem Gefühl, auf den Boden zu sinken und dort einfach liegen zu bleiben.

☞ Siehe auch: GEWISSENSBISSE, LIEBE

BRANDIS

Man weiß genau, dass es keine gute Idee ist und der Schuss wahrscheinlich nach hinten losgehen wird. Aber man kann es sich einfach nicht verkneifen, man will wissen, was passiert, wenn …

In dem Buch ›Der tiefere Sinn des Labenz‹ haben Douglas Adams und John Lloyd (und für die deutsche Ausgabe der Übersetzer Sven Böttcher) diesem Hauch von Gefühl einen eigenen

Namen gegeben. Brandis: »Außerordentlich geneigt festzustellen, wie weit man bei jemandem gehen kann, bis ihm der Kragen platzt.«

☞ Siehe auch: PERVERSHEIT, *ILINX*

BRÜTIGKEIT

Bei der Frau: der mütterliche Wunsch,
ein (weiteres) Kind zu bekommen.
– ›OXFORD ENGLISH DICTIONARY‹

Erst seit den 1980ern wird dieser Begriff, der sich ursprünglich auf den Brüte-Instinkt von Hennen bezieht, auch auf Frauen angewendet. Ein Dufthauch vom Kopf eines Babys genügt und die nichts ahnende Frau wird von einer Flutwelle hormongesteuerter Lust auf ein Kind mitgerissen ... so oder ähnlich lautet das Klischee.

Die Erfindung dieses neuen Gemütszustands und seine Definition »bei der Frau« ist kein Zufall. (Männer begannen übrigens erst Ende der 1990er, auf sich selbst bezogen von »brütig werden« zu reden. Allerdings steht hier die Anerkennung durch das ›Oxford English Dictionary‹ noch aus.) Die Definition dieses neuen Gefühls erfolgte gut zwanzig Jahre, nachdem die Pille ledigen wie verheirateten Frauen auf breiter Basis zugänglich geworden war. Als Kinder zu bekommen nicht mehr unvermeidlich, sondern eine Sache der persönlichen Entscheidung wurde, erklärte man Brütigkeit, kombiniert mit allgemeiner Niedergeschlagenheit, als den machtvollen emotionalen Antrieb, sich fortzupflanzen.

Der Kinderwunsch ist nicht bloß ein kulturelles Konstrukt

oder eine Besonderheit in Gesellschaften mit niedriger Geburtenrate. Er kann zutiefst schmerzhaft sein, ein Gefühl, dass einem etwas fehlt, eine Sehnsucht, die sich zeitweise ähnlich anfühlt, wie wenn man von einem geliebten Menschen oder seinem Zuhause getrennt ist (siehe *HIRAETH*, *VIRAHA*). Und wie die Wolken, die der Sturm am Horizont ausbrütet, bringt der Wunsch nach einem Kind weitere emotionale Wetterstürze mit sich: HOFFNUNG auf eine Zukunft voller Liebe; SORGE, dass man abgehängt wird, während die Familien der Freunde gedeihen; die SEHNSUCHT nach den in Aussicht gestellten Freuden; TRAURIGKEIT bei dem Gedanken, dass sie ausbleiben könnten.

Es ist herabsetzend, Brütigkeit auf das Ticken simpler animalischer Hormone zu reduzieren. Doch es gibt eine lange Tradition dafür, Frauen mit ihren Emotionen als Sklaven ihrer mysteriösen Biologie zu betrachten, etwa bei dem Krankheitsbild Hysterie oder der »nervösen Gebärmutter« (siehe ENTTÄUSCHUNG). Das geht zurück auf Platons Dialog ›Timaios‹, in dem es heißt: »... die Gebärmutter [ist wie ein Tier], welches die Begierde nach Kinderzeugung in sich trägt und daher, wenn es, zur Reife gelangt, lange Zeit ohne Frucht bleibt, in Aufregung und Ungeduld versetzt wird, überall hin durch den Körper ... umhertreibt ... und die äußersten Beängstigungen und allerlei andere Krankheiten verursacht.«

Platons Gerede von der wandernden Gebärmutter klingt heute wie ein Auswuchs unwissenschaftlicher antiker Spinnereien. Doch dafür, dass Brütigkeit angeblich eine Emotion sein soll, die Frauen derartig beherrscht, ist sie auch heutzutage noch wenig erforscht. Psychologen haben sie mit einem erhöhten Sexualtrieb in Verbindung gebracht, was auf den ersten Blick recht offensichtlich erscheint, keineswegs mehr aber dann, wenn man bedenkt, dass dieses Gefühl auch mit Niedergeschlagenheit, mit einem depressiven Zustand, verbunden wird. Man ist sich auch darüber uneinig, ob es sich um eine Emotion handelt, die überwiegend Frauen erfahren, oder ob sie nicht bei Männern ebenso – und sogar stärker – ausgeprägt sein kann. Soziologische Studien zum Kinderwunsch bei ungewollt kinderlosen Männern enthüllten eine verborgene Welt komplexer Emotionen, zu denen Kummer und Schuld, Einsamkeit und Wut gehörten. Es stellte sich dabei heraus, dass sich in einer solchen Situation vierzig Prozent der Männer, aber nur dreißig Prozent der Frauen »deprimiert« fühlten.

Es gibt also hinsichtlich der Brütigkeit ein Durcheinander, und das muss entwirrt werden. Denn wenn suggeriert wird, dass es für Frauen biologisch unvermeidlich ist, »brütig« zu sein, dann müsste man ja daraus schließen, dass alle Frauen, die sich gegen Kinder entscheiden, unweigerlich darunter leiden. Und alle, die nicht so verrückt nach Babys sind, müssten von sich annehmen, dass ihnen ein wesentliches weibliches Gefühl abgeht und sie schon deshalb nicht für die Mutterschaft geeignet sind.

Nichts davon ist wahr.

☞ Siehe auch: TORSCHLUSSPANIK, KINDERLIEBE

C

CYBERCHONDRIE

Angst, man zeige »Symptome« einer »Krankheit«, die durch Recherchen im Internet gespeist wird.

☞ Siehe auch: PARANOIA

DANKBARKEIT

Es mag »kitschig« erscheinen, »naiv« im besten Fall und »blöd« im schlimmsten, so die Psychologin Sonja Lyubomirsky von der University of California. Doch ihre Experimente zeigten wiederholt, dass das Führen eines Dankbarkeitstagebuchs – das Aufschreiben einiger Dinge, über die wir am Ende eines Tages meist glücklich sind – einen messbaren Unterschied bei der Selbsteinschätzung von Glücklichsein bewirken kann. Vielleicht hat Ihr Nachbar Ihre Mülltonne rausgestellt oder Sie haben auf dem morgendlichen Weg zur Arbeit ein wunderschönes, mit Raureif überzogenes Spinnennetz entdeckt. Vielleicht ist Ihr Flugzeug sicher gelandet oder Ihrer Mutter geht es besser. Lyubomirskys Definition von Dankbarkeit beruht darauf, die eigenen »positiven Erfahrungen« zu zählen. Und ihre Arbeit hat dazu geführt, dass das Dankbarkeitstagebuch zu einem der Eckpfeiler der positiven Psychologie geworden ist. Das ist eine Strömung, die darauf abzielt, so einer ihrer Begründer, der Psychologe Martin Seligman, »das Leben normaler Menschen glücklicher ... zu machen«.

Besonders reizvoll an Dankbarkeit ist die Art und Weise, wie sie jene Gefühle von Unzulänglichkeit und Sehnsucht ausschaltet, die das Konsumdenken beflügeln. Es kostet nicht nur nichts, bewusst seine »positiven Erfahrungen« zu zählen, sondern es macht uns auch glücklich mit dem, was wir bereits besitzen, und kann uns so vor der Unersättlichkeit des freien Marktes schützen. Das allerdings war nicht immer der Fall.

Wieso führt EUPHORIE zu einer Blase am Aktienmarkt? Oder PANIK zu einer Wirtschaftskrise? Emotionen sind ein bedeutendes Element für die moderne Wirtschaftswissenschaft, aber wir sind nicht die Ersten, die über die Verbindung zwischen Geld und Gefühlen nachdenken. Adam Smith, Philosoph und Ökonom des 18. Jahrhunderts und einer der Architekten des modernen Kapitalismus, ist vor allem für den von ihm geprägten Begriff der »unsichtbaren Hand« des freien Marktes bekannt. Aber er schrieb auch viel über das, was er »Empfindung oder Neigung des Herzens« nannte, und sah beides als untrennbar miteinander verbunden. Für Smith war Dankbarkeit ein zentrales Element einer prosperierenden Gesellschaft: Für ihn war sie nicht nur das angenehme Gefühl, für Gutes dankbar zu sein, sondern auch Auslöserin des Wunsches, jene zu belohnen, die uns helfen. Dankbarkeit ist »ein Wiedervergelten, Zurückzahlen, Wiedererstatten, und zwar von Gutem für Gutes«, schrieb er. Er glaubte auch, dass diese Auswirkungen sich durch das Prinzip der mitfühlenden Resonanz auf andere übertragen konnten (siehe EMPATHIE). Selbst wenn Sie nur Zeuge von Großzügigkeit sind, würden Ihre Dankbarkeitsknospen angeregt und Sie sähen sich veranlasst, die Güte zurückzuzahlen, indem Sie jemand anderem etwas Gutes tun.*

---

* Smiths Theorie würde ganz sicher den kanadischen Ureinwohnern Utku einleuchten. Sie unterscheiden nicht zwischen Gefälligkeit und Dankbarkeit, sondern benutzen ein Wort für beides: *hatuq*. In der Literatur zur positiven Psychologie wird eine Version dieses Prinzips »Pay it Forward« genannt.

Im 19. und 20. Jahrhundert waren Philosophen und Psychologen, die über Gefühle schrieben, offenbar am Dankbarkeits-Thema weit weniger interessiert. In Darwins ›Der Ausdruck der Gemütsbewegungen bei dem Menschen und den Tieren‹ wird Dankbarkeit nicht besonders ausführlich erörtert, und sie erscheint auch nur selten auf den vielen Listen von Emotionen, die Psychologen in den hundert Jahren danach aufgestellt haben. Diejenigen, die über Dankbarkeit geschrieben haben, haben sie eher als Belastung gesehen. Beispielsweise führte der Harvard-Psychologe William McDougall 1929 aus, dass sie komplexe und widersprüchliche Gefühle auslösen könne, und zwar nicht nur Ehrfurcht und Bewunderung, sondern auch NEID, GROLL und VERLEGENHEIT. (Einige dieser Unannehmlichkeiten haben in anderen Sprachen einen eigenen Begriff: In Japan gibt es *arigata-meiwaku*, was in etwa bedeutet, dass jemand darauf besteht, Ihnen einen Gefallen zu tun, obwohl Sie das nicht wollen. Und wenn Sie das nicht verhindern können, verpflichtet Sie die Konvention, trotzdem dankbar zu sein. Siehe auch *OIME* und *GRENG JAI*.) Während Smith sich Dankbarkeit als ein horizontales Netzwerk des Austausches vorstellte, betrachtete McDougall sie vielmehr wie Mitleid. Er war der Meinung, dass sie Machthierarchien bestärke, indem Wohltäter in Not befindlichen Empfängern etwas schenkten und Letzteren damit schmerzlich klargemacht werde, dass sie sich nicht selbst helfen können. Aus diesem Grund glaubte McDougall, dass Dankbarkeit ein »negatives Selbstgefühl« oder, wie wir heute sagen, ein niedriges Selbstwertgefühl verursache (siehe WOHLFÜHLEN IN SEINER HAUT). Offenbar war für McDougall, der am Vorabend der Weltwirtschaftskrise schrieb, die Balance zwischen dem Wunsch nach Autonomie sowie der Wertschätzung wirtschaftlicher Unabhängigkeit auf der einen Seite und dem Eingestehen irgendeiner Bedürftigkeit auf der anderen eine schwierige und komplexe Angelegenheit.

Nach Jahren in der psychologischen Wüste ist Dankbarkeit wieder in Mode gekommen. Aber anders, als sie vorher war. Das Gefühl von Verpflichtung, das für Smith so entscheidend und für die Psychologen Anfang des 20. Jahrhunderts so belastend war, wurde fallengelassen. Lyubomirsky und ihre Kollegen definieren Dankbarkeit jetzt als »ein Gefühl von Wunder, des Danks und der Wertschätzung« (Wunder – siehe auch STAUNEN – ist dabei besonders bemerkenswert, weil es nahelegt, dass hier kein anderer Mensch vermittelnd beteiligt ist). Als wichtigster Aspekt der Dankbarkeit gilt es, die positiven Gefühle der dankbaren Person bestmöglich zu stärken. Sich die Dinge, die uns glücklich machen, vor Augen zu halten, hilft laut Lyubomirsky zuverlässig, die Stimmung zu heben, denn so können wir aus jeder Situation etwas Positives ziehen. Diese Art von Dankbarkeit hält uns davon ab, Dinge als gegeben anzusehen, und wirkt dadurch auch einem Effekt entgegen, den Psychologen als »hedonistische Adaption« bezeichnen, die nur allzu vertraute Erfahrung, dass man sich schnell an die guten Dinge im Leben gewöhnt und sie einen schließlich nicht mehr so glücklich machen. Dankbarkeit zu praktizieren, macht es leichter, die unausweichlichen Enttäuschungen im Leben zu ertragen, weil sie uns hilft, die positiven Seiten zu sehen. Und sie verringert die Qualen durch Neid und Gier, weil wir durch sie besser schätzen können, was wir bereits haben (statt uns mit dem zu beschäftigen, was wir glauben, haben zu müssen).

All dies sind die beeindruckenden positiven Ergebnisse, wenn man ein Dankbarkeitstagebuch führt. Verwunderlich ist aber, dass in Lyubomirskys Studie die Wechselwirkung der Dankbarkeit, die Adam Smith so wichtig war, nur einmal kurz erwähnt wird: »Es heißt auch, dass das Ausdrücken von Dankbarkeit ethisches Verhalten wie Helfen erhöht und dazu beiträgt, soziale Bindungen aufzubauen.« Es scheint einem stillen Wandel zu unterliegen, wie wir Dankbarkeit empfinden.

Offenbar schätzen wir sie mittlerweile weniger wegen ihres Potentials, Mitgefühl zu wecken, als dafür, dass wir uns selbst durch sie gut fühlen.

☞ Siehe auch: MITGEFÜHL, *WARM GLOW*

DEMUT

☞ Siehe DEMÜTIGUNG (die ist wichtiger).

DEMÜTIGUNG

Im Frühjahr 1863 erklärte Abraham Lincoln in einer öffentlichen Bekanntmachung den 30. April zum »Nationalen Tag der Demütigung, des Fastens und des Gebets«. Amerika habe sich, so führte er aus, »am ungebrochenen Erfolg berauscht« und sei »zu dünkelhaft … zu stolz« geworden. Der Bürgerkrieg, der das Land verheere, sei die Strafe Gottes für diese Arroganz. Einzig Buße, Gebet und Fasten, die zu einem gemeinsamen Gefühl der Demut führen sollten, könnten ähnliche Gräuel in Zukunft verhindern.

Nur die wenigsten Menschen möchten regelmäßig gedemütigt werden – außer natürlich, wenn sie sich das explizit wünschen und Latex mit im Spiel ist. Meistens ist eine Demütigung unwillkommen, eine Strafe und nichts, wonach man aktiv strebt. Wie VERLEGENHEIT ist Demütigung etwas, das einem vor Publikum widerfährt, und wie bei SCHAM möchten wir dabei im Boden versinken. Wesentlich ist bei der Demütigung das Element von KLAUSTROPHOBIE, das Gefühl, in einer herabsetzenden Lage gefangen zu sein. Es schwingt mit, wenn wir Objekt der Verachtung anderer sind: Wenn auf dem Spielplatz andere Kinder über unsere Zahnspange lachen oder wenn wir feststellen müssen, dass außer uns selbst jeder im Dorf von der Affäre wusste. Wenn man also heutzutage von Demütigung spricht, meint man ein Gefühl der Herabsetzung – und nicht selten den Beginn eines Kreislaufs gefährlicher Vergeltung. »Alle Grausamkeiten und Brutalitäten, selbst ein Genozid, beginnen mit der Demütigung einer einzelnen Person«, so der Friedensnobelpreisträger und frühere UN-Generalsekretär Kofi Annan. Aus diesem Grund, weil sie den Wunsch nach Rache um jeden Preis speist, wurde Demütigung auch als »Atombombe unter den Emotionen« bezeichnet (siehe auch GROLL).

Das ist weit weg von Lincolns »Nationalem Tag der Demütigung« und seinem Appell, die Menschen sollten ihren gefährlichen Stolz zügeln. Damals propagierten manche christlichen Gemeinschaften bestimmte Rituale der Buße, etwa in Sack und Asche zu gehen oder altbackenes Brot zu essen, während andere üppig speisten. Demütigung sollte bescheiden und respektvoll machen und an das Ende allen Lebens erinnern – in dem lateinischen Wort *humiliare* (demütigen) steckt das Wort *humus* (Boden, Erde). Praktizierte Demut gehört auch heute noch zu vielen Religionen der Welt. Die indischen Jainas zum Beispiel vertreten eine Lehre der äußersten Gewaltlosigkeit. Das soll sie tagtäglich daran erinnern, dass alle Lebewesen gleich sind und die Menschen sich nicht über andere Lebewesen erheben sollen. Doch den Menschen fällt es keineswegs immer leicht, ihre erhabene Position zu verlassen. Vielleicht war es diese bittere Erfahrung, die den französischen Abt Bernhard von Clairvaux im 12. Jahrhundert bei dem Versuch, seinen Brüdern Demut aufzuerlegen, zu dieser Warnung veranlasste: »Wie viele werden gedemütigt, ohne demütig zu sein!« Manche reagierten stattdessen mit Wut.

Es lässt sich nicht leicht bestimmen, wann genau Demütigung und Demut sich voneinander entfernt haben. »Alle Menschen sind frei und gleich an Würde und Rechten geboren«, lautet der erste Satz von Artikel 1 der ›Allgemeinen Erklärung der Menschenrechte‹ der Vereinten Nationen, die 1948 verkündet wurde. »Niemand darf der Folter oder grausamer, unmenschlicher oder erniedrigender Behandlung oder Strafe unterworfen werden«, steht im Artikel 5. Einen Gefangenen absichtlich zu demütigen, gilt als grober Verstoß gegen seine Menschenrechte. Aber die Forderung an uns selbst, dass wir demütig sein sollten? In gewisser Hinsicht ist das sogar wieder in Mode gekommen, ruft allerdings weiterhin Wut hervor. Die Forderung »Check your privilege« (Überprüfe deine Privilegien), die in manchen Blogs und bei Twitter aufgestellt wurde, stieß auf Kritik, weil dadurch eine kritische Auseinandersetzung unterdrückt werde. Wenn man sich jedoch vor Augen führt, wie das Wort Demut ursprünglich gemeint war, dann kann man die Aufforderung, so etwas wie Demut zu empfinden, als Appell dafür sehen, sich vor Augen zu führen, dass das eigene Glück und die eigenen Erfolge genauso das Ergebnis von Klassenzugehörigkeit, Familie, Geschlecht, Rasse, Herkunftsland und Zufall sein können wie das eigener Anstrengungen. Das ist dann nicht die verlogene, speichelleckerische Demut, die Uriah Heep in Charles Dickens' Roman ›David Copperfield‹ an den Tag legt, der immer so »demütig« ist, oder die falsche Bescheidenheit von irgendwelchen Berühmtheiten, sondern es steht für die Anerkennung der Tatsache, dass das Gute in unserem Leben nicht immer nur unser eigenes Werk ist, sondern auch von anderen Menschen abhängt.

☞ Siehe auch: DANKBARKEIT, *MALU*

DÉPAYSEMENT

Am 16. Februar 1981 ließ sich die französische Künstlerin Sophie Calle als Zimmermädchen in einem Hotel in Venedig einstellen. Jeden Tag, wenn sie die Zimmer der Gäste reinigte, notierte sie den Inhalt der Koffer und der Abfallkörbe und machte Fotos davon. Eine Ansichtskarte des Markusdoms. Ein Italienisch-Lehrbuch mit Eselsohr. Zugfahrpläne und Freizeitkleidung. Tabletten und Tagebücher. Ein zerrissener Liebesbrief, der einen Besuch in Harry's Bar beschreibt.

Daraus wurde ein Kunstwerk mit dem Titel ›L'Hôtel‹. Gezeigt werden die Fotografien und daneben die Beschreibungen. Es weckt das Gefühl von Desorientiertheit, das man an fremden Orten verspürt. Es erzählt vom Enträtseln einer fremden Sprache und vom Spähen auf merkwürdige Währungen. Davon, dass man durch unbekannte Straßen geht, in denen man immer wieder auf das gleiche Wahrzeichen stößt. Vom Gefühl der Freiheit und Anonymität, das es erlaubt, vor Urlaubsaffären zu fliehen. Schon die Form von Calles Kunstwerk ruft das Gefühl von Fremdsein hervor. Jeder fragmentarische Hinweis zieht uns ins Geschehen, lädt uns ein, uns vorzustellen, wer die Zimmerbenutzer sind – gibt aber nie ganz ihre Geheimnisse preis.

In Frankreich bezeichnet man das Gefühl, ein Außenstehender zu sein, mit *dépaysement* (wörtlich: Entheimatung). Das ist manchmal frustrierend, weil man das Empfinden hat, nicht dazuzugehören und nicht am richtigen Ort zu sein (siehe MEHRDEUTIGKEITSPHOBIE, PARANOIA). Und dann plötzlich, aber nur manchmal, wirbelt es hoch zu einer Art Leichtsinn, wie er nur entsteht, wenn man weit weg von zu Hause ist. Wenn die unwahrscheinlichsten Abenteuer möglich scheinen. Und die Welt wieder ganz neu ist.

Die Franzosen scheinen besonders fasziniert von Emotionen zu sein, die mit Desorientiertheit zu tun haben (siehe *ILINX*, *APPEL DU VIDE*).

☞ Siehe auch: FERNWEH

DOLCE FAR NIENTE

Das Vergnügen, nichts zu tun.

☞ Siehe auch: SORGLOSIGKEIT

EIFERSUCHT

Sie müssen Vertrauen haben. Ist es das, was Sie sich immer wieder sagen? Wenn Sie sehen, wie eine E-Mail rasch weggeklickt wird und ein strahlendes Lächeln – zu strahlend? – auf dem Gesicht erscheint. Oder wenn die Tür bei einem Anruf leise geschlossen wird. Oder wenn auf das späte Heimkommen in derangiertem Zustand nur eine dahingemurmelte Erklärung folgt. Sie müssen vertrauen. Aber es beschäftigt Ihre Phantasie. Der Flirt, der Kuss. Die Pläne. Machen Sie sich von den Gedanken frei. Atmen Sie tief durch. Starren Sie die Tasche an (aber öffnen Sie sie nicht!). Starren Sie den Mantel an (aber durchsuchen Sie ihn nicht!).

Wir können unser Leben lang versuchen, die Auswirkungen der Eifersucht zu vermeiden. Sie ist überwiegend eine private Qual, die ihr Werk heimlich im Dunklen vollbringt. Erkennbares Misstrauen und Vorwürfe lassen uns schwach und kleinkariert aussehen, das wissen wir. Sie könnten Probleme auslösen, die vorher gar nicht existiert haben. Daher tritt die Eifersucht auf andere Weise zutage. Mit kleinen Bosheiten, mürrischen Beschwerden. Einem hingeknallten Teller. Der Weigerung, Sex zu haben. Sie ist sogar ein Mordmotiv. Mit rauer Stimme singt John Lennon davon, wie er die Beherrschung verliert, dass er niemanden verletzen wollte: »Jealous Guy«, er ist eben ein eifersüchtiger Kerl.

Eifersucht ist der Verdacht, einen Rivalen oder eine Rivalin zu haben, die Angst, ausgestochen zu werden. Im Gegensatz zum NEID, dessen Definition darin besteht, eine *Sache* besitzen zu wollen, die man nicht hat, gehört zur Eifersucht die Furcht, eine *Person* oder deren Zuneigung an jemand anderen zu verlieren. Es handelt sich um eine Dreieckskonstruktion: ich (das Opfer), du (der Verräter) und der/die andere (der Dieb). Dieser Verrat ist umso schmerzvoller, wenn man das Gefühl hat, weggeworfen zu werden (siehe DEMÜTIGUNG). Diese Bedrohung macht Eifersucht so explosiv – und Intimität so riskant.

Wir sind die Erben einer seltsamen und widersprüchlichen Geschichte der Eifersucht, einer, die nahezu komplett von der Geschlechtszugehörigkeit geprägt wurde. Während eine eifersüchtige Frau immer als armselig und kleinlich betrachtet wurde (sie ist nie die Heldin, sondern immer die erbitterte Feindin der wahren Liebe), steht der eifersüchtige Mann in einer ehrenvolleren Tradition. In den Minnegeschichten des mittelalterlichen Europas war Liebe untrennbar mit der Sehnsucht nach der oder dem unerreichbaren Geliebten verbunden – unerreichbar meist, weil er oder sie verheiratet war. Die Eifersucht der Liebenden ließ das Verlangen auflodern und war dessen wahres Kennzeichen: »Der Mann, der nicht eifersüchtig ist, kann nicht lieben«, schrieb Andreas Capellanus im 12. Jahrhundert in seinen drei Büchern ›Von der Liebe‹. »Eifersucht und damit auch die Liebe nehmen zu, wenn man seine Geliebte verdächtigt.« Doch Eifersucht blühte nicht nur in den Herzen der Eindringlinge. Ehemänner konnten sie auch verspüren. Zeitgenössische Autoren medizinischer Traktate beschrieben Eifersucht als die WUT, die man empfindet, wenn die eigene Ehre besudelt wird. Sie heizt den Körper auf und verschaffte ihm die Energie für die notwendige gewalttätige Vergeltung (man glaubte, dass Männer, die sowieso wärmer als die kalten, klammen Frauen waren, mächtigere Schübe eifersüchtiger Rage erfuhren). In Shakespeares ›Othello‹ (1603/4) vereint der tragische Held die verschiedenen Seiten der komplexen Eifersucht in sich: Othello, der sprichwörtliche »Jealous Guy«, ist zugleich Held und Opfer, ein Archetypus der brutalen Besitzgier der Liebe und ein Mann, der zu »Gift« geworden ist, dessen Seele von »dem grünäugigen Ungeheuer« aufgefressen wird. Das wahre Opfer ist natürlich Desdemona, aber Othellos Nöte erscheinen immer gewaltiger – und ergreifender, weil sie keine reale Grundlage haben.

Die Vorstellung, dass Eifersucht die natürliche Reaktion auf Untreue ist, wurde durch eine Reihe von Gerichtsverfahren in jener Zeit konsolidiert. John Manning erwischte 1670 seine Frau mit einem anderen Mann und erschlug diesen mit einem Schemel. Er wurde zu einem Brandmal auf der Hand verurteilt – allerdings wies das Gericht »den Vollstrecker an, ihn nicht zu hart zu brandmarken, denn keine Herausforderung ist größer als diese«. 37 Jahre später erklärte ein Richter: »Eifersucht bringt den Ehemann in Wut, und Ehebruch ist die größte Verletzung des Besitzes.« Mit der Definition von Eifersucht als naturgemäße männliche Emotion, die unweigerlich eintritt, wenn der Besitz (die eigene Frau) in Gefahr ist, wurde der Mord auf Totschlag heruntergestuft, und manche Männer, die aus Eifersucht gemordet hatten, wurden komplett freigesprochen.

Die Ansicht »Eifersucht bringt den Ehemann in Wut« wurde Ende des 19. Jahrhunderts weiter unterfüttert mit der wissenschaftlich klingenden Behauptung, Eifersucht habe sich als Impuls entwickelt, der latent in allen Männern – aber nicht Frauen – vorhanden sei. Evolutionspsychologen behaupten immer noch, obwohl es kaum stichhaltige Beweise gibt, dass Eifersucht in vorgeschichtlichen Gesellschaften zu einem »fest verdrahteten« Charakterzug wurde, damit Männer ihr genetisches

Erbe sichern konnten, während dies bei Frauen nicht nötig war. Dieser Gedanke ist besonders problematisch. Er kam zuerst unter viktorianischen Wissenschaftlern auf, die glaubten, dass manche Menschen – wie Nichteuropäer und Arme – weiter unten auf der evolutionären Leiter und deshalb näher den »primitiveren« Emotionen wie Eifersucht und RAGE stünden.

Das Echo dieser widersprüchlichen Geschichte hallte noch in den 1970ern nach, als viele Künstler die Verbindung zwischen Besitzgier und Liebe hinterfragten. Lennon war nicht der Einzige, der in dieser Zeit die Gefahren beschrieb, sich von einem merkwürdigen Instinkt der Eifersucht überwältigen zu lassen. Frauenrechtlerinnen griffen Rechtspraktiken an, die Frauen als Besitz betrachteten und Männer, die sie töteten, mit Nachsicht behandelten. Manche, die mit alternativen Beziehungsstrukturen experimentierten, bezweifelten, dass Eifersucht überhaupt etwas Natürliches sei (siehe MITFREUDE). Eifersucht erschien nun kleinkariert und gefährlich statt eindrucksvoll und gerechtfertigt. Laut dem französischen Philosophen Roland Barthes, der sein Buch ›Fragmente einer Sprache der Liebe‹ 1980 erstmals veröffentlichte, lässt Eifersucht ein mehrfaches Dilemma aufkommen. »Als Eifersüchtiger leide ich vierfach«, schreibt er. »Weil ich eifersüchtig bin, weil ich mir meine Eifersucht zum Vorwurf mache, weil ich fürchte, dass meine Eifersucht den Anderen verletzt, weil ich mich von einer Banalität knechten lasse: ich leide darunter, ausgeschlossen zu sein, aggressiv zu sein, verrückt zu sein und gewöhnlich zu sein.«

Seit 2009 – rund zwanzig Jahre später als in Kanada und Australien – gilt in Großbritannien Provokation durch Untreue vor Gericht nicht mehr als Verteidigungsgrund. Doch Untersuchungen haben gezeigt, dass Richter nach wie vor Verständnis für Mörder haben, die vorbringen, Eifersucht habe dazu geführt, dass sie »rot gesehen« und getötet hätten. Natürlich bleibt Eifersucht ein Bestandteil des Lebens, solange Menschen Beziehungen haben und ihre Augen schweifen lassen. Was wir aber ändern können, ist ihr einzigartiger Status als Emotion, die Gewalt rechtfertigt. Nicht zuletzt, weil es nicht allein Männer sind, die dem Hintergrundrauschen misstrauischer Gedanken erliegen, E-Mails durchsuchen und Beweise für die Untreue der geliebten Person in den unschuldigsten Blicken zu entdecken vermeinen. Wir alle tun das.

☞ Mehr zu Gefühlen und Justiz findet sich unter HASS und RACHSUCHT

☞ Siehe auch: NEID, BELEIDIGTSEIN

EINGESCHNAPPTSEIN

Das Wetter spielt bei unseren Emotionen eine wichtige Rolle. Ein schwüler Tag drückt nieder, ein Sonnenstrahl an einem kühlen Morgen hebt unsere Stimmung. Regen, Wolken und vor allem Sturm liefern ein ganzes Magazin an Metaphern für herausfordernde, schwer zu beschreibende Gefühle.

Being in a huff hat seit Mitte des 18. Jahrhunderts die Bedeutung, von einer Windbö der Bockigkeit mitgerissen zu werden, wenn man – zu Recht oder Unrecht – meint, beleidigt worden zu sein. Wesentlicher Bestandteil war dabei, vor STOLZ und WUT fast zu platzen.

Das deutsche Eingeschnapptsein, das diesem Gefühl entspricht, hat mit Sturm bestenfalls die Assoziation mit der zugeschlagenen Tür gemein. Doch die Windmetapher geht historisch noch weiter zurück. Früher hielt man es für gegeben, dass Winde das Körperinnere beeinflussen. Im Altgriechischen bezeichnete man Wind und Atem mit demselben Wort – *pneuma* – und glaubte, dass die Winde, die um den Körper peitschten, in ihn eindrangen, ihn am Leben hielten, aber auch einen Wirbelwind der Leidenschaften im Innern auslösten. In den Tragödien des Sophokles zum Ödipus-Mythos wird Antigone, als sie erfährt, dass der Leichnam ihres Bruders vor der Stadt der Verwesung preisgegeben werden soll, weil er ein Verräter gewesen sei, von einem berechtigten Zornessturm erfasst und verlangt eine Beerdigung nach den vorgeschriebenen Ritualen. Die bösen Winde sind dabei nicht bloß Metapher: »bei übelwehenden thrazischen Winden« kam zuerst der Tod über Ödipus und seine Familie, schrieb Sophokles. Und nun peitschen sie seine Tochter zu ihrer trotzigen Haltung auf: »Noch von denselben Stürmen hat / Sie noch dieselben Stöße in der Seele.«

☞ Mehr zum Verhältnis zwischen Wind und Emotionen findet sich unter MELANCHOLIE

☞ Für weitere wetterbedingte Gefühle siehe auch: ACEDIA, *GEZELLIGHEID*

EINSAMKEIT

Die Fahrgäste steigen ein und wieder aus, niemals gibt es Blickkontakt. Sie vergessen ein Portemonnaie oder eine Zeitschrift und gelegentlich hinterlassen sie Sperma auf den Sitzen. In Martin Scorseses Film ›Taxi Driver‹ führt der Mangel an menschlichen Kontakten im geschäftigen New York dazu, dass der Vietnam-Veteran Travis Bickle die Stadt verachtet. Er bezeichnet sich selbst vielleicht nicht als einsam, aber er weiß, dass er allein ist, und genau diese totale

Entfremdung bringt ihn letztlich dazu, seine Gewaltphantasien umzusetzen.

Das Misstrauen jenen gegenüber, die lieber allein sind, hat eine lange Tradition. »Einsamkeit führt zu Ignoranz, macht uns barbarisch, nährt Rachegedanken, macht uns anfällig für Neid, schafft Hexen, entvölkert die Welt«, schrieb John Evelyn 1667 und parodierte damit die exzessive Furcht seiner Kultur vor jenen, die aus freien Stücken allein sind. Und am schlimmsten sei, dass sie »mentale Unzucht« und Masturbation fördere, denn Einsame hätten »außer den sinnlichen keine Leidenschaften«.

In der letzten Dekade des 18. Jahrhunderts suchte jedoch eine rebellische Gruppe romantischer Dichter und Maler bewusst die Einsamkeit. Heute sprechen wir von Einsamkeit als einem Gefühl der Niedergeschlagenheit und Bindungslosigkeit, also Dinge, die wir vermeiden sollten. Doch was die Romantiker als Einsamkeit bezeichneten, war das physische Alleinsein, aus dem transformative spirituelle und emotionale Erfahrungen erwachsen konnten. Auf Caspar David Friedrichs Bildern ›Gebirgslandschaft mit Regenbogen‹ (1809) oder ›Der Wanderer über dem Nebelmeer‹ (1818) ist jeweils ein einzelner Wanderer in den Anblick der weiten, felsigen Landschaft versunken. Er wendet dem Betrachter den Rücken zu und isoliert ihn auf diese Weise ebenfalls. »Einsam« in der Natur gibt er sich Gefühlen wie Ehrfurcht, Staunen und Schrecken angesichts ihrer gewaltigen Majestät hin – all die kleinkarierten Sorgen des Alltags und sogar das Bewusstsein, ein eigenständiges Wesen zu sein, verflüchtigen sich.

Mitte des 18. Jahrhunderts jedoch wandelte sich die Bedeutung des Wortes »Einsamkeit«. Beschrieb es bis dahin das physische Alleinsein, wurde es nun zu einem schmerzlichen Gefühl. Die Figuren viktorianischer Romane, die wurzellos und ohne Familie und Freunde gezwungen waren, ihr Glück in schmutzigen, übervölkerten Städten zu suchen, begannen von ihrer Niedergeschlagenheit zu sprechen. Damit bezeichneten sich zum ersten Mal Menschen als »einsam«, die nach wie vor von anderen Menschen umgeben waren. Bis zum Ende des Jahrhunderts waren dann die modernen Metropolen und nicht die ländlichen Gegenden als Hauptorte der Einsamkeit fest etabliert. Soziologen wie Georg Simmel sprachen von der »Vereinsamung« in den Städten, »der Problematik des modernen Lebensgefühls ... dass man auf allen Seiten von verschlossenen Pforten umgeben ist«. Travis' Isolation in ›Taxi Driver‹ ist das direkte Erbe dieser Finde-siècle-Nervosität gegenüber den anonymen, alles verschlingenden Großstädten, die jene Vereinsamung hervorbringen, die Wahn und VERZWEIFLUNG den Boden bereitet.

Im Großbritannien des 21. Jahrhunderts beklagen Politiker eine »Epidemie der Einsamkeit« in den Städten. Sie machen dafür steigende Scheidungsraten, Singlehaushalte, zunehmenden Computergebrauch, den vermeintlichen Solipsismus der Kultur und einen Mangel an Gemeinschaftsgefühl verantwortlich. Die sozialen Medien treten angeblich als armseliger Ersatz an die Stelle der Kommunikation von Angesicht zu Angesicht (Augenkontakt ist selbst mit Skype oder FaceTime schwierig). Laut einer Studie der britischen Mental Health Foundation sind daher eher die Jungen als die Älteren gefährdet zu vereinsamen. Und der Preis ist hoch: In einer Untersuchung hat der Chicagoer Neurowissenschaftler John Cacioppo nachgewiesen, dass Einsamkeit die Wahrscheinlichkeit eines frühen Todes um 14 Prozent erhöht und die der Fettleibigkeit verdoppelt. Zudem hat er festgestellt, dass längerfristige Isolierung von Freunden und Familie Trostlosigkeit und APATHIE verursacht. Diese Gefühle lösen zum einen den Drang aus, sich mit der warmen Umarmung von Fernsehen und Süßigkeiten zu kurieren (was wieder andere gesundheitliche Probleme mit sich bringt), sie können aber zum anderen auch zu ernsthaften mentalen Krankheiten wie Depressionen, Angststörungen und sogar Demenz führen.

Es gibt noch eine andere Form der Einsamkeit, über die weder die Romantiker noch die Neurowissenschaftler sprechen. Dabei handelt es sich um das düstere, beklemmende Gefühl, nicht verstanden zu werden, das selbst inmitten eines lebhaften Familienlebens auftreten kann. In Japan ist *hikikomori* (zurückgezogen) ein Zustand, der viele männliche Heranwachsende der Mittelschicht befällt. Der Psychiater Tamaki Saito, der den Begriff geprägt hat, glaubt, dass rund 700 000 Männer in Japan darunter leiden. Die genauen Ursachen sind noch nicht ganz klar, aber ein Gefühl der Entfremdung von den Werten der Familie oder dem geplanten Berufsweg scheint bei den Leidenden den Wunsch auszulösen, sich selbst völlig zu isolieren, alle Kontakte zu Familie und Freunden zu kappen und sich zu weigern, das Zimmer zu verlassen – in manchen Fällen über mehrere Jahre hinweg. Beim *hikikomori* geht ein Gefühl der Einsamkeit in das nächste über. Und das führt uns vor Augen, dass Einsamkeit nicht nur ein Gefühl ist, das uns überkommt, wenn wir uns in der großen Wildnis der Welt verirrt haben, sondern auch eintritt, wenn wir uns von ihren Erwartungen und Anforderungen eingezwängt fühlen.

☞ Siehe auch: KLAUSTROPHOBIE

EKEL

Wenn Sie sauer gewordene Milch riechen, rümpfen Sie die Nase. Wenn Sie versehentlich einen Hundehaufen berühren, müssen Sie würgen, während Sie zum nächsten Wasserhahn rennen, um Ihre Hände zu schrubben. Unmöglich können wir aus einem Wasserglas trinken, in dem ein schäumender Spuckebatzen schwimmt. Es ist dieser blitzartige Stromstoß, der von der schädlichen Substanz zur Übelkeit führt, der Ekel so faszinierend macht. Sie stoßen auf etwas Giftiges und Ihr Körper verweigert sich. Das ist simpel. So instinktiv, wie Ihr Augenlid zuschnellt, wenn ein Spritzer heißes Öl aus der Pfanne Richtung Auge unterwegs ist. Ekel scheint eine super-effiziente und praktische Emotion zu sein, eine simples, lebensrettendes 2+2=4. Doch wenig ist weiter entfernt von der Wahrheit.

Es ist reizvoll, sich vorzustellen, dass jeder Mensch – egal, ob er im australischen Outback oder in einem Mietshaus in Tokio lebt – mit allen anderen eine Handvoll Gefühle gemeinsam hat. Wenn Evolutionspsychologen von »universellen Basisemotionen« sprechen, meinen sie, dass unsere Körper sich alle in der gleichen Weise entwickelt haben, sodass wir universelle Situationen überleben können, etwa die Notwendigkeit, vor Jägern davonzulaufen (Furcht) oder Rivalen zu vertreiben (Wut). Ohne diese physiologischen Reaktionen, die uns auf Flucht oder Kampf vorbereiten, könnten wir nicht überleben. Ekel ist ein Hauptkandidat für die universellen Emotionen. Jeder scheint zu würgen und die Zunge herauszustrecken, wenn es ihn ekelt; jeder rümpft die Nase. Auch wenn längst keine Einigkeit herrscht, welche Emotionen genau als »grundlegend« oder »universell« gelten sollen, Ekel steht immer auf der Liste. Ekel ist ein Wachhund von einer Emotion, der die Gifte von unseren Körpern fernhält und verhindert, dass sie uns infizieren.

Allerdings ist diese Behauptung irreführend. Zunächst einmal gibt es mindestens drei Typen von Abscheu, von denen jeder unterschiedliche Reaktionen auslöst. »Basisekel« ist die Abwehr, die man verspürt, wenn etwas Giftiges – in der Regel verdorbenes Fleisch oder Fäkalien – in die Nähe des Mundes gelangt. Er bewirkt, dass wir vor dem Objekt zurückschrecken, dass uns übel wird und dass wir unserem Brechreiz verbal Ausdruck verleihen: würg, igitt, bäh, pfui, ump. In der Nähe von Menschen oder an Orten, die eine Ansteckung fürchten lassen, empfindet man »Kontaminationsekel«. Er macht sich bemerkbar, wenn wir beim Betreten einer Wohnung, die seit Jahren nicht gereinigt wurde, eine Gänsehaut bekommen (nichts anfassen!); er lässt uns schaudern und verhindert, dass wir uns auch nur setzen, damit wir nicht angesteckt werden. Der Anblick eines offenen Mundes, in dem Spuckefäden und klebrige Speisereste hängen, oder der einer blutigen Wunde löst eine andere Abwehrreaktion aus, die Psychologen etwas umständlich als »Ekel vor Verletzungen der Körperhülle« bezeichnen. Bei diesem Typ verbindet sich die Angst vor Ansteckung mit einem nahezu existentiellen Horror vor dem offenen Körper. Die Tatsache, dass jeder dieser Ekeltypen unterschiedliche Auslöser und Reaktionen aufweist, deutet darauf hin, dass sie sich entlang unterschiedlicher evolutionärer Linien entwickelt haben. Und es ist schwer zu entscheiden, welcher »grundlegender« als die anderen ist.

Dann kommt aber noch der Ekel hinzu, der auf kulturelle Einflüsse zurückgeht. Die gekochten Entenembryonen, die auf den Philippinen direkt aus den Eiern auf der Straße gegessen werden, sind für die meisten westlichen Touristen eklig. Selbst unsere Reaktionen auf Dinge, deren Ekelauslösung angeblich bei uns fest verankert ist, wie auf Fäkalien oder nässende Wunden, sind kontextabhängig. So sprechen heutige Chirurgen beispielsweise von »löblichem Eiter«, der aus einem geöffneten Geschwür tritt (der Begriff ist ein Überbleibsel der mittelalterlichen Humoralmedizin). Er mag faulig riechen und eine ungute Textur haben – egal, wie er heißt, mir wird schon übel, wenn »löblicher Eiter« ausgesprochen wird –, aber in der Chirurgie ist er ein willkommener Anblick, weil er dem Patienten Erleichterung verschafft. »Schmutz« ist »etwas, das fehl am Platz ist«, fasste die Anthropologin Mary Douglas dieses Problem der Perspektive zusammen. Was wir schmutzig und ansteckend und daher ekelerregend finden, hat primär damit zu tun, was wir gerade für den »richtigen Platz« halten.

Das Empfinden, dass etwas »fehl am Platz« sei, ist möglicherweise wichtiger beim Auslösen von Ekelgefühlen als objektive Gefahren. Wir alle kennen diese kleinen Pannen, bei denen sich unser Magen zusammenzieht, obwohl wir wissen, dass das auslösende Objekt uns nicht schadet. Das Haar im Mund, die Haut auf der warmen Milch oder die Suppe, die jemandem im Bart hängt (schon der Gedanke daran!), lässt uns die Galle hochkommen. Vieles, was wir eklig finden, steht in Verbindung mit Dingen, die aus Versehen an der falschen Stelle gelandet sind. So überrascht es nicht, dass es dieses Problem der Kategorienüberschreitung ist, das mit der Entwicklung des Wortes zu tun hat.

In der frühen Neuzeit sprach man im Englischen nicht von Ekel. Stattdessen war die Rede vom Abscheu, den man empfand, wenn man eine »Missgeburt« sah oder eine »Hexe« den Weg kreuzte – Gräuel gegenüber jenen, die man als außerhalb der natürlichen Ordnung der Dinge wahrnahm. Historiker haben festgestellt, dass man in jener Zeit Dinge oder Menschen, die moralisch anstößig waren, tendenziell als abscheulich oder gräulich bezeichnete, während für alles, was verfault war oder einem den Magen umdrehte, eher ein viel älteres englisches Wort, *wlatsome*, verwendet wurde (das widerlich oder verabscheuenswert bedeutete). Statt »igitt« und »bäh« hieß es »fie!« und »fum!«. Wahrscheinlich schreit der Riese in ›Hans und die Bohnenranke‹ sein »Fee-fi-fo-fum!« nicht aus Wut, wie gelegentlich interpretiert wurde, sondern weil das Blut seiner Feinde, der Menschen, für ihn verfault riecht.

Erst im 18. Jahrhundert erschien das Wort *disgust* auf der Bildfläche, das vom italienischen *gusto*, Geschmack, kommt und alle anderen Aversionen und Abscheulichkeiten hinwegfegte. Populär wurde es durch Philosophen wie Immanuel Kant[*] und

---

[*] Das gilt für die englische Übersetzung – im deutschen Original benutzte Kant das Wort Ekel, das mindestens seit Luther verbreitet war. A. d. Ü.

Edmund Burke. Für sie war Ekel die ästhetische Reaktion auf alles, was unförmig, schmutzig und hässlich war – die Antithese der Empfindsamkeit der Aufklärung. Binnen weniger Dekaden klang »Gräuel empfinden« altmodisch und *disgust*, »Ungeschmack«, wurde zu der Emotion, die einen als Person von Stand und Bildung auszeichnete. In der Folge wurde der Begriff weiter aufgebläht und wurde allem übergestülpt, was nicht ganz passte – vom Anblick, wenn etwas in einem unpassenden Moment aus dem falschen Loch kommt, über eine hässliche Vase bis zu unangemessenem Verhalten.

Auch heute hat Ekel noch diese Bedeutungsbreite. Beispielsweise ist nach wie vor auch bei moralischen Überschreitungen von Ekel die Rede. Und es gibt Momente, in denen sich unsere moralische Empörung und der physische Abscheu überlappen. In den 1980ern führten die Psychologen Paul Rozin und Carol Nemeroff ein spezielles Experiment durch. Sie fragten eine Gruppe von Testpersonen, ob sie bereit wären, einen Pullover zu tragen – die meisten bejahten das. Dann wurde hinzugefügt, dass der Pullover einst Adolf Hitler gehört habe. Nach dieser Information verzogen die meisten Teilnehmer das Gesicht und drehten sich von dem Kleidungsstück weg. Sie weigerten sich, es zu tragen, wirkten angeekelt und gaben entsprechende »Bäh«- und »Ürg«-Töne von sich. Rozin und Nemeroff folgerten, dass die Testpersonen irgendwo in ihrem Inneren fürchteten, mit einer Art Essenz des »Hitlerismus« angesteckt zu werden, und sie daher vor dem Gedanken zurückschreckten, dieses Material an ihre Haut zu lassen. In Fällen wie diesem ist klar, dass Ekel weit jenseits der einfachen Formel Gift = Ekel aktiv ist. Er bricht sich seine eigenen Bahnen und wirkt sich auch auf unsere moralischen Urteile und ästhetischen Wertungen aus.

Betrachtet man ihn genau, lässt sich Ekel nicht still und leise auf ein einziges Gefühlsatom reduzieren, auf eine »Basisemotion«, die darauf wartet, zu unserem Schutz herbeizuspringen. Was wir als »Ekel« bezeichnen, betrifft sehr viele unterschiedliche Reaktionen – das Würgen, wenn man verfaultes Fleisch im Kühlschrank entdeckt, die Gänsehaut, die verhindert, dass man das rotzige Taschentuch von jemand anderem anfasst, der Übelkeit erregende Horror angesichts einer klaffenden Wunde, sogar ein Gefühl moralischer Empfindlichkeit. Und wie bei so vielen unserer Emotionen ist es nicht leicht zu sagen, wo Ekel eigentlich beginnt und wo er endet. Er mag in die krude Freude des Fäkalhumors hineinreichen. Oder Teil dessen sein, was bestimmte Fetische so aufregend macht (siehe MORBIDE NEUGIER). Und da uns übel wird, wenn wir übersättigt sind – nicht nur bei dem Gedanken an weitere Nahrung, mehr Fernsehen oder was sonst wir im Übermaß genossen haben, sondern auch vor uns selbst –, besteht häufig eine Verbindung zwischen Ekel und LANGEWEILE. Wahrscheinlich ist es kein Zufall, dass manche das Bedürfnis verspüren, diese höchst schlüpfrige Emotion festzunageln. Schließlich kommt Ekel umso heftiger auf, wenn Grenzen aufgelöst werden, der Sinn verloren geht und Dinge »aus der Ordnung« rutschen.

☞ Siehe auch: MEHRDEUTIGKEITSPHOBIE

EKSTASE

In einem Querschiff der Kirche Santa Maria della Vittoria in Rom steht Giovanni Lorenzo Berninis Skulptur ›Die Verzückung der Heiligen Theresa‹. Sie zeigt die Vision einer Nonne aus dem 16. Jahrhundert. Ein Engel in Gestalt eines schönen menschlichen Mannes kommt zu ihr und stößt ihr seinen goldenen Pfeil in die Brust.

»Der Schmerz war so stark, dass ich klagend aufschrie«, schrieb Theresa in ihrer Autobiografie. »Doch zugleich empfand ich eine so unendliche Süße, dass ich dem Schmerz ewige Dauer wünschte. Es war ... süßeste Liebkosung, die der Seele von Gott werden kann.« Es fällt schwer, Berninis Skulptur anzuschauen und keine schmutzigen Gedanken zu haben. Wenn die Besucher Münzen in den Beleuchtungsautomaten werfen, erwacht die berühmte orgiastische Theresa zum Leben. Sie keucht und beugt den Rücken nach hinten. Ihre Zehen sind gekrümmt und sie zerschmilzt in den Marmorfelsen, als läge sie auf aufgetürmten Kissen oder den zerwühlten Laken eines Bettes.

Ekstase lähmt uns mit einem bebenden Wohlgefühl. Sie erblüht in der Kehle, verkürzt Sätze zu erstickten Schreien. Ekstase, die vom griechischen *ekstasis*, außer sich sein, kommt, beinhaltet ein seltsames Paradox: Jene Momente, in denen wir durch Tanzen, Singen oder Sex mit unserem Körper am stärksten verbunden sind, sind auch jene, in denen wir über ihn hinauswachsen und eine totale Grenzenlosigkeit spüren. Ekstase fühlt sich an, als hätte die ganze Welt ihre Fesseln abgeworfen. Als wären wir, für den Moment, völlig frei.

Solche Erfahrungen bilden seit Jahrtausenden das Herzstück spirituellen Lebens. Im mittelalterlichen Europa geißelten sich Nonnen und fasteten, um mit Visionen von fallenden Sternen und in Flammen aufgehenden Städten belohnt zu werden. Lange vor ihnen wirbelten Schamanen in Sibirien herum und tanzten, bis sie in Krämpfen zu Boden fielen und Tiere oder Vorfahren erschienen, um sie in Geisterwelten zu führen. Dies hat auch der persische Dichter Rumi im 13. Jahrhundert beschrieben: »Hat das Derwischsein in dir seinen Ort / Schwebst du über der Welt und verweilst dort«. Heute lässt uns das Wort Ekstase am ehesten das Bild schwitzender, sich umarmender

Raver, mitgerissen vom euphorischen Rausch durch MDMA (eben: Ecstasy) in den Sinn kommen. Dies oder die schwindelerregende Hingabe beim Sex.

In europäischen Medizinerkreisen begann die Ernüchterung hinsichtlich Ekstase um die Mitte des 19. Jahrhunderts. Neurologen, die eifrig damit beschäftigt waren, unser mentales Leben anhand psychologischer Zuordnungen auszurichten, verbannten ekstatische Zustände aus der Kategorie seltene und begehrte Emotionen und ordneten sie als Nebenprodukt von Nervenkrankheiten ein. Die bekanntesten modernen Ekstatiker waren weibliche Insassen der psychiatrischen Anstalt Salpêtrière in Paris. Diese Frauen, bei denen Hysterie – vor dem 20. Jahrhundert eine Kategorie von Geisteskrankheit – diagnostiziert worden war, litten unter Symptomen wie Visionen und dem Hören von Stimmen, an Anfällen und Krämpfen. Die Elite der europäischen Ärzte reiste nach Paris, um sie zu untersuchen, und sie beförderten die Karriere von Jean-Martin Charcot, der die Patientinnen als Attraktion in seinen theatralischen Dienstagsvorlesungen präsentierte. Wir kennen diese Frauen mit ihren leidenschaftlichen Posen – ihren *attitudes passionelles* – dank eines seinerzeit veröffentlichen Bildbandes, der mittlerweile verblasste Fotos aus der Salpêtrière enthält. Eine der Tafeln trägt den Titel »Ekstase 1878«. Eine Frau hockt zwischen zerwühlten Laken auf dem Bett in ihrem Krankenzimmer, die Augen sind nach oben gerollt und auf ihrem Gesicht liegt ein glückseliges Lächeln. Offenbar ist dies der Beginn eines hysterischen Anfalls (allerdings ist anzunehmen, dass die Patientin unter der Anweisung von Charcot diesen Ausdruck wiederholte, denn damals musste man für Fotos sehr lange stillhalten). Später sollte Charcot diese Patientin mit Berninis Skulptur der Heiligen Theresa vergleichen – eine aus dem Wahnsinn geborene säkulare Karikatur eines einst hochgeschätzten geistigen Erlebnisses.

Der heutige neurologische Fachbegriff für das Gefühl, dass

alles äußerst schön und strahlend ist, lautet Kalopsie. Es soll von Läsionen im rechten Parietallappen des Gehirns herrühren. Oder es wird auch von »autoskopen Phänomenen« gesprochen, wozu das Doppelgänger-Erlebnis gehört, ein Sich-selbst-Sehen, bei dem Betroffene ihren eigenen Körper wie in einem Spiegel vor sich erblicken. Sie kommen, so die Annahme heute, von Schädigungen im Okzipitallappen oder im temporoparietalen Übergang. Oder es gibt das Symptom der Migräneaura mit ihren aufblitzenden Sternen und anderen visuellen Störungen. Vieles, das Teil der begeisterten Ekstase von Liebenden und Mystikern war, ist jetzt auf fehlerhafte Gehirnverdrahtungen zurückgestuft worden. In seinem Roman ›Der Idiot‹, den Fjodor Dostojewski, der selbst an Epilepsie litt, 1869 auf dem Scheitelpunkt dieses Übergangs veröffentlichte, sind die Harmonie und Freude, die intensiven Geräusche und Farben und das eindringliche Lebensgefühl, die den Beginn eines Anfalls bei seiner Figur Fürst Myschkin kennzeichneten, beschrieben: »Was tut es denn, dass es eine Krankheit ist?«, fragt Myschkin. Denn »wenn er in jener Sekunde, das heißt im letzten bewussten Augenblick vor dem Anfall noch Zeit fand, sich selbst klar und bewusst zu sagen: ›Ja, für diesen Moment kann man sein ganzes Leben hingeben!‹ – so war gewiss dieser Moment auch ein ganzes Leben wert.«

☞ Siehe auch: EUPHORIE, *ILINX*, LIEBE

EMPATHIE

In den 1890ern reisten die Schriftstellerin Vernon Lee (mit bürgerlichem Namen Violet Paget) und ihre Freundin und wohl auch Geliebte Kit Anstruther-Thomson nach Rom, wo sie ein faszinierendes psychologisches Experiment durchführten und dies dokumentieren. Während sie vor einer Kopie der Venus von Milo stand, berichtete Anstruther-Thomson von winzigen Verschiebungen ihres inneren Gleichgewichts, die das Aussehen der Skulptur wiedergaben. In hohen Kirchenräumen fühlte Anstruther-Thomson, wie Luft in ihre Lungen drang. Und vor griechischen Urnen verspürte sie Völle im Bauch. Heute erscheint uns das Experiment der beiden ein bisschen … sagen wir, abwegig, aber in den 1890ern passte es zu einem topaktuellen psychologischen Konzept. Auf dem europäischen Festland galt »Einfühlung« als *das* kommende große Ding, eine rein physiologische Erklärung für das Vergnügen, unbelebte Dinge, Landschaften und sogar das Wetter zu betrachten: Indem sie mit dem eigenen Körper nachempfunden beziehungsweise imitiert wurden, entstand aus dieser Anteilnahme Freude. Vernon Lees Experimente sind für die Geschichte der Psychologie und der Emotionen besonders bedeutend, weil sie eine der Ersten war, die die Übersetzung des deutschen Worts Einfühlung in einen aus dem Griechischen abgeleiteten, neu geprägten Begriff populär machte: Empathie.

Heute bedeutet Empathie etwas anderes. Sie ist eher ein Gefühl von emotionaler Resonanz zwischen Personen und weniger zwischen Personen und Dingen. Und sie wird sehr geschätzt. Für den Psychologen Simon Baron-Cohen ist sie eine »Universallösung«: »Jedes Problem, das man mit Empathie behandelt, wird lösbar.« Die Fähigkeit, die Qual anderer wahrzunehmen oder einen leisen Widerhall ihrer Erregung zu spüren und daher auf eine Weise zu reagieren, die uns die andere Person näherbringt statt sie zu entfremden, ist für bestimmte Berufsgruppen eine direkte Anforderung – Pflege, Verkauf, Unterrichten, um nur einige zu nennen. In britischen Schulen gibt es mittlerweile Unterrichtseinheiten zur emotionalen Bildung, sodass neben Sprache und Zahlen die Fähigkeit, sich einzufühlen, zum Indikator für den Entwicklungsstand eines Kindes wird. (Und umgekehrt wird bei Krankheiten wie Autismus ein Mangel an Empathie als wichtigstes Symptom beschrieben.)

Und genau wie es in den 1890ern beim Konzept der Einfühlung der Fall war, ist die Überlegung, dass Empathie eine physiologische Basis haben könnte, zu einem faszinierenden Forschungsfeld geworden. Besteht bei uns eine feste Verdrahtung, das Leid oder das Glück anderer Menschen zu spüren? In den 1990ern haben Neurowissenschaftler an der Universität Parma in den Gehirnen von Affen Zellen entdeckt, die nicht nur aktiv werden, wenn das Tier eine bestimmte Handlung ausführt – etwa eine Banane isst –, sondern auch, wenn es ein anderes bei der gleichen Tätigkeit beobachtet. Die Forscher tauften diese Zellen »Spiegelneuronen«. Obwohl ihre Entdeckung beim Menschen noch aussteht, ist in den letzten zwanzig Jahren die Überlegung, dass wir dafür ausgelegt sind, zu fühlen, was andere fühlen, zu einer der strittigsten und am meisten hochgejubelten Thesen der Neurowissenschaft geworden. Verfechter der Spiegelneuronentheorie wie der Neurowissenschaftler Vilayanur Ramachandran behaupten, dass »Spiegelneuronen für die Psychologie das tun werden, was die DNA für die Biologie getan hat« – eine einheitliche Erklärung für das gesamte menschliche Verhalten zu geben. Philosophen, Künstler und Geisteswissenschaftler haben diesen Gedanken enthusiastisch aufgenommen und Spiegelneuronen wurden als Beweis für unsere tiefe Verbundenheit gefeiert.

Aber vielleicht ist diese überschäumende Aufregung über die *Vorstellung* von Spiegelneuronen das eigentlich Faszinierende daran. Der Drang, physiologische Beweise für verbreitete Reaktionen zu suchen, ist nicht neu. Der Ursprung des Wortes »Empathie« mag im frühen 20. Jahrhundert liegen, aber der Wunsch, einen Instinkt zu finden, der Freundlichkeit erklärt, geht viel weiter zurück.

Die sensualistischen Philosophen des 18. Jahrhunderts – darunter David Hume, Lord Shaftesbury, Jean-Jacques Rousseau und Adam Smith – glaubten gleichfalls, sie hätten einen körperlichen Instinkt für Mitgefühl ausgemacht. Was heute als Empathie bezeichnet wird, nannten sie Sympathie (im Sinne von Anteilnahme, Mitfühlen) und sahen den Beweis dafür in den einfachen körperlichen Reflexen: »Wenn wir zusehen, wie in diesem Augenblick jemand gegen das Bein oder den Arm eines anderen zum Schlage ausholt und dieser Schlag eben auf den anderen niedersausen soll, dann zucken wir unwillkürlich zusammen und ziehen unser eigenes Bein oder unseren eigenen Arm zurück«, schrieb Adam Smith in ›Theorie der ethischen Gefühle‹ (1759). »Und wenn der Schlag den anderen trifft, dann fühlen wir ihn in gewissem Maße selbst und er schmerzt uns ebensowohl wie den Betroffenen ... dies [ist] die Quelle des Mitgefühls, welches wir gegenüber dem Elend anderer empfinden.«

Heutige Psychologen und Philosophen (sowie Politiker) sprechen von Empathie als dem Allheilmittel für eine zunehmend atomisierte Gesellschaft. Aber auch im 18. Jahrhundert herrschte die Befürchtung, dass eine Woge von Egoismus die Gesellschaft überrollen würde. Dieser Aussicht stellten sich die Moralphilosophen mit dem Konzept der angeborenen Sympathie entgegen. Ihre Hoffnung war eine Antwort auf die pessimistische Sichtweise von Autoren wie Thomas Hobbes, der ausgeführt hatte, das menschliche Streben nach Macht sei rein instinktiv und sollte gezügelt werden. »Die Natur«, schrieb er, macht »die Menschen ... bereit ... einander anzugreifen und zu vernichten.« (Siehe auch RIVALITÄT.)

Das Interesse des 18. Jahrhunderts an Sympathie/Anteilnahme beförderte einen erstaunlichen Kult der Wohltätigkeit – oder dessen, was wir heute Menschenfreundlichkeit nennen würden. »Wohltäter« begannen, angetrieben durch ihre sogenannte »Liebe zur Gesellschaft«, mit utopischem Eifer die Übel ihrer Zeit anzugreifen: Sklaverei, Kinderarbeit, Tierquälerei.

»Männer von Gefühl« richteten Schulen und Krankenhäuser ein. »Was kann menschlich nobler sein, als eine sensible Empfindsamkeit für unser eigenes Unglück und das anderer zu haben?«, fragte ein anonymer Autor in einem Zeitungsartikel, der 1755 die modische Praxis »tugendhaften Weinens« verteidigte. Heute erscheint es uns eher als Zeichen mangelnder Selbstbeherrschung, längere Zeit ob der Leiden eines anderen zu weinen (siehe MITGEFÜHL), aber der anonyme Autor betrachtete dies als Ansporn zum Handeln: »Wenn wir ob des Elends anderer weinen ... eilen wir ihnen wohlwollend zu Hilfe.« Allerdings handelte es sich nur um eine kurze Blüte der Menschenfreundlichkeit. Eine sehr kurze. Am Ende des Jahrhunderts war das weichherzige »tugendhafte Weinen« wegen seiner mangelnden Selbstbeherrschung Gegenstand von Satire, und der Begriff »Sentimentalität« wurde immer mehr mit Unechtheit und Rührseligkeit gleichgesetzt, was sich bis heute gehalten hat.

Wenn wir auf die Hinwendung des 18. Jahrhunderts zur Anteilnahme zurückblicken, fallen die erstaunlich praktischen Auswirkungen auf. Hat das Interesse des 21. Jahrhunderts an Empathie, sowohl als physiologischem Fakt als auch als modischer tugendhafter Haltung, eine ähnliche Welle der Philanthropie hervorgerufen? Wenn unsere Politiker von »empathischer Politik« sprechen, fällt es schwer, nicht zynisch zu werden: In geschraubter Sprache Sympathie zum Ausdruck zu bringen, kostet wenig und ist ein schlechter Ersatz für angemessene Renten oder eine anständige medizinische Versorgung. Doch wenn wir letztlich vom Narzissmus ausgedörrt werden und ein Defizit an Mitleid uns fest im Griff hat, bleibt uns nur die Hoffnung, dass Empathie die »Universallösung« ist, als die man sie uns verspricht.

☞ Siehe auch: BESTÜRZUNG, MITLEID

EMPÖRUNG

Sie stand in dem vollen Saal, umgeben von erstaunten Gesichtern. Draußen gab es Proteste und drinnen sprach ein Mann wütend und eloquent auf einer kleinen Holzbühne. Elisabeth Cady Stanton, Abolitionistin und führende Persönlichkeit der Frauenrechtsbewegung, erinnerte sich, wie er an diesem Tag 1895 gesprochen hatte: »majestätisch in seinem Zorn ... geistreich, satirisch und voller Empörung«.

Frederick Douglass, ehemaliger Sklave, kompletter Autodidakt und Kämpfer gegen die Sklaverei, war vielleicht der wichtigste Afroamerikaner des öffentlichen Lebens im 19. Jahrhundert. Seine Reden rührten Zuhörer auf beiden Seiten des Atlantiks, sein Zorn, keine blinde RAGE, war edel und gerecht und mündete in einer würdigen Debatte. Douglass' Kreuzzug galt nicht bloß dem Unrecht, das man ihm zugefügt hatte, sondern er richtete sich gegen die Grausamkeiten, die allen versklavten schwarzen Männern und Frauen zugefügt wurden.

Man sollte meinen, eine Geschichte der Empörung handle von Menschen, die sich gegen Unterdrückung erhoben haben. Dem ist nicht so. Im Gegenteil, bei den frühesten Darstellungen dieser Emotion geht es meist um die Elite, die bei der eifrigen Verteidigung ihrer Privilegien Empörung verspürte. Aristoteles war der Meinung, die Empörung – die er als *nemesan* bezeichnete – wäre am größten, wenn Menschen, die in der sozialen Hackordnung unter uns stehen, die Regeln verletzen würden. Daher waren die Götter am anfälligsten dafür. Ihre Empörung wurde angefacht, wann immer ein Sterblicher versuchte, göttliche Geheimnisse zu ergründen oder übernatürliche Kräfte zu erlangen. Für Aristoteles war Empörung somit die Entrüstung, die man empfindet, wenn jemand anderem eine Ehre zuteilwird, die er sich nicht wirklich verdient hat, oder jemand per Schmeichelei einen unfairen Vorteil erlangt und uns damit ein Bein stellt. Im 17. Jahrhundert formulierte der Philosoph und Politiker Thomas Hobbes eine etwas andere Definition von Empörung: »Zorn über einen schweren, einem anderen nach unserer Vorstellung unrechtmäßig zugefügten Schaden.« Die Empörung war am größten, wenn andere ihrer Verachtung der Gerechtigkeit Ausdruck verliehen, und ganz besonders, wenn Verwandte oder Günstlinge der Machthaber die Regeln missachteten. Empörung, schrieb Hobbes, »bringt die Menschen nicht nur gegen die Täter von Ungerechtigkeiten und ihre Hintermänner auf, sondern auch gegen jede Gewalt, die sie dem Anschein nach deckt.« Es rührt vielleicht von Hobbes' Definition her, dass Empörung nicht mit den Machthabern am engsten verbunden wird, sondern mit den Missachteten, die unter ihnen stehen.

Heute halten Politiktheoretiker Empörung für eine Emotion, die eine Schlüsselrolle im politischen Leben spielen kann. Im Gegensatz zu Wut, die überwältigen, entfremden und die Prinzipien der politischen Debatte aushöhlen kann, kommt Empörung gewissermaßen mit einer Bitte um Antwort daher. Man denke nur an die feurige Rede von Julia Gillard 2012 im australischen Parlament. In dieser Rede, in der sie nicht versuchte, ihre persönliche Entrüstung zu verbergen, hielt sie ihrem Gegenspieler eine Reihe von frauenfeindlichen Äußerungen vor. Sie drückte ihre Wut aus, verlangte aber gleichzeitig eine Antwort. Als sich das mitgeschnittene Material dieses Tages in den sozialen Medien verbreitete, zeigten die Diskussionen und Kommentare eine andere Seite der Empörung: Sie spiegelten Erregung, ebenso Triumph und sogar Häme wider (siehe auch VERACHTUNG, SCHADENFREUDE). In seiner Autobiographie beschrieb Frederick Douglass ähnliche Gefühle, als er zum ersten Mal die abolitionistische Zeitung ›Liberator‹ las, deren Herausgeber er später wurde. »Ihre entlarvenden Anklagen gegen Sklavenhalter, ihre standhaften Bloßstellungen der Sklaverei und ihre machtvollen Angriffe gegen die Befürworter der Institution – ließen meine Seele vor einer Freude erbeben, wie ich sie nie zuvor empfunden hatte!«

☞ Siehe auch: BELEIDIGTSEIN, GROLL

ENTTÄUSCHUNG

Hundebesitzer wissen eine Menge über Enttäuschung.

Charles Darwin hatte einen großen Labrador namens Bob, der wie alle Hunde Spaziergänge liebte. Wann immer Darwin in den Garten von Down House ging, begleitete ihn Bob eifrig und zeigte »seine Freude darin, dass er gravitätisch mit hoch erhobenen Schritten vor mir her trabte mit hoch emporgehobenem Kopfe«. Bob erwartete einen langen Marsch im Gelände, aber Darwin wollte manchmal nur nach seinen Versuchspflanzen schauen. Wenn sie dann am Eingang des Gewächshauses ankamen, war das für Bob »jedesmal eine große Enttäuschung«. Der Kopf wurde gesenkt, der ganze Körper sackte zusammen, die Ohren hingen runter, »wobei aber der Schwanz nicht im Mindesten gewedelt wurde«. Die Familie nannte den mitleiderregenden Ausdruck Bobs »Gewächshaus-Gesicht«. Darwin selbst räumte ein, dass dies sein Herz erweichen konnte – der Anblick des niedergeschlagenen Hundes führte nicht selten dazu, dass Darwin seine Gewächshauspläne aufgab und mit Bob den erhofften Spaziergang machte.

Enttäuschung bedeutet, dass wir gewissermaßen »versetzt« werden, dass uns eine Hoffnung genommen wird. Es ist, als würden die Überzeugungen und die Ausstattungsmerkmale, die wir wie ein schönes Haus um uns herum aufgebaut haben, plötzlich wertlos. Eine erwartete Beförderung oder ein erhoffter neuer Lebensabschnitt (»Ich bekomme meinen Doktortitel!/werde Verkaufsleiter!/bestehe diesmal sicher meine Führerscheinprüfung!«) wird uns versagt. Enttäuschung mag im Wesentlichen ein Gefühl von Verlust oder Niederlage sein, aber es spielen auch noch andere Empfindungen mit, die der Enttäuschung ihre leicht nervöse, zitternde Note verleihen. Für Darwin war Bobs Enttäuschung überwiegend Verwirrung, »da er nicht wusste, ob ich den Spaziergang fortsetzen würde«. Manchmal mischt sich auch ein ungläubiges Gefühl hinzu, wenn wir uns unwillkürlich fragen, ob der Absagebrief, der am Morgen kam, nicht an die falsche Adresse geschickt wurde oder sonst ein Fehler passiert ist.

Enttäuschungen hinterlassen also nicht nur Zeichen von TRAURIGKEIT. Es wird auch VERWIRRUNG verspürt, und diese führt zu der kraftraubenden Erkenntnis, dass das Leben einmal mehr neu gestaltet werden muss.

Die Vorgeschichte der Enttäuschung als Ursache von Problemen ist lang. Unter den Ärzten des 18. Jahrhunderts galten Enttäuschungen, insbesondere gescheiterte Liebesbeziehungen, als Auslöser von Wahnsinnsanfällen (in der Medizinersprache jener Zeit war Enttäuschung eine »moralische« – d.h. nicht physische – Ursache von geistigen Störungen). Ein Jahrhundert später wurden die emotionalen Auswirkungen enttäuschter Liebe weiterhin ernst genommen. In Washington, D.C., wurde Mary Harris 1865 der Prozess gemacht. Ihr wurde vorgeworfen, Adoniram Burroughs ermordet zu haben, weil er eine andere Frau geheiratet hatte. Da Harris als normalerweise sanfte und gottesfürchtige Frau bekannt war, führten ihre Anwälte zu ihrer Verteidigung an, sie sei einem vorübergehenden, gewalttätigen Wahnsinn zum Opfer gefallen. Sie plädierten auf »doppelte Unzurechnungsfähigkeit«, zum einen verursacht durch eine merkwürdige körperliche Beschwerde, die berühmte »nervöse Gebärmutter«, und zum anderen aufgrund einer emotionalen Störung: »enttäuschte Gefühle«. Harris wurde freigesprochen.

Zu Beginn des 20. Jahrhunderts führten einige Psychologen aus, dass Enttäuschung auch nützlich sein könne. Manche gingen so weit zu sagen, dass sie für eine gesunde geistige Entwicklung sogar entscheidend sei. Unter ihnen ragt Sigmund Freud als großer Theoretiker der Enttäuschung in der damaligen Epoche heraus. Er sprach von »narzisstischen Wunden« oder Verletzungen, die wir durch die schmerzhaften Angriffe gegen unser Selbstgefühl erleiden, wenn die Geschichten, die man uns erzählt oder die wir uns selbst erzählen, Löcher bekommen. Laut Freud wird das Ego am schwersten durch den Verlust des idealisierten Familienbildes verletzt. Er prägte den Begriff »Familienroman«, um jene Geschichten zu beschreiben, die uns als Heranwachsenden erzählt werden, die unserer Ankunft auf der Welt eine große Bedeutung verleihen und uns den Irrglauben vermitteln, wir seien wichtiger als alle anderen: ein »Königskind«. Natürlich können solche Phantasiegebilde nicht ewig bestehen bleiben, und Freud zufolge ist es lebenswichtig, dass sie das nicht tun. Nur wenn unser Status auf diese Weise ent-täuscht wird, können wir beginnen, uns mit dem Leben zu beschäftigen, wie es wirklich ist. Oder wie es die Psychoanalytikerin Melanie Klein formuliert hat: Um uns voranzubewegen und authentische Beziehungen zu entwickeln, muss jeder von uns zu der schmerzvollen Erkenntnis kommen, »dass es überhaupt keinen wirklich idealen Teil des Selbst gibt«.

Die psychoanalytische Geschichte der Enttäuschung ist letzten Endes optimistisch. Sie gibt den Qualen, die wir erleiden, wenn uns die falschen Annahmen über uns selbst genommen werden, einen Sinn und erklärt sie zum Schmerz, der unvermeidlich ist, wenn sich die Realität wie neue Zähne durch den Mythos Bahn bricht. Auch wenn diese Sichtweise letztlich bereichernd ist, fasst sie doch nicht ganz das beherrschende Gefühl dieser Emotion, nämlich dass alles schiefgegangen sei. Wenn wir unter dem schmerzhaften Verlust eines idealisierten Selbstbildes leiden, bleibt nicht notwendigerweise »die Wahrheit« übrig – jedenfalls nicht sofort –, sondern Leere und Verwirrung. Das ist ein schrecklicher Absturz. Oder, wie William Wordsworth es in ›Präludium oder Das Reifen eines Dichtergeistes‹ schreibt: ein »Gefühl des gänzlichen Verraten- und / Verlassenseins, das bis zum letzten Ort / Der Zuflucht drang – in meine eigne Seele.«

☞ Siehe auch: HOFFNUNG

ENTZÜCKEN

In den prächtigen, juwelengleichen Miniaturen, mit denen im 15. Jahrhundert Bücher in Persien geschmückt wurden, bilden Wasserkaskaden den Hintergrund, erklingt Musik in der von Düften durchzogenen Luft und blühen Blumen in Zierbeeten, während Liebende einander verführen. Wie keine andere heilige Schrift malt der Koran ein derart verführerisches Bild davon, welches Entzücken im Paradies auf die Gläubigen wartet. Die allgemein verbreitete Beschreibung für Paradies ist das Wort *dschanna*, Garten. Auch in anderen Kulturen sind Gärten Inbegriff von Fülle und Unbeschwertheit. Von den Zen-Steingärten im alten Japan bis zum mit Erdbeeren überzogenen ›Garten der Lüste‹ von Hieronymus Bosch vermitteln die Darstellungen des Gartens die Schönheit purer Sinneseindrücke und das Gefühl spiritueller Befreiung.

Entzücken und Verzückung liegen dicht beieinander. Die Hände klatschen, die Augen funkeln, die Lippen lächeln bebend. Für den englischen Philosophen John Locke zählte im 17. Jahrhundert Entzücken zu den vier grundlegenden Gefühlen, aus denen sich die Vielschichtigkeit aller menschlichen Emotionen entwickelte (die anderen waren Vergnügen, Schmerz und Unbehagen). Locke beschrieb Entzücken als eine Art schimmernde Versuchung. Es sei jener nicht greifbarer Impuls, der einen Menschen veranlasse zu sagen, dass er etwas »liebe«, wie etwa »wenn jemand … sagt, dass er Trauben liebe«.

Entzücken hatte im Spätmittelhochdeutschen eine religiöse Bedeutung: *enzucken*, im Sinne von religiösem Entrücktsein. Spätestens ab dem 18. Jahrhundert stand es dann allgemein für Begeisterung, große Freude. Das englische Wort *delight* kommt vom lateinischen *delectare*, ergötzen, erfreuen. Laut ›Oxford English Dictionary‹ lautete die zweite Silbe ursprünglich »lite«, durch einen Fehler wurde sie aber im 16. Jahrhundert zu »light«, licht oder leicht. Wie so oft, fängt just der Fehler die Essenz der Sache ein: Helligkeit und Leichtigkeit scheinen dem Entzücken schließlich zugrunde zu liegen, denn es verleiht einem vor allem eins: das Gefühl, Flügel zu haben.

☞ Siehe auch: LIEBE, EUPHORIE

ERLEICHTERUNG

»Macht es dir was aus, wenn ich ein bisschen weine?«

Es ist 3 Uhr nachts an Weihnachten und alle anderen sind schon zu Bett gegangen. Helena, eine alternde, wohlhabende Schauspielerin, und ihr philosophischer Freund Isak sitzen auf einem Damastsofa und trinken Cognac. Isak ist am Einnicken. Doch Helena, etwas betrunken und etwas sentimental, möchte reden – über ihre Kinder, ihre Fehltritte und Treulosigkeiten. Über vergangene Zeiten. Über das Altwerden. Sie fragt, ob sie weinen darf.

Isak nickt verständnisvoll und legt den Arm um sie. Einen

Moment lang sitzen sie regungslos in dieser vertrauten Haltung und warten, dass die Tränen fließen. Sie schaut nach oben, blinzelt mehrfach und seufzt. Sie macht ein leises, drückendes Geräusch, als wolle sie ein oder zwei Tropfen aus ihren widerspenstigen Tränenkanälen quetschen. Sie bewegt ihren Körper hoch und runter, als würde sie an einem Benzinkanister pumpen, aber es erscheint keine Flüssigkeit.

»Bei meiner Seele, nein, ich kann nicht. Die Tränen kommen nicht. Ich brauche noch mehr Cognac.«

Sie trinkt. Und dann lacht sie über ihre eigene Absurdität – und dieses Lachen bringt schließlich die Erleichterung, die sie braucht.

Diese Szene in Ingmar Bergmans Film ›Fanny und Alexander‹ spielt auf die bekannte Vorstellung davon an, was Weinen leistet. Dass es, wie es Ovid formulierte, eine gewisse Erleichterung sei, zu weinen: Die Trauer würde gestillt und von den Tränen weggespült.

Wenn wir von einem Gefühl der Erleichterung sprechen, meinen wir meist eine von zwei unterschiedlichen Erfahrungen. Die eine ist die Erleichterung als rein körperliche Empfindung, bei der sich eine Spannung entlädt, die sich unangenehm aufgebaut hat. Niesen, Rülpsen, Stuhlgang oder Orgasmus sind Beispiele dafür. Die andere ist die Erleichterung, die man nach einem knappen Entkommen verspürt und die mit einer Form pfeifender Entladung einhergeht: »Puh!« Beispiele dafür sind: doch den Schlüssel zu finden, wenn man glaubt, sich ausgesperrt zu haben, oder ein »alles in Ordnung« vom Arzt nach einer sorgenvollen Woche. Diese zweite Form der Erleichterung gehört zu einer Gruppe von Gefühlen, die Psychologen erwartungsbasierte Emotionen nennen (ENTTÄUSCHUNG und BEFRIEDIGUNG gehören auch dazu). Sie haben mit unserer Fähigkeit zu tun, uns per Gedanken in Vergangenheit und Zukunft zu versetzen, um verschiedene

Realitäten zu vergleichen. Studien zum Thema Erleichterung führen aus, dass beide Formen (die körperliche Erleichterung wie die des Entkommenseins) die gleiche Grundstruktur haben: eine Freude, die man verspürt, wenn tatsächlicher oder erwarteter Schmerz nachlässt (siehe auch EUPHORIE).

Weinen spielt bei beiden Formen eine Rolle. Viele von uns weinen, wenn sie nach langem bangen Warten eine gute Nachricht erhalten. Die Tränen werden so Teil der Erleichterung nach einem knappen Ausgang. Wenn das Weinen nicht nur rote Augen hinterlässt, sondern Sie auch innerlich ruhiger und merkwürdig leichter gemacht hat, dann liegt die Vermutung nahe, dass Sie das Weinen selbst erfrischt hat – und Tränen daher, wie ein Rülpsen oder ein Orgasmus, eine Art Entladung körperlicher Spannung sind. Die Ansicht, dass Tränen Erleichterung bringen, ist alt und findet sich schon bei Aristoteles und seiner Theorie zur Katharsis (siehe MORBIDE NEUGIER). Ein jüdisches Sprichwort besagt: »Was Seife für den Körper ist, sind Tränen für die Seele.« Eine häufig angebotene moderne Version dieser Vorstellung besagt, dass die Flüssigkeit, die durch unsere Tränenkanäle fließt, Hormone und Giftstoffe ausspült, sodass wir entspannt und befreit zurückbleiben. Doch da wir kaum mehr als einen Milliliter Flüssigkeit vergießen, wenn wir weinen, ist dies unwahrscheinlich. »Wenn Tränen den Stress vermindern«, so der Neurowissenschaftler Robert Provine, »sollten Speichel- und Urinproduktion die erlösende Wirkung eines Niagarafalls haben.« Es muss also etwas Komplexeres als simple Hydraulik am Werk sein.

In der Tat umfasst Erleichterung selten bloß Entspannung und Beruhigung. Die Sekunden nach einem Beinaheunfall auf der Autobahn werden von einem Herzklopfen erzeugenden Adrenalinstoß bestimmt. Nach Beendigung eines langwierigen Projekts kann die Erleichterung, fertig zu sein, mit Enttäuschung durchsetzt sein. Sie ist eine flackernde und diffuse Emotion und erscheint in allen möglichen Verkleidungen. Vielleicht liegt ihre wahre Bedeutung in dieser komplexeren Erfahrung von Erleichterung. Denken Sie an das Gefühl der Entlastung, das Sie sich verschaffen, wenn Sie ein Geheimnis enthüllen oder eine Schuld eingestehen. Oder wie die Zusage von Freunden, uns bei der Vorbereitung auf ein Bewerbungsgespräch zu helfen oder uns zum Arzt zu begleiten, das Gewicht der Sorgen reduzieren kann. Solche Erfahrungen führen dazu, dass wir uns leichter fühlen. Das mag weniger daran liegen, dass wir uns Luft gemacht oder unsere Ängste ausgedrückt haben (besser raus als rein!), als an der tröstlichen Erfahrung, dass man uns zuhört und wir verstanden werden. In diesem Sinne mag Erleichterung weniger mit Wegspülen zu tun haben als damit, dass unsere Gefühle schlussendlich erkannt werden.

☞ Mehr zum Weinen findet sich unter: EMPATHIE

☞ Siehe auch: TRAUER

ERREGUNG

Es kann passieren, dass Sie Erbrochenes riechen. Oder dass Sie massige Männer sehen, deren Ohren mit Vaseline eingeschmiert sind und die zittern, während sie ihre Stiefel schnüren. Wenn Sie bei einem Rugby-Match in den Umkleideraum kommen, werden Sie Zeuge einer merkwürdigen Emotion. Spuren von ihr finden Sie in der Furcht, die die Züge der Spieler hart werden lässt, während sie hinaus auf das Feld gehen, oder in den Tränen, die ihnen in die Augen steigen, wenn ihre Nationalhymne auf den Tribünen ertönt.

Die Nervosität der Rugby-Spieler vor dem Match scheint Millionen Kilometer entfernt von der Art des Gefühls, die eine

Familie erlebt, wenn sie rotwangig und kichernd auf einem Mülltonnendeckel eine schneebedeckte Böschung hinunterrutscht. Oder von der Art und Weise, wie das Herz bei den hektischen Vorbereitungen für eine Party flattert. Doch es ist nicht möglich, über eines dieser Dinge zu reden, ohne über Adrenalin zu sprechen. Das ist ein Stresshormon, das im Nebennierenmark gebildet wird (von lateinisch *ad*, an, und *ren*, Niere) und uns im Notfall kampf- oder fluchtbereit macht. Und ohne Adrenalin gäbe es keine Erregung.

Als der Begriff Erregung in Form des Wortes »Exzitation« im 18. Jahrhundert Eingang in englische Medizinbücher fand, hatte er nicht ganz die heutige Bedeutung. Es handelte sich um einen Zustand der »Lebensgeister«, die, wenn sie angeregt – »exzitiert« – waren, durch den Körper sausten, Botschaften an das Gehirn schickten und die Glieder bewegten. Wie viele der Gefühle, die wir heute als gegeben hinnehmen, wurde Erregung erst Mitte des 19. Jahrhunderts als Emotion verstanden. Charles Darwin sprach von Erregung hauptsächlich als vom Vergnügen der »Ausgelassenheit«, die sich in glänzenden Augen, schnellerer Blutzirkulation und wirbelnden Ideen zeigte. Seine Lieblingsdefinition stammte von einem Kind, das dem Wissenschaftler erklärte, »gute Stimmung« sei »lachen, schwatzen und küssen«. Der Psychologe Alexander Bain, einer von Darwins Zeitgenossen, fügte dem noch hinzu, dass Erregung eine »Emotion der Tat« sei, die mit dem Kitzel des Jagens und Kämpfens einhergehe. Sie gäbe einem ein Gefühl von Dynamik und Schwung – wie jene exzitierbaren »Lebensgeister« – und oft auch von Unbesiegbarkeit und Schnelligkeit. Erregung, so schloss Bain, sei entweder voller FREUDE oder voller FURCHT.

In den 1890ern nahm die Geschichte der Erregung eine neue Wende. Dr. George Oliver war ein Arzt aus Harrogate, der, so spätere Darstellungen, die Angewohnheit hatte, in den kalten

Wintermonaten Experimente an seiner Familie durchzuführen. Bei einem injizierte er seinem kleinen Sohn den gereinigten Extrakt aus dem Nebennierenmark von Schafen und Kälbern – und stellte überrascht fest, dass sich die Speichenarterie des Jungen plötzlich zusammenzog. Weitere Experimente belegten, dass der Extrakt so wirkungsvoll war, dass er den Blutdruck in die Höhe schießen lassen konnte. Binnen zehn Jahren war der Begriff »Hormon« etabliert und die Substanz, die Oliver eingesetzt hatte, war isoliert worden und wurde als das neue Wundermittel Adrenalin verkauft. Adrenalin wurde zur medizinischen Sensation und zur Stillung von Blutungen bei Operationen, zur Unterdrückung allergischer Reaktionen, zur Reanimation von Schlaganfallpatienten und zur Behandlung von Platzwunden bei Boxern eingesetzt. Doch Adrenalin fand nicht nur Anklang bei Chirurgen und Ringärzten. Die Psychologen jener Epoche, die die Emotionen und ihre körperlichen Auswirkungen studierten, interessierten sich für die Art und Weise, wie Adrenalin ein Gefühl von Druck, glänzende Augen und gerötete Wangen hervorrief – die Reaktionen, die viktorianische Psychologen mit Erregung assoziiert hatten. Mit Adrenalin hatten sie das Geheimnis der Erregung entdeckt –, und die Theorie, dass unsere Emotionen die chemischen Reaktionen auf die Krisen des Lebens sein könnten, war gesichert.

Heutige Medizinlehrbücher sprechen statt von Adrenalin eher von Epinephrin und einem Neurotransmitter namens Noradrenalin im Gehirn. Aber »Adrenalin« ist Teil der Umgangssprache für Gefühle geblieben und ist der Inbegriff für einen Energieausbruch oder flatternde Nerven. Das Gefühl von Begeisterung, Aufregung und Wachsamkeit, das Bain »Erregung« nannte, hat sich mittlerweile mit Begriffen aus der Drogenwelt gepaart: Wir reden von »Adrenalinschüssen« und »Adrenalinstößen« oder »Adrenalinjunkies«. Diese Emotion hat, stärker als jede andere, chemische Eigenschaften, und zwar solche, die wir bewundern. Nach der Entdeckung des Adrenalins verbreitete sich die Vorstellung, dass eine Aufwallung von Erregung gut für unsere Gesundheit sei – als Stimulans wie zur Reinigung. Heute mögen manche Computerspiele vorziehen, um diese Schübe von Testosteron, Noradrenalin und Cortisol zu erzeugen – das ganze Erregungspaket, aber kein Risiko (außer vielleicht Fettleibigkeit). In Aldous Huxleys ›Schöne neue Welt‹, das er Anfang der 1930er-Jahre schrieb, ist die monatliche Injektion einer adrenalinähnlichen Substanz alles, was für den Erhalt eines optimalen Gesundheitszustands nötig ist:

»Männer ebenso wie Mädels müssen von Zeit zu Zeit ihre Adrenaldrüsen stimulieren lassen.« [Erklärt der Aufsichtsrat dem Wilden …] »Es ist eine der Voraussetzungen vollkommener Gesundheit. Darum haben wir den TLE-Behandlungszwang eingeführt.«
»TLE?«
»Tolle-Leidenschaft-Ersatz. Regelmäßig jeden Monat. Der ganze Organismus wird mit Adrenin durchflutet. Es ist ein hundertprozentiges physiologisches Äquivalent für Angst und Wut. Erzielt genau die gleichen tonischen Wirkungen wie Desdemona zu erwürgen oder von Othello erwürgt zu werden, ohne die Unannehmlichkeiten.«
»Aber ich liebe die Unannehmlichkeiten.«
»Wir nicht«, versetzte der Aufsichtsrat. »Uns sind die Bequemlichkeiten lieber.«

☞ Siehe auch: *LIGET*

EUPHORIE

Im Januar 2011 tauchten erste wacklige Handy-Videos von einem unerwarteten Aufstand in Tunesien auf den Fernsehschirmen der Welt auf. In den folgenden Wochen und Monaten strömten Demonstranten auf die Straßen in Kairo, im Jemen, in Libyen und Syrien. Mutig und trotzig riefen sie vor einer Kulisse von brennenden Autos und Tränengasschwaden: *Asch-schab jurid iska-at an-nisam* – »Das Volk will den Sturz des Systems!« Monate später, nachdem die Kameras der Nachrichtensender abgezogen waren und die Überlegungen um eine ungewisse Zukunft kreisten, dachten Beteiligte auch über die fieberhafte Stimmung dabei nach. Die tunesische Aktivistin und Bloggerin Lina Ben Mhenni schrieb: »Nach ein paar Wochen revolutionärer Euphorie ist Tunesien wieder zum Polizeistaat geworden.«

Euphorie ist berauschend und ansteckend. Sie weitet das Herz und wirbelt uns herum. Sie ist da in den ersten, atemlosen Monaten einer neuen Liebesbeziehung, in den belebenden Hochstimmungen nachts in einer fremden Stadt. Alles scheint erleuchtet und miteinander verbunden zu sein, die Welt glüht, selbst Farben und Gerüche wirken intensiver. Aber manchmal wird die Euphorie auch von gefährlichen Strömungen durchzogen. Von der Angst vor einer Täuschung. »Was emporsteigt, muss auch wieder herunterkommen«, sagen wir mit warnender Stimme – und fürchten, unsere ERREGUNG könnte zu nah an den biochemischen Manien bipolarer Störungen oder dem falschen Muskelspiel »ökonomischer Euphorie« tanzen, der Blase, die nur platzen kann.

Das war nicht immer so. Im 17. Jahrhundert, als das Wort »Euphorie« in die englische Sprache Eingang fand, beschrieb es ein ziemlich gewöhnliches Gefühl körperlicher und emotionaler ZUFRIEDENHEIT. Zusammengesetzt aus dem griechischen *eu*, »gut« und *pherein*, »tragen«, bedeutete es wörtlich »gut tragend«. Im 17. und 18. Jahrhundert sagten Ärzte, wenn zuvor Schwerstkranke wieder zu essen begannen und Anstalten machten, das Bett zu verlassen, die Euphorie kehre zurück – das erste verlässliche Zeichen einer Genesung.*

Erst im 19. Jahrhundert, jener Ära, in der die Kategorisierung und Pathologisierung unseres mentalen Lebens obsessiv betrieben wurde, bekam Euphorie den Unterton von Überschreitung und Exzess. Der französische Arzt Théodule Ribot widmete 1896 in seiner ›Psychologie der Gefühle‹ ein ganzes Kapitel dem Phänomen der Euphorie bei Sterbenden. Er und seine Ärztekollegen hatten beobachtet, dass manche Patienten am Ende ihres Lebens Stadien ekstatischen Glücksgefühls durchlebten. Sie lachten erfreut, sprangen aus dem Bett, machten optimistisch Zukunftspläne und waren sich anscheinend ihres nahen Todes nicht bewusst. Diese Patienten verblüfften und empörten die Ärzte gelegentlich sogar, die die plötzlichen Ausbrüche von Euphorie – oder »alberner Fröhlichkeit«, wie sie es nannten – als Zeichen von Degeneriertheit abtaten. Da die Ärzte glaubten, dass sich wohlzufühlen nur dann einem evolutionären Vorteil diente, wenn man tatsächlich gesund war, folgerten sie, dass die Hochstimmung sterbender Patienten den bereits geschädigten Gehirnen entsprang, deren Tendenz, sich an »morbiden Freuden« zu laben, die Krankheit überhaupt erst ausgelöst hätte.

Die Vorstellung, dass wir Euphorie statt BEDROHLICH-

---

* Falls Sie sich gerne vorstellen, in der guten alten Zeit wären alle glühend vor Euphorie herumgelaufen – dafür waren manchmal auch Drogen nötig. Der Verfasser eines Traktats über Opium (1701) riet, morgens kleine Dosen der Droge zu nehmen, »um Euphorie oder prickelnde Effekte zu erzielen«, und hielt fest, der Mohn würde »einen munteren, fröhlichen und guten Humor« fördern und zur »Promptheit der Fleischeslust« verlocken, mit anderen Worten: den Sexualtrieb steigern. Heute geht man davon aus, dass er das Gegenteil bewirkt.

KEIT oder TRAUER auf unserem Totenbett verspüren könnten, ist heutzutage nicht mehr so stark verbreitet. Zwei Ärzte namens Cottrell und Wilson stellten 1926 fest, dass bei über zwei Dritteln der Patienten mit multipler Sklerose im fortgeschrittenen Stadium eine »Stimmung der Heiterkeit und Fröhlichkeit vorherrschte«. Heute berichten nur noch 13 Prozent der MS-Patienten, ein Gefühl zu verspüren, das Euphorie nahekommt, während Perioden von Depression zunehmen. Warum ist das so? Vielleicht liegt es an früheren (oder unseren eigenen) Methoden, Stimmungen zu beurteilen, vielleicht aber sind die Hochgefühle der MS-Patienten damals und ihre Depressionen heute der Medikation zuzuschreiben. Zudem ist es wahrscheinlich, dass soziale Faktoren wie der Rückgang von Religiosität und die Tatsache, dass Sterben zunehmend ins Krankenhaus verlagert wird, eine Rolle spielen. Unabhängig davon bleibt die Verbindung zwischen Euphorie und Krankheit ein spannendes Feld. Anfang 2013, als der frühere Dr.-Feelgood-Gitarrist Wilko Johnson bekannt gab, dass bei ihm Krebs im Endstadium diagnostiziert worden sei (inzwischen geht es ihm besser), stürzte sich die Presse auf seine Beschreibungen, er fühle sich »intensiv lebendig«, verspüre eine »merkwürdige Euphorie« und ein »großartiges Gefühl von Freiheit«. Seine Interviews waren zwar äußerst erhebend, aber sie unterminierten auch auf beunruhigende Weise unsere verkalkte Vorstellung von GLÜCK und wie wir es finden können.

☞ Siehe auch: EKSTASE

F

FAGO

»Die implizite Poesie im emotionalen Verständnis auf Ifalik wird nirgendwo deutlicher als im Konzept *fago*«, schrieb die Anthropologin Catherine Lutz Ende der 1980er. Als sie bei den Menschen auf Ifalik, einem winzigen, zu dem Karolinen-Archipel gehörenden Atoll im Pazifik lebte, war Lutz von einer Emotion fasziniert, die sie zwar instinktiv erkannte, für die es aber kein englisches Wort gab.

Fago ist ein einzigartiges emotionales Konzept, das MITGEFÜHL, TRAURIGKEIT und LIEBE miteinander verschwimmen lässt. Es ist das Mitleid, das man für jemanden empfindet, der in Not ist, und das uns dazu bringt, ihm zu helfen. Gleichzeitig drängt sich aber auch die Gewissheit auf, dass wir diese Person eines Tages verlieren werden. *Fago* kommt in den Momenten auf, wenn unsere Liebe für andere und ihre Hilfsbedürftigkeit uns unvermittelt überwältigen – und das Leben so ungewiss und endlich erscheint –, dass uns die Tränen in die Augen steigen.

Die Tatsache, dass die Menschen auf Ifalik, die bekannt sind für ihre Friedfertigkeit, eine klar umrissene Emotion kennen, die eine Kombination von Besorgnis und Mitgefühl ist, welche dazu führen kann, Erstere zu lindern, zeige, so die Hypothese von Catherine Lutz, die Bedeutung wechselseitiger Anteilnahme in dieser Kultur auf. Es mache uns auch die Unausweichlichkeit von Trauer in jedem menschlichen Leben bewusst.

»*Fago*«, schrieb Lutz, »kommt zum Ausdruck im Wahrnehmen des Leids, das überall besteht, und im Geiste eines tatkräftigen Optimismus, dass menschliche Anstrengungen, besonders beim Kümmern um andere, seine Verheerungen in Schach halten können.«

↣ Siehe auch: TRAUER

FASSLÄUFTÜBERGEFÜHL

Eine plötzliche Gereiztheit, ausgelöst zum Beispiel durch eine Verletzung des Stolzes. Führt rasch zu einer entsprechenden Antwort – etwa der Drohung mit der Kündigung oder dem Verlassen des Spielfelds mit stampfenden Schritten.

↣ Siehe auch: EINGESCHNAPPTSEIN, BELEIDIGTSEIN, KRÄNKUNG, RACHSUCHT, VERSCHNUPFTSEIN

FERNWEH

Das erste Opfer war Jean-Albert Dadas, ein Gasinstallateur aus Bordeaux, der 1886 wegen Erschöpfung in ein Krankenhaus eingeliefert wurde. Seine Papiere zeigten, dass er zu Fuß in ganz Frankreich unterwegs gewesen war – er selbst konnte sich kaum daran erinnern. Später lief Dadas auch nach Moskau und Konstantinopel (Istanbul), und diejenigen, die ihn unterwegs trafen, berichteten von einem Menschen, der kaum wusste, wer er war und was der Zweck seiner Reise war.

Der Medizinstudent Philippe Tissié dokumentierte Dadas' Fall und prägte den Begriff »Dromomanie« (Laufwahn, von *dromos*, griechisch für Lauf), um ihn zu beschreiben. Die Diagnose wurde alsbald zur medizinischen Sensation und andere Fälle folgten. Charakteristisch war der unstillbare Drang zu laufen, der manchmal jahrelang anhielt. Das Wandern war zielgerichtet, aber ohne praktischen Nutzen, und schien in einem veränderten Bewusstseinszustand vollzogen zu werden. Wenn die Erkrankten schließlich zur Ruhe kamen, erinnerten sie sich nicht an ihre Reisen und warum sie sie unternommen hatten. Es war, schrieb Tissié, eine Art »pathologischer Tourismus«, und 25 Jahre später war er in Vergessenheit geraten.

Vielleicht fängt es mit einer aufkeimenden Rastlosigkeit an. Vielleicht mit der Faszination, die ein fernes Land oder eine Landschaft auf uns ausübt, einer Art Sehnsucht, sogar Heimweh, nach einem Ort, an dem man nie war, von dem man aber irgendwo irgendwie Bilder gesehen hat (siehe *KAUKOKAIPUU*). Wir sehnen uns vielleicht danach, auf einem Gletscher einen Fußabdruck zu hinterlassen oder das Echo unserer Stimme bei Tagesanbruch über einem See zu hören. Wir wissen, dass sich in fremden Ländern die Zeit dehnt. Dass die Denkweisen anderer Menschen unsere eigenen beeinflussen und dass sich die Welt erneuern lässt (siehe *DÉPAYSEMENT*).

Das deutsche Wort »Wanderlust« gelangte aufgrund der Vorliebe der Romantik für einsame Wanderungen in den englischen Wortschatz (siehe EINSAMKEIT). Heute hat es dort aber die viel breitere Bedeutung von Fernweh. Es ist die Sehnsucht nach Abenteuer und Entdeckungen, der Wunsch, etwas Neues zu erleben. Aber es beschreibt auch (wie das ursprüngliche deutsche Wort) einen Drang nach Bewegung, der so tief wie Liebe oder

Furcht in der menschlichen Psyche verankert ist. Das Verlangen herauszufinden, was hinter dem nächsten Berg oder jenseits der Dorfgrenzen liegt, ist so alt wie das menschliche Leben selbst – und es kann uns das nagende Gefühl verschaffen, dass das Leben nur sinnvoll ist, wenn wir in die eine oder andere Richtung reisen.

Als Tissié in den 1880ern Dadas kennenlernte, war die Vorstellung, Menschen hätten ein natürliches Bedürfnis umherzuschweifen, ziemlich populär. Die Evolutionstheorie vertrat die Auffassung, dass der menschliche Körper uralte Impulse in sich trage, die im modernen Leben nicht mehr alle wichtig sind. Tissié glaubte, der Wandertrieb seines Patienten sei die Manifestation eines lange begrabenen Nomadentriebs. Er betrachtete ihn als eine Art irrationalen Ausbruch (und in vielerlei Hinsicht ist diese Verbindung zwischen Umherziehen und Irrationalität uns noch gegenwärtig: In der Terminologie der Anonymen Alkoholiker heißt beispielsweise »auf die Geographiekarte setzen«, sich auf eine lange Reise zu begeben, in dem Irrglauben, so seinen emotionalen Lasten zu entkommen).

Die Viktorianer fürchteten zwar vielleicht den Ausbruch eines Nomadentriebs, aber in kleinen Dosen war er durchaus willkommen. Nicht zuletzt, weil seine Entdeckung mit der Geburt der modernen Tourismusindustrie zusammentraf. Mit Cook's Tours, dem Erscheinen der ersten Reiseführer (der Baedeker-Reihe) und der Beliebtheit exotischer Reisegeschichten von Autoren wie Jules Verne und Mark Twain waren die Europäer bestens vorbereitet, sich auf die Reise zu begeben.

»Pathologischer Tourismus« – jedenfalls in der Form, wie ihn Dadas erfuhr – ist heute kaum mehr zu finden. Heutige Psychologen würden ihn als Form von Fugue oder dissoziativer Amnesie bezeichnen. Doch wie lässt sich das ebenso plötzliche Auftreten wie Verschwinden der seltsamen Krankheit in Frankreich Ende des 19. Jahrhunderts erklären? Solche vorübergehenden Geisteskrankheiten können sich manchmal als eine Art *folie à deux* erweisen, eine gewisse Selbsttäuschung, die von Arzt und Patient gemeinsam getragen wird, wenn sie willens sind, eine Exzentrizität mit hochtrabenden Begriffen als Krankheitssymptome zu erkennen. Solche Symptome brechen besonders dann hervor, wenn das kulturelle Klima passt: Im Fall der Dromomanie war es nicht nur der wachsende Tourismus, sondern auch eine weit verbreitete Furcht vor Obdachlosen, die den perfekten Nährboden schafften, dass die Angst vor exzessivem Wandern ins Kraut schoss. Sobald es die Symptome einer neuen Krankheit in die psychologische Literatur geschafft haben, wird aufgrund von wiederholten Diagnosen und Selbstdiagnosen eine Epidemie losgetreten (siehe auch TRAURIGKEIT, NOSTALGIE). Vor diesem Hintergrund konnten auch jene von einem gesunden Fernweh erfasst werden, die zuvor zufrieden zu Hause geblieben waren. »Fernweh wird zur emotionalen Epidemie«, schrieben zwei Psychologen 1902. Über hundert Jahre später können wir uns immer noch ihrer Auswirkungen erfreuen.

☞ Siehe auch: HEIMWEH

FÖRMLICHES GEFÜHL

Nach schmerzlichen Erfahrungen des Lebens fühlen wir uns oft unheimlich kalt und wie ferngesteuert, wie eine Maschine. Die Dichterin Emily Dickinson beschrieb dies als »a formal feeling«. Das Herz scheint steif und vom Körper gelöst, unsere Gefühle wirken argwöhnisch und starr. »Die Stunde ist aus Blei«, so Dickinson. Aber auch das wird vorübergehen, versichert sie: »Erst – Frost – dann Starre – und dann lässt man's gehen –«

☞ Siehe auch: TRAUER, TRAURIGKEIT

FREMDSCHÄMEN

Der Teilnehmer einer TV-Talentshow stolziert auf die Bühne, prahlt mit seiner Gesangsstimme ... und präsentiert dann »I Will Survive«.

Man möchte sich das Gesicht zerkratzen. Die Zehen krampfen sich zusammen! Man möchte am liebsten den Fernseher aus dem Fenster werfen (»Ich kann das nicht mit ansehen!«), aber der Blick bleibt auf dem Bildschirm haften.

Die Spanier bezeichnen diese gepflegte Qual als *vergüenza ajena* (wörtlich: *ajena*, eine andere Person, *vergüenza*, Scham und Verlegenheit). Die Deutschen nennen es Fremdschämen. Es ist eine Demütigung, die man stellvertretend durchmacht, oft für völlig fremde Menschen.* Man tut es etwa, wenn ein Politiker einen wichtigen Namen falsch ausspricht, aber darauf besteht, dass seine Version richtig sei, oder wenn ein selbstgefälliger Comedian einen Witz auf Kosten einer Person im Publikum reißt und eisiges Schweigen erntet. Wenn jemand merkt, dass er einen Fehler gemacht hat und rot wird, betrachten wir das als eine Art Entschuldigung (siehe VERLEGENHEIT). Die intensivste Version des Fremdschämens bleibt deshalb den Dickfelligen und Selbstgefälligen vorbehalten. Sie verspüren offenbar nicht die nötige Scham – also stellen wir sie in ihrem Namen eimerweise zur Verfügung. Und dann lassen wir ihnen den Spott für ihren doppelten Fehltritt angedeihen: zum einen für den Fehler selbst und zum anderen für ihr Versagen, ihn als solchen einzuräumen.

---

* Wenn wir dabei sind, wenn Freunde oder geliebte Personen (insbesondere Eltern) schlecht tanzen oder singen, nagt eher Verlegenheit an uns, allerdings von einer anderen Art – hier ist es ein Schauer, der aus der Angst resultiert, in deren Dunstkreis gesehen zu werden, die Schande, mit ihnen in Verbindung gebracht zu werden.

Fremdschämen ist ein Paradox. Es ist eine gnadenlose Bestrafung für die Übertretung der ungeschriebenen Gesetze angemessenen Verhaltens, es verhöhnt und schließt aus (siehe VERACHTUNG). Aber es ist auch empathisch, denn um das Beschämende an der Situation des anderen zu verspüren, muss man sich in seine Lage versetzen. Diese scheinbar widersprüchlichen Impulse verweisen darauf, dass die Gruppe hier wichtiger als das Individuum ist. Das erklärt, so Linguisten, warum auch die Spanier einen Namen für diese Emotion kennen: In dieser Kultur ist die Angst, seine Würde (*dignidad*) oder seinen Stolz (*orgullo*) zu verlieren, besonders ausgeprägt – selbst das letzte Stück auf dem Kuchenteller hat einen entsprechenden Namen: *el de la vergüenza*, weil es als beschämend für den gilt, der es nimmt.

Der deutschsprachige Raum und Spanien sind nicht die einzigen Länder, die ein Wort für dieses Gefühl haben. Die Finnen nennen es *myötähäpeä* (gemeinsames Schämen) und die Holländer *plaatsvervangende schaamte* (Scham, die den Platz getauscht hat). Im angelsächsischen Sprachraum hingegen bleibt das Fremdschämen ein namenloses Vergnügen, egal, wie sehr man auch vor dem Fernseher heult und sich windet – vielleicht ist es dort umso quälender, weil man es nicht so leicht beschreiben kann.

☛ Für einen anderen Grund, den Blick nicht vom Fernseher zu nehmen, siehe: SCHADENFREUDE

☛ Siehe auch: EMPATHIE

FREUDE

Zwar war Bertha Young schon dreißig,
aber noch immer gab es für sie
Augenblicke wie eben, da es sie danach
verlangte zu rennen, statt zu gehen,
die Bordsteinkante auf und ab zu tänzeln,
einen Reifen zu treiben, etwas in die Luft
zu werfen und wieder aufzufangen oder
stillzustehen und zu lachen – über nichts –,
einfach so über nichts zu lachen.
– KATHERINE MANSFIELD, »GLÜCK«

Die Atmung wird flach, als würden die Lungen zusammengepresst. Die Augen leuchten. Die Wangenmuskeln ziehen das breitestmögliche Lächeln über das Gesicht. Man muss unbedingt die Arme ausbreiten, in die Hände klatschen, die nächstbeste Person packen und im Kreis herumwirbeln. Die Knie können auch nachgeben und es kann sogar Tränen geben. Egal wie, Freude kann auch eine Art von Gewalt sein, immer ist sie aber eine ÜBERRASCHUNG. Es fühlt sich an, so Katherine Mansfield, »als hätte man mit einemmal ein strahlendes Stück dieser Spätnachmittagssonne verschluckt, und nun brannte es einem in der Brust, und winzige Funkenregen stoben durch den ganzen Körper, in jeden Finger und jede Zehe.«

Eine großartige Definition von Freude formulierte der Philosoph Baruch Spinoza im 17. Jahrhundert. Er war Jude, aber aus seiner Religionsgemeinschaft ausgeschlossen, weil er glaubte, Gott sei in Bäumen und Steinen zu finden, und er war gezwungen, ohne Familie und Wohnsitz in Holland umherzuziehen. Einen kargen Lebensunterhalt verdiente er sich mit dem Schleifen von Glaslinsen. Er war der Meinung, dass unsere Lebensläufe im Wesentlichen außerhalb unserer Kontrolle lägen, und verband daher Freude mit dem Zufälligen und Unvorhersehbaren. Sie brandet auf, wenn etwas besser ist, als wir es uns überhaupt vorstellen können: »Freude ist Lust, verbunden mit der Idee eines vergangenen Dings, das unerwartet eingetroffen ist.«

Die Philosophen des 18. Jahrhunderts interessierten sich mehr für das Glück als für die Freude über Entdeckungen und Zufälle. Sie bezeichneten Glück als etwas, für das man selbst verantwortlich war und nach dem man bewusst streben sollte (siehe GLÜCK). Vor diesem Hintergrund gelang es der Freude, ihren Zusammenhang mit dem Unvorhergesehenen zu bewahren, sie blieb etwas, das entdeckt und weniger gemacht werden musste. Bescheidenheit, Dankbarkeit und Staunen – und weniger Stolz und Befriedigung – waren ihre nächsten Verwandten. Freude bedeutete auch sexuelle Freuden, nicht zuletzt solche, die unangekündigt kamen: In seinem Gedicht ›Die unvollkommene Erfreuung‹ verleiht der Earl of Rochester einer vorzeitigen Ejakulation den unvergesslichen Spitznamen »feuchte Freuden«.

Bertha widerfährt in Katherine Mansfields Geschichte eine zufällige Transzendenz – die, wie wir später erfahren, die Auswirkung einer Nervenkrankheit sein könnte, die wir heute Manie nennen würden. Ende des 19. Jahrhunderts wurden alle möglichen Formen positiver mentaler Zustände zu psychiatrischen Diagnosen erklärt (siehe EUPHORIE, EKSTASE), doch Mansfield ist sehr darauf bedacht, bei der Beschreibung von Berthas Stimmung diese Terminologie zu vermeiden. Stattdessen vermeidet sie die Kategorisierung der Erfahrung, damit sie etwas von der flatterhaften Unvorhersagbarkeit der Freude einfangen kann, von ihrem Widersetzen, sich still in den Grenzen des Üblichen und Bekannten einzuordnen. Die Kehrseite davon ist natürlich, wie schnell Freude vergeht. Diese flüchtige Natur der Freude faszinierte Virginia Woolf am meisten – eine Schriftstellerin, die nicht gerade für die Fähigkeit sich zu freuen bekannt ist. Doch ihre Tagebücher enthüllen, dass sie an höchst unerwarteten Stellen über Freude stolperte – sei es angesichts eines gut polierten Türknaufs oder beim Glanz eines Fensters. Sie lieh dieses Verspüren einer plötzlichen, augenöffnenden Freude ihrer Figur Mrs. Ramsay in dem 1927 erschienenen Roman ›Die Fahrt zum Leuchtturm‹. Inmitten von etwas so Banalem wie dem Servieren eines Abendessens für die Familie überkommt Mrs. Ramsay das Gefühl, das Leben sei herrlich perfekt. Alles scheint möglich und richtig zu sein:

… wie ein Falke schwebte sie hoch oben; wie eine Fahne wehte sie in einem Element aus Freude, die jeden Nerv ihres Körpers voll und süß erfüllte.
… aber dies kann nicht von Dauer sein, dachte sie …

↪ Siehe auch: HOFFNUNG, VERWUNDBARKEIT

FRÖHLICHKEIT

Disney World: der »glücklichste Ort der Welt«. Um dort arbeiten zu können, muss man an der Disney University studieren, wo Experten der »Wissenschaft von der Gästologie« wissen, wie man ein strahlendes Lächeln und ansteckenden Enthusiasmus behält, während man von aufgeregten Kindern und deren anspruchsvollen Eltern umringt ist. Es gibt Lektionen (die sie lieber »Spiele« nennen) für das Management von Gesichtsausdrücken und Gesten, außerdem lernt man, wie man seinen inneren Monolog steuert, um Gefühle wie FRUSTRATION und GROLL in Enthusiasmus und ENTZÜCKEN zu verwandeln.

Es hat sich gezeigt, dass bei Disney-Mitarbeitern, wie auch bei vielen anderen, die im Dienstleistungssektor arbeiten und von denen das Vorspielen positiver Gefühle ausdrücklich verlangt wird, ein höheres Risiko für Burnout besteht. In unserer immer flexibleren, kundenorientierteren Wirtschaft stellt sich die Frage, ob wir zwanghafte Fröhlichkeit nicht ernster betrachten sollten.

Zuerst tauchte in Amerika Fröhlichkeit als Arbeitsplatzanforderung auf, dem Land, das für seine beschwingte Wir-können-das-Haltung bestens bekannt ist. Dies ist allerdings eine relativ neue Entwicklung. Die Tagebücher und Briefe von Amerikanern haben im 17. Jahrhundert den gleichen unglücklichen Ton wie die ihrer europäischen Gegenstücke. Die angemessene Antwort auf die Härten und Ungerechtigkeiten des Lebens war für sie Bescheidenheit und nicht der Wunsch nach Veränderung.

Für das 18. Jahrhundert haben Historiker eine Änderung der Haltung festgestellt, insbesondere zu Unabhängigkeit und Wettbewerb, die in der aufstrebenden kapitalistischen Wirtschaft geschätzt wurden. Dass es in Amerika kein Klassensystem gab, wurde auch als Beitrag zu seinen Erwartungen hinsichtlich Offenheit eingeschätzt. Harriet Martineau, eine englische Publizistin, die 1830 die Vereinigten Staaten besuchte, war ganz fassungslos, als ein Einheimischer auf einem Bahnhof ihr gegenüber einen Witz riss. Ziemlich verächtlich schrieb sie, man könne in diesem Land »eine grundsätzliche Fröhlichkeit« selbst in Nervenheilanstalten und auf Friedhöfen spüren – sie war offenbar eher die europäische Hochnäsigkeit gewöhnt.

Zu den ersten Arbeitskräften, die den Rat bekamen, beschwingt und begeistert zu sein, gehörten Hausfrauen. Laut dem Handbuch zur Haushaltsführung, das die Beecher-Schwestern 1869 veröffentlichten, sollten Frauen »Geduld und Fröhlichkeit« in ihrem Heim verbreiten. Eine positive Haltung zu Hause, so die Schwestern, wäre Garant für den Erfolg ihrer Familien in der Welt draußen, ja, wäre ebenso nahrhaft für Ehemänner und Kinder wie der Schmortopf im Ofen. Somit waren amerikanische Hausfrauen mit die erste Berufsgruppe, die zur »Emotionsarbeit« ermutigt wurde. Mit diesem Begriff bezeichnen Soziologen jene Leistungen, die zu erbringen sind, wenn Arbeitnehmer ausdrücklich angewiesen werden, ihre eigenen Gefühle einzusetzen, um die anderer zu beeinflussen.

Ende des Ersten Weltkriegs betrat eine neue Spezies von Spezialisten die Arbeitswelt – die Industriepsychologen. Ihr Auftrag lautete, Arbeiterunruhen zu verhindern und die Produktivität zu erhöhen. Sie kamen zu dem Schluss, dass Optimismus und eine Wir-können-das-Haltung (und nicht Gehaltserhöhungen und bessere Arbeitsbedingungen) die entscheidenden Faktoren seien. In den 1930ern hatten bereits 30 Prozent der amerikanischen Unternehmen Abteilungen für Arbeitsbeziehungen, die beim Einstellungsprozess beteiligt waren und Arbeitnehmer auf »Introvertiertheit« und andere »Temperamentunzulänglichkeiten« testeten. Vor diesem Hintergrund obligatorischer Fröhlichkeit schrieb Dale Carnegie 1948 einen der Klassiker der Selbsthilfeliteratur: ›Sorge dich nicht – lebe! Die Kunst, zu einem von Ängsten und Aufregungen befreiten Leben zu finden‹. Er riet Verkäufern, immer »munter« zu sein, Kunden mit einem fröhlichen Lächeln zu begrüßen und einen Witz zu machen. Und wenn der Verkäufer an diesem Tag zufällig schlecht drauf war? Da gab es eine einfache Lösung: »Denken und handeln Sie voll Heiterkeit«, so Carnegies Regel, »dann empfinden Sie auch heiter.«

Funktioniert das wirklich, wenn man versucht, beschwingt zu handeln, obwohl man sich gar nicht beschwingt *fühlt*? Es gibt gewisse Hinweise, die nahelegen, dass ein Verziehen des Gesichts zu einem Lächeln die Emotionen, die wir verspüren, tatsächlich beeinflussen kann.* Allerdings haben einige Psychologen und Soziologen die langfristigen Auswirkungen einer ständigen Grinsegrimasse während der Arbeit kritisch hinterfragt. In ihrer bahnbrechenden Studie über Flugbegleiter stellte die Soziologin Arlie Russell Hochschild fest, dass diese während ihrer Ausbildung wiederholt angehalten wurden, »freundlicher als üblich« zu den Passagieren zu sein. Die Fluggesellschaft wollte damit erreichen, dass die Flugbegleiter so den Status der Passagiere erhöhten und ihnen das Gefühl vermittelten, Fliegen sei eine luxuriöse Angelegenheit. Dies ging letztlich auf Kosten der Flugbegleiter. Die von Hochschild Befragten berichteten, dass sie sich auf lange Sicht von ihren Gefühlen entfremdet hätten, und sprachen sogar von Misstrauen den eigenen Gefühlen gegenüber.

Bis vor Kurzem dachte man, dass nur schlecht bezahlte, überwiegend weibliche Arbeitnehmer im Dienstleistungssektor mit

---

* Machen Sie ein Experiment: Nehmen Sie einen Bleistift quer zwischen Ihre Zähne. Verbessert sich dabei Ihre Stimmung? Philosophen haben sich lange gefragt, ob Gesichtsausdrücke wie Lächeln und Stirnrunzeln unsere Empfindungen verändern können. Heutige Psychologen bezeichnen diese Überlegung als Facial-Feedback-Hypothese. Eine Gruppe von deutschen Forschern veröffentlichte 2008 die Ergebnisse eines einfallsreichen Experiments, um dies zu testen. Sie verglichen die emotionalen Reaktionen von Frauen vor und nach Botox-Injektionen. Vor der Verabreichung der Spritzen wurden die Frauen gebeten, das verärgerte Gesicht auf einem Foto zu imitieren, das ihnen gezeigt wurde, während sie sich in einem Gehirnscanner befanden. Die Scans zeigten beidseitig signifikante Aktivitäten der Amygdala, jener Gehirnregion, die für emotionale Erregung zuständig ist. Nach der Botox-Injektion, die die Muskeln zum Stirnrunzeln unbeweglich machte, führte die gleiche Imitation zu wesentlich geringerer Aktivität der Amygdala links. Es bleibt unklar, ob dieser Effekt mit Selbstbewusstheit zu tun hat (sich als verärgert wahrzunehmen kann dazu führen, dass man sich so fühlt) oder ob eine direkte Kausalverbindung zwischen dem Stirnrunzeln und dem Bereich des Gehirns, der Ärger kontrolliert, besteht. Ungeachtet dieser Frage liefert das Experiment einen ersten Beweis, dass unsere Gesichtsmuskelbewegungen das, was wir fühlen, tatsächlich verändern können.

den Problemen der »Emotionsarbeit« konfrontiert wären. Doch in den letzten zehn Jahren haben Soziologen Untersuchungen über Ärzte, Hochschullehrer und Polizisten auf beiden Seiten des Atlantiks durchgeführt und sind zu dem Schluss gekommen, dass explizite Aufforderungen an Arbeitnehmer, ihre Gefühle gezielt einzusetzen, zunehmen.* Das Verlangen, fröhlich zu sein, ist als Hauptschuldiger ausgemacht worden, gleichzeitig wird Verdrießlichkeit umso weniger toleriert, je mehr das Vertrauen in die Arbeitnehmer sinkt (siehe MITARBEITERFRUST). Seit man der Meinung ist, »Emotionsarbeit« trage zur Zunahme von Stress, depressiven Symptomen und ANGST bei Arbeitnehmern bei, finden wir uns in der merkwürdigen Situation wieder, dass der Druck, fröhlich zu sein, zu Unzufriedenheit, Erschöpfung und Entfremdung führt.

Einen wunderschönen Tag noch!

☞ Siehe auch: GLÜCK

FROHSEIN

Eine gute Nachricht, die unerwartet eintrifft, kann die emotionale Wetterlage verändern. Beispielsweise wenn eine Freundin ein Baby bekommen hat oder ein Nachbar aus dem Krankenhaus entlassen worden ist. Wenn Menschen, die wir mögen, etwas Gutes widerfährt, fällt auch ein kleiner Sonnenstrahl in un-

---

* Sogar von amerikanischen Präsidenten erwartet man Fröhlichkeit – zumindest auf ihren offiziellen Porträts. Die Gründerväter blickten noch ziemlich streng, in den 1940ern waren dann kleine Lächler aufgetaucht. Harry Truman lächelt auf seinem offiziellen Porträt (1947), aber erst seit Ronald Reagan findet man das volle, zähnezeigende Lächeln, das wir heute gewohnt sind.

sere Richtung und lässt alles ein bisschen heller erscheinen (Ausnahme: siehe NEID).

Ursprünglich hatte froh eher die Bedeutung von lebhaft, frisch. Heute können sowohl Menschen (Kinder mit einem neuen Spielzeug) als auch unbelebte Dinge (Glocken oder Weihnachtsbotschaften) froh sein. Vor allem aber ist froh inzwischen mit jenen Momenten verbunden, wenn kleinere Sorgen verschwinden oder wir unangenehme Aufgaben hinter uns gebracht haben – »Ich bin froh, dass ich Sie erreicht habe«, »Ich bin froh, dass ich das erledigt habe« (siehe auch ERLEICHTERUNG).

Es mag den Anschein haben, dass Frohsein zu einer ziemlich schwachen Emotion geworden ist, aber es befindet sich ja auch im Bedeutungsfeld der Freude, die man für einen anderen empfindet, eine besondere Form der EMPATHIE. Das macht das Frohsein zu einem sehr wichtigen Bestandteil des Lexikons der Emotionen. Während Glück zu etwas geworden ist, das wir voller Ernst für uns selbst inszenieren, ist Frohsein die Emotion für glückliche Zufälle und unerwarteten Auftrieb für die Seele. Und es zeigt unsere Bereitschaft, uns von der Stimmung anderer anstecken zu lassen und ihr Glück zu feiern.

☞ Siehe auch: *WARM GLOW*

FRUSTRATION

☞ Siehe: ZORN

FURCHT

Furcht gilt als das wichtigste und grundlegendste der menschlichen Gefühle. Wir können uns vorstellen, wie unsere Vorfahren in Höhlen kauerten, während der Donner über ihnen grollte oder sie zur Salzsäule erstarrten und mit hämmerndem Herzen abwarteten, wenn ein furchteinflößendes Raubtier vorbeistreifte. Charles Darwin hat 1872 als Erster die urzeitlichen Wurzeln der Furcht betont: »Wir können zuverlässig ... schließen«, schrieb er, »dass die Furcht seit einer äußerst entfernt zurückliegenden Zeit in beinahe derselben Weise ausgedrückt wurde, wie es jetzt von Menschen geschieht.«

Die meisten anderen Tiere, die auf diesem Planeten leben, teilen diese unwillkürliche Reaktion auf Bedrohungen. Solche Verhaltensweisen entwickelten sich, um das Überleben der Art zu sichern. Die Augen weiten sich und das Gehör wird schärfer, das Herz schlägt schnell und der Atem wird flach oder setzt aus. Wir versuchen, uns zu verstecken oder zu fliehen. Oder aber wir werden von einer Adrenalinwelle durchflutet, drehen uns um und kämpfen (siehe ERREGUNG). Die Reaktion erfolgt instinktiv. Bei Gefahr übernimmt unser Körper die Kontrolle und setzt uns auf Autopilot.

Furcht ist so simpel. Und doch ...

Gibt es nicht riesige Unterschiede etwa zwischen der Befürchtung, der Partner könnte einen verlassen, dem Erschrecken, wenn das Licht ausgeht, oder dem Entsetzen, das dazu führt, dass wir in Ohnmacht fallen, wie es Erasmus angeblich tat, wenn er einen Teller Linsen sah? Können wir wirklich behaupten, dass die erregte Angst kurz vor einer wichtigen Unternehmung und die blinde Panik, wenn jemand aus Spaß sein Auto in unsere Richtung beschleunigt, das Gleiche seien? Beide sind im weiteren Sinne »Furcht«, aber Erstere enthält Spuren von HOFF-

NUNG und Vorfreude, während Letztere WUT erzeugen kann oder uns in gereizte VERLEGENHEIT bringt. Das Englische kennt verschiedene Formen von Furcht: BEDROHLICHKEIT, SORGE, ANGST und SCHRECKEN. Doch das ist eigentlich gar nichts. Die Pintupi in Western Australia benutzen mindestens fünfzehn verschiedene Wörter, um eine ganze Palette von Furchtgefühlen zu beschreiben, die sich immer danach richten, in welcher Situation sie auftreten (siehe *NGINYIWARRARRINGU*).

Mit das Merkwürdigste überhaupt an unserer Freundin Furcht – dieser wichtigsten Emotion, dieser uranfänglichen Lebensretterin – ist wohl der tiefe ARGWOHN, den wir ihr gegenüber hegen. »Das Einzige, was wir zu fürchten haben, ist die Furcht selbst«, erklärte Franklin D. Roosevelt 1933. Schon damals war die Aussage nicht neu: Dreieinhalb Jahrhunderte früher hatte Michel de Montaigne gespottet: »Wovor ich mich am meisten fürchte, ist die Furcht.« Furcht kann eine unserer wichtigsten Verbündeten sein und uns aus Lebensgefahr retten, doch wir stellen sie als heimliche Feindin dar, die uns wie ein Dieb bestiehlt, das rationale Denken aus der Spur bringt, latente Ängste aufflammen lässt und zielgerichtetes Handeln behindert. Furcht kann sogar töten.

Glaubt man den Bills of Mortality des Jahres 1665, den wöchentlich erstellten Verzeichnissen der Londoner Todesfälle samt Todesursache, starben im September drei unglückliche Seelen, weil sie zu Tode »erschreckt« wurden. Auch Fluchtsituationen und Massengedränge können uns nach wie vor töten (siehe PANIK) oder uns zumindest das Gefühl geben, dass wir sterben müssen (siehe *PEUR DES ESPACES*). Und manchmal kann sogar eine unbegründete Furcht mit ihrem Zwang, sich um jeden Preis gegen den Feind zu verteidigen, Verwüstungen und Tod anrichten (siehe PARANOIA).

Unsere westlichen Gesellschaften werden als »furchtaversiv« beschrieben. Wir pflastern unsere öffentlichen Räume mit Überwachungskameras zu und überschwemmen unsere Nahverkehrssysteme mit Aufforderungen, wachsam zu sein. Doch genau diese ständigen Ermahnungen, das Risiko klein zu halten, erhöhen möglicherweise unsere Nervosität. Wenn wir unablässig an unsere Verwundbarkeit erinnert werden, kann es passieren, dass wir für politische Rhetorik anfällig werden, die uns angesichts globaler Bedrohungen Schutz verspricht (siehe SCHRECKEN). Die Situation wird durch »Furchtvermittler«, wie der Soziologe Frank Furedi sie nennt, verschärft – Geschäftszweige oder Interessensgruppen, die Gefahren mit plakativen Schlagzeilen und bissigen Anzeigen hochjazzen (»Durch Chips Demenz?«, »Fallen Ihnen die Haare aus?«, »Lässt Ihr JOB Sie UNAUSGEFÜLLT?«). »Der Spot tat, was alle Werbespots tun sollen: Er erzeugte eine Angst, die der Konsum nehmen konnte«, schrieb David Foster Wallace in seinem Roman ›Unendlicher Spaß‹. Es ist nicht nur so, dass Furcht an so vielen verschiedenen Stellen angefacht werden kann, sondern es kommen auch jeden Tag neue Gründe hinzu, sich zu fürchten. Einst fürchteten wir uns vor dem Donner und vor wilden Bestien, heute werden uns permanent neue Bedrohungen nahegelegt, wenn wir nur die Nachrichten lesen oder in einen Zug einsteigen. Und es könnte sein, dass ein Einkaufstrip nicht ausreicht, um damit fertig zu werden.

☞ Siehe auch: MUT

GÄNSEHAUT

Eine Gänsehaut bekommt man, wenn man die Befürchtung hat, dass etwas Schauerliches geschieht.

☞ Siehe auch: BEDROHUNG

GEREIZTHEIT

Ihr Ziel war, das Publikum so lange zu provozieren, bis es die Fassung verlor. Sie wollten die Leute schockieren, sie wütend und ärgerlich machen. Eines ihrer Manifeste trug den Titel ›Die Freuden, ausgebuht zu werden‹. In einem anderen wurde vorgeschlagen, Juckpulver auf die Sitze im Zuschauerraum zu streuen, damit alle dort rote Striemen vom Kratzen bekämen. Die Futuristen, eine Gruppe anarchistischer Künstler in den ersten Dekaden des 20. Jahrhunderts in Italien, wollten sich wie ein Sack Flöhe im Publikum breitmachen und es so lange reizen, bis etwas – irgendetwas – passierte.

Gereiztheit ist ein Zustand von Reibung. Gegen den Strich gebürstet zu werden, kann eine taktile oder eine emotionale Erfahrung sein, wobei weder Sprache noch Erleben zwischen beidem unterscheidet. Der Pickel, der am Hemdkragen scheuert, kann dazu führen, dass wir uns unruhig und eingeengt fühlen. Die Gereiztheit, die aus enttäuschten und unterdrückten Wünschen entsteht, führt dazu, dass man sich unwohl in seiner Haut fühlt und eine Berührung durch andere nicht ertragen kann. Wenn wir gereizt sind, erscheint uns jede Form von Kontakt oder Nähe als zu viel, zu *stachelig*. Selbst der besorgte Blick unserer Lieben kann uns zurückweichen lassen.

Gereiztheit mag als weniger wichtiges Gefühl erscheinen. Natürlich kommt sie häufig vor und es ist sehr unangenehm, wenn sie uns im Griff hat, aber ihr fehlt die Würde der EMPÖRUNG oder die Glorie der RAGE. Die Futuristen fanden sie jedoch nicht belanglos – im Gegenteil. Ihre Werke belebten eine viel ältere Bedeutung der Emotion wieder, nach der Gereiztheit zweckmäßig und wichtig war.

Im 17. Jahrhundert bedeutete zu reizen lediglich, eine Reaktion zu bewirken oder anzustoßen. Mut konnte gereizt werden. Auch Liebe. Ebenso Körperteile. Der deutsche Gelehrte Albrecht von Haller entdeckte 1753, dass das Hinterbein eines geköpften Frosches wegzuckt, wenn man eine Kerzenflamme daranhält. Haller schloss daraus, dass das Vermögen zu instinktiven Bewegungen eher unmittelbar in den »reizbaren Muskeln« selbst und weniger in irgendeiner immateriellen »Seele« zu finden sei. Seine Theorie wurde zehn Jahre später widerlegt, als der britische Arzt Robert Whytt den ersten Beweis für den Rückenmarksreflex lieferte, einer der Schlüsselbegriffe, an denen sich die säkulare Vorstellungswelt des Gefühlslebens im 19. Jahrhundert ausrichtete.

Etwa zur gleichen Zeit begann man im angelsächsischen Sprachraum, das englische Wort für Gereiztheit, »Irritation«, zu benutzen, um ein Gefühl von Ärger zu beschreiben – zum Beispiel beschrieb es die Stimmung, wenn neue Steuern eingeführt wurden, oder gegenüber Leuten, die sich nicht an Abmachungen hielten. Gereiztheit galt allerdings nicht immer als gerechtfertigt. Rund einhundert Jahre später erachteten viktorianische Ärzte leichte Reizbarkeit als Zeichen von Schwäche und schrieben sie jenen zu, die sie für überempfindlich hielten: Alkoholikern, Nervenkranken, Künstlern und Dandys. Während des amerikanischen Sezessionskriegs wurde Gereiztheit zudem als Emotion der Maßlosigkeit und Unausgeglichenheit charakterisiert, als es um die Beschreibung eines neuen Zustands ging, der als »reizbares Herz« bezeichnet wurde. Seine Symptome waren Herzklopfen, Brustschmerzen, Ohnmacht und Kurzatmigkeit: alle ähnlich wie bei Herzkrankheiten, aber ohne körperliche Ursache. Das »reizbare Herz«, an dem Soldaten litten, wurde als psychosomatische Krankheit, als Neurasthenie betrachtet – in groben Zügen entspricht es dem, was wir heute unter »Stress« verstehen. In der medizinischen Fachliteratur waren die leicht Reizbaren dann jene, die am anfälligsten für die Phantasien des ängstlichen Charakters waren: diejenigen, die sich nicht mehr unter Kontrolle hatten.

Auch heute ist die Verbindung zwischen Gereiztheit und Irrationalität lebendig. Laut dem ›Diagnostic and Statistical Manual of Mental Disorders‹ (DSM) der American Psychiatric Association ist schnelles Aufbrausen ein Symptom von Angst, Schlafmangel und Depression. Wir kennen das Gefühl, wenn wir ausgelaugt, dünnhäutig, gestresst oder verkatert sind. Oder auch wenn wir mürrisch sind, weil uns eine nahestehende Person helfen will, oder zornig, weil der Fotokopierer den Dienst verweigert – die Erfahrung lehrt uns, unsere eigene Gereiztheit und die anderer nicht zu ernst zu nehmen, damit wir sie nicht durch Kratzen verstärken.

Die Futuristen hielten Gereiztheit weder für irrational noch für unbedeutend. Sie betrachteten sie als Experimentierfeld für Verletzlichkeit und als Türöffner, der ihr Publikum für stärkere Emotionen – wie Reue, Scham und Wut – zugänglicher machen sollte. Für sie war Gereiztheit ein erstrebenswertes Ziel. Für uns und den Rest der Welt sind eine zugeknallte Tür oder eine scharfe Bemerkung gut genug.

☞ Siehe auch: FASSLÄUFTÜBERGEFÜHL

GEWISSENSBISSE

Ein junger Mann sitzt auf einer Zimmermannsbank, unter ihm sammelt sich eine Blutlache auf dem Boden. Von seinen Gefühlen überwältigt, hat er sein eigenes Bein abgehackt, mit dem er seine Mutter getreten hat. Auf dem Gemälde des venezianischen Künstlers Antonio Vivarini, das um 1450 entstand und sich heute im Metropolitan Museum in New York befindet, kniet der heilige Petrus von Verona vor dem abgetrennten Bein und hält es an den Stumpf, um es zu heilen, während zwei Frauen – eine davon ist wahrscheinlich die Mutter des jungen Mannes – angstvoll die Hände ringend danebenstehen.

Es ist eine der schmerzhaftesten Erfahrungen, die wir machen können, zu erkennen, dass wir eine andere Person verletzt haben. Wenn das erste Aufflammen der WUT abgeebbt ist, setzen die Gewissensbisse ein, dann drückt uns das, was wir gesagt oder getan haben, einen Klumpen in unsere Kehle. Im Gegensatz zum Schwirrenden und Luftabschnürenden der REUE sind Gewissensbisse brennend und unbändig. Voller Schrecken und durchsetzt mit Liebe, drücken sie das Verlangen aus, das Band zu erhalten, das uns mit der Person verbindet, die wir verletzt haben. Laut der Psychoanalytikerin Melanie Klein erfahren Gewissensbisse in der Kindheit ihre dramatischste Form, wenn wir Angst haben, unsere Eltern verletzt zu haben. In unseren Kindheitsphantasien sind diese leichter verwundbar als andere und auch besser in der Lage, grausam zu vergelten. Gewissensbisse sind deshalb am klarsten definiert als unbedingter Wunsch, etwas zu *tun*: sich zu bessern und zu versuchen, die Wunden zu heilen, die wir geschlagen haben. Anders als SCHAM, die das Entsetzen darüber ist, was wir *sind*, geht es bei Gewissensbissen um etwas, das wir *getan* haben und das von uns eine Korrektur verlangt. In diesem Sinn sind Gewissensbisse sowohl äußerst schmerzhaft als auch mit Bemühen und HOFFNUNG verbunden.

Gewissensbiss mag ein altmodisches Wort sein, aber es steht heute wie kaum jemals zuvor im Rampenlicht. Wir leben in einem »Zeitalter der Entschuldigungen«, wie es mal genannt wurde. Von Politikern wie Tony Blair und dem australischen Premier Kevin Rudd, die sich formell für Gräueltaten ihrer Vorgänger entschuldigten, bis zur Wahrheits- und Versöhnungskommission in Südafrika – die öffentliche Entschuldigung basiert auf der Vorstellung, dass das Zeigen von Gewissensbissen dem Opfer nützt, indem es ihm bei der Heilung hilft. Wir sind offenbar so sehr davon überzeugt, dass Zerknirschung Leiden lindert, dass wir lautstark Reue einfordern, wenn ein Skandal hochkocht, und eine gewisse Befriedigung verspüren, wenn ein Premier zurücktritt oder ein Star auf dem Sofa einer Talkshow eine Träne vergießt.

Doch in jedem dieser Fälle erscheinen Entschuldigungen letztlich unzureichend. Wahrscheinlich ist es der »Schauspiel«-Charakter von Gewissensbissen, der bei dieser Emotion so leicht die Aufrichtigkeit anzweifeln lässt. Eine Entschuldigung, so die Theorie des Philosophen J.L.Austin, drückt zum einen etwas aus und *verändert* zum anderen etwas. Als Kinder werden wir angehalten, uns so zu entschuldigen, wie wir es meinen, und lernen auf diese Weise, dass die überzeugende Darbietung von Gewissensbissen als Ersatz für echte Reue dienen kann. Verspürte Tony Blair wirklich Gewissensbisse wegen der Taten einer konservativen Regierung im 19. Jahrhundert oder war seine Entschuldigung bloß ein kluger Schachzug im Friedensprozess mit Nordirland (und macht es überhaupt Sinn, Gewissensbisse wegen eines Verbrechens zu verspüren, das man persönlich weder begangen noch zu verantworten hat)? Sorgte die als lockende Karotte vor die Nase gehaltene Amnestie bei der südafrikanischen Wahrheits- und Versöhnungskommission dafür, dass Zerknirschung gezeigt wurde, wo es keine gab? (Und falls nicht, warum war ein Prozess nötig, in dem die Täter an die Öffentlichkeit traten?) Wir wollen Gewissensbisse, die echt sind. »Er zeigte keine Reue« lautet das bedrückende Fazit, wenn der Täter in die Zelle abgeführt wird. Seine Unfähigkeit, Gewissensbisse zu haben oder auch nur das Gefühl, welche zeigen zu sollen, scheint ein Beweis dafür zu sein, dass ein unmenschlicher Geist am Werk ist. Was aber, wenn Gewissensbisse gar keine echte Emotion sind?

Die Frage, ob Gewissensbisse eine Gemütsbewegung oder eine intellektuelle Haltung – oder beides – sind, wurde vom 13. bis zum 15. Jahrhundert in Europa heiß diskutiert. Die mittelalterliche Kultur der Gewissensbisse war besonders leidenschaftlich, eine tränenreiche Darbietung von Kummer und Demut. Die Frommen wurden angehalten, vor dem sterbenden Leib Christi zu weinen, ihr Fleisch zu geißeln und in die Rufe nach Barmherzigkeit bei den Pest- und Hungerprozessionen einzustimmen, um Gott die Tiefe ihrer Zerknirschung zu zeigen (siehe auch MITLEID). Leidenschaftliche Gewissensbisse waren auch ein wichtiger Teil mittelalterlicher Gerichtsprozesse. Am 7. November 1497 standen Christopher und Isabella Wryght vor dem Richter im nordenglischen Durham. Sie waren angeklagt, ihr Kind vernachlässigt zu haben, das bei einem Brand umgekommen war – damals wie heute ein schweres Verbrechen. Die Gerichtsprotokolle enthüllen, das Paar *confessatum con dolore non modico ymmo clarmore & lacrimis effucionem* (»gestand mit nicht gemäßigtem Kummer, ja sogar mit lautem Schreien und vielen Tränen«). Die extreme Qual der beiden sah der Richter als Beweis, dass sie wirklich bereuen wollten, und sie veranlasste ihn zur Gnade. Statt zu einer Gefängnisstrafe wurde das Paar zur Buße verurteilt: Nur mit einem Hemd bekleidet, barfuß und barhäuptig, in der Hand eine Kerze, musste es an vier aufeinander folgenden Sonntagen unter Peitschenhieben um die Kirche von Alverton schreiten.

In dieser verbreiteten höchst emotionalen Kultur der Gewissensbisse gab es jedoch einige Vertreter der gelehrten Elite, die der Meinung waren, es sei besser, Gewissensbisse als intellektuelle Haltung und nicht als Gemütsbewegung aufzufassen. Mittelalterliche Theologen wie Albertus Magnus und sein Schüler Thomas von Aquin führten an, echte Zerknirschung (*contritio*) sei eine besondere geistige Tugend, ein freiwilliger Wunsch, sich zu bessern, und der Wille, einen schmerzlichen Prozess der Buße zu durchlaufen, um von Schuld gereinigt zu werden. Sie hielten auch nichts von härenen Gewändern und Geißelungen als Bestandteilen der Reue. Ihrer Meinung nach waren Wehgeschrei und Weinen nicht die Zeichen wahrer Zerknirschung, sondern ein vernünftiges Verhalten, das dazu führte, dass der Mensch sich besserte. Ein ruhiger Gemütszustand waren entscheidend, damit das richtige Maß an Buße erreicht werden konnte, um die Sünde aufzuheben. Aus diesem Grund hatten starke Emotionen, wie sie der junge Mann auf Vivarinis Bild zeigte, keinen Platz bei den wahren Gewissensbissen. Wenn wir zu exzessiv versuchen, unsere Missetaten wiedergutzumachen, müssen wir auch heute damit rechnen, dass der andere sich noch schlechter fühlt als vorher. Und so befürchteten auch die mittelalterlichen Theologen, dass unmäßige Gewissensbisse zu unangemessenen Reaktionen führen und die Trauer vergrößern statt verringern könnten.

Für mittelalterliche Gelehrte war Buße eine feinsinnige Angelegenheit, die man nicht im Affekt absolvierte, sondern auf stille, beherrschte Weise. Daher sollte unsere Frage, wenn wir das nächste Mal die feuchten Augen von Prominenten oder Politikern sehen, nicht lauten, ob sie die Gewissensbisse wirklich verspüren, sondern ob ihr Denken wirklich dahintersteht.

☞ Siehe auch: SCHULD

GEZELLIGHEID

Es überrascht nicht, dass viele der nordeuropäischen Sprachen ein spezielles Wort dafür haben, sich behaglich zu fühlen (das englische *cosy* kommt vom gälischen *còsag*, einer kleinen Höhle, in die man kriechen kann). Wenn es nieselt und Nebelschwaden über den Kanälen aufsteigen, dann sehnen wir uns nach dem Gefühl, das die Holländer *gezelligheid* nennen. *Gezelligheid* ist von dem Wort für Freund abgeleitet und beschreibt sowohl den physischen Umstand, es zusammen mit guten Freunden an einem warmen und heimeligen Ort gemütlich zu haben (*gezelligheid* kann man unmöglich allein erleben), als auch den emotionalen Zustand, sich gehalten und getröstet zu fühlen. Die deutsche Geselligkeit, an die es erinnert, ist dabei nur eines seiner Bedeutungsfelder. Näher kommen ihm das dänische *hygge* (Behaglichkeit), das deutsche Wort Gemütlichkeit, das Geistesverwandtschaft und Gemeinschaft einschließt, und das finnische *kodikas* (in etwa heimelig). Schaut man sich die Sprachen des sonnigen Mittelmeerraums an, findet man nicht so leicht eine gleichwertige Kombination aus physischer Geborgenheit und emotionalem Trost.

☞ Siehe auch: *INHABITIVENESS*, TROST

GLÜCK

Er sitzt mit seiner kleinen Tochter in einem Café in der Nähe seiner Wohnung in Schweden. Sie trinkt Limonade und stellt Fragen über den Himmel und Skelette. Er denkt sich phantasievolle Antworten aus. »Auch wenn die Freude, die ich dann zuweilen empfinde, nicht unbedingt überwältigend ist, sondern eher Zufriedenheit und Ruhe ähnelt«, schreibt der norwegische Autor Karl Ove Knausgård in seinem autobiographischen Roman ›Sterben‹, »ist es doch eindeutig Freude. Vielleicht sogar, in besonderen Augenblicken, Glück.« Doch Sekunden später steigen die alten Ängste wieder in ihm auf und nehmen ihren gewohnten Platz ein. Er fragt sich, ob dieser blasse Abklatsch der Heiterkeit anderer Menschen alles ist, wozu er fähig ist. Hätte er die Bücher nicht der Familie vorgezogen, würde dann sein Leben auch mit fröhlichem Lachen angefüllt sein? »Dann hätten wir irgendwo in Norwegen leben können und wären im Winter Ski und Schlittschuh gelaufen ... wären im Sommer mit dem Boot hinausgefahren, hätten gebadet, gefischt, gecampt ... [wären] glücklich und fröhlich.«

Das ist das Problem mit dem Glück. Der Philosoph John Stuart Mill hat es so formuliert: »Frage dich selbst, ob du glücklich bist, und du hörst auf, es zu sein.«

Heute ist Glück eine viele Millionen schwere Industrie.

Selbsthilfebücher ermutigen uns, unsere emotionalen Temperaturen zu beobachten. Es gibt Apps, die die Auswirkungen bestimmter Nahrungsmittel und Übungen auf unsere Stimmung in Grafiken darstellen. Diese zunehmende Bewusstmachung von Glück ist auch auf internationaler Ebene auszumachen – seit 2003 lässt die EU das Ausmaß an Glück in ihren Mitgliedsstaaten messen und vergleichen. Dieses Stimmungsbarometer wird von Politikern sehr genau beobachtet, denn Glück ist zur Kurzformel für das andere allgegenwärtige Ziel geworden: Wohlbefinden (siehe EUPHORIE). Und der Einsatz ist hoch. Es dürfte Ihnen schwerfallen, ein Buch über Glück zu finden, in dem nicht Studien zitiert werden, die aufzeigen, dass eine fröhliche Grundeinstellung lebensverlängernd wirkt oder dass Leute, die Freude am Leben haben, auch im Beruf mehr Erfolg haben. Wenn uns etwas wichtig erscheint, wollen wir es kontrollieren; wenn wir etwas kontrollieren wollen, messen wir es erst einmal. Aber in unserem Eifer, die höchst subjektive, flüchtige Empfindung Glück zu wiegen und zu messen, könnten wir vergessen, zuerst zu prüfen, was wir dabei aufs Spiel setzen könnten.

Die Vorstellung, Glück könne hergestellt und gesteuert werden, ist relativ neu. Vor dem 18. Jahrhundert verstand man unter Glück meist das Gefühl, dass Gottes Gnade auf einem ruhe. Auch wenn damit ein Zustand der Freude und ZUFRIEDENHEIT beschrieben wurde, verband man es eher mit einem günstigen Schicksal als mit etwas, das konstruierbar ist: Glück herrschte, wenn etwas zu unseren Gunsten verlief – ein glücklicher Zufall oder ein Glücksfall. Diese Verbindung zwischen Glück und Zufall hat sich im 18. Jahrhundert allmählich verschoben. Thomas Jefferson schrieb 1776 in der amerikanischen Unabhängigkeitserklärung fest, jeder Bürger habe das Recht auf »Leben, Freiheit und das Bestreben nach Glückseligkeit«, als wäre Glück etwas, das man ausfindig machen oder sogar einfangen könne. Mittlerweile war es in den gebildeten Kreisen in

Großbritannien so sehr in Mode gekommen, Glück als Lebensziel zu betrachten, dass kluge Geister wie Alexander Pope darüber spotteten: »Glückseligkeit, des Daseins Ziel und Ende! Glück, Wonne, Fried und Ruh, was auch dein Nam, dein Wesen ist, wonach wir alle schmachten.« Einige Historiker haben dieses gestiegene Interesse an Glück sogar mit den damaligen Fortschritten der Zahnmedizin in Verbindung gebracht. Diese hätten die Bereitschaft gefördert, ein breites, Zähne zeigendes Lächeln darzubieten (siehe BEFRIEDIGUNG).

Der allgemeinen Aufforderung, glücklich zu sein, folgten rasch Versuche, Glück zu analysieren und zu katalogisieren – und auch herauszufinden, was ihm im Weg stehen könnte. Eines der bekanntesten Beispiele ist die hyper-rationale Philosophie des Utilitarismus. 1789, im selben Jahr, in dem die amerikanische Verfassung in Kraft trat, stellte der britische Anwalt Jeremy Bentham seinen unabsichtlich halbseiden klingenden »Katalog der Freuden« zusammen. Mit dem Argument, dass eine Entscheidung moralisch sei, wenn sie die Gesamtsumme des Glücks in der Welt vergrößern würde, verfasste Bentham eine Liste der Dinge, die – bei einem Anwalt und Mann im 18. Jahrhundert – Freude bewirkten (etwa Kenntnisse, Macht, Frömmigkeit) oder aber Leiden auslösten (etwa Entbehrungen, Unbeholfenheit oder ein schlechter Ruf). Musste man eine Entscheidung treffen, zum Beispiel, ob man seine alten Eltern besuchen sollte, brauchte man nur seinen Katalog hervorzuholen und konnte addieren, welche Freuden der Besuch bringen würde, und davon abziehen, welche Leiden er schaffen würde. Überwogen die Freuden die Leiden, konnte man seine Reise planen.

Benthams Glücksberechnung wurde im Lauf der Jahre von Kritikern ziemlich niedergemacht. Was Menschen Freude macht, sei eindeutig subjektiv. Und als Verhaltensrichtlinie sei sie höchst problematisch, denn es werde nicht versucht, moralisch bedenkliches Verhalten auszuschließen, von dem anzunehmen sei, dass es irgendwem Freude bereiten könnte (wie etwa, eine Katze zu quälen). Doch unterschied er sich so sehr von heutigen Verfechtern der »neuen Glückswissenschaft«, deren Ziel es ist, das Glück zu maximieren, und die Berge von Artikeln der Frage widmen, wie genau das erreicht werden kann?

Ein Mensch, der besonders heftig auf Benthams Glücksagenda reagierte, war dessen Patensohn John Stuart Mill. Das Wunderkind Mill, das strikt nach utilitaristischen Grundsätzen erzogen worden war, konnte mit acht Jahren ebenso Gedichte auf Lateinisch verfassen wie mit Kalkulationsmodellen um sich werfen. Das einzige Problem war, dass er überhaupt nicht glücklich war. Gegen Ende seiner Teenagerjahre durchlebte Mill eine längere Phase seelischer Pein und Melancholie. Nach seiner Genesung (die er laut eigener Aussage dem Lesen von Gedichten verdankte), kam Mill zu dem Schluss, dass Glück um einiges komplizierter sei, als Bentham meinte. Selbst wenn Glück das Lebensziel wäre, könnte es nach Mills Meinung weder verfolgt noch eingefangen werden. Wie eine Katze, die man auf seinen Schoß locken wolle, müsse man das Glück ignorieren, statt es zu beschwören: Er betrachtete es als scheues Gefühl, das sich dann heranschleicht, wenn man es am wenigsten erwartet. Am besten wäre, »wenn man sich nicht das Glück, sondern irgend ein externes Ziel zum Lebenszweck« mache, schrieb Mill. »An diesem mögen sich dein Selbstbewusstsein, deine Forschung und deine Selbstbefragung erschöpfen, und unter auch sonst günstigen Umständen wirst du das Glück mit der Luft aufnehmen, die du einatmest, ohne ... es durch fatale Fragen zu vertreiben.«

Wenn Sie gefragt werden, ob Sie a) sehr glücklich, b) ziemlich glücklich oder c) gar nicht glücklich seien, könnten Sie sich überlegen, ob all diese »Schicksalsfragerei« uns nicht an den Rand einer Nervenkrise bringen kann. Vielleicht führt die Annahme, dass Glück zwingend erforderlich ist, oder die, dass wir ein Recht auf Glück haben, oder aber die, dass wir Versager sind, wenn wir nicht glücklich sind, dazu, dass wir ängstlich und unzufrieden werden. Eine Antwort auf dieses Dilemma ist, den Begriff komplett zu vermeiden. Viele heutige Philosophen und Psychologen, darunter Martin Seligman, einer der Begründer der positiven Psychologie, benutzen lieber den Begriff »Aufblühen« statt Glück. Damit übersetzen sie grob den griechischen Begriff *eudaimonía*, dessen wichtigste Darlegung sich in Aristoteles' ›Nikomachische Ethik‹ findet. Sie besagt, dass ein sinnvolles Leben Schmerz ebenso beinhaltet wie Vorzüge. Während Glück inzwischen mit einem allgemeinen positiven Empfinden assoziiert wird, verlangt ein gelingendes Leben im Sinne des »Aufblühens«, dass man Mut zeigt (was schwierig sein kann), Mitgefühl aufbringt (was zu Traurigkeit um anderer willen führen kann) und hinausgeschobene Belohnungen akzeptiert (was bedeutet, dass man die Frustration des Wartens erleiden kann). Ein gelingendes Leben zu führen, ist vielleicht nicht ein einziges Baden und Angeln in Norwegen, aber es könnte, so Seligman und seine Kollegen, zumindest ein befriedigenderer Lebensstil sein.

Die wichtigste Konsequenz, wenn man statt von Glück von Aufblühen spricht, ist wohl, dass Glück wieder seine rechtmäßige Stellung als Emotion bekommt. In den letzten rund 200 Jahren wurde Glück eher zu einer länger anhaltenden Verfassung oder einem Zustand à la »und dann lebten sie glücklich bis an ihr Lebensende« und war weniger ein temporäres Gefühl, das, wie alle Emotionen, manchmal vorhanden ist und manchmal eben nicht. Es gilt sogar nicht immer als erstrebenswert: Kürzlich haben Forscher im ›Journal of Happiness Studies‹ dargelegt, dass nicht alle Kulturen automatisch nach Glück streben. Ihre Interviews zeigen, dass Neuseeländer besonders ängstlich gegenüber den mit Glücksgefühlen notwendigerweise verbundenen Hochs und Tiefs sind, während die Menschen auf dem mikronesischen Ifalik der Meinung sind, Glücksgefühle auszudrücken gehe einher mit »Angeben, Überreizung und der Vernachlässigung seiner Pflichten« (siehe SELBSTGEFÄLLIGKEIT). Wenn wir das, was wir unter Glück verstehen, wieder als Emotion betrachten, die so flüchtig ist wie Überraschung oder so komplex wie Trauer, lassen sich viele Schattierungen und Widersprüche entdecken. Während Glück für die eine Person ein ungehemmter Schrei der Zufriedenheit ist, stellt es für die nächste das vage Empfinden dar, alles sei »richtig«, und für eine dritte ein Aufwallen von ERREGUNG. Hinzu kommt, dass es auch eine Emotion ist, die ein Gefühl von Gefahr und Wagen einschließt, also ein »perfekter Steg über das Krokodilbecken« ist.

☛ Siehe auch: FRÖHLICHKET, FREUDE

GRENG JAI

In Thailand ist *greng jai* (manchmal auch *kreng jai* transkribiert) das Gefühl des Widerstrebens, das Hilfsangebot von anderen anzunehmen, weil diese Hilfe denen, die sie anbieten, zu viele Umstände macht.

☛ Siehe auch: DANKBARKEIT, *OIME*

GROLL

Er ist die Folge unserer Liebenswürdigkeit, er ist Wut in der Endlosschleife. Er ist der Hass, den wir unterdrücken, wenn wir unseren Verletzungen, Demütigungen oder Frustrationen nicht laut Ausdruck verleihen dürfen. Er ist eine Wunde, die uns durch unsere Abhängigkeit zugefügt wurde. Im Lauf der Zeit verdichtet sich unsere verborgene Wut, sinkt zu den dunkelsten Stellen unserer Seele hinab, bis sie in kleinen Bosheiten, Gehässigkeiten, Sticheleien, Ausfälligkeiten, Heimzahlungen wieder hochkommt.

Groll ist eine der ruhigsten und zugleich hässlichsten Emotionen, die wir haben.

Das Bild vom Groll als Gefühl ohne Stimme ist alt. Sein mittelalterlicher Vorfahr war im Englischen *rancour*, Erbitterung, eine unbefriedigte RACHSUCHT. Sie brachte die Auszehrung durch Trägheit, giftige Krebsgeschwüre und fauligen Gestank mit sich (das lateinische *rancor* ist die Wurzel von ranken, wuchern). In Cesare Ripas ›Iconologia‹ – einem umfangreichen Handbuch für bildende Künstler, das 1593 erschien und in dem beschrieben wird, wie mehr als 1250 Leidenschaften und Persönlichkeitstypen darzustellen sind – ist der Erbitterte als »mager und gelb von Farbe« gekennzeichnet. Durch seine unterdrückte Wut würde ein Geschwür an der Seele entstehen und seine Haut sei mit Fisteln voller ansteckender Gifte übersät.

Die Befürchtung, dass Groll körperliche Spuren hinterlässt, ist immer noch vorhanden. Die medizinische Schule der Psychosomatik, die in den 1950ern in den USA Prominenz erlangte, sieht eine Verbindung zwischen Groll und Verdauungsproblemen und Magengeschwüren. Ihre Anhänger vertraten die These, dass die Heilung von den zerstörerischen Folgen des Grolls nur möglich wäre, wenn sich die verborgene Wut in dem sicheren

Umfeld einer therapeutischen Beziehung Luft machen könnte. Diese Gedanken leben immer noch fort.

Doch was Groll heutzutage so wenig ansprechend macht, sind nicht nur die Ängste vor seinen körperlichen Symptomen – Groll wird auch als verbittert und armselig empfunden. Eine Emotion, die »schmort« und »vergraben« ist und die von heimlichen Lauschern und Schlüssellochspähern gehegt wird. Von solchen, die zu feige sind, ihre wahren Gefühle zu zeigen, und eine perverse Freude daran haben, sich zurückgesetzt zu fühlen. Wo das Problem eigentlich liegt, wollen sie anderen gar nicht sagen und es erst recht nicht lösen.

Die Vorstellung von Groll als einengende und engstirnige Emotion fand ihren deutlichsten Ausdruck in den Schriften des Philosophen Friedrich Nietzsche, insbesondere in ›Zur Genealogie der Moral‹. Er entwickelte ein Konzept von Groll – den er mit dem aus dem Französischen stammenden Begriff »Ressentiment« bezeichnet –, um zu beschreiben, was das moderne Leben blockiert und engstirnig macht. Die Ursprünge der europäischen Zivilisation sah Nietzsche in einem heroischen, goldenen Zeitalter, das vornehme Rage und elegante Rachsucht kannte (was er »Herrenmoral« nannte). Zu einer bestimmten Zeit des Römischen Reichs starb diese »Herrenmoral« aus und machte einer anderen Haltung Platz, der »Sklavenmoral«. Nietzsche argumentiert, dass die Sklaven im Römischen Reich darunter litten, wie verächtlich sie von ihren Herren behandelt wurden, aus Angst vor Vergeltungsmaßnahmen aber nicht in der Lage waren, ihre Empörung auszudrücken. Stattdessen unterdrückten sie ihren Rachewunsch, der sich nur gelegentlich in kleinen Dosen von FASSLÄUFTÜBERGEFÜHL und Bosheit einen Weg nach draußen bahnte.

Laut Nietzsche war es diese Haltung der vergrabenen Wut und Leugnung, die das Ressentiment kennzeichnete, und die Lehren der jüdischen und später der christlichen Kirche mit ihrer Vorstellung vom geduldigen Leiden auf Erden und der

Entschädigung im Jenseits setzten dieses fort (für Nietzsche war die Bibel der ultimative Ausdruck von Ressentiment). Für die historische Ableitung gibt es kaum Beweise, aber als Beschreibung einer Emotion, die von Ersatzhandlungen besessen ist, statt direkte Maßnahmen zu ergreifen, war die Darlegung Nietzsches sehr einflussreich. Ein bekannter heutiger Verfechter ist der Philosoph Slavoj Žižek, der die provokante These aufgestellt hat, Terrorismus würde durch die »Perversion« von Groll motiviert. Statt Selbstmordattentätern Emotionen zuzugestehen, die nach Nietzsches Begrifflichkeit »heroischer« wären – das Ausleben von Rage, den Drang, andere an der Last des Schmerzes teilhaben zu lassen oder sogar der Wunsch nach Rache –, handeln sie nach Žižek aus der moralisch niedrigen und anrüchigen Emotion des Grolls heraus. (Siehe auch MITARBEITERFRUST)

Auf lange Sicht kann Groll verbiegen und verdrießlich machen, aber es kann gelegentlich auch die klügste Reaktion sein, die Wut vorübergehend zu unterdrücken. Im Gegensatz zur unmittelbaren Heftigkeit von Wut ist Groll gesetzt und bedächtig. Er wartet ab und setzt Bremsklötzchen in einer eskalierenden Situation. In manchen Kulturen – in solchen mit einer langen Geschichte der Unterdrückung, in denen offene Vergeltungsakte katastrophale Folgen hätten – sind lang gehegter Groll und seine merkwürdigen Auswirkungen zum charakteristischen Teil ihres Gefühlslebens geworden (siehe *HAN* und auch *LÍTOST*). Lange Jahre geduldigen Leidens und der Rachephantasien, der Hoffnung auf Vergeltung und der Enttäuschungen ätzen Narben in unsere emotionale Landschaft. Und das ist der Grund, so Nietzsche, der ansonsten das Ressentiment zutiefst verabscheute, »dass erst hier die menschliche Seele in einem höheren Sinne *Tiefe* bekommen hat«.

☞ Siehe auch: WUT

HÄMISCHES HÄNDEREIBEN

Nachdem im Jahr 2013 eine Reihe von Sicherheitslücken bekannt geworden war, stellte sich der Chef des britischen MI6 vor, wie sich Al-Qaida-Terroristen »hämisch die Hände reiben«. Diese Häme ist eine boshafte Emotion, ein Feiern des eigenen Glücks auf Kosten anderer (siehe SCHADENFREUDE).

Experten für Körpersprache sind sich nicht einig, was genau der Ursprung des hämischen Händereibens ist, doch alle verbinden es – wie glänzende Augen und Lecken der Lippen – mit der Erwartung, dass uns etwas Gutes widerfährt. Es wurden dazu verschiedene evolutionäre Szenarien entwickelt. Beispielsweise dass unsere Vorfahren, während sie in einer kalten Höhle standen und darauf warteten, sich am gebratenen Elch gütlich zu tun, ihre Hände rieben, damit das Blut schneller zirkulierte und ihre Finger für das Herunterreißen des Fleisches beweglicher wurden. Oder Händereiben sei eine Form, die bange Spannung zu lösen, die Teil der Erwartungshaltung ist. Oder aber es sei eine sanftere Version des begeisterten Händeklatschens von Kleinkindern. Oder auch es käme von einem uralten Bedürfnis, unsere Hände zu reinigen, ehe wir ein Geschenk in Empfang nehmen.

Aber wieso wurde es dann mit den Superschurken in den

Hollywoodfilmen in Verbindung gebracht? (Niemand reibt sich wirklich hämisch die Hände. Das ist bloß eine überzogene Geste, die in Anführungszeichen gesetzt wird. Dass sie Mitglieder von al-Qaida ausführen, ist noch unwahrscheinlicher – solch eine Geste ist in arabischen Ländern selten zu sehen.)

Die Antwort findet man in dem 1644 erschienenen Buch ›Chirologia or The Naturall Language of the Hand‹, einem Handbuch der Handbewegungen von John Bulwer. Darin beschreibt er zwei Arten von Händereiben. Die eine ist das Reiben der Handteller wie beim Klatschen. Bulwer assoziiert diese Geste mit Gier. Die andere ist Geste XI: »Innocentiam ostendo« (Unschuld zu verstehen geben). Sie ist eine Imitation des Händewaschens, die Bulwer mit dem Reinigen von imaginären Blutflecken verbindet – jener Art von Geste, wie man sie bei Lady Macbeth finden kann. Sie sei der Grund, warum das Händereiben hämisch-schurkisch wurde: Schauspieler rieben sich die Hände, um dem Publikum einen Wink zu geben, dass die Figur, die sie darstellten und die ach so unschuldig erschien, tatsächlich äußerst schuldbeladen war.

☞ Siehe auch: ANTIZIPATION, ERREGUNG

HAN

Laut der koreanischen Schriftstellerin Park Kyung-ni ist das Gefühl *han* tief in der koreanischen Seele verwurzelt. Ausgehend von der langen Besatzungsgeschichte des Landes beschreibt sie *han* als eine kollektive Akzeptanz des Leidens, verbunden mit der stillen Sehnsucht, dass die Dinge anders wären – und sogar einer grimmigen Entschlossenheit, so lange zu warten, bis sie das sind. »Würden wir im Paradies leben«, erklärte Park Kyung-ni, »gäbe es keine Tränen, keine Teilung, keinen Hunger, kein Warten, kein Leiden, keine Unterdrückung, keinen Krieg, keinen Tod. Wir müssten weder hoffen noch verzweifeln ... Wir Koreaner nennen diese Hoffnungen *han* ... Ich glaube, das bedeutet Traurigkeit und Hoffnung zugleich.«

☞ Siehe auch: *LÍTOST*

HASS

Ein ausgebranntes Auto. In der Ferne heulen Polizeisirenen. Abdel, ein Jugendlicher aus den Banlieues, den armen, multiethnischen Vorstädten von Paris, ist von neofaschistischen Polizisten bewusstlos geschlagen worden. Während der Unruhen, die darauf folgen, streifen drei Freunde durch die Straßen. Vinz und Saïd träumen davon, Rache zu nehmen, während Hubert, der ruhigste und nachdenklichste der drei, Angst vor einem Aufschaukeln der Gewalt hat. »Hass gebiert Hass«, sagt er und bringt damit die KLAUSTROPHOBIE ihrer Welt auf den Punkt, wo der Hass den Menschen in der Kehle sitzt und sich in grausamer und scheinbar zielloser Gewalt den Weg bahnt.

Mathieu Kassovitz' Film ›Hass‹ (La Haine, 1995) kam in einem Moment in die Kinos, als Hass ein großes Thema in den Medien war. Zuerst wurde in den 1980ern von amerikanischen Journalisten der Begriff »Hasskriminalität« geprägt, um eine Welle von Angriffen auf Angehörige von Randgruppen, deren Häuser und Gebetsräume zu beschreiben. In den 1990ern erfuhr Westeuropa einen ähnlichen Ausbruch von Gewalt, der durch Intoleranz und Vorurteile angeheizt wurde und in manchen

Ländern zu einer eigenen Gesetzgebung gegen Hasskriminalität führte.

Wenn wir im Alltag ungehalten oder zornig sind, sagen wir auch manchmal, dass wir etwas oder jemanden hassen (»Ich hasse es, wenn Leute ihren Müll auf die Straße werfen!«, »Ich hasse Leute, die kein Papier im Kopierer nachfüllen!«). Oder wir sprechen von der hauchdünnen Grenze zwischen Liebe und Hass. Und dann gibt es das wütende »Ich hasse dich«, das Teenager frustriert ihren Eltern entgegenschleudern (und das sie möglicherweise direkt zurückbekommen). Doch in den letzten zwanzig Jahren hat sich die Bedeutung des Wortes »Hass« zugleich verengt: Es umschreibt eine vorurteilsbehaftete Haltung, die objektiv messbar und sogar vor Gericht bewertbar ist. Hass ist zu einem Geisteszustand – teils Emotion, teils Haltung – geworden, für den man jetzt vor Gericht verantwortlich gemacht werden kann.

Die Verbindung zwischen Hass und Vorurteilen ist nicht völlig neu. Sie kann bis Aristoteles zurückverfolgt werden, der Hass als etwas völlig anderes als Emotionen wie WUT oder RAGE betrachtete. Wut, so seine Argumentation, sei ein schmerzhaftes, kurzlebiges Verlangen, einem anderen Schmerz zuzufügen. Hass hingegen sei eher abstrakt und würde immer gegenüber Menschengruppen oder Gattungen empfunden. »Denn wenn wir nur mutmaßen, einer sei von dieser Sorte, hassen wir ihn«, schrieb er. Hass sei zudem »unheilbar« und Vernichtung sein Ziel. Hassen wir jemanden, wollen wir ihn nicht bloß verletzen oder mit ihm streiten, sondern wollen, »dass der, den [man] hasst, nicht mehr existiert«. Ein entscheidender Unterschied zwischen der Definition des Aristoteles und unserer ist jedoch der, dass Aristoteles Hass als ethische Empfindung betrachtete, als etwas, das wir naturgemäß gegenüber Menschen empfinden, die Unrecht tun: »den Dieb und den Sykophanten etwa hasst jeder«, lautet Aristoteles' Beispiel. Aus diesem Grund, so Aristoteles, sei er keine schmerzvolle Erfahrung. Im Gegenteil, er verschaffe uns ein recht angenehmes Gefühl moralischer Überlegenheit (siehe auch EMPÖRUNG).

Der gegenwärtige Gebrauch von »Hasskriminalität« hat Aristoteles' Definition auf den Kopf gestellt. Statt Übeltäter zu hassen, sind es die Hassenden selbst, die als moralisch unzulänglich gelten. Viele Juristen sind der Meinung, das Wort »Hass« gehöre eigentlich nicht in den Wortschatz zur Beschreibung von Delikten, die durch Vorurteile motiviert sind. In den Gesetzesentwürfen selbst kommt es auch nicht vor, hier werden neutralere Begriffe wie »vorurteilsgeleitet« benutzt. Es sind Regierungen, Polizeisprecher und Journalisten, die von »hassgeleiteter Gewalt« reden. Manche Juristen sagen, dass diese emotionale Sprache absichtlich aufwiegele und härtere Urteile ermögliche: Anscheinend ist es leichter, jemanden wegen seiner irrationalen Emotionen als wegen seiner Ansichten zu bestrafen. Jene, die diesen Sprachgebrauch verteidigen, sagen, dass genau dieser emotionale Gehalt eines Vorurteils am schädlichsten sei. Der Hass und nicht irgendein begründeter Glaube vergifte und nähre das Verlangen, Opfer zu demütigen. Aber kann man eine Emotion bestrafen? Gibt es dafür überhaupt ein objektives Maß? Hass mag im Fokus juristischer und philosophischer Ausführungen stehen, aber mittlerweile ist er für viele zum Inbegriff für alles geworden, was in unserer Gesellschaft verachtenswert, nicht tolerierbar und asozial ist.

Und doch, und doch ... Selbst die Höflichsten und Respektvollsten unter uns finden weiterhin Vergnügen an einer bestimmten Art von Hass. Der viktorianische Kritiker William Hazlitt charakterisierte Hass als einen ziemlich subtilen Genuss. In seinem Essay ›Vom Vergnügen zu hassen‹ beschreibt er, wie die Gäste einer Dinnerparty durch den geteilten Hass einen wohligen Schauer der Komplizenschaft verspüren und sie das gemeinsame Vergnügen, andere auseinanderzunehmen, einander näherbringt.* Hass zieht zwischen uns und dem ungeliebten Anderen klare Grenzen, schrieb er. Er verschafft uns vorübergehend das Gefühl, viel großartiger zu sein, als wir in Wahrheit sind. »Aller Dinge wird man überdrüssig«, so Hazlitt, »nur nicht, andere lächerlich zu machen und uns zu ihren Schwächen zu gratulieren.«

☞ Zu weiteren Emotionen vor Gericht siehe:
   EIFERSUCHT, VERACHTUNG

☞ Siehe auch: SELBSTGEFÄLLIGKEIT

HEIMATGEFÜHL

Im Juli 1841 floh der Dichter John Clare aus der Nervenheilanstalt High Beech in Epping Forest, um nach Hause zu seiner geliebten Mary Joyce zu gelangen. Dreieinhalb Tage lang lief er mit kaputten Schuhen, schlief unter Vordächern und aß Gras vom Straßenrand. In dem Brief, in dem er Mary Joyce seine Reise schilderte, beschrieb er, wie er erschöpft und fußlahm die Abzweigung nach Peterborough erreichte und plötzlich wieder munter wurde: »Ich fühlte mich heimatlich berührt.« Der Schriftsteller Iain Sinclair, der Clares Reise nachvollzog, verwendete das Wort »Heimatgefühl«, um Clares Befindlichkeit an dieser Stelle zu beschreiben. Das Gefühl der Heimatlichkeit erfüllte Clare.

---

* Der Schriftsteller Kingsley Amis merkte, dass er in Philip Larkin einen Geistesverwandten gefunden hatte, als er feststellte, dass dieser einen Langweiler ebenfalls als jemanden definierte, der, »wenn er ein ungewöhnliches Auto sieht, HINGEHT UND ES GENAU ANSIEHT«.

Heimatgefühl kommt auch nach weniger mühsamen Reisen auf: Wenn wir nach einem Urlaub aus dem Flugzeug steigen oder mit prall gefüllten Einkaufstaschen im Auto in unsere Straße einbiegen. Es breitet sich mit einer Mischung aus Erleichterung, Zugehörigkeitsgefühl und der Zufriedenheit am Ende einer langen Reise in uns aus.

Doch wir alle wissen, dass Heimat weniger mit einem Ort als mit den Menschen dort zu tun hat. In seinem Wahn hatte Clare vergessen, dass Mary Joyce längst gestorben war. Als die Frau, die tatsächlich Clares Ehefrau war, den verdreckten Dichter fand, der auf der Straße nach Northborough herumstolperte, brachte sie ihn ins Haus und versuchte, ihn zur Vernunft zu bringen. Und dort, so schrieb er, merkte er, dass man am allereinsamsten ist, wenn man sich »zu Hause heimatlos« fühlt.

☞ Siehe auch: HEIMWEH, FERNWEH

HEIMWEH

Aber ich wünsche dennoch und
sehne mich täglich von Herzen
Wieder nach Hause zu gehen,
und zu schaun den Tag der Zurückkunft.
– HOMER, ›ODYSSEE‹

Im Camp Bastion, der riesigen Militärbasis, die sich von 2006 bis 2014 in der irakischen Wüste befand, hingen die Zelte voller Familienfotos und täglich kamen Päckchen mit selbstgebackenen Keksen an. Die Sehnsucht nach daheim ist, wie Militärpsychologen nur zu gut wissen, für Soldaten ebenso gegenwärtig wie für Sechsjährige bei Schlafanzugpartys. Und den Militärpsychologen ist auch klar, dass Heimweh in der Wüste angesichts von Symptomen wie Panikattacken, Albträumen, Mutlosigkeit und Konzentrationsausfällen fatale Folgen haben kann.

Dass Soldaten sich nach zu Hause sehnen, hat eine lange Geschichte. Odysseus, der Held des Troianischen Kriegs, sitzt jeden Tag am Strand der idyllischen Insel, auf der ihn Kalypso sieben Jahre festhält. Der Held starrt auf das weindunkle Meer hinaus, seine Wangen sind mit großen Tränen befleckt. Erst als Athene sich einschaltet, wird er aus seiner Starre erlöst und baut ein Floß, um zurück nach Ithaka zu segeln. Im 17. Jahrhundert fingen medizinische Experten an, sich für die schwächenden Auswirkungen zu interessieren, fern der Heimat zu sein, als unter Schweizer Söldnern eine fatale Heimweh-Epidemie ausbrach (siehe NOSTALGIE). Zur Zeit des amerikanischen Sezessionskriegs war die Vorstellung, dass Heimweh zu ernsthaften Erkrankungen führen könne, so weit verbreitet, dass den Militärkapellen der Unionisten verboten wurde, ›Home Sweet Home‹ zu spielen, damit es das Problem nicht verschärfte. Heimweh war ein Grund für die Entlassung, weil die einzige bekannte Heilungsmethode darin bestand, nach Hause geschickt zu werden. Bis zum Ende des Bürgerkriegs hatte man bei mindestens 5000 Mann Nostalgie diagnostiziert und 74 waren durch sie so ausgezehrt, dass sie starben, Selbstmord begingen oder desertierten.

Bis zum Ende des Ersten Weltkriegs war die Vorstellung, dass man an Heimweh sterben könne, in Vergessenheit geraten. Und Heimweh steht auch nicht mehr auf den Listen mit medizinischen Gründen für die Entlassung aus der Armee. Wahrscheinlich ist die Abenteuerlust ein Stück weit die Motivation, sich freiwillig zu melden (»Kommen Sie zur Armee, sehen Sie die Welt!«), und Heimweh mag im Gegensatz zur Macho-Kultur des Militärs stehen, doch Psychologen haben klar erkannt, dass längere Abwesenheiten von zu Hause den Boden für ernsthafte Erkrankungen wie Depressionen und Ängste bereiten können.

Man hofft zwar, dass die Kameradschaft die meisten Leute aus der Einsamkeit herausreißen wird, aber Familien und Freunde werden ebenfalls aufgefordert zu schreiben, um die Moral aufrechtzuerhalten. In Informationsbroschüren für die Familien von Soldaten im Einsatz werden Skype und Facebook als »Rettungsanker« bezeichnet. Und im Gegensatz zu den Schweizer Söldnern seinerzeit, denen untersagt wurde, ihre Nationalhymne zu singen, weil man fürchtete, dass das bei ihnen einen Nostalgie-Anfall auslösen würde, wurden im Camp Bastion heimatliche Momente ins Leben der Armeebasis eingebaut: Fastfood-Ketten boten den vertrauten Biss in ein Burger-King-Brötchen oder den Geschmack einer Tasse PG Tips, der bekanntesten Teesorte Großbritanniens, an. Der Verkauf kurzer Momente von Ersatz-Heimatgefühl besänftigt das schmerzhafte Verlangen nach Vertrautheit – und verhindert, dass die Sehnsucht nach den Lieben in Verzweiflung umschlägt.

Heimweh ist auch Teil des zivilen Lebens, selbst wenn man darüber vielleicht nicht so gern spricht. Betroffene haben von ihrer Angst berichtet, als Schwächlinge angesehen zu werden. Manche Psychologen haben das Reden darüber sogar als Tabu bezeichnet, weil die dadurch entstehende zusätzliche Isolation die ohnehin schmerzvollen Gefühle und depressionsähnlichen Symptome noch verschlimmern würde. In gewissem Maß, so die Meinung von Historikern, nahm das Heimweh mit Anbruch des 20. Jahrhunderts ab, ungefähr zur gleichen Zeit, als die medizinische Diagnose Nostalgie immer mehr zurückging. Gleichzeitig verschaffte ein sich rasch ausbreitendes Eisenbahnnetz in Europa den Menschen eine nie dagewesene Gelegenheit zu reisen. Und eine aufblühende Tourismusindustrie feierte den Wunsch nach Fortbewegung sowohl als Naturinstinkt wie auch als Gewinn für die menschliche Neugier (siehe FERNWEH). In dieser Atmosphäre konnte es sehr wohl als persönliche Niederlage empfunden werden, wenn man sich in der Ferne nicht aktiv daran erfreuen konnte.

In jüngster Zeit gibt es jedoch Anzeichen, dass Heimweh wieder ernster genommen wird. Das ist ein Stück weit den vielen Romanen und Filmen geschuldet, die sich in den letzten zwanzig Jahren mit dem Thema Migration beschäftigten. Für manche waren die Erfahrungen damit wie eine grausame Strafe: Edward Said, selbst Palästinenser im Exil, bezeichnete sie als »unheilbaren Spalt, der zwischen einen Menschen und seinen Geburtsort getrieben wird ... die lähmende Angst vor Entfremdung«. Andere erleben ein Dasein als ständige Außenseiter mit widerstreitenden Gefühlen – eine neue Form des Heimwehs. Sie gehören nie an den einen oder den anderen Ort. In einem Moment sehnen sie einen bestimmten Geschmack oder Geruch der Heimat herbei und unmittelbar mit dem nächsten Atemzug bekennen sie, dass sie sich nicht vorstellen könnten – nein, nicht einmal vorstellen! –, zurückzukehren, um dort zu *leben*. Jeder, der schon mal an Weihnachten nach Hause gefahren ist, weiß, dass es hilft, sich bei gelegentlichen Heimwehanfällen daran zu erinnern, dass eine Rückkehr einen auch sehr krank machen kann.

☞ Siehe auch DÉPAYSEMENT, NOSTALGIE, HEIMATGEFÜHL

HIRAETH

Das walisische Wort *hiraeth* (*hir*-eith ausgesprochen, mit rollendem R und betonter zweiter Silbe) beschreibt eine tief empfundene Verbindung zur Heimat und taucht deren Wälder und Hügel in ein nahezu magisches Licht. Allerdings ist *hiraeth* kein Gefühl von Heimeligkeit und Trost. Es handelt sich eher um eine Sehnsucht, die mit Ungewissheit durchsetzt ist, als würde man bald etwas für immer verlieren. Vielleicht erklärt die lange Besatzung durch die Engländer, wieso die Waliser so vertraut mit dieser Kombination von Heimatliebe und Verwundbarkeit sind. Dieses Gefühl spielt heute eine Schlüsselrolle im Sprachgebrauch, welcher das spezifisch Walisische hervorheben soll, und wird von Heimatdichtern wie Tourismusbroschüren gleichermaßen gefeiert (siehe auch *SAUDADE*). Und *hiraeth* wird heute vor allem mit Auswanderern in Verbindung gebracht, denen die herbe Erfahrung vertraut ist, in die Heimat zurückzukehren, und die gleichzeitig wissen, dass der Zeitpunkt des erneuten Abschiednehmens nur allzu bald wieder da ist.

☞ Siehe auch: HEIMATGEFÜHL, HEIMWEH

HOCHSTAPLERGEFÜHL

Im Jahre 1919 schrieb der Schriftsteller Franz Kafka einen 45-seitigen Brief an seinen Vater, in dem er all seinem Verdruss Ausdruck verlieh – und den er nie abschickte. Damals war er bereits Mitte dreißig, aber die Erinnerungen an seine Schulzeit schmerzten immer noch. In dem Brief beklagte er sich bitter darüber, dass er sich als Kind durchgeschummelt habe und sich wie ein »Bankdefraudant«, ein Betrüger, gefühlt habe, »der noch in Stellung ist und vor der Entdeckung zittert«. Jede weitere akademische Anerkennung, die dem herausragenden Schüler zuteilwurde, machte Kafka mehr Angst und zwang ihn, sich noch mehr anzustrengen, um eine Entlarvung seiner vermeintlichen Unfähigkeit und seines Unwissens zu vermeiden.

Mogeln Sie sich durch das Leben? Haben Sie Ihren Chef durch Täuschung dazu gebracht, dass er glaubt, Sie seien begabter, als Sie in Wirklichkeit sind? Machen Sie sich Sorgen, dass er das herausfindet?

Dann sind Sie nicht allein.

Die Psychologinnen Pauline Clance und Suzanne Imes haben diese quälende Erfahrung in den 1970ern untersucht und sie Hochstapler-Syndrom genannt. Sie stellten fest, dass es besonders unter erfolgreichen Geschäftsfrauen verbreitet war, von denen viele meinten, ihr Vorankommen sei das Ergebnis von Zufällen oder Versehen. Manche der von Clance und Imes Befragten glaubten sogar, sie hätten sich die Beförderung durch unabsichtliche Manipulation oder Flirts verschafft und ihren Erfolg nicht verdient (siehe ARGWOHN). Heute geben auch viele erfolgreiche Männer zu, sich wie Hochstapler zu fühlen. Das Syndrom ist besonders verbreitet unter Berufstätigen, die ihren Job in der ersten Generation machen, oder bei Menschen, die einen neuen Berufsweg einschlagen.

Sich wie ein Betrüger zu fühlen, ist zweifellos eine unangenehme Erfahrung in Verbindung mit dieser schleichenden Sorge, dass die hart erarbeiteten Erfolge in Gefahr seien und die Beförderung einem jeden Moment weggenommen werden könnte. Doch seit erfolgreiche Menschen mit großer Medienpräsenz immer öfter über ihr Hochstapler-Syndrom sprechen (in den letzten Jahren haben der britische Außenminister Jack Straw und die Romanautorin Maya Angelou sich dazu bekannt), ist es möglich, dass dieses Hochstaplergefühl als unausweichlich umgedeutet wird – weniger als etwas, angesichts dessen man klein beigeben muss, sondern vielmehr als ein Gefühl, das man zu ertragen lernen muss.

Der Argwohn, dass sie eine Blenderin sei, flackert immer noch am Horizont von Maria Klawes Weltbild auf. Die anerkannte Mathematikerin, Informatikerin und Präsidentin des Harvey Mudd College in Kalifornien erklärte: »Wenn Sie sich beständig antreiben und in neue Zusammenhänge werfen, werden Sie dies wieder und wieder erleben.« Der Trick sei, das Gefühl zu antizipieren und hinzunehmen, wenn es einen überschwemmt. Es könnte sogar willkommen sein: als Zeichen, dass man seine Komfortzone verlassen hat und sich tapfer in neue Welten begibt.

☞ Siehe auch: ZUFRIEDENHEIT

HOFFNUNG

In Internetforen war die vorherrschende Haltung Aufmunterung. Leute ermahnten sie, »positiv zu bleiben«. Wenn sie auf medizinische Ratgeberseiten klickte, öffneten sich sogar Anzeigen, auf denen ein Teddybär mit Namen »Hoffnung« angepriesen wurde. Als bei der Soziologin Barbara Ehrenreich Brustkrebs festgestellt wurde, war sie überrascht, wie zwanghaft sie es empfand, dass alle in ihrer Umgebung – ob Mediziner oder ihre Freunde – darauf beharrten, optimistisch zu bleiben. Ihr in der Folge erschienenes Buch ›Smile or die‹ beschreibt, wie die positive Psychologie Hoffnung für sich vereinnahmt hat. Die Bewegung beharrt darauf, dass es eine Verbindung zwischen einer positiven Einstellung und einer besseren Gesundheit gibt. Hoffnung und Optimismus sind zu Synonymen geworden, zur positiven Erwartungshaltung, die willentlich gesteuert werden könne und solle.

Doch kann Hoffnung den Vormarsch von Krebszellen wirklich aufhalten? Sicher ist es nicht schädlich, das herauszufinden. Allerdings zitiert Ehrenreich auch eine Studie aus dem Jahr 2004, aus der hervorgeht, dass der ständige Blick auf die positiven Aspekte einer Krebsdiagnose – »benefit finding« (Sinngebung) ist eine der Techniken, die helfen sollen, optimistisch zu bleiben – für Patientinnen nicht immer hilfreich ist. Eine optimistische Einstellung mag das Leben von Pflegekräften und Familienangehörigen einfacher machen, aber viele der Patientinnen selbst empfanden diese als entfremdend, sie verursachte bei ihnen sogar Schuldgefühle und hinderte sie daran, die FURCHT und die WUT auszudrücken, die sie ebenfalls empfanden.

Die Vorstellung, Hoffnung könne selbst aufgebaut werden und aufbauend wirken, scheint im Widerspruch damit zu stehen, wie sich Hoffen so oft anfühlt. Mit ihrem angedeuteten Versprechen auf einen glücklicheren Ausgang verschafft uns die Hoffnung in einer verzweifelten Lage ein wenig Erleichterung. Sie kann uns aber auch – viel später und im Rückblick – das Gefühl vermitteln, betrogen und im Stich gelassen worden zu sein. Wir sprechen dann davon, dass unsere Hoffnungen »zunichtegemacht« wurden oder sich »zerschlagen« haben. Manchmal geben wir uns auch selbst die Schuld, als hätte Dummheit und nicht Schicksal den Schmerz verursacht: »Ich hätte nie hoffen dürfen« (siehe auch REUE). In Wirklichkeit ist Hoffnung immer ein Sprung ins Ungewisse. Sie ist da, wenn die Aussichten schwinden, wenn wir alles getan haben, was wir praktisch tun konnten, und stumm wünschen, vielleicht auch beten, dass alles gut wird – aber auch wissen, dass das Schlimmste eintreten kann. Zu hoffen heißt einzugestehen, wie wenig Kontrolle wir haben. Es macht uns verletzlich und gibt uns zugleich Kraft. Daher erscheint die Vorstellung merkwürdig, Hoffnung könne befohlen und in Marsch gesetzt werden. Wie Ehrenreich feststellte, können wir die Hoffnung nur beschwören. Optimismus mag ein kognitiver Zustand sein, eine Geisteshaltung, die wir uns vielleicht antrainieren können. Aber Hoffnung ist eine Emotion und es liegt nicht einfach in unserer Hand, sie zu verspüren.

☞ Siehe auch: BEDROHLICHKEIT,
 VERWUNDBARKEIT

HUNGER

Die Donuts glänzen, der Geruch von Kaffee – mit zwei Stück Zucker – wandert zu Ihrer Nase empor. Oder das Einzige, woran Sie denken können, ist eine knusprige, mit Salz bestreute Brezel oder der Zitronengeschmack einer Eiskugel. Im Westen befinden wir uns in den Fängen einer Fettleibigkeitskrise und dafür wird meist der Reiz verlockender Speisen verantwortlich gemacht. Doch auch unsere Emotionen bringen uns dazu, zu viel zu essen. Fett anzusetzen, kann dem Bedürfnis entspringen, uns selbst zu schützen – vor den Anforderungen anderer Menschen, davor, nicht ernst genommen oder nur als Sexualobjekt behandelt zu werden. Nahrung kann eine Form sein, uns gegen bevorstehenden Stress zu wappnen oder uns ein bisschen was Gutes zu tun, wenn wir uns unbeachtet fühlen.

Für das Volk der Baining in Papua-Neuguinea steht physischer Hunger in enger Verbindung mit dem Wunsch, umsorgt zu werden. Das geht so weit, dass ihr Wort für Hunger (*anaingi* oder *aisicki*) sowohl Magenknurren als auch die Angst, verlassen worden zu sein, bezeichnet. In dieser Gesellschaft, in der Nahrung ein wichtiges Bindungsmittel zwischen den Menschen ist, bedeutet hungrig zu bleiben auch das Gefühl, gestrandet und einsam zu sein.

Bei den Baining ist das Hören von Vogelgesang ein prägnantes Symbol für Hunger und ein immer wiederkehrendes Thema ihrer Lieder. Immer dann, wenn das Gemurmel menschlicher Stimmen zurückgeht und die Geräusche des Waldes an ihre Stelle treten, verspürt man den Hunger am stärksten:

Die ambiowa [ein Vogel] ruft nach mir
Die ambiowa ruft nach mir
Sie ruft nach mir und der Hunger bringt mich um
Meine Eltern und all die anderen sind nach Malasait gegangen

☞ Siehe auch: *AWUMBUK*, EINSAMKEIT

HWYL

Das Wort *hwyl* (ausgesprochen *hu-iel*), das wörtlich Bootssegel bedeutet, ist ein wunderbar onomatopoetisches walisisches Wort für Überschwang oder Erregung, als würde man rasch von einem Windstoß vorangetrieben. *Hwyl* wird benutzt, um eine plötzliche Inspiration, die Inbrunst eines Sängers oder die gehobene Stimmung bei einer Party zu beschreiben, man sagt es aber auch zur Verabschiedung:
    Hwyl fawr – Geh mit Wind in den Segeln.

☞ Siehe auch: FREUDE

I

IJIRASHII

Jeden Abend lesen irgendwo in Amerika Eltern ihrem Kind eine der bekanntesten Kindergeschichten des Landes vor: ›Die kleine blaue Lokomotive‹. In der Geschichte aus den 1930ern geht es um eine unerschrockene Rangierlok. Als sich die größeren Lokomotiven weigern, einen langen Zug über den Berg zu ziehen, macht die kleine einen Versuch und pufft »Ich glaub, ich kann's, ich glaub, ich kann's, ich glaub, ich kann's«, während sie sich langsam die Steigung hinaufquält. Der Erfolg, den die kleine Lok am Ende hat, soll den Kindern Optimismus (siehe HOFFNUNG) und MUT einflößen. Viele der Erwachsenen, die am Bett ihrer Kinder vorlesen, verspüren jedoch vielleicht einen Kloß im Hals.

Das Gefühl, wenn man davon berührt oder bewegt ist, zu beobachten, wie jemand, dem man das eigentlich gar nicht zutraut, ein Hindernis überwindet oder etwas Rühmliches vollbringt, hat in Japan einen Namen: *ijirashii*. Es ist die Empfindung, die uns überkommen kann, wenn ein Athlet gegen alle Erwartungen die Ziellinie überquert oder wenn wir hören, dass ein Obdachloser eine gefundene Brieftasche abgibt. Sie kann zu Tränen rühren, wie das bei Churchill der Fall war, als er erfuhr, welche Würde und Widerstandsfähigkeit die ärmsten Londoner während der deutschen Bombardierungen an den Tag legten. In manchen Kulturen wird diese Mischung aus Pathos und mitempfundenem Stolz als sentimental verurteilt. Doch in Japan wird dieses Gefühl gefeiert und gilt als angemessene Reaktion darauf, wenn man mitbekommt, wie Menschen, die zunächst schwach und verletzlich schienen, eine immense Stärke zeigen.

☞ Für andere Gründe zu weinen siehe:
ERLEICHTERUNG

☞ Für ein anderes Beispiel mitempfundenen Stolzes siehe:
NACHES

IKTSUARPOK

Wenn man Besuch erwartet, kommt eine gewisse Unruhe auf. Vielleicht schauen wir immer wieder aus dem Fenster. Oder halten mitten im Satz inne, weil wir meinen, wir hätten ein Auto gehört. Bei den Inuit heißt diese kribbelige Antizipation *iktsuarpok* und sie bringt sie dazu, die gefrorenen Ebenen der Arktis nach Schlitten abzusuchen, die sich nähern.

Ist das ruhelose Überprüfen des Telefons, wenn wir auf die Antwort auf eine SMS oder den Kommentar zu unserer Statusveränderung warten, etwa eine Form von *iktsuarpok*? Ständig auf »Aktualisieren« zu klicken, um zu schauen, ob eine erhoffte E-Mail eingetroffen ist, macht einen heutzutage manchmal wahnsinnig. Doch vielleicht ist gar nicht so sehr die Technologie daran schuld, sondern vielmehr unser Bedürfnis nach zwischenmenschlichem Kontakt in einer Welt, die uns vereinsamen lässt.

☞ Zu einem anderen Gefühl, das durch Besucher ausgelöst wird, siehe: *AWUMBUK*

☞ Siehe auch: EINSAMKEIT, *RINGXIETY*

ILINX

Es geht eine merkwürdige Freude mit der Vorstellung einher, sich einen Stapel Papier zu schnappen, das Fenster zu öffnen und ihn hinauszuschleudern. Oder in voller Absicht eine dünnwandige Porzellantasse zu zerschmettern. Oder sich auf einen Küchenstuhl zu stellen und einen Beutel mit Murmeln auszukippen, sodass sie über den gesamten Fußboden springen und kullern und zersplittern. Der im 20. Jahrhundert lebende französische Soziologe Roger Caillois nannte diese »seltsame Erregung« bei mutwilliger Zerstörung *ilinx* (vom griechischen Wort für Wasserstrudel). Er definierte *ilinx* als »Art wollüstiger Panik«, eine Empfindung des Drehens, Fallens und Kontrollverlustes – ein Gefühl, wie man es in der Achterbahn haben kann. Caillois verfolgte *ilinx* bis zu den Praktiken antiker Mystiker zurück, die durch Herumwirbeln und Tanzen in eine verzückte Trance gelangen und Einblicke in andere Bewusstseinszustände bekommen wollten (siehe EKSTASE). Heutzutage können Sie einen milden Abklatsch davon erfahren, wenn Sie dem Verlangen nachgeben, ein kleines Chaos zu erzeugen, und den Papierkorb im Büro mit einem gezielten Tritt umwerfen.

☞ Siehe auch: *DÉPAYSEMENT*

INHABITIVENESS

Es gibt einen unterschwelligen Drang, sich auf Dauer an einem Ort niederzulassen. So kann das Bedürfnis, an einem bestimmten Job festzuhalten, die oft dringend nötige Stabilität und Sicherheit in unser Leben bringen – auch wenn wir uns dann vielleicht fragen, ob wir nicht ehrgeizig genug seien. Laut den Phrenologen, einer Gruppe von Wissenschaftlern zu Beginn des viktorianischen Zeitalters, die glaubten, sie könnten Persönlichkeitsmerkmale anhand von Schädeluntersuchungen ausmachen, ist das Bedürfnis, Gewohnheiten zu finden und beizubehalten, angeboren. Sie bezeichneten dies als *inhabitiveness* und definierten sie als »Liebe zu Kontinuität, Dauerhaftigkeit, Gleichförmigkeit, Sesshaftigkeit«.

Dem Wort *inhabitiveness* war aber keine Dauerhaftigkeit beschieden. Mitte des 19. Jahrhunderts geriet es in Vergessenheit, nicht zuletzt weil die Phrenologen ihre wissenschaftliche Glaubwürdigkeit eingebüßt hatten. Vielleicht ging dieser Begriff für die Freuden der Gleichförmigkeit aber auch deshalb verloren, weil zumindest einige Viktorianer begeistert auf die neuen Ideale der Dynamik und Mobilität reagierten und die Vorstellung begrüßten, dass bei Menschen nicht nur der Nestbau fest verdrahtet sei, sondern auch der Wunsch zu entdecken und umherzuschweifen (siehe FERNWEH).

☞ Zu weiteren Formen der Heimeligkeit siehe *HIRAETH*, HEIMATGEFÜHL, HEIMWEH

KAUKOKAIPUU

Manchmal entwickeln wir Heimweh nach einem Ort, an dem wir nie gewesen sind. Manchmal möchten wir einfach überall, nur nicht hier sein. Aus *kauko*, weit weg, und *kaipuu*, sehnen, setzen die Finnen *kaukokaipuu* (ausgesprochen *ka*-u-ko-*kai*-puh) zusammen, die Sehnsucht nach einem fernen Land.

☞ Siehe auch: VERSCHWINDENWOLLEN, HEIMWEH, FERNWEH

KINDERLIEBE

Im frühen 19. Jahrhundert gab es die Mode, die Wesensmerkmale einer Person anhand der Form und Wölbungen des Schädels weiszusagen. Die neue Wissenschaft wurde Phrenologie genannt. Landauf, landab untersuchten Viktorianer in den Salons gegenseitig ihre Köpfe und hofften, die Geheimnisse ihrer Seelen zu ergründen. Eine der Qualitäten, die Phrenologen zu entdecken hofften, war die Kinderliebe. Frühe Vertreter der Wissenschaft wie Johann Gaspar Spurzheim und George Combe definierten sie als »glühenden Drang zur elterlichen Liebe«. Andere sprachen von ihr als einem Sehnen – teils Emotion, teils Instinkt – danach, kleine, verwundbare Wesen aufzuziehen, seien es Haustiere oder schreiende Babys.

Hier die Anleitung, Ihre Kinderliebe zu bestimmen: Legen Sie zwei Finger in die Höhlung am Hinterkopf, wo Schädel und Nacken aufeinandertreffen, und bewegen Sie die Finger dann etwa zwei bis drei Zentimeter schräg nach rechts oben. Ertasten Sie dort einen Kamm oder Höcker? Wenn ja, besitzen Sie ein ausgeprägtes Organ der Kinderliebe. Und wenn der Höcker groß ist und Sie bereits Kinder haben? Für diesen Fall rieten die Phrenologen, dem Drang zu widerstehen, Ihre Kinder zu verhätscheln – nicht ihretwegen, versteht sich, sondern Ihretwegen, um kein »Sklave elterlicher Pflichten« zu werden.*

☞ Siehe auch: *AMAE, NACHES*

KLAUSTROPHOBIE

Es war ehemals schwer zu bestimmen, ob die Lebenszeichen erloschen waren. Es wurde mit Federn gekitzelt, es wurden Spiegel vor den Mund gehalten, Nadeln unter die Fußnägel gestochen. Alle diese Methoden setzten Ärzte im 18. Jahrhundert ein, um den Tod festzustellen. Kein Wunder, dass man bei Exhumierungen gelegentlich Leichen fand, bei denen die Nägel abgerissen und die Kniescheiben gebrochen waren – und sich Kratzspuren innen an den Sargdeckeln befanden.

---

* Falls Sie sich fragen, was aus dem Ganzen geworden ist – die Phrenologie wurde komplett verworfen.

Wie viele der Namen, die wir unseren schlimmsten Ängsten heute geben, wurde der Begriff »Klaustrophobie« von Ärzten im 19. Jahrhundert geprägt. Er tauchte in einer Flut von Zeitungsberichten auf, die über Begräbnisse bei lebendigem Leib berichteten. Die neue Krankheit bezeichnete eine große Furcht vor engen Räumen: ob Schränke, kleine Zimmer, Fahrstühle oder Höhlen. Dabei hat man das Gefühl, dass sich die Kleidung eng um den Hals schnürt. Die Handflächen werden schweißnass. Die Gefahr zu ersticken erscheint so real, dass man einen panischen Drang verspürt, das Weite zu suchen. Aber man kommt nicht weg, was das Gefühl, gefangen zu sein, weiter verstärkt. Von den vielen Darstellungen jener Zeit, die sich den Stunden zwischen dem Aufwachen zwei Meter unter der Erde und dem Ersticken widmen, jagt einem Edgar Allen Poes Geschichte »Das vorzeitige Begräbnis« noch immer Schauer über den Rücken. Vielleicht ist aber der 1895 geschriebene Ratgeber von William Tebb (der auch an einer entsprechenden Kampagne beteiligt war) darüber, wie man vermeidet, lebendig begraben zu werden, sogar noch schauerlicher: »Sie erleiden einen langsamen Erstickungstod, in wütender Verzweiflung reißen sie sich das Fleisch in Fetzen herunter, beißen ihre Zungen durch und schlagen ihre Köpfe gegen die engen Behälter, die sie gefangen halten. Dabei rufen sie die Namen ihrer besten Freunde und verfluchen sie als Mörder.«

Seit jener Zeit ist die Bedeutung von Klaustrophobie breiter geworden. Nicht nur enge Räume können diese Panik wegen des Eingeschlossenseins hervorrufen, sondern auch Beziehungen und soziale Situationen können dazu führen, dass wir sofort frische Luft brauchen. So kann es die Betriebsfeier sein, der Sie gern entkommen würden, die Sie aber eisern lächelnd durchstehen müssen. Das Mittagessen mit einem Ex-Freund, wenn unter der angestrengten Konversation der Groll brodelt. Geschenke, Hilfe, sogar Liebe können uns die Kehle abschnüren.

Wenn die Erwartungen anderer uns erdrücken, wenn wir verpflichtet sind, uns zu freuen, DANKBARKEIT zu zeigen oder Gegendienste zu erweisen, fühlen wir uns manchmal dem Ersticken nahe – und fahren möglicherweise bei dem Versuch zu entkommen die Krallen aus.

☞ Siehe auch: VERSCHWINDENWOLLEN

KONFUSION

Nebulös-chaotisches Gefühl, das einen beschleicht angesichts merkwürdiger Wörter, unvollständiger Listen,

☞ Siehe auch: VERBLÜFFUNG

KRÄNKUNG

☞ Siehe DEMÜTIGUNG (die ist wesentlich bedeutsamer).

LANGEWEILE

Sie nehmen ein Buch zur Hand und legen es gleich wieder weg. Sie gähnen, lassen sich zurückfallen und Ihr Blick gleitet in weite Ferne. Sie wandern von Zimmer zu Zimmer und suchen nach Zerstreuung – aber nichts fesselt Sie. Langeweile ist die widersprüchlichste Emotion, die wir kennen. Man fühlt sich gleichzeitig träge, desinteressiert und als ob man in der Falle sitzen würde. Man hat das vage Gefühl, etwas ändern zu wollen, weiß aber nicht, was.

Die Langeweile, wie wir sie heute kennen, wurde auch in viktorianischer Zeit erfunden. Allerdings soll das nicht heißen, dass das Leben vorher nicht als gleichförmig und uninteressant empfunden wurde. Angeblich war Plinius der Meinung, dass viele überarbeitete römische Bürger sich durch ihr langweiliges Leben selbst vergiften würden. Und im 15. Jahrhundert stellte »Verdrossenheit« eine unangenehme Mischung aus Überdruss und EKEL dar, wie man sie empfindet, wenn man bei einem Essen neben einem dummen Menschen sitzen muss oder gezwungen ist, einen unverständlichen Vortrag anzuhören (siehe auch ACEDIA).

Als die neue emotionale Kategorie »Langeweile« – *boredom*, vom französischen *bourrer* (vollstopfen, überfüttern) – erstmals 1853 in der englischen Sprache auftauchte, passierte dies in der Folge eines sich schnell verändernden Verhältnisses zur Zeit. Vorindustrielle Gesellschaften hatten nicht zwischen Arbeit und häuslicher Plackerei unterschieden, doch die rasche Ausbreitung von Fabriken und Büros in den Städten, die Ende des 18. Jahrhunderts einsetzte, brachte eine neue Form von Einteilung des Tages mit sich und führte zum Begriff der »Freizeit«. Die freie Zeit wurde von der Mittelschicht schnell als Raum für Weiterbildung und Entspannung verstanden. Eine lukrative Unterhaltungsindustrie, zu der Zirkusse, populärwissenschaftliche Vorträge und alle möglichen Formen der Bühnenunterhaltung gehörten, füllte umgehend die Lücke, um das wachsende Bedürfnis nach Amüsement und Erbauung zu bedienen. Und es entstand eine neue Tourismusindustrie, um die bürgerlichen Wünsche nach Konsum und Neuem zu versorgen (siehe auch FERNWEH).

In diesem Kontext wurde es zu einem Zeichen von Unzulänglichkeit, nichts mit sich anfangen zu können, in dröger Gesellschaft festzustecken oder weder Interesse, Aufmerksamkeit noch Nützlichkeit aufbringen zu können. Ärzte diskutierten die ungesunden Implikationen der Langeweile (Alkoholismus, Onanieren, zu viel Schlaf). Politiker verdammten sie als gesellschaftliches Übel und warfen den Armen und Arbeitslosen vor, diese Eiterbeule schwären zu lassen. Kämpfer(innen) für den Feminismus und Romanautor(inn)en betonten die zersetzenden Auswirkungen der Emotion auf Mittel- und Oberschichtsfrauen. In Charles Dickens' Roman ›Bleakhaus‹, der 1853 erschien, ist Lady Dedlock – getrennt von ihrer wahren Liebe und verheiratet mit einem gütigen, aber unnahbaren Adligen – teilnahmslos, einsam und »tödlich gelangweilt«. Sie sei der »chronischen Krankheit« des modernen Lebens anheimgefallen, schrieb

Dickens in dem Werk, das laut dem ›Oxford English Dictionary‹ das erste Mal das Wort *boredom* im Englischen verwendet. Gut zwanzig Jahre später fürchtete Gwendolen in George Eliots ›Daniel Deronda‹, diese Krankheit könne auch auf andere unvorhersehbare Auswirkungen haben. Aufgewachsen wie Gewächshauspflanzen, »damit wir so hübsch wie möglich aussehen und uns langweilen, ohne jedoch aufzumucken«, könnte Frauen die Berührung mit der Langeweile zu giftigen Geschöpfen machen.

Heute sollten wir eigentlich frei von Langeweile sein. Angesichts der konstanten Stimulation durch immer smartere Technologien und der Inthronisation einer neuen Form flexibler »kreativer Arbeitnehmer«, in deren Welt es keine erkennbare Trennung mehr zwischen »Arbeitszeit« und »Freizeit« gibt, ist eher Stress als Langeweile die Krankheit unserer Zeit. Doch die viktorianische Skepsis gegenüber der Langeweile ist uns geblieben – neu gefasst in Begriffen des 21. Jahrhunderts. Die umstrittene Diagnose einer Aufmerksamkeitsdefizit-/Hyperaktivitätsstörung (ADHS) bei einer wachsenden Zahl von Schulkindern hat eine neue Kategorie von Menschen geschaffen, die als neurologisch anfällig für Langeweile gelten. Ihr niedriger Dopaminspiegel macht sie ruhelos, zappelig und leicht ablenkbar. Wer auf der Skala zur Messung der Anfälligkeit für Langeweile hohe Werte erzielt, gilt als gefährdet für Alkoholsucht, Fettleibigkeit oder Fehler beim Autofahren.

Diese moralische und medizinische Panik hinsichtlich Langeweile könnte ihren Preis haben. Schalten Sie einfach mal wieder Ihr Smartphone aus, um – via irritierender Langeweile – in jene Lustlosigkeit zu gleiten, aus der erfreuliche Träumereien und Luftschlösser geboren werden. Oder spüren Sie nach, wie Unzufriedenheit und Desinteresse an Ihnen nagen – und werden dadurch motiviert, Ihre Situation zu verändern. Es ist kein Zufall, dass viele kreative Menschen, wie etwa der bildende

Künstler Grayson Perry und die Schriftstellerin Meera Syal, ihre Kindheit als enorm langweilig bezeichnen. Ihre Langeweile brachte sie zum Erfinden und Phantasieren. Langeweile sei »ein sehr kreativer Zustand«, so Perry. Also sollten wir uns vielleicht bemühen, nicht sofort darauf zu reagieren, wenn unsere Kinder rumquengeln, dass sie sich langweilen, und ihren Tag nicht unablässig mit interessanten Tätigkeiten ausfüllen. Denn es könnte genauso sein, wie der Anthropologe Ralph Linton gesagt hat: »Es scheint eher die menschliche Fähigkeit zur Langeweile zu sein als soziale oder kulturelle Bedürfnisse, was dem kulturellen Fortschritt des Menschen zugrunde liegt.«

☞ Siehe auch: ACEDIA, ANGEKÄSTSEIN

LIEBE

Oh, wärst du hier, meine Susie,
wir bräuchten kein Wort zu sagen,
unsere Augen flüsterten für uns und
deine Hand läge fest in meiner,
wir bräuchten keine Sprache.
– EMILY DICKINSON,
BRIEF AN SUSAN GILBERT, 11. JUNI 1852

Muss über die Liebe noch etwas gesagt werden? Weltreiche der Poesie und der Musik, ganze philosophische Bibliotheken sind dem Versuch gewidmet, Liebe auszudrücken, zu verstehen und zu definieren. Die Menge der Wörter sagt uns nicht nur, wie viel darüber zu sagen ist, sondern auch, wie wenig mit Gewissheit gesagt werden kann. Diese schwer fassbare Emotion ist so wichtig, dass sie jedwede Aufmerksamkeit fesselt, und so eigen, dass sie sich nicht auf etwas festnageln lässt. Selbst am Ende eines glücklichen gemeinsamen Lebens fällt es schwer zu sagen, was Liebe genau ist. Wir wissen, dass sie existiert – sie muss da sein, warum sonst stellen wir den anderen immer noch an erste Stelle, überleben die Kräche und Trennungszeiten? Irgendetwas hält uns zusammen, aber was, wie und warum? In dem Moment, in dem wir es formulieren wollen, schlängeln sich die Worte davon und uns bleiben nur ein resigniertes Achselzucken und ein Lächeln. »Es ist eben, du weißt schon ...« Wir können durch die Liebe zu Dichtern werden, aber oft genug raubt sie uns auch die Worte.

Die Sprachlosigkeit durch die Liebe beginnt, wenn die Liebe selbst einsetzt. Eines der ältesten Beispiele für die Unaussprechlichkeit der Liebe ist ein Gedichtfragment der Dichterin Sappho, die um das 6. Jahrhundert v. Chr. auf der griechischen Insel Lesbos lebte. Mitten im Geplätscher des Gesprächs und des Singens entdeckt sie ihre Geliebte, die am anderen Ende des Raums mit jemandem spricht – und sie verfällt in eine Art Starre.

... und es kommt kein Laut mehr
Mir aus der Kehle.
Ach, die Zunge ist mir gelähmt ...

Die gelähmte Zunge ist keine wohlfeile Metapher, sondern Teil einer ganzen Serie körperlicher Reaktionen, die Sappho beschreibt. Ein Feuer rast durch ihr Inneres und benebelt ihr den Kopf: »Nichts vermag mein Auge zu sehen, ein Rauschen / braust in den Ohren, / Und der Schweiß rinnt nieder an mir, das Zittern / Packt mich ganz ...« Überwältigt von der Intensität ihrer Liebe, erklärt sie: »Schein ich gestorben.«

»Der Ausdruck ist eigentlich lächerlich«, beschrieb der Schriftsteller Stendhal das Gefühl, wenn wir bei der ersten Begegnung mit einer geliebten Person vor Staunen zu nichts mehr fähig sind oder in totales Schweigen versinken. Aber, gibt er zu, »er meint etwas tatsächlich Vorhandenes«. Für die frühe Medizintradition waren Symptome wie bei Sappho nicht nur real, sondern auch Teil des viel größeren gesundheitlichen Problems Liebeswahn. Die arabischen Ärzte des 10. und 11. Jahrhunderts kanonisierten als Erste das Konzept Liebeskrankheit, die durch eine unerwiderte oder noch nicht vollzogene Liebe ausgelöst wurde, und betrachteten sie als eine Erscheinungsform der Krankheit MELANCHOLIE. Ibn Sina (der Name wird meist zu Avicenna latinisiert) nannte die Passion *al-'ishq* oder *illishi* und beschrieb sie als eine Art Verzehren nach der idealen Vereinigung mit der geliebten Person – sowohl geistig als auch sexuell (siehe auch *VIRAHA*). Auch wenn es als ein edles Verlangen angesehen wurde, konnte seine Intensität auf Dauer dazu führen, dass melancholische Dämpfe ins Gehirn stiegen und geistige Verwirrung, Vergesslichkeit und Verschlossenheit verursachten. Wenn der oder die Liebeskranke sprach, purzelten unvollständige und sinnlose Worte heraus.

Die Befürchtung, sprachlos zu werden, verfolgte die Liebenden in Europa, insbesondere jene, die die höfische Liebe pflegten, die im Jahrhundert danach aufkam. Dies war wohl die größte Welle der Liebe, von der die westliche Kultur jemals erfasst wurde, und eine Zeit, auf die sich viele unserer heutigen Liebeskonventionen zurückführen lassen. Die okzitanischen Trobadore – und ihre weiblichen Gegenstücke, die Trobairitz – sangen im 12. und 13. Jahrhundert von ihrer Sehnsucht nach der/dem unerreichbaren Geliebten. Manchmal fand ihre Liebe den besten Ausdruck in der Wortlosigkeit des Atmens. Seufzer waren Teil der Sprache der sehnenden Liebenden. Und auch Gähnen zählte dazu, es war kein Zeugnis von LANGEWEILE oder gar VERACHTUNG, wie es das heute ist, sondern von tiefer Hingabe, wie ein Trobador im späten 12. Jahrhundert sang:

Den ganzen Tag recke ich den Kopf, immer wieder, wie ein Vogel, der sein Gefieder putzt,
Und gähne für sie.

Auch heute noch erleben wir in der Liebe diese Formen des Schweigens: bei einem innigen Händedruck, beim gemeinsamen Blick durch einen Raum. Und wir erfahren sie im Wort »Liebe« selbst. Uns ist klar, dass dieses Wort eine immense Bedeutung hat. Wir deuten es als objektives Zeichen der Gefühle eines anderen Menschen, sogar als Zauberformel, die unsere Beziehungen auf eine höhere Stufe stellt (oder sie zurückwirft). »Ich liebe dich«, sagt Alec in dem Filmklassiker ›Begegnung‹. »Bitte nicht«, antwortet Laura und weiß, dass nichts mehr so sein wird, wie es war. Trotz der immensen Anziehungskraft dieses Wortes ist seine Bedeutung oft nicht richtig klar, sodass es eingeordnet oder erklärt werden muss. »Ich liebe dich, aber ich bin nicht in dich verliebt«, »Ich liebe dich, aber nicht auf diese Weise«. Kann »Liebe« wirklich so weit zu fassen und gleichzeitig so zielbewusst sein? Und ist es wirklich dieselbe Emotion, die hinter dem Kribbeln im Bauch und den Flirts und dem beruhigenden Entschluss für ein gemeinsames Lebens steht? Ist das Gefühl, das wir gegenüber einem langjährigen treuen Freund hegen, wirklich dasselbe wie der ruhige Gleichklang nach fünf oder mehr Jahrzehnten Partnerschaft oder die Emotionen, die man für Gott, Eltern oder Haustiere empfindet? Es scheint, dass wir im Lauf der Zeit ein paar Wörter verloren haben …

Und besitzen jetzt nur noch diese zwei Silben – vage und offen für Fehlinterpretationen. Also zucken wir mit den Achseln.

Es ist eben, du weißt schon … *Liebe.*

☞ Siehe auch: SEHNSUCHT

LIGET

Es ist das Feuer der Chilischote, das Brausen der Stromschnellen – es lässt das Temperament ausbrechen und stachelt an, noch härter zu arbeiten. Bei den Ilongot, einem Stamm von rund 3500 Kopfjägern im dichten Dschungel der Provinz Nueva Vizcaya auf der philippinischen Insel Luzon, wird mit *liget* die wütende Energie bezeichnet, die nicht nur den menschlichen Körper antreibt, sondern auch tote Materie.

Die amerikanische Anthropologin Michelle Rosaldo stellte *liget* den westlichen Lesern erstmals in den 1980ern vor. Da sie gewohnt war, Wut eher als eine negative Emotion zu betrachten, war Rosaldo von dem Optimismus und der Vitalität beeindruckt, die *liget* umfasst. *Liget* hat ohne Zweifel das Potential, sinnlose Auseinandersetzungen und Gewaltausbrüche auszulösen, aber viel öfter gehen Anregung und Motivation davon aus. Es führt dazu, dass Menschen mehr aussäen oder länger auf der Jagd sind als ihre Nachbarn. »Ohne *liget*«, erklärten die Ilongot Michelle Rosaldo, »hätten wir kein Leben, würden wir nicht arbeiten.«

Rosaldo starb 1981 nach einem Sturz während ihrer Feldarbeit. Ihr Mann Renato, der gleichfalls als Anthropologe bei den Ilongot lebte, beschrieb seine Reaktion auf ihren Tod mit einem weiteren Aspekt von *liget*: der Wut der Trauer.

Das *liget*, das einem schmerzlichen Verlust folgt, gilt als Ansporn, dass die Ilongot auf Kopfjagd gehen. Sie glauben, wenn sie einen Angehörigen eines feindlichen Stammes enthaupten und den abgetrennten Kopf in den Dschungel werfen, können sie die Katharsis, also eine Art seelische Reinigung erfahren und damit den Schmerz über den Verlust vertreiben. In diesem Sinne ist das *liget*, das die Ilongot überfällt, wenn geliebte Personen sterben, ein wütendes Verlangen, etwas zu tun und Rache zu nehmen, um so ein Stück weit wieder die Kontrolle zurückzugewinnen.

☞ Siehe auch: TRAUER, ERLEICHTERUNG, RIVALITÄT

LÍTOST

Lítost ist eine tschechische Emotion, deren Unübersetzbarkeit berüchtigt ist, obwohl man sich, wie der tschechische Schriftsteller Milan Kundera sagte, »nur schwer vorstellen kann, dass die menschliche Seele ohne dieses Wort zu verstehen ist«. Sie beschreibt die Spirale aus SCHAM, GROLL und Zorn, die uns aus den Schuhen haut, wenn uns jemand das Gefühl gibt, erbärmlich zu sein. Im Gegensatz zum anhaltenden Hass des Grolls oder der Untätigkeit der Sorge verlangt *lítost* Aktivität. In seinem Roman ›Das Buch vom Lachen und Vergessen‹ (1979) fasst Kundera zusammen: »*Lítost* ist ein qualvoller Zustand, der durch den Anblick unserer unvermutet entdeckten Erbärmlichkeit ausgelöst wird … *Lítost* funktioniert wie ein Zweitaktmotor. Auf das Gefühl der Qual folgt das Verlangen nach Rache.«

Was die Rachsucht der *lítost* sehr speziell macht, ist ihre oft perverse Selbstzerstörung. Manchmal ist es leicht, quitt zu werden: Hat uns jemand herabgewürdigt, der schwächer ist, kann eine schneidende Bemerkung reichen, um unseren verletzten STOLZ wiederherzustellen. Verletzt uns jemand, der Macht über uns hat, muss die Rache jedoch Umwege gehen. In Kunderas Roman wird ein Junge von seinem übellaunigen Geigenlehrer niedergemacht, weil er einen falschen Ton spielt. Blind vor *lítost* brütet der Junge einen raffinierten Plan aus: Er wiederholt den

Fehler mit voller Absicht so lange, bis der Lehrer durchdreht und seinen Schüler aus dem Fenster wirft. »Und der Junge fällt«, schreibt Kundera, »und freut sich während seines Fluges, dass der böse Lehrer des Mordes angeklagt wird.« Ziel der *lítost* ist, den anderen »dazu zu bringen, sich ebenso erbärmlich zu zeigen«, und man ist so sehr darauf konzentriert, seinen Peiniger zu bestrafen, dass die eigene Zerstörung dabei nebensächlich wird (siehe auch *ABHIMAN*).

Kundera glaubt zwar, dass *lítost* uns allen geläufig ist, dass sie sich aber als bestimmte Vorstellung in der tschechischen Sprache aufgrund der qualvollen Geschichte der Unterdrückung Böhmens entwickelt hat. Als sich die Tschechoslowakei 1968 kurzfristig von der Sowjetherrschaft befreite, fuhren russische Panzer in Prag ein. Jeder Außenstehende hätte gesagt, dass der Versuch, sich gegen die russische Armee aufzulehnen, aussichtslos sei. Doch auf den Mauern der Stadt war der Wille zu unnachgiebigem Widerstand zu lesen: »Wir wollen keinen Kompromiss, wir wollen den Sieg!« Dazu Kundera: »Da sprach … die *lítost*!«, eine Mischung aus Stolz und Verstocktheit, mit der die Prager selbst in der Niederlage eine Mischung aus Trotz und Hoffnung verspüren konnten.

☞ Siehe auch: RACHSUCHT

MALU

Egal, wie perfekt, witzig, geliebt oder erfolgreich wir sind, die meisten von uns werden in Gegenwart einer Person, die sie sehr schätzen, nervös. Das Gehirn ist benebelt, die Sätze kommen abgehackt heraus und möglicherweise hegen wir den Wunsch, wegzulaufen. Im Englischen gibt es kein Wort, das diese Marter genau beschreibt (»DEMÜTIGUNG« und »Schüchternheit« sind zu allgemein, »von Prominenz beeindruckt« kommt heran, ist aber nicht ganz richtig). Die Bewohner des indonesischen Fischerdorfs Dusun Baguk nennen das Gefühl *malu*.

Malu ist leicht zu erkennen: Plötzlich fühlt man sich eingeschnürt, minderwertig und plump, wenn Menschen anwesend sind, die einen höheren Rang haben als man selbst. Sie können *malu* verspüren, wenn Sie bei den Eltern des Partners keinen Piep mehr sagen können oder die Begegnung mit der früheren Schuldirektorin dazu führt, dass Sie schwitzend auf den Boden starren. Für Indonesier ist *malu* an sich nichts, dessen man sich schämen muss. Im Westen würden viele einen profunden Selbsthass entwickeln, wenn sie auf eine Frage des Geschäftsführers rot würden und nur noch brabbeln könnten. In Indonesien jedenfalls ist *malu* eine angemessene Reaktion. Schon die kleinen Kinder lernen, dass deutlich gezeigtes *malu* guten Manieren entspricht. In jeder denkbaren Situation unterscheidet *malu* somit jene, die Respekt verdienen, von denen, die ihn bezeugen. Zeichen von *malu* sind, wie »Danke« zu sagen, Schmiermittel der gesellschaftlichen Beziehungen und Bestätigung von Machthierarchien. Es gibt sogar eine Pflanze, die nach Meinung der Indonesier *malu* zeigt – die einheimische *putri malu* (*Mimosa pudica*), deren Blätter erschlaffen und sich zusammenklappen, wenn sie berührt wird.

Wie alle Emotionen kann die schüchterne Ehrerbietung des *malu* auch gespielt sein. Wenn eine Person vorgibt, sie sei zu sprachlos und nervös, um das zu erbitten, was sie insgeheim begehrt, dann macht sie *malu-malu kucing* – wörtlich: benimmt sich wie eine scheue Katze.

☞ Siehe auch: VERLEGENHEIT

MAN

Den Beruf wechseln. In eine andere Stadt ziehen. Schriftsteller werden oder Geige spielen lernen. Oft ist es schwer zu erklären, *warum* wir etwas Derartiges tun wollen, klar ist nur, dass wir einen starken Drang verspüren, das Gefühl haben, dass wir es tun müssen. Auf Hindi heißt diese innerste Wunschebene *man* (und ist eine umgangssprachliche Kurzform von *manorath*, dem Hindi-Wort für beabsichtigen oder ersehnen). Wie der Hunger, den man verspürt, ehe man weiß, was man essen will, ist *man* grundsätzlich immer da und wartet darauf, sich in ein bestimmtes Verlangen zu verwandeln – und wenn es das tut, kommt es zu einer merkwürdigen Klarheit. *Man*, das irgendwo zwischen Kopf und Herz angesiedelt ist, ist ein intuitives Sehnen, das von der Erkenntnis bestärkt wird, dass unsere Wünsche unser innerstes

Selbst widerspiegeln. Und es ist allgemein anerkannt, dass es nicht verhandelbar ist. Laut der Autorin Preti Taneja »kann niemand dem *man* eines anderen etwas ausreden«. Manchmal ist das, was wir begehren, für unsere Familie und Freunde unverständlich – aber wenn es unser *man* ist? Dann ist es »ein Schlusspunkt für jede Diskussion«, schreibt sie.

☛ Siehe auch: SEHNSUCHT

MATUTOLYPEA

Der Wecker klingelt, die Morgendämmerung dringt herein – und wir wachen missmutig und mit schlechter Laune auf.

Man könnte sagen, man sei »mit dem falschen Fuß aufgestanden« oder ein Morgenmuffel, aber das ist so banal. Viel bedeutender klingt *matutolypea*. Das ist ein englisches Wort, auch wenn es kaum einer kennt und keiner zu wissen scheint, wann es erfunden wurde und von wem. Es ist zusammengesetzt aus Mater Matuta, dem Namen der römischen Göttin der Morgendämmerung, und *lype*, dem griechischen Wort für Niedergeschlagenheit – und gibt der »morgendlichen Sorge« so eine gewisse Würde.

☛ Siehe auch: UMPFIGKEIT

MEHAMEHA

Westliche Psychologen haben die These aufgestellt, dass Furcht eine universelle Emotion sei, die sich auf eine einzelne Reaktion eindampfen lasse, die allen Menschen auf der Welt gemeinsam ist. Tahitianer allerdings unterscheiden zwei Arten von Furcht, die jeweils eigene körperliche Reaktionen haben. Die erste ist die gewöhnliche Furcht um unser Leben, die das Herz rasen und den Magen krampfen lässt. Sie wird als *ri'ari'a* bezeichnet. Die zweite ist das unheimliche Gefühl, das man in Gegenwart von Geistern, Gespenstern und anderen übernatürlichen Phänomenen verspürt. Das wird *mehameha* genannt (ausgesprochen *mey-hä-mey*-hä).

Ein Tahitianer namens Tano beschrieb *mehameha* dem Anthropologen Robert Levy: »Manchmal gehst du in den Busch und plötzlich schwillt dein Kopf an und dein Körper fühlt sich anders an und du hörst etwas, ein Rascheln, ein Geräusch ... Du bekommst Gänsehaut und du denkst: ›Da ist ein Geist.‹« Ein veränderter Zustand, der oft dann eintritt, wenn man allein, in der Dämmerung, jenseits der Dorfgrenzen unterwegs ist. *Mehameha* gibt einem das Gefühl, dass sich der Kopf wie ein Ballon aufpumpt, einem die Haare zu Berge stehen und die Haut kribbelt. So wie unheimliche Situationen oder ein unerklärliches Frösteln in einem warmen Raum macht *mehameha* die Betroffenen nervös und zermürbt sie.

Mehameha kann zur Lawine werden und in Schrecken münden, aber sich auch ganz schnell auflösen, wenn sich herausstellt, dass das seltsame Geräusch nur von einem Gecko stammt, der nach seiner Mahlzeit davoneilt. Das beste Mittel ist jedoch, falls man in der Dämmerung unterwegs sein muss, einen Freund mitzunehmen – denn wie alle Tahitianer wissen, schlägt *mehameha* nur zu, wenn man allein ist ...

☞ Siehe auch: EINSAMKEIT, SCHRECKEN

MEHRDEUTIGKEITSPHOBIE

Eine Emotion, die der amerikanische Schriftsteller David Foster Wallace geprägt hat, um das ungute Gefühl zu beschreiben, Dinge für Interpretationen offen zu lassen. Beispielsweise: »Sein von Mehrdeutigkeitsphobie geprägtes Rezept für in Jogurt eingelegtes Kalbfleisch umfasst sieben Seiten und vier schematische Zeichnungen.«

☞ Siehe auch: PARANOIA

MELANCHOLIE

Lassen Sie die Stimme dieses Gefühls schläfrig durch die Räume wabern. Ziehen Sie die Vorhänge zu, wickeln Sie sich in eine Decke und spüren Sie das warme Beißen, wenn Tränen in Ihren Augen hochsteigen. Sie wissen, dass das dumm ist und dass die anderen ungeduldig und ärgerlich werden (»Hör auf mit der Leichenbittermiene!«). Ja, es kann schwer sein, ihr zu widerstehen, wenn die Gedanken immer wieder zu dem schweifen, was wir verloren haben. Dass Künstler, Studenten und Bluessänger am meisten mit Melancholie assoziiert werden, hat damit zu tun, dass sie eine Emotion ist, die Zeit braucht, um sich richtig zu entfalten. Vielleicht ist sie ein wenig selbstbewusst und anspruchsvoll, vor allem aber muss sie sorgfältig aufgeblättert werden, jede Schicht von Selbstmitleid, Nostalgie und Reue muss man genau betrachten. Billie Holiday hatte recht, als sie von einem »in Zuckerguss getauchten Elend« sang. Der Verlust mag im Zentrum stehen, aber wir genießen sie wie exquisite Pralinen: ein seltener Luxus, ein kleiner Rausch. Die einzige Gefahr ist, dass wir süchtig danach werden können.

Die Vorstellung, dass Melancholie sowohl künstlerisch als auch gefährlich sein kann, hat tiefe Wurzeln in der Renaissance. Damals war es besonders in Mode, sich melancholisch zu fühlen. Laut den medizinischen Theorien jener Zeit war Melancholie ja eine kalte und feuchte Substanz im Körper. Die Renaissance-Ärzte glaubten, dass jeder etwas schwarze Galle in sich trage. Sie gehörte nach der antiken Lehre, von der in der Einleitung schon die Rede war, zu den vier elementaren Säften des Körpers (dazu kamen noch Blut, gelbe Galle und Schleim). Man ging davon aus, dass in jedem Menschen ein einzigartiges Verhältnis dieser vier Säfte bestand, ein schwieriges Ökosystem, das vom Gesundheitszustand bis zur Persönlichkeit alles Mögliche beeinflusste. Beispielsweise waren jene mit zu viel gelber Galle im Körper nach Ansicht des Renaissance-Autors Thomas Wright »bei jeder Kleinigkeit … aufgebracht« und schnell wieder versöhnt (siehe MUT). Für Menschen mit einem größeren Anteil Melancholie galt das Gegenteil. Da schwarze Galle ein dicker und schwerer Saft war, neigten Melancholiker zu Lethargie und Eigenbrötelei sowie zu einem sesshaften und introspektiven Lebensstil (siehe auch TRAURIGKEIT). Und auch wenn sie nicht so leicht beleidigt waren, konnte man sie nur »unter extremen Schwierigkeiten versöhnen«. Wie heute noch gehörten Universitäten zu ihren bevorzugten Aufenthaltsorten.

Der Medizin der frühen Moderne zufolge war eine gute Gesundheit davon abhängig, die schwierige Balance der Säfte stabil zu halten. Bestimmte Dinge konnten diese stören, sodass manche Säfte empfindlich reagierten und die anderen verrückt spielten. Dramatische Ereignisse, die starke Leidenschaften hervorriefen, hatten danach die stärksten Auswirkungen auf die schwarze Galle und verwandelten das normale Unglücklichsein einer Person in eine ernsthaftere Krankheit – die Melancholie (von *melania chole*, schwarze Galle). Es konnte jeden treffen, aber diejenigen waren am anfälligsten, bei denen von Anfang an die meiste schwarze Galle im Körper zirkulierte. Sich zu verlieben (siehe LIEBE), der Tod eines Elternteils, eine große Enttäuschung: Solche Ereignisse galten als Auslöser, dass die Körpertemperatur stieg und sich die dicke schwarze Galle in einem Organ namens Hypochondrien erhitzte, schädliche Dämpfe ins Gehirn dringen ließ, die den Geist benebelten und die Lebensgeister verwirrten. Die Opfer der Melancholie plagten Selbstzweifel und ein unerklärliches Gefühl von Sorge und BEDROHLICHKEIT, das sie zwang, Gesellschaft zu meiden. Manche trugen sogar breitkrempige Hüte, um das Tageslicht fernzuhalten. In vielerlei Hinsicht entsprach die Melancholie der Krankheit, die wir heute als Depression bezeichnen – aber es gibt einen entscheidenden Unterschied. Man schrieb den melancholischen Dämpfen auch die Entstehung von Visionen zu. In ›Anatomie der Melancholie‹, seiner berühmten Darstellung der Krankheit, bezeichnete Robert Burton diese als »schrecklich missgestaltete Erfindungen mit tausend Formen und Erscheinungen«. Die Visionen und die Dämpfe, durch die sie ausgelöst wurden, waren verantwortlich für die weiteren Namen, unter denen Melancholie bekannt war: Hypochondrie, nach dem Organ, in dem die Galle erhitzt wurde, und »melancholische Flatulenz«, weil man glaubte, dass die Dämpfe neben den Visionen auch Flatulenzen bewirkten.

Mit ihrer Verdrießlichkeit und den Fürzen waren Melancholiker kaum Kandidaten dafür, eine Mode auszulösen. Doch im 15. Jahrhundert galt Melancholie in manchen Kreisen als ziemlich erstrebenswerte Krankheit. Aristoteles hatte die Ansicht vertreten, herausragende Philosophen, Dichter und Staatsmänner besäßen einen erhöhten Anteil von schwarzer Galle. Diesen Gedanken griff der italienische Gelehrte Marsilio Ficino, der sich selbst eine melancholische Disposition zuschrieb, Mitte des 15. Jahrhunderts begeistert auf. Die Verbindung zwischen Melancholie und Genie sah Ficino aufgrund der visionären Dämpfe, die seiner Meinung nach kreative Einsichten hervorbrachten. Es war ein Stück weit das Resultat dieser Behauptung, dass ein Kult des melancholischen Genies gedieh und Renaissance-Gelehrte sich als düster porträtierten. Manche trugen die Pose sogar zur Schau – berühmt ist genau dieser Vorwurf Hamlet gegenüber, der ihn aber zurückweist: »Denn das sind Posen, die leicht spielbar wären; / Doch in mir lebt, was Schau weit übersteigt … drin Gram sich zeigt.« Die Mode Melancholie herrschte nicht nur bei Männern. Margaret Cavendish, die Duchess of Newcastle, die 1623 geboren wurde, zwanzig Jahre nach dem Erscheinen von ›Hamlet‹, war eine produktive Autorin auf dem Gebiet der Naturphilosophie, wie man die Naturwissenschaften damals nannte. Samuel Pepys beschimpfte sie wegen ihrer Ambitionen als »verrückt, eingebildet und lächerlich«. Ihr Buch ›The Philosophical and Physical Opinions‹ (1655) zeigt ein Bild von ihr, auf dem sie eher niedergeschlagen als herausfordernd wirkt. Sie blickt den Leser mit zusammengekniffenen Augen an, der Mund wirkt verdrossen, die Züge sind eingesunken und sie schenkt den fetten Putten, die fröhlich um sie herumschweben, keine Beachtung. Im Gegensatz zu anderen Autorinnen ihrer Zeit, die anonym publizierten, veröffentlichte sie ihre Werke unter ihrem eigenen Namen, und ihre melancholische Pose zielte darauf ab, dass man sie als Gelehrte ernst nahm.

Melancholie war zwar das Kennzeichen des Denkers oder der Denkerin, aber sie konnte auch Qualen bereiten – der Preis, den das Genie zu zahlen hatte. Bei Robert Burton konnte eine Stunde »süßen« melancholischen Grübelns während eines einsamen Spaziergangs zur schwereren Form der Melancholie führen, bei der er vor unsichtbarem Schrecken in Deckung gehen musste und von der er sich nur sehr schwer erholte. Auch im 21. Jahrhundert scheinen wir immer noch zu befürchten, dass ein harmloser Anflug von Melancholie in etwas Schmerzhafteres umschlagen könnte – und manche unserer Heilmittel haben erstaunlich viel mit denen im 17. Jahrhundert gemeinsam. In der Renaissance waren die gegen Melancholie empfohlenen Kuren nicht angenehm: Zu den Abführmitteln, die die Menge an schwarzer Galle verringern sollten, gehörten Nieswurz, die Erbrechen bewirkte, und Egel, die Blut saugten. Burton hingegen machte sich das Schreiben über die Melancholie zur Lebensaufgabe (»Ich habe über die Melancholie geschrieben, um sie mir mit dieser Unternehmung vom Leibe zu halten.«) und letztlich sah er seine Untersuchungen als Ursache für wie als Mittel gegen die Krankheit.

☞ Siehe auch: TRAURIGKEIT

MITARBEITERFRUST

Er war einer der Topagenten des MI6 gewesen, ein Spezialist für Cyberkriminalität. Dann ließ er sich umdrehen und M übergab ihn in einem Gefangenenaustausch den Chinesen. Jetzt ist er auf einer einsamen Insel voll mit Supercomputern abgeschottet und nutzt die Fähigkeiten, die ihm die britische Regierung beigebracht hat, um M zu vernichten und die Organisation, die er einst liebte, zu stürzen. Raoul Silva, Bösewicht des Bond-Films ›Skyfall‹, ist eine archetypische Verkörperung eines sehr modernen Buhmanns: der verstimmte ehemalige Mitarbeiter.

Im Englischen heißt Verstimmung *disgruntlement*. *Gruntle* ist ein veraltetes Wort für Grunzen, den Ton, den Schweine von sich geben, wenn sie Fliegen von ihrem Rüssel wegschleudern.

In der freien Natur grunzen Eber, um Rivalen zu vertreiben. Im sicheren Stall grunzen Schweine weniger, weil sie bedroht werden, sondern aus grundsätzlicher Unzufriedenheit, und daher kommt die Vorstellung, dass Grunzen ziemlich unwichtig und sinnlos sei. Menschen grunzen ebenfalls in ihren Verschlägen, jammern in der Kaffeeküche oder murren und meckern im Pendlerzug nach Hause.

Dass Mitarbeiter, die sauer sind, als *disgruntled* bezeichnet werden (wobei *dis* keine Negation, sondern eine seltene Form der Verstärkung ist), mag verwundern. Denn verstimmte Mitarbeiter, die geistiges Eigentum stehlen und Falschinformationen streuen, gelten doch inzwischen als größere Bedrohung in der Unternehmenskultur. Wieso dann die Bezeichnung »verstimmt«? Vielleicht, weil das nahelegen könnte, dass allein ihre eigenen schäbigen Gefühle der Auslöser seien – und die Unternehmenspraktiken, die Mitarbeiter schließlich überhaupt erst entfremdet haben, bleiben außen vor.

Anfang des 20. Jahrhunderts galt ANGST, nicht der Frust, als die größte emotionale Herausforderung für Unternehmen. Da sie davon ausgingen, dass Angst aus Unsicherheit resultiere, bestärkten Industriepsychologen die Firmen, ein Zugehörigkeitsgefühl zu etablieren. Bei IBM erwartete man beispielsweise in den 1930ern von allen Mitarbeitern, dass sie in die Unternehmenshymne einstimmten: »Voll Dankbarkeit jetzt und hier / Schwören Treue wir / Dem besten aller Unternehmen …«

Wollen wir heute noch unserem Arbeitgeber *Treue schwören*? Der italienische Philosoph und Marxist Paolo Virno hat aufgezeigt, dass Haltungen, die früher Anzeichen für Verdrossenheit bei den Mitarbeitern waren, heute professionelle Ideale sind. In unserer dynamischen, mobilen Wirtschaft wird Flexibilität am höchsten geschätzt. Unsicherheit hinsichtlich des Arbeitsplatzes, Angst, umgruppiert zu werden oder bei Beförderungen übergangen zu werden, wurde von den Personalabteilungen der Unternehmen zu den Werten »Flexibilität, Anpassungsfähigkeit und Bereitschaft, sich neu auszurichten« umgemünzt. Seit Online-Systeme anfälliger für Manipulationen sind und Wissen leichter transportierbar geworden ist, sorgen sich Unternehmer mehr denn je um die Loyalität und Vertrauenswürdigkeit ihrer Mitarbeiter. Die Zunahme an Verstimmung könnte der Auswuchs einer widersprüchlichen Arbeitskultur sein, die von Mitarbeitern zugleich verlangt, Gefühle einzubringen und auf sie zu verzichten. Große Firmen setzen inzwischen Berater für Netzsicherheit ein, um Unternehmenswissen vor »böswilligen Insidern« zu schützen. Es wurden psychologische Profile entwickelt, welche Mitarbeiter ein Risiko darstellen könnten: Normalerweise würden sie in technischen Positionen arbeiten, etwa als Ingenieure oder im IT-Bereich, sie würden »oft das Gefühl« haben, dass sie »ein Anrecht« auf die Daten hätten, und ihrer Entscheidung ginge häufig eine »als solche empfundene berufliche Zurücksetzung oder die Nichterfüllung von Erwartungen« voraus.

Vielleicht ist die Lösung des Problems, den Mitarbeitern mehr Eigentumsrechte an der Arbeit zu geben und nicht weniger. In der Zwischenzeit ist aber die ständige Überwachung des Personals ratsam. Dazu gehört auch die bessere Überprüfung, um zu verhindern, dass man Leute einstellt, die Berater für Netzsicherheit als »Problemmitarbeiter« bezeichnen. Und wir sollten davon ausgehen, dass Sorgen wegen drohender Verstimmungen in den kommenden Dekaden zunehmen – und auch die Diskussionen, wie jene entdeckt werden können, die ein Risiko darstellen. Einer der derzeit klarsten Tipps zum Thema steht in einem Memo der US-Regierung. Darin wird Sicherheitsdiensten geraten, auf »Mutlosigkeit und Missmut« zu achten, denn damit ließe sich »schwindende Vertrauenswürdigkeit abschätzen«.

Wenn Sie also in diesem Leben zu den Missmutigen gehören, seien Sie gewarnt!

☞ Zu weiteren Emotionen am Arbeitsplatz siehe:
FRÖHLICHKEIT, VERWUNDBARKEIT

MITFREUDE

Bummelt man in San Francisco im Bezirk Haight Ashbury durch die Läden mit Second-Hand-Klamotten und Schallplatten, wird man regelrecht nostalgisch ob der utopischen Lebensstile, mit denen hier einst experimentiert wurde. Die Kerista-Kommune, die 1971 in Haight Ashbury gegründet wurde, erfand viele der bisherigen Säulen des amerikanischen Lebens neu – das traditionelle Familienbild, das Verhältnis zu Eigentum und, am meisten berüchtigt, monogame Sexualbeziehungen.

Die Vorstellung, dass alle unsere sexuellen Wünsche von einer einzigen Person erfüllt werden sollten, ist relativ jung in der westlichen Kultur. Sie ist das Produkt der ritterlichen Liebe im 11. Jahrhundert, die eine nahezu spirituelle Hingabe an eine idealisierte Liebe feierte und nicht unbedingt die Komplexität unserer sexuellen Anziehungskräfte wiedergibt. Die Kerista-Kommune praktizierte Polyamorie, ihre Mitglieder wurden ermutigt, mehrere Sexualpartner gleichzeitig zu haben. Manche dieser Beziehungen waren kurz, andere dauerten länger, aber keine war exklusiv. Um zu betonen, dass sie nicht mit Eifersucht kämpften, prägten die Keristaner das Wort »Compersion«, Mitfreude, die sie stattdessen fühlten. Bei diesem schwingt das Mitgefühl mit und es beschreibt das prickelnde, aufregende Gefühl, wenn man herausfindet, dass eine geliebte Person jemand anderen begehrt oder mit ihm/ihr schläft.

Manche Sprachen haben Worte für stellvertretende Scham (siehe FREMDSCHÄMEN) oder übertragene Angst (siehe PANIK). Aber die Vorstellung, Freude zu empfinden, wenn die geliebte Person sich zu jemand anderem hingezogen fühlt, bleibt für viele heute rätselhaft, weil unsere kulturell geprägten Erwartungen an die Liebe so mächtig wirken. Seit dem 11. Jahrhundert, als die exklusive romantische Liebe im Westen ihre allgemeingültige, feste Form bekam, waren die Keristaner jedoch nicht die erste Gemeinschaft, die Polyamorie praktizierte – es gibt auch Beispiele aus dem 17. und 19. Jahrhundert. Und gewiss werden sie nicht die Letzten sein. Das Wort Compersion, das sie uns geschenkt haben, ist in Nordamerika und Europa weiterhin in Gebrauch und es fordert nach wie vor die unausgesprochenen Annahmen über Emotionen heraus.

☞ Siehe auch: EMPATHIE

MITGEFÜHL

In den zahlreichen Auflistungen der universellen Gefühle taucht Mitgefühl nie auf – sollte es aber laut der Philosophin Martha Nussbaum. Die meisten Menschen sind in der Lage zu spüren, dass ein anderer Mensch leidet. Der Drang, dieses Leid zu lindern, macht sich in unserem Bauch bemerkbar – selbst wenn wir im Lauf der Jahre aufgrund von Betrug oder Erwartungen anderer etwas abgestumpft sind. Es kommt vor, dass wir eine obdachlose Person sehen, die um Kleingeld bittet, und wir unsicher sind, ob Geld die richtige Hilfe ist. Oder wir fragen uns, ob wir die Dinge verschlimmern, wenn ein Freund jedes Mal mehr weint, wenn wir versuchen, ihm Mut zuzusprechen und ihn zu trösten. Der Wunsch zu helfen brandet auf, aber im Nachgang kommen uns Zweifel: Kann ich mehr tun? Bin ich eventuell verletzend oder setze ich andere unter Druck? Werde ich vielleicht ausgenutzt? Kein Wunder, dass wir uns manchmal dagegen entscheiden, uns einzusetzen, wenn es so verwirrend sein kann.

Unter tibetanischen Buddhisten heißt es, dass der Wunsch, andere vom Leid zu befreien, idealerweise im Zustand der Gleichmütigkeit aufkommt, verbunden mit stillem SELBSTVERTRAUEN. Doch für viele von uns ist MITGEFÜHL vielmehr ein angstbesetztes Terrain.

Die Erkenntnis, dass Mitgefühl eine riskante, sogar gefährliche Emotion sein kann, ist tief in der westlichen christlichen Tradition verankert. Eine frühe Darlegung stammt von Papst Gregor I. Er schrieb im 6. Jahrhundert, dass wir, wenn wir einem bedrückten Menschen die Trauer nehmen wollten, uns von unserer starren, aufrechten Haltung hinunterbeugen und sein Elend mit ihm teilen müssten. Gregor verglich Mitgefühl und den mit ihm einhergehenden Wunsch zu trösten mit dem Verschmelzen zweier Eisenstücke. Wie der Schmied die Metallstücke erhitzt, bis sie sich verbinden, wird in einem Prozess, den Gregor *condescensio passionis*, Herablassung der Emotion, nannte, der menschliche Geist »weich«. Wahres Mitgefühl verlangt allerdings auch, sehr verletzliche Teile von sich selbst zu erkennen: keine leicht zu ertragende Erfahrung.

Das Risiko dabei ist, dass man selbst zu gefügig wird. Gregor bezieht sich auf die biblische Geschichte von Hiob. Als seine Freunde von Hiobs Leid – dem Tod seiner Söhne, der Missernte, dem Verlust seiner Ländereien, seiner schrecklichen Krankheit – hören, eilen sie von weit her herbei, um ihn zu trösten. Sie zerreißen ihre Kleider, streuen Asche auf ihre Häupter und sitzen sieben Tage und Nächte mit ihm auf dem Boden, ehe er bereit ist zu reden. Ehrbare Absichten, so Gregor. Aber die Freunde gehen zu weit. Am Ende der sieben Tagen hat die

Trauer ihren Geist verdüstert, ihr Glaube ist erschüttert, obwohl das bei Hiob selbst gar nicht der Fall ist. Für Gregor ist wahres Mitgefühl also ein Drahtseilakt. Nur die Weisesten können sich zum Schmerz eines anderen hinunterbeugen, ohne selbst betäubt und hilflos zu werden: der indirekten Traumatisierung oder Mitgefühlserschöpfung anheimzufallen, von der man heute in den Pflegeberufen hört.

Mitgefühl mag unser emotionales Gleichgewicht unter Druck setzen, aber gegenwärtige Untersuchungen haben gezeigt, dass es sich lohnt. Nicht nur andere Menschen profitieren davon, wenn Sie ihnen gegenüber Mitgefühl zeigen, auch Sie selbst fühlen sich besser und zufriedener (siehe auch *WARM GLOW*). Forscher am Center for Compassion and Altruism der Stanford University schlagen vor, sich ein Beispiel am Buddhismus zu nehmen und regelmäßig Metta-Meditation zu praktizieren. Dazu gehört, eine Weile schweigend dazusitzen und die Aufmerksamkeit auf das Spüren von Mitgefühl zu lenken, erst für sich selbst, dann für geliebte Menschen, danach für Freunde, Fremde und sogar für Menschen, die man nicht mag oder die einen verletzt haben. Für jene, die eher praktische Lösungen vorziehen, haben sie den Rat, sich Verhaltensweisen anzugewöhnen, die einem Momente des Mitgefühls leicht machen. Halten Sie immer Kleingeld bereit, um einem Obdachlosen etwas zu essen zu kaufen oder einen Menschen, der einen schlechten Tag hat, einzuladen. Reservieren Sie kleine Zeiteinheiten, um ältere Nachbarn zu besuchen. Oder arbeiten Sie eine Stunde pro Woche ehrenamtlich.

Und was ist bei der verzweifelten Freundin zu tun, die ein Kind verloren hat, oder bei dem Studenten, dessen Vater im Sterben liegt? Laut Mandy Reichwald, einer früheren Krankenschwester, die sich überwiegend um Schwerstkranke und deren Familien gekümmert hat, geht es bei wahrem Mitgefühl darum, Menschen zu stärken und zu stützen, damit sie eigene Kraft finden können. Sie warnt, dem Impuls nachzugeben, hinzulaufen und den anderen tröstend in die Arme zu nehmen, denn das nimmt ihm die Möglichkeit, sich für die kommende Situation zu sammeln. Hören Sie zu. Zeigen Sie Interesse. Sagen Sie nichts. Sorgen Sie dafür, dass Ihre Augen nicht feucht werden. »Es geht nicht um Sie, sondern um den anderen.« Und seien Sie ehrlich, wenn es Sie überwältigt. Reichwald meint, dass Sätze wie »Ich bin so erschüttert über das, was du gerade gesagt hast, ich brauche eine Minute Zeit« oder »Das ist so traurig« einen erstaunlichen Effekt haben können. Wenn wir von etwas total überwältigt sind, neigen wir dazu, uns in die Sicherheit des Mitleids zurückzuziehen, uns abzuwenden und auf Abstand zu den Leidenden zu gehen. Ehrlichkeit wirkt dem entgegen. Sogar jemanden anzurufen und zuzugeben, dass man nicht weiß, was man sagen soll, aber wissen möchte, wie es geht, ist besser, als den Kontakt ganz zu vermeiden.

Es ist nicht egoistisch, sich zuerst um seine eigenen Interessen zu kümmern; im Gegenteil, das ist der erste Schritt zu wahrem und reifem Mitgefühl. Wenn Sie sich von den Problemen anderer überwältigen lassen, helfen Sie nicht oder können nicht helfen. Wenn sie in Gefahr gerät, emotional mitgerissen zu werden, hält sich Reichwald daher immer die Sicherheitsanweisungen aus dem Flugzeug vor: »Setzen Sie zuerst Ihre eigene Sauerstoffmaske auf, bevor sie anderen dabei helfen, ihre anzulegen.«

☞ Siehe auch: EMPATHIE

MITLEID

Die Gerichtshöfe im klassischen Athen hatten nicht viel mit unseren heutigen zu tun. Richter und Geschworene erwarteten, zu Tränen gerührt zu werden. In ›Über die Auffindung des Stoffes‹, seinem Handbuch zur Rhetorik, unterwies Cicero Kläger in der Kunst, Mitleid zu erregen. Er schlug vor, »mit unterwürfiger und flehender Rede« zu sprechen, zu weinen, wenn man den Verlust von jemandem beklagt, »mit welchem man am liebsten zusammengelebt hat«, und die Geschworenen zu »bitten, sie mögen sich an ihre Kinder ... erinnern«. Aber ein gerührter Richter und bewegte Geschworene seien keine Garantie für einen Freispruch. »Nichts«, warnte Cicero, »trocknet schneller als eine Träne.«

Während MITGEFÜHL die Bereitschaft einschließt, sich auf das Leiden anderer einzulassen, ist Mitleid eher eine Zuschauerhaltung. Für die Griechen gehörte zum Mitleid eine ungleich verteilte Machtkonstellation: Jene, die Mitleid hatten, hatten auch die Macht, jemanden freizulassen oder zu begnadigen, also wohltätig zu sein (*eleos*, das griechische Wort für Mitleid, ist die Wurzel von Almosen). Der Philosoph Aristoteles fand Mitleid ziemlich angenehm, weil die Tränen, die es auslöste, ein wohltuendes Gefühl von Reinigung verschafften (siehe ERLEICHTERUNG). Im mittelalterlichen christlichen Europa wurde Mitleid zu einem bedeutenden Teil der Frömmigkeit (im Englischen hatte man für beides damals sogar dasselbe Wort). Ab etwa 1000 n. Chr. begannen Künstler, den Sohn Gottes nicht mehr als Heldenfigur darzustellen, sondern abgehärmt und mit zerrissenen Kleidern am Kreuz hängend. Diese Altarbilder und Ikonen waren ein wichtiger Teil der Gottesdienste, bei denen die Gläubigen angehalten wurden, ihn voller Schmerz zu betrachten, voller Trauer ob seines Leidens und voller Kummer ob ihrer eigenen Sünden (siehe GEWISSENS-BISSE).

Die Überlegenheit und Launenhaftigkeit der weinenden griechischen Geschworenen war jedoch nicht komplett in Vergessenheit geraten. Im 18. Jahrhundert war Mitleid für Philosophen wie Kant eine Form, auf Bedürftige herabzublicken, sie klein zu halten – eine Art von VERACHTUNG. Im 20. Jahrhundert lieferte Stefan Zweig mit seinem Roman ›Ungeduld des Herzens‹ eine bedeutende Kritik an der Emotion Mitleid. Seine weibliche Hauptperson, die im Rollstuhl sitzt, beschreibt es als beklemmend, erdrückend und erniedrigend, bemitleidet zu werden: »Wie gut du heute aussiehst, wie famos du heute marschierst …« Aber vor allem ist es von begrenzter Dauer, eine Art Theater, das ihr vorgespielt wird: »Halten Sie mich wirklich für so albern, dass ich's nicht verstehen sollte, wie Ihnen das manchmal über sein muss, hier tagtäglich den barmherzigen Samariter zu spielen?«

Obwohl üblicherweise nicht von unterdrücktem Mitgefühl die Rede ist – SEHNSUCHT und WUT sind da die bekannteren Kandidaten –, hat der Historiker Theodore Zeldin behauptet: »Seit Menschengedenken ist das Mitleid das am meisten enttäuschte Gefühl, mehr als die Liebe.« Das Leiden anderer sehen zu müssen, kann schwierig sein. Das dürfte ein Grund sein, warum so viele von uns vor dem Mitleid haltmachen und in sicherer Distanz bleiben. Vielleicht überfordert uns das Ausmaß an nötiger praktischer Unterstützung, und so beruhigen wir uns mit einer Träne und gehen weiter. Vielleicht ekelt uns die Verwundbarkeit und körperliche Krankheit der anderen Person auch an und wir sind möglicherweise unfähig, bei ihr das zu ertragen, was wir bei uns nicht sehen wollen? Mitleid wird zu einer Form von Selbstschutz, einer Art Schutzschild, das uns vor unbequemer Verantwortung oder dem Schmerz einer tieferen emotionalen Verbindung bewahrt. Oder es ist, wie Zweig schreibt: »… jenes Mitleid, das gar nicht Mit-leiden ist, sondern nur instinktive Abwehr des fremden Leidens von der eigenen Seele.«

☞ Siehe auch: SELBSTMITLEID

MONO NO AWARE

Gegen Ende der japanischen Heian-Periode (794–1185) verfasste Murasaki Shikibu, eine Dichterin und Hofdame, ein Werk, das heute oft als erster Roman der Weltliteratur gilt: ›Die Geschichte vom Prinzen Genji‹. Es beschreibt die politischen Intrigen sowie die vielschichtigen und zahllosen Liebesaffären eines Sohnes des Kaisers und gibt Einblick in das Leben am kaiserlichen Hof. Das Buch ist durchzogen von einem stillen Gespür für die Vergänglichkeit des Lebens und für die Weise, wie alle lebenden und sogar toten Dinge vergehen und verschwinden. Das Gefühl, das dabei aufkommt, wird *mono no aware* (die Betonung liegt auf den beiden zweiten Silben) genannt.

Wörtlich übersetzt bedeutet *mono no aware* das Herzzerreißende (*aware*) der Dinge (*mono*), und es wird häufig als eine Art Seufzer ob der Unbeständigkeit des Lebens beschrieben. Es ist ein Gefühl mit vielen Schattierungen: dem Bedauern und der Klarheit, die mit der Erkenntnis einhergehen, dass der Wandel unvermeidlich ist, der vorweggenommenen Trauer um künftige Verluste und der pikanten Würze, die endlichen Freuden beigemischt ist. *Mono no aware* wurzelt im Zen-buddhistischen Konzept des *mujo*, der Unbeständigkeit, und ist mit einem ästhetischen Empfinden verbunden: *wabi-sabi*. Das Prinzip *wabi-sabi* ist ziemlich komplex und umstritten, aber es geht um eine spezielle Schönheit, die man nur in unvollendeten oder nicht makellosen Dingen finden kann – sie sind vor allem schön, weil diese Makel Zeichen von Verfall und Vergänglichkeit sind. *Wabi-sabi* ist also das Gespür für die Schönheit des Sprungs in einer Porzellanvase oder auch die verwelkten Ränder eines heruntergefallenen Ahornblatts.

In der ›Geschichte vom Prinzen Genji‹ fängt das 10. Kapitel oder »Stück« (»Der heilige Baum«) das wehmütige Gefühl ein, das vergängliche Schönheit hervorruft. In Gewänder aus seltenen und kostbaren Seiden gekleidet sucht sich Genji seinen Weg durch eine Ebene mit wunderbar verwelkendem Schilf, um seine Geliebte, die Dame Rokujo, zu besuchen, ehe sich ihre Wege für immer trennen müssen. Er wird eine andere heiraten und sie wird sich in den Ise-Schrein zurückziehen. »Die Herbstblumen waren im Verwelken; längs des Röhrichts vermischten sich die schrillen Stimmen vieler Insekten mit dem klagenden Flöten des Windes in den Tannen«, und am nächsten Morgen kehrt Genji »trostlos durch schwer betaute Wiesen in die Stadt zurück«.

▶ Siehe auch: RUINENLUST

MORBIDE NEUGIER

Warum fällt es uns so schwer, die Augen auf der Straße abzuwenden, wenn wir auf der Autobahn eine Unfallstelle passieren? Oder warum sind wir, wenn wir bei einem Spaziergang auf dem Lande auf ein totes Tier stoßen, vom Anblick der herausquellenden Eingeweide zugleich angezogen und angewidert? Als der britische Ingenieur Ken Bigley 2004 im Irak hingerichtet wurde, wurde angeblich am nächsten Tag bei Google das Video seiner Enthauptung am häufigsten gesucht. Warum üben Szenen, in denen Schmerz, Verstümmelung, Tod und Zerstörung gezeigt werden, eine solch unwiderstehliche Faszination aus?

Die heutigen Psychologen sind sich über die Gründe für morbide Neugier nicht einig. Manche sehen den Grund darin, dass wir in einem keimfreien Zeitalter leben: Wenn Tod und Leiden hinter Krankenhauswänden versteckt werden, macht sie das nur faszinierender. Doch morbide Neugier ist nicht bloß ein modernes Phänomen. In seinem Buch ›Der Staat‹, das vor fast 2500 Jahren geschrieben wurde, erzählt Platon von dem jungen Adligen Leontios aus Athen, der bei einem Spaziergang vor der Stadtmauer auf die Leichname gerade hingerichteter Verbrecher stößt. Obwohl er die Hände vor die Augen schlägt und weiß, er sollte besser wegsehen, gibt er rasch seinem Impuls nach, rennt hin und saugt den grausigen Anblick in sich auf.

Platon selbst wagt nicht zu erklären, warum Leontios so darauf erpicht war, Leichname anzuglotzen, aber seither haben viele Philosophen versucht, dieses Phänomen zu begreifen. Grob gesagt gibt es drei Haupttheorien.

Die erste und am weitesten verbreitete Theorie besagt, dass es kathartisch sei, das Leiden anderer Menschen zu sehen. Der deutsche Philosoph Immanuel Kant stellte beispielsweise fest, dass Menschen »mit heftiger Begierde« zu Hinrichtungen eilen würden, wie »zu einem Schauspiel«. Er war der Meinung, dass dies nicht geschehe, weil sie vor allem sehen wollten, wie sich Verurteilte krümmen und winden würden, sondern eher, weil sie nach dem traurigen Spektakel ein »Gefühl einer Abspannung« erführen. Kant baute seine Theorie auf der viel älteren und berühmteren Katharsistheorie des griechischen Philosophen Aristoteles auf (siehe ERLEICHTERUNG). Dessen Vorstellung war, dass wir durch das Aufrühren starker Gefühle des Schreckens und Mitleids uns selbst auch reinigen. Obwohl viele Details bei Aristoteles skizzenhaft blieben, kann man sich vorstellen, dass eine Art von Druckableitung dazu führt, dass wir uns leichter und merkwürdig erfrischt fühlen, wenn wir nach einem nervenaufreibenden, blutrünstigen Spektakel das Kino verlassen.

Die zweite Theorie besagt, dass morbide Neugier ein uns innewohnender Reflex sei und einem bestimmten Zweck diene. Etwa zur gleichen Zeit wie Kant seine Theorie vom »Gefühl der Abspannung« formulierte, argumentierte der englische Moralist Adam Smith, Zeuge des Leidens anderer zu werden, würde die Bindungen fördern, die damals unter Sympathie verstanden wurden (siehe EMPATHIE). Wenn wir angesichts der Schmerzen anderer zusammenzucken, ergötzen wir uns nicht bloß am Drama, sondern verspüren auch ein leises Echo ihrer Leiden in unserem eigenen Körper. Solch ein stellvertretendes Krümmen, schrieb Smith, sei der Beweis für einen vorhandenen Instinkt, uns in andere hineinzuversetzen. Die Argumentation von Adam Smith beziehungsweise die Varianten davon sind immer noch sehr einflussreich. Heutige Psychologen sprechen von einem durch Evolution erworbenen Impuls. Wenn wir also glotzen, wie die Trage in den Krankenwagen gehoben wird, oder uns recken, um das Blut auf dem Asphalt zu sehen, nutzen wir nicht das Elend anderer schmählich aus, um uns einen Kick zu verschaffen, sondern nehmen die Gelegenheit wahr, Empathie für ihren Schmerz zu entwickeln und soziale Bindungen zu stärken. Manche Psychologen sind auch der Meinung, dass wir glotzen, um uns mit Unglück vertraut zu machen und gegen Bedrohung zu wappnen. In jedem Fall erklärt die Vorstellung, dass uns morbide Neugier angeboren und eher ein Reflex als willentlich zu steuern sei, warum diese so unwiderstehlich ist wie das Kitzeln, das einen zum Lachen bringt oder der schreckliche Drang zu gähnen.

Vielleicht sind diese Erklärungen aber auch zu steril. Der dritte Komplex von Theorien beschäftigt sich mit unseren dunkleren Seiten. Anfang des 20. Jahrhunderts vertrat der Psychoanalytiker Carl Gustav Jung die Ansicht, dass es tief in unserer Psyche ein dickflüssiges schwarzes Reservoir gebe, in dem unsere erotischen Wünsche, mörderische Rage und selbstmörderische Verzweiflung schwimmen. Laut Jung zieht uns dieser »Schattenaspekt« unseres Selbst an und stößt uns gleichzeitig ab. Ein Grund, warum seine Anziehungskraft so stark sein kann, ist das Streben der Psyche nach Ganzwerdung, der vollständigen Integration statt der Fragmentierung und teilweisen Unterdrückung. Wenn wir nun auf Gelegenheiten stoßen, unseren makaberen Impulsen Raum zu geben – etwa wenn wir Fotos gefolterter Gefangener sehen –, erfahren wir die Erleichterung und sogar Euphorie der Ganzwerdung, so Jung. Der Drang, dieses Gefühl zu spüren, erklärt vielleicht, warum Charaktere wie Dr. Robert Vaughan und seine Gruppe von Autounfall-Fetischisten in J. G. Ballards Roman ›Crash‹ so sehr durch Autounfälle und die daraus resultierenden Verletzungen erregt werden.

Trotzdem bleibt die morbide Neugier für viele von uns ein heimliches, schuldbehaftetes Vergnügen. Wir erlauben uns eher einen verstohlenen Blick als ein Starren. Wir würden die Leiche gern berühren, stecken unsere Hände aber fest in die Taschen. Eine Besichtigung von Auschwitz oder des Ground Zero erfüllt uns mit BESTÜRZUNG und Kummer über das, was dort geschehen ist, aber wir verspüren auch SCHAM und VERWIRRUNG ob unseres eigenen lüsternen Interesses. Vielleicht können wir uns nicht entziehen hinzuschauen, wenn jemand stirbt, und gleichzeitig ist uns klar, dass wir seine Privatsphäre verletzen, und wir fragen uns dann später, ob es nicht doch allein der Moment des Übergangs vom Leben in den Tod an sich war, der uns so angezogen hat. Vielleicht sind die Einzigen, die das Recht haben, extreme Bilder des Leidens und der Krankheit anzuschauen, die Ärzte, »die für seine Linderung etwas tun könnten«, schreibt Susan Sontag. »Wir anderen sind«, schließt sie, »ob wir wollen oder nicht, Voyeure.«

☞ Siehe auch: SCHADENFREUDE

MUDITA

Es ist nicht immer ganz leicht, das Lächeln im Gesicht einer anderen Person zu ertragen. Wir besichtigen vielleicht gerade ihr großartiges neues Haus oder erfahren von dem tollen Nachmittag mit den Enkelkindern im Zoo und spüren, wie uns das Herz aufgeht und in ihre Freude einstimmt. Doch unter die Glückwünsche kann sich auch Neid mischen, und wir fühlen uns unfähig und abgehängt. Manchmal »reicht es nicht, Erfolg zu haben«, erkannte Gore Vidal. »Andere müssen versagen.«

Für Gautama Buddha, der im 5. und 6. Jahrhundert v. Chr. lebte, war Freude keine rare Ressource, um die man kämpfen muss oder die nur wenigen Glücklichen zugeteilt wird. Er betrachtete sie als grenzenlos. Das Wort *mudita* bezeichnete für ihn das Erleben von Freude, nicht von NEID oder GROLL, wenn man vom Glück anderer hörte. Und er sah die Tatsache, dass wir *mudita* überhaupt verspüren können, als Beweis, dass unser eigener Vorrat an Freude durch die Freuden anderer nicht verkleinert, sondern sogar vergrößert wird.

↦ Siehe auch: FROHSEIN, MITFREUDE, EMPATHIE

↦ Zum Gegenteil siehe: SCHADENFREUDE

MUFFENSAUSEN

Manchmal ist er aufgebläht und voll der Winde, manchmal gluckernd und brodelnd. Der Magen ist ebenso wie das Herz Wirt vieler unserer Emotionen. Wenn wir davon sprechen, dass uns eine Beleidigung wie ein Schlag in die Magengrube getroffen hat oder die Furcht uns den Magen umdreht, dann sind das nicht bloß Metaphern – die Verbindung zwischen unserem Kopf und unserem Bauch hat eine lange medizinische Tradition. In der frühen Moderne mied man gewissenhaft den Verzehr bestimmter Lebensmittel, weil man sie für Melancholie verantwortlich machte. Robert Burton hielt 1621 Kohl für besonders gefährlich: »Er verursacht schlechte Träume und lässt schwarze Dämpfe ins Gehirn steigen.« Anfang des 18. Jahrhunderts entwickelte sich die Etikette anspruchsloser »Tischgespräche«, damit die Lebensgeister während der Verdauung nicht zu sehr belastet würden: So waren Gelehrte aufgrund ihrer vielbeschäftigten Gehirne, die dem Magen Energie raubten, berüchtigt für ihre Verdauungsstörungen. Untersuchungen heutiger Gastroenterologen zum Komplex Angst und Stress haben gezeigt, dass das Gehirn und der Magen so eng miteinander verbunden sind, dass man sie eigentlich als zusammengehöriges System betrachten sollte.

Muffensausen ist ein Gefühl von Angst und Unwohlsein in der Magengrube, das uns ins Schlingern bringt. Im Gegensatz zu den hübscheren »Schmetterlingen im Bauch« ist Muffensausen gallertartig und bebt am heftigsten in schlaflosen Stunden, wenn uns der Abgabetermin am nächsten Tag oder das Gespräch, das wir mit unserer Mutter führen müssen, bedrängt und alles um uns herum ins Schwimmen gerät.

Mehr zum Verhältnis zwischen Gefühlen und dem Magen findet sich unter: HUNGER

↠ Siehe auch: ANGST

MUT

ALICE AYRES
Tochter eines Maurers
Die durch ihr unerschrockenes Verhalten
Drei Kinder
Aus einem brennenden Haus
Im Union Street Borough
Auf Kosten ihres eigenen jungen Lebens
Rettete
– 24. APRIL 1885

Liebe und Tapferkeit – das sind die Gefühle, denen wir Denkmäler setzen. Die Marmorskulptur der verschlungenen Liebenden in einem Brunnen löst vielleicht ein trauriges Lächeln aus. Denkmäler der Tapferkeit sollen hingegen inspirieren. Natürlich zeigen sie in den meisten Fällen bedeutende Männer auf Pferden. Tapferkeit galt traditionell als aristokratische und überwiegend männliche Tugend. Und das tut sie immer noch: »seinen Mann stehen«, »Eier in der Hose haben«.

Die Inschrift für Alice Ayres erzählt eine andere Geschichte. Sie war Kindermädchen und kam um, als sie ihre drei Schutzbefohlenen aus einem Feuer rettete, das im Laden unter deren Wohnung ausgebrochen war. Die viktorianische Gesellschaft machte sie rasch unsterblich als Vorbild für heldenhafte Pflichterfüllung und Fürsorge und setzte ihr mehrere Denkmäler. Unter anderem bekam sie eine Inschrift im Denkmal für heldenhafte Selbstaufopferung, das der Künstler George Watts 1900 für den Postman's Park in London schuf. Dabei handelt es sich um einen einfachen Holzvorbau, an dessen Längswand sich 54 Tafeln aus Kacheln befinden, die jeweils an eine tapfere Tat erinnern. Das reicht vom Arbeiter, der starb, als er seinen Freund nach einer Explosion in einer Zuckerraffinerie retten wollte, bis zur Stewardess, die mit einem Schiff unterging, weil sie ihre Rettungsweste jemand anderem gab. Die Anlage feiert den Mut von Männern, Frauen und Kindern aus der Arbeiterklasse und steht mit ihrer eher bescheidenen Gestaltung in starkem Gegensatz zu den marmornen Reitern, die nicht weit entfernt würdevoll über die Innenstadt blicken. Die Blumen auf den Fliesen und die schlichten Verzierungen geben die Ästhetik der Arts-and-Crafts-Bewegung wieder, die ihrerseits auf mittelalterliche Ornamentik zurückgreift. Doch es ist nicht nur die Anmutung, die die Welt des Mittelalters heraufbeschwört. Indem es außerordentlich mutige Taten ganz normaler Leute hervorhebt – die nicht nur körperliche Stärke, sondern auch emotionale Kraft verlangt hatten –, erinnert das Denkmal von Watts auch an eine mittelalterliche Geisteshaltung, für die Mut eines der Prinzipien war, nach denen jedermann leben sollte.

Courage, das englische Wort für Mut, stammt vom altfranzösischen *corage*, das wiederum auf das lateinische *cor*, Herz, zurückgeht und sich ursprünglich auch auf dieses bezog, weil es seinerzeit als Sitz aller Gefühle und Quelle der tiefsten Wünsche und Absichten galt (siehe auch *MAN*). Das mittelalterliche Herz war nicht der Muskel, den wir heute kennen. Statt als Pumpe für die Blutzirkulation sah man es als Kammer, in der die Lebensgeister des Körpers aufgeheizt wurden. Je höher die Temperatur dieser Lebensgeister stieg, desto mutiger war die betreffende Person, glaubte man. Natürlich war es schwer, allein vom Äußeren her zu bestimmen, wie heiß das Herz von jemandem war (allerdings galten Frauen generell als feuchter und kälter als die heißen, trockenen Männer), doch die mittelalterlichen Ärzte glaubten, dass ein äußeres Anzeichen für innere Hitze, und damit Mut, Haare wären. In einer Abhandlung zur Physiognomie schrieb der Arzt Michael Scot im 13. Jahrhundert, »Mengen von üppigem Haar ...

das lockig und dick ist«, seien der Beweis für »viel Hitze des Herzens, so wie bei einem Löwen«. Diese Verbindung zwischen Behaarung und Tapferkeit bot Anlass für längere Erörterungen in den Medizinbüchern über Männer, die kaum Bart hatten, sowie haarige Damen. Noch heute lebt die Assoziation von lockigem Haar mit Tapferkeit und Stärke fort. Zumindest erklärt dies vielleicht, warum manche Eltern, die ihre Kinder dazu bekommen wollen, Gemüse zu essen, ihnen vorgaukeln, dass man davon Locken bekommen würde.

Doch Mut war nicht nur eine Frage des inneren Feuers. Er konnte auch entwickelt werden, wenn man sich bemühte, sein Leben an den vier Kardinaltugenden Weisheit, Gerechtigkeit, Besonnenheit und Tapferkeit auszurichten. Obwohl sie heidnischen Ursprungs waren, bildeten diese Tugenden doch auch weiterhin die Eckpfeiler mittelalterlichen Lebens, als Europa christlich wurde und neue Vorstellungen wie Versöhnlichkeit und Demut hereinströmten. Tapferkeit bedeutete, standhaft zu sein, die Verantwortung für sein Handeln übernehmen zu können und etwas, das wir heute »sich integer verhalten« nennen. Somit war laut Thomas von Aquin in den ›Summa Theologiae‹ Mut nicht allein »das Ertragen oder Aushalten; und nicht das Angreifen«, also die Fähigkeit, inmitten aller Gefahren standhaft zu bleiben. Zu Mut gehörte auch, nicht dem Wunsch zu erliegen anzugreifen, sondern Schmerzen mit Gleichmut zu ertragen, sodass ihm eine »Stärke der Hoffnung« und ein Gefühl für die »Größe« innewohnt – und wir bei allen unsere Bestrebungen mit Aufrichtigkeit und Ernsthaftigkeit handeln. Man sieht: Mut umfasste ein weites Feld.

Unseren heutigen Begriff von Mut verdanken wir dieser flexiblen, umfassenden mittelalterlichen Vorstellung. Im 18. Jahrhundert hat der britische Philosoph Adam Smith zwar das Argument vorgebracht, dass Mut eine Frage der körperlichen Unverwüstlichkeit und eindeutig eine männliche Tugend sei:

»Wir achten einen Mann, der Schmerzen und sogar Folterqualen mit Männlichkeit und Standhaftigkeit erträgt«, statt sich »unnützen Schreien und weibischem Klagen« hinzugeben. Doch wenn wir heutzutage die Tapferkeit von Individuen bewundern, gilt das nicht nur der Bereitschaft, sich der Gefahr zu stellen, sondern auch der Tatsache, dass jemand die gesellschaftliche Ächtung riskiert. Die Tapferen erheben ihre Stimme gegen Ungerechtigkeit oder vertreten auch bei drohender Unterdrückung ihre Meinung. Man braucht Mut, um sein Abweichlertum in einer Kultur zu zeigen, die mehr als bereit ist, ihrer VERACHTUNG Ausdruck zu verleihen (siehe auch SCHAM). Wir betrachten Tapferkeit auch als die Fähigkeit, körperliche Herausforderungen auszuhalten: etwa die Tapferkeit bei der Geburt oder beim Durchstehen einer schweren Krankheit. Und sogar auch die Selbstaufopferung, die in viktorianischer Zeit so sehr mit den Tapferen assoziiert wurde. Doch am stärksten erinnert wohl die Betonung psychischer Stärke, die Fähigkeit, sich seinen inneren Dämonen zu stellen, oder trotz der Narben durch Traumata erfolgreich zu sein, an die mittelalterliche Sichtweise von Mut. Und auch der Gedanke, dass Tapferkeit nicht für Männer auf Pferderücken reserviert ist, sondern etwas, das alle anderen auch anstreben können.

☞ Mehr zum Thema Mut und Überzeugungen findet sich unter: VERWUNDBARKEIT

NACHES

»Ich wusste nicht, dass es Medaillen für den neunten Platz gibt«, kommentiert Robert de Niro in der Rolle des Patriarchen Jack Byrnes, als er skeptisch eine Art Schrein mit den »Leistungen« seines jüdischen Schwiegersohns betrachtet. Jay Roachs Komödie ›Meine Frau, ihre Schwiegereltern und ich‹ macht sich lustig über die kulturelle Kluft zwischen der extrem bestätigenden Atmosphäre, in der Gaylord Focker aufgewachsen ist, und dem rauen Pioniergeist, den Jack repräsentiert. Im jüdischen Humor mag übermäßiger elterlicher STOLZ ein abgedroschenes Thema sein. Andererseits kennt wirklich jeder das ENTZÜCKEN und die BEFRIEDIGUNG angesichts der Leistungen des eigenen Kindes – oder auch seiner jüngeren Geschwister. Vielleicht ist Ihre Jüngste gerade zum ersten Mal gekrabbelt oder Ihr Ältester hat eine Quiche gebacken. Zu sehen, dass ein Kind etwas – egal was! – geschafft hat, kann das Herz vor Freude fast platzen lassen.

Im Jiddischen gibt es ein Wort für dieses Gefühl: *naches*. Es führt dazu, dass Eltern schon bei kleinsten Leistungen ihres peinlich berührten Nachwuchses *kveln* (entzückt krähen).

☞ Siehe auch: *MUDITA*

NEID

In den meisten Kulturen gibt es eine Tradition des bösen Blicks, ein Starren, dessen Motiv Neid ist und das vergiftet, verflucht oder Unheil bringt. In vielen arabischen Ländern verlangt die Tradition, dass man ein schönes oder begabtes Kind nicht lobt. Und falls man es doch tut, sagt man *mascha'Allah* – »Gott hat das gewollt« –, um das Kind vor dem Unglück zu schützen, das das *ain al-hasad* bringt. Im Norden Indiens kleben die Fahrer bunte Sticker auf ihre Lastwagen, auf denen *buri nazar wale tera muh kala* (möge dein Gesicht schwarz werden, böses Auge) steht, um den bösen Blick abzuwehren. In Schottland glaubt man, dass der *Droch Shùil* die Milch von stillenden Müttern und Kühen versiegen lässt. Neid wird nicht nur gefürchtet, weil er den gierigen Wunsch auslöst, das bewunderte Objekt – die schönen Augen, die gesunde Herde, das wertvolle Haus – an sich zu bringen, sondern auch, weil er zerstörerisch ist. Wenn der Neider den begehrten Gegenstand nicht haben kann, will er auch nicht, dass jemand anders ihn besitzt.

Der EIFERSUCHT, die vor allem die Furcht ist, eine geliebte Person an jemand anderen zu verlieren, wird häufig eine gewisse romantische Seite zugestanden. Von Neid lässt sich so etwas nicht sagen. Neid ist die Begierde nach den materiellen Besitztümern oder Vorteilen anderer. Er ist die Krankheit, die ausbricht, wenn man den glücklichen Seufzer anderer hört, der Schmerz, wenn man an ihren Erfolg denkt. Lässt man ihn gären, wird er zu HASS und Bosheit, dann verdirbt er sowohl die Neider als auch die Beneideten. Das alte irische Epos *Táin bó Cúailnge* (Rinderraub von Cooley) erzählt von einem Krieg wegen eines gestohlenen Bullen, der begann, als Königin Medb und ihr Gemahl Ailill beschlossen, ihre Besitztümer zu vergleichen. Ihr Wohlstand erschien gleich groß – bis Medb Ailills großartigen weiß gehörnten Bullen sah. Ab da war es, »als würde sie keinen einzigen Penny besitzen«.

Neid wurde lange Zeit mit Anstarren und Schauen verbunden. Aber es geht dabei auch darum, dass jene Dinge, auf die wir neidisch sind, uns mit ihrem scheinbar makellosen Aussehen verführen. Die meisten von uns tappen von Zeit zu Zeit in die Falle, unser eigenes unvollkommenes Inneres mit dem idealisierten Äußeren anderer Menschen zu vergleichen. Das ist der Punkt, an dem der Neid zuschlägt. Und er wächst, je weniger wir über das Objekt des Neides wissen und je weiter wir davon entfernt sind. Als Erwachsene erfahren wir ihn überwiegend als ein geheimes Laster. Er verbirgt sich hinter dem steifen Grinsen, mit dem Erfolge anderer Menschen gefeiert werden. Er ist das Gegenteil von DANKBARKEIT, die ZUFRIEDENHEIT aufkommen lässt (siehe auch *MUDITA*). Laut der Schriftstellerin Nancy Friday ist Neid »das einzige Gefühl im menschlichen Leben, über das sich nichts Gutes sagen lässt«.

Hat sie damit recht?

Der Essay ›Neid und Dankbarkeit‹ (1957) von der Psychoanalytikerin Melanie Klein gilt heute als Klassiker auf seinem Gebiet. Wie viele vor ihr definierte Klein Neid als eine Form von Wut, die entsteht, weil »eine andere Person etwas Begehrenswertes besitzt und sich daran erfreut« und dies den Impuls aufkommen lässt, »dieses Objekt der Begierde zu rauben oder zu zerstören«.

Der entscheidende Unterschied ist, dass Klein Neid nicht als Sünde oder Charakterfehler betrachtete, sondern als unvermeidlichen Teil unser aller Leben. Bei der jahrelangen Arbeit mit Kleinkindern beobachtete sie den Neidimpuls schon bei wenige Monate alten Kindern. Das Kind kommt aus der Sicherheit der Gebärmutter in eine Welt voller unangenehmer Empfindungen. Eine davon ist Mangel. Egal, wie fürsorglich die Eltern sind, so Klein, ein Baby wird immer der Frustration ausgesetzt sein, dass

Nahrung nicht unverzüglich verfügbar ist. Unser frühestes Gefühlsleben wird also immer von zwei Erfahrungen geprägt: vom Verlust und dann dem Wiedererlangen der Befriedigung durch das wohltuende Objekt, das Klein als die »gute Brust« – oder Flasche – bezeichnete. Wenn die »gute Brust« außer Reichweite ist, nimmt das Baby wahr, dass Eltern oder Betreuer das erfreuliche Objekt horten. Es wird wütend und hat den Wunsch, die Person zu zerstören, die die Nahrung für sich behält. Somit wird aus der »guten Brust« die »böse Brust«. Das ist natürlich eine Theorie und schwer zu beweisen. Doch wenn Klein recht hat und Neid ein unvermeidlicher Bestandteil unserer Entwicklung ist, könnten wir uns fragen, ob es richtig ist, uns von ihm freimachen zu wollen.

Könnte der hässliche Impuls, etwas haben zu wollen, das andere besitzen – es so sehr zu begehren, dass man sogar bereit ist, es lieber zu zerstören, als es dem anderen zu überlassen –, auch etwas Gutes haben? Es lohnt sich festzuhalten, dass Neid, der stets ein Auge auf Ungleichheiten und Unterschiede hat, eines der wenigen Gefühle ist, die sich ausdrücklich mit Ungerechtigkeit befassen (für ein anderes siehe EMPÖRUNG). Es gibt einige Kulturen, in denen es als angemessene Reaktion gilt, auf die unfaire Verteilung von Nahrungsmitteln oder Wohlstand destruktiv oder erbost zu reagieren (siehe *SONG*). Im Gegensatz dazu wird es in Europa und Amerika oft als engstirnig dargestellt. Die Anschuldigung gegenüber linken Politikern, sie würden nur »auf der Neidklaviatur spielen«, macht Kulturkritiker seit langem zornig. Solche Phrasen dienten dazu, so der linke Theoretiker Fredric Jameson, die Abschaffung echter politischer Missstände zu unterminieren und Argumente für die Umverteilung des Wohlstands zu diskreditieren, indem unterstellt wird, ihre alleinige Motivation seien die Charakterschwäche Gehässigkeit und die »persönliche Unzufriedenheit« des Klassenhasses (siehe auch GROLL).

Doch seit Mitte der 1990er haben Neurowissenschaftler dargelegt, dass unsere Gefühle selbst unsere vermeintlich rationalsten Überlegungen beeinflussen und uns helfen, unsere Möglichkeiten abzuwägen, und Entscheidungen mitsteuern. Vielleicht sollte Neid wirklich eine ernsthafte Rolle in der politischen Diskussion spielen. Manchmal ist die Überzeugung, dass es anderen so viel besser gehe als uns, nur eine Augentäuschung. Aber viele haben erschreckend viel weniger, als sie haben sollten. Ein begehrlicher Blick, ein Anflug von Neid könnten somit eine emotionale Antenne sein, um ein Missverhältnis oder eine Ungleichheit zu bemerken. Ob Sie sich dann entscheiden, darauf mit destruktivem Zorn oder ein bisschen mehr Kreativität zu reagieren, ist natürlich Ihre Sache.

☞ Siehe auch: *EMPÖRUNG*

NEUGIER

Es reizt uns einfach, mehr herauszufinden. Es ist die Versuchung, einen Blick in ein offenes Tagebuch zu werfen, oder die Spannung, etwas von der geflüsterten Auseinandersetzung im Bus hinter einem zu verstehen. Es ist die unstillbare SEHNSUCHT, die Leonardo da Vinci trieb, seine Notizbücher vollzuschreiben: Warum können Vögel fliegen? Wie schlägt das Herz? Ohne Neugier sind Kreativität und Erfindungen kaum denkbar.

Doch selbst in den Jahrzehnten, die Historiker das »Zeitalter der Neugier« getauft haben – etwa zwischen 1660 und 1820 –, sorgten sich Leute ob ihrer Gefahren. Die meisten Kulturen kennen Geschichten, die vor dem Drang warnen, mehr wissen zu wollen: Pandora konnte es sich nicht verkneifen, in diese geheimnisvolle Büchse zu spähen; Baba Jaga, das zahnlose alte

Weib der slawischen Mythologie, droht, neugierige Kinder, die zu viel fragen, aufzufressen; und dann ist da diese arme Katze ... Neugier kann zu weit gehen. Sie stolpert über verbotenes Wissen und denkt nicht darüber nach, ob das, was herauskommt, schmerzhaft sein wird. Vor allem aber kann die Neugier anderen Menschen – insbesondere Hütern des Status quo wie Eltern, Lehrern, Politikern – gegen den Strich gehen.

Das 17. Jahrhundert erlebte eine wirkmächtige Verteidigung der Neugier auf breiter Basis. Dies war zu großen Teilen einer philosophischen Revolution zu verdanken. In seinem 1690 veröffentlichten »Essay über den menschlichen Verstand« argumentierte John Locke, dass Wissen dem Geist nicht durch Gott eingepflanzt sei, sondern durch die Wahrnehmung der Sinne und rationales Denken erworben werde. Diese Vorstellung, die später als Empirismus bezeichnet wurde, legte besonderen Wert auf die Anschauung mit den eigenen Augen. Das führte zur wissenschaftlichen Methode und in der Folge dazu, dass Sammeln, Katalogisieren und Untersuchen als Zeitvertreib in Mode kamen. Manche Autoren feierten die Neugier und assoziierten sie mit dem intellektuellen Fortschritt. Andere betonten ihre egalitäre Natur – allerdings konnte in der Praxis nur der zum großen *virtuoso* oder *curioso* werden – so bezeichneten sich die Gentleman-Gelehrten selbst –, dem in erheblichem Maß sowohl Geld als auch Freizeit zur Verfügung standen. Im Lauf der nächsten 150 Jahre wurden Insekten unter dem Mikroskop betrachtet oder Experimente mit Vögeln und Luftpumpen einem faszinierten Publikum vorgeführt. Verfasser von Enzyklopädien – etwa Denis Diderot und Jean-Baptiste le Rond d'Alembert, die 1746 mit ihrem Werk begannen – versuchten, Ordnung und Zusammenhang in die bekannte Welt zu bringen.

Doch die *virtuosi* und *curiosi* wurden nicht nur bewundert. Auf der Bühne des 17. Jahrhunderts wurden auch ihre Fehlschläge aufs Schärfste herausgearbeitet. Der legendäre Deutsche Johann Faust, der seine Seele im Austausch für die Geheimnisse der Naturphilosophie (so der alte Begriff für Naturwissenschaften) dem Teufel verkauft, verkörpert geradezu das Misstrauen, das manche den neugierigen Gelehrten mit ihrem Narzissmus und dem Wunsch nach Ansehen, ihrer Gier und den einzelgängerischen Arbeitsweisen entgegenbrachten (siehe EINSAMKEIT). Im Gegensatz dazu wurde in Thomas Shadwells Komödie ›The Virtuoso‹ (1676) der Amateurforscher Sir Nicholas Gimcrack wegen seiner sinnlosen und undurchführbaren Experimente verspottet. Gimcrack sammelt Luft in Flaschen und will schwimmen lernen, indem er sich in seinem Labor auf einen Baumstamm legt, weil ihn nur »der spekulative Teil des Schwimmens« interessiert: »Die Praxis ist mir egal ... mein ultimatives Ziel ist Wissen.« Es waren diese Antihelden des Zeitalters der Neugier, die *curiosi*, die selbst zu Kuriositäten geworden waren, die für unsere eigenen verrückten Wissenschaftler Pate standen – die Dr. Moreaus und Dr. Seltsams, die mit glühenden Augen und juckender Haut auf neue Entdeckungen hofften.

Stecken wir inmitten eines weiteren ambivalenten »Zeitalters der Neugier«? Einerseits wird Neugier gefeiert: für ihre fragende Geisteshaltung und dafür, dass sie unsere intellektuelle Evolution vorantreibt und Ergebnisse erbringt. So hieß ein NASA-Rover, der zum Mars geschickt wurde, um die Oberfläche zu erkunden, ›Curiosity‹, und Lehrer sollen bei ihren Schülern Neugier mehr als alle anderen Emotionen fördern: Neugier ist in unserer Zeit offenbar ein unhinterfragter Wert. Doch der rasche Technologiewandel bringt auch Befürchtungen mit sich, dass andere Leute zu viel über *uns* wissen wollen. Dabei ist Neugier hinsichtlich des Privatlebens anderer Leute ganz und gar nicht neu. Entwicklungspsychologen haben die These aufgestellt, dass unsere natürliche Neugier am Anderen – und ihr wesentliches

Vehikel, der Klatsch – ein Schlüssel für unseren evolutionären Erfolg sei. Neugier fördere das Weitertragen von Ideen und verstärke den Gemeinschaftssinn. Aber auch wenn sie vielleicht für unser Überleben entscheidend ist, sonderlich beglückt ist man nicht, wenn man Objekt der Neugier eines anderen ist. Vor fünf Jahrhunderten galt Lauschen (das Herumschleichen um ein Haus, um Privatgespräche mitzuhören) in England als illegal – und war bis 1967 in den Gesetzessammlungen als Gesetzesverstoß verzeichnet. Heute ist es das heimliche Sammeln von »vertraulichem Kapital« – Fotos und Informationsschnipsel, die für Erpressungen verwendet werden oder von Boulevardjournalisten an Zeitungen verkauft werden –, was strafrechtlich verfolgt wird. Dieser Verdacht, dass der Neugier anderer Leute alles andere als ehrenwerte Motive zugrunde liegen, fängt das schwedische Wort für Lauscher wunderbar ein: *tjuvlyssnare*, »Zuhörer-Dieb«. Der »Zuhörer-Dieb« liegt auf der Lauer, schnappt schlecht gesicherte Geheimnisse auf und profitiert – durch den Kitzel verbotenen Wissens oder schlicht Bargeld – auch noch davon.

☞ Siehe auch: MORBIDE NEUGIER, SCHAM

NGINYIWARRARRINGU

Manche Emotionen spielen eine so große Rolle dabei, wie wir die Welt erleben, dass wir ihre feinsten Unterschiede einzeln benennen. Im der westlichen Welt haben wir in den letzten Jahren viele Typen von Wut gekennzeichnet (siehe RAGE). Bei den Pintupi, deren Heimat die Wüstengebiete von Westaustralien sind, gibt es fünfzehn verschiedene Arten von Furcht. Beispielsweise ist *ngulu* die Bedrohung, die man empfindet, wenn man meint, jemand sei auf Rache aus. *Kamarrarringu* ist das eiskalte Gefühl von Anspannung, wenn man spürt, dass sich jemand von hinten anschleicht. *Kanarunvtju* ist der Schrecken, wenn einen böse Geister in der Nacht heimsuchen, und so durchdringend, dass man nicht weiterschlafen kann. Und *nginyiwarrarringu* ist ein plötzliches Alarmiertsein, das dazu führt, dass man aufspringt und sich umschaut, um zu sehen, was es ausgelöst hat.

☞ Siehe auch: FURCHT, *MEHAMEHA*

NOSTALGIE

Ein Lied kann einen unvermittelt in eine alte Liebesbeziehung zurückversetzen. Oder wenn wir alte Fotos betrachten, führt das nicht nur zu Staunen – Schau diese Tapete an! Ich war so schlank! –, sondern auch zum Betrauern verlorener Verbindungen und zerronnener Hoffnungen. Die Freuden der Erinnerung sind warm und zugleich melancholisch und werden gern als »bittersüß« bezeichnet.

Vor nicht einmal 100 Jahren konnten einen nostalgische Träumereien jedoch tatsächlich umbringen.

Der Medizinstudent Johannes Hofer schrieb 1688 eine Abhandlung über eine mysteriöse Krankheit, die unter Schweizer Söldnern ausgebrochen war, die im Ausland im Einsatz waren. Sie begann damit, dass die Soldaten durch Gedanken an zu Hause aufgewühlt waren – häufig kamen diese Gedanken auf, so Hofer, weil die Männer Kuhglocken in der Ferne hörten. Danach schritt die Krankheit fort zu Lethargie und Traurigkeit, »häufigem Seufzen« und Schlafstörungen. Merkwürdige körperliche Symptome wie Schmerzen oder Herzklopfen folgten und anschließend kam es zu »Blödheit des Geistes«, einer Art

Demenz. Einige Soldaten starben an der Krankheit, sie siechten dahin, weil sie die Nahrung verweigerten. Andere versuchten, zurück nach Hause zu gelangen – das einzige bekannte Heilmittel – und wurden als Deserteure erschossen. Hofer erfand das Wort Nostalgie – vom griechischen *nostos* (Heimkehr, Rückkehr) und *algos* (Schmerz) –, um die Krankheit zu beschreiben. Im 19. Jahrhundert war die Nostalgie schließlich zu einer der am häufigsten untersuchten Krankheiten in Europa geworden. Die letzte Person, bei der sie diagnostiziert wurde und die daran starb, war ein amerikanischer Soldat, der 1918 in Frankreich kämpfte (siehe auch HEIMWEH).

Anfang des 20. Jahrhunderts begann sich die Bedeutung von Nostalgie zu verändern und verlagerte sich von der Heimweh-Krankheit zur Sehnsucht nach vergangenen Zeiten. Heute sind nostalgische Träumereien wehmütige und verzückte Reisen durch die Zeit, zu Gerüchen, Liedern und Bildern, die uns durch Schlupflöcher in unser früheres Leben befördern. Zu viel Nostalgie kann allerdings dazu führen, dass wir zwischen einer unbefriedigenden Gegenwart und einer verklärten, unerreichbaren Vergangenheit feststecken (siehe REUE). Doch oft löst das plötzliche Auftauchen einer lange vergessenen Erinnerung willkommene Gefühle von Zugehörigkeit, Identität und Kontinuität aus. Diese unwillkürlichen Einblicke in Vergangenes erschaffen, wie Virginia Woolf in ›Die Fahrt zum Leuchtturm‹ schreibt, »einen Zusammenhang der Dinge, eine Stetigkeit«, die im Chaos unseres Lebens wie ein kostbarer Edelstein aufscheinen.*

Eine überraschende Zahl von psychologischen Studien hat in

---

* Werbeagenturen und Geschäftsleute nutzen diesen warmen Flausch, um Geld zu verdienen. Cupcakes, Vintage-Kleidung, der 80er-Jahre-Hype ... Ist die Sache aus dem Ruder gelaufen? Laut einem Bericht des amerikanischen Satiremagazins ›The Onion‹ könnte das der Fall sein: »US-Retro-Ministerium warnt: ›Die Vergangenheit könnte uns ausgehen.‹«

letzter Zeit aufgezeigt, welchen Nutzen das Schwelgen in nostalgischen Gedanken hat: Es verstärke unser Gespür für den Sinn des Lebens und sozialen Zusammenhang. Der Psychologe Clay Routledge hat sogar »Nostalgie-Workouts« vorgeschlagen, bei denen man alte Briefe liest oder eine Liste mit besonders geschätzten Erinnerungen aufstellt, um ANGST, EINSAMKEIT und Entwurzelung zu bekämpfen. Hilfestellung können dabei unsere Umgebung und körperliche Empfindungen geben. Am wirkmächtigsten und schnellsten funktioniert die olfaktorische Erinnerung – dies sei der Fall, sagen Neurologen, weil Gerüche von unserer Nase direkt zum limbischen System gelangen, wo unsere Emotionen und Erinnerungen zu finden sind. Ein Forscherteam in Südchina hat sogar herausgefunden, dass nostalgische Gefühle bei Kälte öfters auftreten, und folgert, dass das Erinnern einem evolutionären Zweck dienen könnte, indem es unsere Körpertemperatur steigen lässt – es ist wortwörtlich herzerwärmend.

Von einer tödlichen Krankheit zum gesunden Zeitvertreib in nicht einmal einem Jahrhundert: Die Nostalgie ist auch nicht mehr das, was sie einmal war.

☞ Siehe auch: MELANCHOLIE, REUE

OIME

In Japan, wo die Annehmlichkeiten des Umsorgtwerdens gefeiert werden (siehe *AMAE*), kennt man auch das Wort *oime* (o-*ih*-me ausgesprochen). Es lässt sich übersetzen mit: das große Unbehagen, bei jemandem in der Schuld zu stehen.

☞ Siehe auch: DANKBARKEIT

PANIK

Ein wüster Ansturm auf Notausgänge, ein tödliches Gedränge in Rettungsbooten und auf Stadiontribünen. »Schrei ›Hai!‹«, warnt der Bürgermeister im Film ›Der weiße Hai‹, »und wir haben hier eine Panik.« Wir verlieren unsere Beherrschung und Rationalität und sie wird ersetzt durch den übermächtigen Instinkt der Selbsterhaltung, der uns klammern, treten und schreien lässt.

Das Wort Panik entstammt der griechischen Mythologie, wo es einen plötzlichen, unerklärlichen Schrecken beschreibt, der Reisende an wilden, einsamen Plätzen überfiel. Erst später merkten sie, dass sie dem Hirtengott Pan, halb Mensch, halb Bock, begegnet waren, der sich als Baum oder Fels getarnt hatte. Pan war der Oberherr lärmender Rituale und seine Verehrer begingen seinen Kult mit ekstatischen Festen. Panik kam dadurch in Verbindung mit einem schwer zu erklärenden Gefühl von Bedrohlichkeit und dem Empfinden, unter die Einflussmacht einer gefährlichen, kollektiven Irrationalität geraten zu sein (siehe auch EKSTASE).

Ende des 19. Jahrhunderts war Panik bei einer neuen Schule von Denkern, die sich selbst als »Massenpsychologen« bezeichneten, ein häufig untersuchtes Phänomen. Gabriel Tarde und Gustave Le Bon sahen Panik als Beispiel für eine ansteckende Emotion. Wenn ein Individuum Teil einer Masse wird, so ihre These, regrediert es zu einem früheren, primitiveren Stadium, wo die Grenzen zwischen Individuen weniger stark ausgeprägt sind und Emotionen wie Keime herumfliegen. Diese Überlegungen bestimmen teilweise noch heute unsere Vorstellung von Panik als einer Art »primitiver« Erfahrung. Allerdings sollte festgehalten werden, dass diesen Überlegungen am Ende des 19. Jahrhunderts ein Bild menschlichen Gefühlslebens zugrunde lag, das wir heute unhaltbar finden: Mitglieder der sogenannten »niederen Rassen«, Hysteriker und jene, die als »degeneriert« abgestempelt wurden, standen in der damaligen Theorie weiter unten auf der evolutionären Leiter und waren weniger Herren ihrer eigenen Emotionen und damit anfälliger für die anderer.

Heute stecken wir uns nicht nur bei anderen Menschen mit Panik an. Wir entwickeln sie auch in uns selbst. Die individuelle »Panikattacke«, wie sie in den 1960ern erstmals benannt wurde, gehört wohl zum Schrecklichsten, was man erleiden kann. Sie holen Luft, aber es ist keine da. Das Herz hämmert, während der Raum immer enger wird. Sie fühlen, wie sich Ihre Brust zusammenpresst, und Sie fangen an, heftig zu schwitzen. Sie fürchten, dass ein Herzanfall unmittelbar bevorsteht, und Ihre Panik wird noch größer. Panikattacken sind übliche Symptome bei posttraumatischen Stress-Störungen, und auch bei Menschen mit extremen Phobien kommen sie häufig vor. Doch es kann jeder auch unerwartet davon betroffen sein.

Gleichzeitig sind wir heutzutage anfälliger als je zuvor für Massenpaniken. Körperliche Nähe – der Geruch der Angst, der Schrei »Feuer!« im vollbesetzten Theater – ist dafür gar nicht mehr nötig. Verschwörungstheorien und Gerüchte können über

Twitter losgetreten werden und einen Run auf abgefülltes Wasser auslösen oder die Börsen verschrecken. Sicherheitskräfte benutzen noch gewissenhaft Codewörter für »Feuer« und »unbeaufsichtigte Tasche«, wenn sie öffentliche Lautsprecherdurchsagen machen, doch viel gefährlicher dürfte die Panik sein, die sich über Smartphones und Laptops ausbreitet, von Satellit zu Satellit rast und ein Knäuel aus Chaos und Verwirrung zurücklässt.

☛ Sind Sie jetzt in Panik? Falls noch nicht, siehe: TORSCHLUSSPANIK

☛ Zu weiteren ansteckenden Gefühlen siehe: EMPATHIE

PARANOIA

Es wird still, wenn Sie das Zimmer betreten. Die Schulkinder im Bus hören auf zu lachen, wenn Sie vorbeigehen. Der wichtige Brief ist von jemandem geöffnet worden. Beim Telefonieren ist ein merkwürdiges Knacken zu hören. Das Herz pocht laut, die Handflächen sind nass und die Welt schaltet in einen anderen Gang. Da draußen ist jemand unterwegs, der hinter Ihnen her ist.

Oder sind es mehrere?

Jeder von uns hat irgendwann schon einmal den Verdacht gehabt, verfolgt zu werden oder die Vermutung, dass eine harmlose Bemerkung eine versteckte Bedeutung hätte. Wenn wir davon sprechen, uns paranoid zu fühlen (weniger zu sein), drücken wir eine doppelte Unsicherheit aus. Es geht nicht nur darum, dass wir den Absichten anderer misstrauen, sondern wir sind uns auch nicht sicher, ob wir unseren eigenen noch trauen können.*

---

* Selbst Paranoiker haben Feinde, so der alte Witz.

In der medizinischen Literatur kam das Wort Paranoia im 5. Jahrhundert v. Chr. auf, als der griechische Arzt Hippokrates beobachtete, dass Patienten mit hohem Fieber oft ins Delirium fielen. Er benutzte für diese Ausbrüche den Begriff Paranoia – vom griechischen *para* (neben) und *nous* (Verstand). Mitte des 18. Jahrhunderts, als die alte Diagnose MELANCHOLIE verschwand, belebten die Ärzte die Paranoia wieder, um Wahrnehmungsstörungen und Halluzinationen des »entfremdeten Verstands« zu beschreiben. Erst Ende des 19. Jahrhunderts bekam Paranoia ihre heutige Bedeutung, die sie mit häufig erfindungsreichen Verfolgungsphantasien in Verbindung brachte. Unter anderem angeregt durch die Memoiren des deutschen Richters Daniel Schreber, definierte eine neue Generation von Psychiatern Paranoia von einer vorübergehenden Nerven- oder Gemütskrankheit zu einer dauerhaften psychotischen Störung um, für die schwere Wahnvorstellungen kennzeichnend sind. Schreber glaubte, dass Gott ihn, in Zusammenarbeit mit seinem Psychiater, mit Hilfe von speziellen Strahlen, die aus den Wänden traten, in eine Frau verwandeln wolle.

Viele Begriffe, mit denen ursprünglich extreme psychische Zustände bezeichnet wurden, haben den Weg in unser Alltagsvokabular rund um Emotionen gefunden: Wir sprechen von Depressionen oder ANGST oder KLAUSTROPHOBIE. Und so wurde auch das Wort Paranoia binnen weniger Dekaden nach seiner Erfindung als Name für eine Krankheit, mit der Verfolgungsängste einhergehen, im weiteren Sinne benutzt. Man nannte diejenigen paranoid, die unberechtigte Verdächtigungen hegten oder rasch bei der Hand waren mit der Annahme, dass andere ihnen schaden oder sie erniedrigen wollten. Für manche Autoren war Paranoia der Inbegriff des engstirnigen, konventionellen Geistes: Vladimir Nabokov schrieb 1957, »dass es nichts Banaleres und Spießigeres gebe als Paranoia« (siehe auch EIFERSUCHT).

Als die Spannungen zwischen den USA und der Sowjetunion zum Kalten Krieg eskalierten, wurde es üblich zu sagen, dass Paranoia Feindseligkeiten in einem globalen Ausmaß verschärfen würde. Führende Politiker wurden in den Zeitungen als nervös und defensiv dargestellt, als Menschen, denen Emotionen die Vernunft vernebelten und die dadurch rasch entweder zu Maßnahmen der Unterdrückung oder des Angriffs griffen. Paranoia war Nabokov kleinkariert und kleinbürgerlich erschienen, doch zu einem bestimmten Zeitpunkt sah es so aus, als könnte sie schuld daran sein, dass die ganze Welt in Flammen aufgeht.

Heute gilt Paranoia als im Vormarsch begriffen. Wir leben in einer der am wenigsten gefährlichen Epochen der Menschheitsgeschichte. Wir laufen weit weniger Gefahr, von einem Nachbarn mit einem Knüppel erschlagen oder von einem wilden Tier gefressen zu werden als unsere Vorfahren, aber trotzdem glauben wir offenbar mehr als je zuvor, dass andere darauf aus sind, uns zu verletzen. Der Psychologe Daniel Freeman, der den Anstieg der Paranoia bei Fahrgästen der Londoner U-Bahn nach den Anschlägen im Juli 2005 untersuchte, glaubt, dass unsere »Angstkultur« zu einer ungerechtfertigten FURCHT vor Bedrohungen beigetragen habe. Wahrscheinlich hat er Recht. Aber kann man paranoide Gedanken wirklich verhindern, indem man sich ins Gedächtnis ruft, dass sie irrational sind und man sich etwas vormacht? Manchmal macht sie diese nur schlimmer und wir unterminieren unsere Fähigkeit, anderen Menschen und uns selbst zu trauen. Was würde geschehen, wenn wir die Inhalte unserer paranoiden Vorstellungen nicht weniger, sondern mehr ernst nehmen würden?

Die beiden Krankheiten, die heute am stärksten mit Paranoia in Verbindung gebracht werden, sind Schizophrenie und Demenz. Es vereinfacht jedoch wohl zu stark, die Verfolgungsberichte von Patienten bloß als störungsbedingte Auswüchse eines erkrankten Verstands abzutun. Psychoanalytiker tendieren dazu, den paranoiden Vorstellungen selbst mehr Bedeutung beizumessen und betrachten sie oft als eine Form, mit Lebensumständen umzugehen, die wir nicht ertragen können. Wenn man alt und allein ist und die Kinder selten zu Besuch kommen, ist es in der Tat wohl angenehmer zu glauben, der Geheimdienst fange alle Anrufe ab, statt sich der Alternative zu stellen, dass sich niemand etwas aus einem macht (siehe EINSAMKEIT). Vielleicht ist es leichter zu ertragen, zu denken, dass jemand einen absichtlich bei der Arbeit behindere, und nicht, dass die Anstrengungen nicht ausreichen, oder für Partner ist es einfacher zu glauben, der andere habe eine Affäre, statt sich einzugestehen, dass die Intimität der Beziehung verloren gegangen ist. Statt uns gegenseitig oder selbst vorzuwerfen, »bloß paranoid« zu sein, könnten wir, wenn wir Ängste ernst nehmen, herauskitzeln, was uns wirklich bedrückt.

Diese offenere Haltung der Paranoia gegenüber hat in eine Reihe neuer medizinischer Behandlungen Eingang gefunden. Wenn Ihre Großmutter Ihnen anvertraut, dass die Pflegeschwestern ihre Fotos stehlen, kann es schlicht sein, dass ihr Hörgerät defekt ist. Die meisten von uns fühlen sich umso eher paranoid, wenn sie nicht genau verstehen, was gesagt wird, etwa im Ausland, wenn sie die Sprache nicht können. Doch manchmal könnte auch etwas Komplexeres vorgehen. Penny Garner, die sich aufgrund der Pflege ihrer Mutter mit Demenz beschäftigte, hat die These aufgestellt, dass manche der scheinbar paranoiden Geschichten, die Demenzkranke den Pflegenden unterstellen, eher als Versuch der Patienten verstanden werden sollte, vergangene Erfahrungen zu nutzen, um Sinn in die orientierungslose Gegenwart zu bringen. Statt zu bestreiten, was sie sagen, sollte man, so Garner, in manche dieser Geschichten mit einsteigen, um eine ruhigere, bestärkende Atmosphäre für Patienten wie Pflegende zu schaffen.

In den frühen Stadien der Demenz erleben die Erkrankten oft alarmierend verwirrende Situationen. Doch wir alle müssen uns im Alltag mit der Ungewissheit von mehrdeutigen Situationen auseinandersetzen, und das ist der Punkt, an dem Verdächtigungen wirklich gedeihen (siehe UNGEWISSHEIT). Vielleicht ist unsere Tendenz, halb verstandenes Geflüster mit Doppelsinn oder bösen Absichten anzureichern, nur ein Indiz für ein geringes Selbstvertrauen. Aber vielleicht erinnern uns paranoide Gefühle vor allem an die permanente Herausforderung, dass wir alle in einer Welt leben, in der sich uns nicht immer alles eindeutig offenbart (»nur die Paranoiden überleben«). Daran erinnert uns auch eine der außergewöhnlichsten Facetten menschlicher Vorstellungskraft: die Apophänie – die Fähigkeit, sinnvolle Verbindungen und Muster zu erkennen, wo es gar keine gibt, etwa wenn jemand willkürlich zusammengewürfelte Wörter zueinander in Beziehung setzt oder weinende Gesichter in den Wolken sieht.

☞ Siehe auch: MEHRDEUTIGKEITSPHOBIE, *DÉPAYSEMENT*, PRONOIA

PERVERSHEIT

Und weil *uns unsere Vernunft mit aller Macht von der Kante zurückreißen will,* darum *grad zieht es uns nur um so ungestümer zu ihr hin.*
– EDGAR ALLAN POE, ›DER ALB DER PERVERSHEIT‹

Es bringt nichts. Es ist sturköpfig. Die Kontoauszüge zu ignorieren, das Geschirr Schimmel ansetzen zu lassen oder ein Bier trinken zu gehen, wenn ein Abgabetermin naht. Wir wissen, dass einzig und allein wir selbst die Leidtragenden sind. Doch wir können in diesem Augenblick des perversen Triumphs die Augen nicht davor verschließen, dass etwas Großspuriges in diesem Schritt steckt.

Fünfzig Jahre, ehe Freud solche unsinnigen Wünsche auf die düsteren Tiefen unseres Unterbewusstseins zurückführen sollte, kam Edgar Allen Poe, der amerikanische Meister des Makabren, mit einer noch quälenderen Begründung daher: einem boshaften Dämon namens Alb der Perversheit. Dieser Alb ist es, der uns zu höchst selbstzerstörerischen Taten verleitet, der uns verlockt, unsere Pflichten zu vernachlässigen, der uns dazu bringt, unsere Verbrechen zu gestehen, der uns an den Rand des Abgrunds führt und uns zwingt, zu springen …

☞ Zu weiteren Dämonen, die uns Emotionen einpflanzen, siehe: ACEDIA, SCHRECKEN

☞ Zu anderen Gründen zu springen siehe:
L'APPEL DU VIDE, LÍTOST

PRONOIA

Englischer Neologismus, um das Gegenteil von PARANOIA zu beschreiben: Ein seltsames, schleichendes Gefühl, dass sich alle verschworen haben, einem zu helfen.

☞ Siehe auch: DANKBARKEIT

RACHSUCHT

Die brillante Entgegnung, die den Angeber auf Normalmaß zurechtstutzt. Der schadenfrohe Schauder, wenn man sieht, wie jemand, der uns nur Minuten zuvor niedergemacht hat, ins Schwimmen gerät und sprachlos ist. Es verschafft uns eine großartige Befriedigung, mit gleicher Münze etwas heimzuzahlen. Wenn eine Beleidigung unseren STOLZ verletzt oder eine ungerechte Behandlung uns verwirrt oder fassungslos macht, dann gibt uns die Rachsucht die Chance, verlorene Würde wiederherzustellen. Selbst wenn die Rache nur im Geiste erfolgt – je üppiger und exzessiver, desto besser –, kann sie diese Wiederherstellung leisten. »Schande«, schrieb der Philosoph Jeremy Bentham, »besteht nicht darin, eine Beleidigung zu empfangen, sondern darin, sich ihr zu fügen.«

Unter Historikern war einst die Ansicht verbreitet, dass Rachewünsche früher viel stärker akzeptiert waren als heute. Laut dem Historiker und Soziologen Norbert Elias, der in den 1930ern über den »Prozess der Zivilisation« im mittelalterlichen Europa schrieb, waren bei den Menschen des Mittelalters »Angriffslust, Hass und die Freude an der Qual anderer« ungebändigter als in späteren Zeiten: Privatfehden und Blutrache herrschten beim Adel vor und »auch die Bürger, die kleinen Leute, Mützenmacher, Schneider, Hirten, sie alle hatten schnell das Messer in der Hand«. Heutige Historiker zeichnen ein anderes Bild. Sie argumentieren, dass, auch wenn Strafen im England des 12. und 13. Jahrhunderts oft eine Frage der individuellen Ehre war, es sich trotzdem um einen streng reglementierten Prozess handelte. Die Regeln im Umfeld privater Rache verlangten, dass die Strafe sorgfältig dem Verbrechen angepasst war (eine Version des viel älteren Talionsprinzips »Auge um Auge ...«), sodass Opfern Genugtuung geleistet wurde, ohne damit eine Kaskade weiterer Vergeltungen in Gang zu setzen. Vor diesem Hintergrund war die Rachsucht ein zweiteiliger Prozess; er umfasste sowohl den Willen, Böses zu vergelten, als auch die rationale Aufgabe, eine angemessene Strafe abzuwägen (siehe auch GEWISSENSBISSE).

Bis zum 16. Jahrhundert hatte sich das Bild gewandelt und Richter und Höflinge bezeichneten Rachsucht als unbotmäßig und gefährlich. Angesichts eines Rechtssystems, das nun ganz England umfasste, verwundert es nicht, dass die offiziellen Praktiken der Bestrafung durch den Staat als moralisch überlegen galten und private Rache missbilligt wurde. Philosophen schlossen sich dem an. »Die Rache ist eine Art von wildwachsender Gerichtsbarkeit«, schrieb Francis Bacon, »die das Gesetz, je mehr die menschliche Natur dazu hinneigt, um so dringender ausrotten sollte.«

Funktionierten diese Anstrengungen, Rachsucht zu diskreditieren? Die »Rachetragödien«, die im späten elisabethanischen und frühen jakobinischen Theater so beliebt waren, lassen daran zweifeln, dass das Rechtssystem eine annehmbare Alternative zur privaten Rache bot. In Thomas Kyds Stück ›Die Spanische Tragödie‹, das 1592 uraufgeführt wurde und eines der ersten dieses Genres war, wird das Rechtssystem als unfähig und nicht vertrauenswürdig dargestellt: Der königliche Hofmarschall Hieronimo zerreißt die Eingaben der Kläger, die ihre Fälle vor Gericht bringen wollen. Als dann Hieronimos Sohn ermordet wird, überrascht es daher nicht, dass er die Angelegenheit selbst in die Hand nimmt und einen komplizierten Racheplan schmiedet. Wie so viele Pläne, die in den Rachetragödien ausgeheckt werden, ist auch dieser umständlich und komplex. Das Nachdenken – und oft auch das Zögern –, das hinter diesen Racheplänen steckt, ist das Gegenteil von einem wütenden Ausbruch. Die Rache mag letztlich blutig und schmutzig sein, die Rachelust ist es nicht – sie ist wohlüberlegt und ihr Endergebnis wird kalt serviert.

Es bestehen nach wie vor widersprüchliche Haltungen hinsichtlich der Rachsucht. Natürlich (natürlich!) sollten wir über unseren Wunsch nach Abrechnung erhaben sein. Wir alle kennen die landläufige Meinung, dass wir selbst am meisten unter unseren Rachegelüsten leiden oder, wie Bacon formulierte, »dass jemand, der Rache brütet, seine eigenen Wunden frisch erhält, die sonst heilen und verharschen würden«. Vergeltungswünsche sind uns suspekt – aber manchmal sind wir auch insgeheim beeindruckt davon. Warum sonst erzählen wir schadenfroh so gerne immer wieder Großstadtlegenden wie solche, dass jemand Garnelen in einen Vorhangsaum eingenäht hat oder von der Kollektion perfekter Maßanzüge, bei denen die Ärmel zerschnitten sind? Vielleicht bewundern wir letztendlich diejenigen, die kühn ihre Rachegelüste ausleben, denn die meisten fügen sich pflichtschuldigst, wenn auch nicht der Beleidigung, so doch dem rechtmäßigen Verfahren – und fühlen sich danach vielleicht ein bisschen blasser.

↦ Für eine andere geächtete Emotion siehe: HASS

↦ Siehe auch: GROLL, BELEIDIGTSEIN, BEFRIEDIGUNG

RAGE

Ein Anfall von Rage ist unbändig und verschlingend. Die Augen treten hervor, die Hände fuchteln. Wir spucken und schreien. Wir können sie nicht so verbergen, wie wir Eifersucht oder Unwillen kaschieren. Die Rage bricht hervor. Sie kocht über. Sie kommt in Anfällen und Explosionen. WUT kann gerechtfertigt werden, EMPÖRUNG gerecht sein, aber Rage ist eine irrationale Wut.

Die letzten zwanzig Jahre haben eine steigende Zahl neuer Typen von Rage hervorgebracht. Da gibt es hitzige Auseinandersetzungen auf den Straßen (STRASSENWUT) und Wutanfälle im Flugzeug (Luftrage), Beleidigungen und Flüche in Supermarktgängen (Einkaufswagenrage), in Büros (Computerrage, siehe TECHNIKSTRESS) und sogar beim Auspacken von Lebensmitteln (Verpackungsrage). Manchmal haben sie auch witzige Spitznamen (etwa *going postal*, siehe AUSRASTEN), aber die Tatsache, dass man sich im angelsächsischen Sprachraum überhaupt die Mühe macht, diese vielen Formen zu unterscheiden, zeigt, dass das Verhältnis zu unserer unkontrollierten Wut kompliziert ist. Solche Anstrengungen machen wir nicht, um verschiedene Formen von beispielsweise HEIMWEH oder Zweifel zu benennen. Unsere Fähigkeit, in die Luft zu gehen, fasziniert und erschreckt uns gleichermaßen.

Vielleicht führen der Stress und die Frustrationen des modernen Lebens dazu, dass sie immer heftiger wird: Je mehr Quellen für Rage existieren, umso mehr Arten können wir unterscheiden. Dieser Drang, unsere Wut zu analysieren und zu etikettieren, ist zumindest teilweise dem Umstand geschuldet, dass diese Emotion in Großbritannien und den USA zunehmend inakzeptabel geworden ist. Amerikanische Psychologen haben einen neuen Oberbegriff für die Diagnose geprägt: *intermittent explosive disorder* (IED, zeitweilige explosive Störung). Um diese Diagnose zu bekommen, reichen drei Aggressionsanfälle, die »weit aus dem Rahmen fallen«, gegenüber der Person oder den Dingen, die den Ärger ausgelöst haben. Als Explosion gilt, wenn mit dem Wutanfall ein jäher und völliger Verlust der Impulskontrolle einhergeht und man etwas zerstört oder zerschmettert, das »mehr als ein paar Dollar wert« ist, oder eine Person verletzt beziehungsweise es versucht. Nach diesem Maßstab dürfte IED weit stärker verbreitet sein, als selbst neueste Zahlen nahelegen. Und die Behandlung? Da Wutausbrüche einem niedrigen Serotoninspiegel zugeschrieben werden, lautet der Rat derzeit, die Wut mit Antidepressiva zu dämpfen.

Doch wie würde eine Gesellschaft ohne Rage aussehen? Die politische Theoretikerin Hannah Arendt, die den berühmten Begriff von der »Banalität des Bösen« prägte, fand diese Vorstellung erschreckend. In ihrem Essay ›Macht und Gewalt‹ schrieb sie: »Nur wo der begründete Verdacht besteht, dass Bedingungen geändert werden könnten und dennoch nichts geschieht, stellt Wut sich ein. Erst wenn unser Gerechtigkeitssinn verletzt wird, reagieren wir mit Empörung.« Und viel mehr als die hitzige Artikulierung von Wut war für Arendt die schäumende, triebhafte Intensität von Rage eine natürliche Reaktion auf Ungerechtigkeit. Jemanden davon zu »heilen« würde einer Entmenschlichung nahekommen. Es würde dem Leidenden eine Möglichkeit nehmen, ihr zu trotzen, und der Gesellschaft eine Gelegenheit zur Veränderung.

Es mag lächerlich erscheinen, dass einem der Geduldsfaden reißt, nur weil ein Kind im Teenager-Alter nicht aufgeräumt hat, der Partner das SCHON WIEDER gesagt hat oder Sie den ganzen Tag vergeblich auf eine Postsendung gewartet haben. Zu dem Zeitpunkt, an dem solche Dinge passieren, *erscheinen* sie uns als ungerecht (auch wenn es gewiss nicht die Ungerechtigkeiten sind, die Hannah Arendt meinte), und auch wenn sie nebensächlich und trivial sind, sodass wir das Vorgefallene fast immer später bereuen, sind solche Wutanfälle wesentliches Element des Menschseins und der Teilhabe an der Welt. Wenn es dieses gelegentliche Aufflackern von Computer-, Einkaufswagen- oder Verpackungsrage nicht gäbe, dann hätten wir auch keine Revolutionen und Aufstände.

☞ Siehe auch: ZORN

REUE

Wir versinken in tiefes Grübeln, obwohl wir wissen, dass wir das nicht tun sollten. Denn uns ist klar, dass dies der Weg in die Stagnation ist. (Lass los! Lebe im Jetzt!) Doch Reue hat eben auch etwas Verführerisches. Sie vermag dem Zerbrochenen wieder eine Aura der Möglichkeiten zu verleihen – es zeitweilig sogar kitten zu können mit ihrem »Was wäre wenn«. Sie nimmt uns mit auf eine Phantasiereise zu alternativen Entwicklungen (»wenn ich doch bloß zurückgerufen hätte«, »wenn ich das Geld doch gespart hätte«). Sie quält uns mit der Möglichkeit, unsere Entscheidungen zurückzunehmen oder unsere Unfälle zu verhindern. Das ist der Grund, warum Reue, die selten ein angenehmer Gemütszustand ist, auch ein Aufblitzen von Vergnügen und einer merkwürdigen, allerdings kurzfristigen ERLEICHTERUNG enthält.

In früherer Zeit hatte Reue noch andere Bedeutungen. Das englische *regret* kommt vom altfranzösischen *regrés* (Kummer und Enttäuschungen) und beschrieb um 1400 die Trauer, die man über den Verlust einer Person oder seiner Stellung in der Welt empfand. Vor allem war es auch Teil einer Zurschaustellung, ein oft überhöhter Ausdruck von Kummer. Es war eine fromme und zugleich lautstarke Angelegenheit: das Lamentieren bei der Totenwache, das Weinen bei der Beerdigung. Im 16. Jahrhundert – der Epoche, auf die Historiker die Geburt des modernen Konzepts eines verinnerlichten Selbst datieren – wurde *regret* zu dem, was Reue heute ist: zum Selbstvorwurf, zum privaten Schmerz angesichts einer Handlung, die man gern rückgängig machen würde – oder die man gern vollzogen hätte. Zu dieser Zeit wurde es auch zum bevorzugten Abschreckungsmittel von Eltern und Priestern, diese verborgene Tortur, und nicht mehr die Strafe im Jenseits, anzudrohen. »Für diese Tat sollen dich Qualen zerfressen«, warnte der puritanische Parlamentarier Francis Rous 1598, und »deinen Schoß mit Leid und tiefer Reue füllen«.

Heute hat sich Reue fest als private emotionale Erfahrung eingegraben. Doch bei genauerem Hinschauen erkennt man, dass die früheren Verbindungen mit Verlust nicht ganz verschwunden sind. Laut der Psychologin Alice Haddon ist meist die Reue am bittersten, die unserem Selbstverständnis am stärksten zuwiderläuft. Eine Person, die sich als mutig begreift, bereut bitter, nicht eingeschritten zu sein. Der erfahrene Börsenhändler, der zu hoch gepokert hat, kann sich nicht damit abfinden, dass es seinen Kunden so teuer zu stehen gekommen ist. Das ist ein Verlust – und zwar ein schmerzhafter. Denn wir klammern uns in der Regel an jenen Teilen von uns am stärksten fest, die wir aufgebaut haben, weil wir früher mal in diesem Punkt versagt haben oder einer starken Kritik ausgesetzt waren. In vielen von uns hallen dumme oder beiläufige Bemerkungen eines Elternteils oder Lehrers im Hinterkopf wider: der Witz, der einen als faul hinstellte, oder die Geschichte, warum man nicht gut im Schließen von Freundschaften gewesen sei. Hat man sich in seinem Leben bemüht, das zu widerlegen, kann es schmerzhaft sein, wenn der Beweis für die Richtigkeit wieder vor uns auftaucht. Aus diesem Grund ist Reue oft mit der Erfahrung verstrickt, dass uns die Rolle, die uns bestimmt ist oder die wir für uns vorgesehen haben, entzogen wird (siehe ENTTÄUSCHUNG).

Reuegefühle werden oft als sinnlos bezeichnet. Was nützt es zurückzuschauen? Es ist richtig, dass Reue, wie SCHULD und SELBSTMITLEID, uns blockieren kann und dann dem längeren, anstrengenderen Prozess der Veränderung im Wege steht (siehe GEWISSENSBISSE). Aber das soll nicht heißen, dass Reue immer schlecht ist. Forscher von der School of Business der Stanford University haben aufgezeigt, dass Menschen, die eher zu Selbstvorwürfen neigen, bessere Manager sind: Reue geht einher mit einem erhöhten Gespür für persönliche Verantwortung und der Fähigkeit, aus seinen Fehlern zu lernen. Es kann auch hilfreich sein, zu ergründen, warum wir manche Fehler bitter bereuen, während wir andere mit einem Achselzucken abtun, denn es wirft ein Schlaglicht auf das Bild, das wir von uns haben, und auf unsere manchmal unerfüllbaren Anforderungen an uns selbst. Reue – und ihre Überwindung – kann uns also helfen, uns selbst etwas flexibler und elastischer zu betrachten. Eine Sache zu bereuen erinnert uns aber vor allem an die Ambivalenz, die uns das ganze Leben lang verfolgt. Hätten wir das Ergebnis vorhersehen müssen? Vielleicht. Doch keiner von uns ist allwissend – und wer weiß schon, welche Drachen auf dem Weg gelauert hätten, den wir nicht eingeschlagen haben (siehe UNGEWISSHEIT).

Und meist ist auch das, was zunächst als unersetzbarer Verlust erscheint, nicht das Ende der Geschichte. Vielleicht arrangieren wir uns mit unseren Reuegefühlen. Vielleicht lernen wir aus ihnen. Aber im Gegensatz zu Resignation und Akzeptanz beinhaltet Reue eindeutig den Wunsch, dass etwas anderes geschehen wäre. Sie lässt den Geist hin- und herschwanken und sie nagt an uns. Und indem sie uns erlaubt, uns vorzustellen, wie die Dinge hätten möglicherweise anders ausgehen können, enthält sie, so merkwürdig das ist, einen kleinen Keim der Hoffnung.

☛ Siehe auch: MELANCHOLIE, NOSTALGIE

RINGXIETY

Im überfüllten Zug klingelt ein Telefon und Sie kramen hektisch nach Ihrem Handy. Oder bei einem Spaziergang durch die Felder ziehen Sie Ihr Telefon wie eine Waffe aus dem Halfter, weil Sie überzeugt sind, Sie hätten sein Vibrieren verspürt – nur, um auf einen jämmerlich leeren Bildschirm zu starren. *Ringxiety*, das eingebildete Telefonklingeln, ist laut dem Psychologen David Laramie, der den Begriff aus *to ring* (klingeln) und *anxiety* (Angst) zusammengesetzt hat, ein nicht sehr stark ausgeprägtes Angstgefühl, das uns glauben lässt, dass unser Telefon geklingelt habe, was jedoch nicht der Fall ist. Das sei der Beweis – als ob der noch nötig wäre –, dass in diesem Zeitalter der ständigen Kommunikation unsere Betriebsbereitschaft für menschliche Kontaktaufnahme zur Standardeinstellung wird.

☛ Siehe auch: ANTIZIPATION, BEDROHLICHKEIT

RIVALITÄT

Die mühelose Art, wie er Ihnen den Platz wegnimmt, macht Sie sauer. Ebenso seine beiläufigen herabsetzenden Bemerkungen und wie er es schafft, die Aufmerksamkeit auf sich zu ziehen. Sie fühlen, wie Röte in Ihren Wangen aufsteigt und Ihre Handflächen auf dem Tisch festkleben. Sie würden am liebsten dazwischengehen, wenn ihm alle zu seinem neuesten Erfolg gratulieren. Und so fangen Sie an zu prahlen. Sie lügen! Sie hassen ihn wegen seiner Intrigen. Am meisten aber hassen Sie ihn, weil er besser ist als Sie und weil er Sie jedes Mal nervös, um den Sieg geprellt und mit Tränen der Frustration in den Augen zurücklässt. Schlimmer als dieser Hochstapler ist nur der Umstand, dass Sie ihm ähnlich sind.

Gehört Rivalität untrennbar zum Menschsein? Sind Besitzgier und Eifersucht, der Wunsch zu überholen und die Angst zurückzubleiben allesamt Bestandteile unserer Psychologie? Im 17. Jahrhundert dachte der politische Philosoph Thomas Hobbes genau das. Er war der Meinung, dass die menschliche Natur im Wesentlichen auf Konkurrenz ausgerichtet sei, das Leben ein »Krieg eines jeden gegen jeden« sei. Im 19. Jahrhundert zementierten die intellektuellen Vorläufer der Evolutionstheorie diese Sicht des Lebens als Kampf um knappe Ressourcen. Ihre extremsten Vertreter betrachteten jene, die durch Krankheit oder Armut geschwächt waren und ohne Hilfe nicht überleben konnten, einfach als unvermeidliche Opfer: »Es ist am besten, wenn sie sterben«, schrieb Herbert Spencer, der als Erster die Phrase »Survival of the fittest« (»Überleben des Tüchtigsten«) prägte, die häufig fälschlicherweise Charles Darwin zugeschrieben wird. Darwin selbst vertrat allerdings eine gemäßigtere Sichtweise und argumentierte – mit Geschichten von galanten Affen und liebevollen Krustentieren –, dass MITGEFÜHL und Altruismus für das Überleben ebenso wichtig seien, wie anderen um eine Nasenlänge voraus zu sein.

Als eine Folge der neuen Evolutionstheorie begannen sich Ende des 19. Jahrhunderts Kinderpsychologen für Wettbewerbsdenken und Eifersucht bei Kindern zu interessieren. Die Vorstellung, dass zwischen Geschwistern Animositäten bestehen, geht auf Kain und Abel zurück. Als jedoch Kinderpsychologen anfingen, das Phänomen »Geschwisterrivalität«, wie man es 1893 nannte, zu untersuchen, gingen sie von einem Naturinstinkt aus – das Rennen mit ausgefahrenen Ellenbogen ums Überleben auf Mikrokosmosebene.

In den ersten Dekaden des 20. Jahrhunderts machte man sich viele Sorgen wegen Geschwisterrivalität, vielleicht auch, weil man den Niedergang der Familie befürchtete (siehe EIFERSUCHT). Autoren von Handbüchern zur Kindererziehung porträtierten Kinder als neidische und intrigante kleine Machiavellis. Sie gaben Eltern den Rat, den Nachwuchs zu zügeln, damit nicht eine Generation verbitterter emotionaler Krüppel heranwuchs. Kleinere Familien verschärften das Problem, da hier eine faire Verteilung der Ressourcen (Aufmerksamkeit, Liebe, Essen) theoretisch möglich war, aber ein Mangel daran umso deutlicher wurde. In seinem 1949 uraufgeführten Stück ›Der Tod des Handlungsreisenden‹ stellt Arthur Miller die These, dass sich Wettbewerb am Ende auszahlen würde, in Frage. Die Brüder Happy und Biff Loman können nicht miteinander reden, ohne sich in die Haare zu kriegen, während ihr Vater Willy am Leben in der übervölkerten Großstadt verzweifelt: »Der Konkurrenzkampf macht einen fertig!«

Heutige Erziehungsratgeber kümmern sich nicht mehr so sehr um Geschwisterrivalität. Vielleicht betrachten wir sie inzwischen als geringeres Problem. Seit dem Zerfall der Sowjetunion sind die meisten westlichen Regierungen zu dem – richtigen oder falschen? – Schluss gekommen, dass die Förderung des privaten Handels und eines freien Markts Gesellschaften effizienter und wohlhabender macht. Kinderpsychologen scheinen sich dem angeschlossen zu haben und meinen, dass ein wenig Rivalität dem Kind gut tun würde. Claire Hughes von der University of Cambridge hat die These aufgestellt, dass Kinder insbesondere Einfallsreichtum und Kreativität zeigen, wenn es darum geht, sich auszudenken, was ihre Geschwister am meisten ärgert. Sie stellt eine Verbindung her zwischen Rivalität und höherer Motivation und Flexibilität und sogar mit emotionaler Intelligenz, weil das Bedürfnis, anderen eine Nasenlänge voraus zu sein, voraussetzt, dass wir verstehen, wie unser eigenes Verhalten die Gefühle anderer Menschen beeinflusst.

Michel de Montaigne, der große Humanist der Renaissance, wäre davon nicht überrascht. In seinem Essay ›Über die Nachteile, welche mit Hoheit und Größe verknüpft sind‹ beschreibt er die positiven Auswirkungen davon, sich mit Hilfe der Ellenbogen nach oben zu arbeiten. Es würde das strategische Denken schulen, Tugenden wie MUT und Belastbarkeit fördern und es uns ermöglichen, die Extreme unserer Emotionen auszukosten – EIFERSUCHT, SIEGESFREUDE, WUT und RACHSUCHT. »Diese so gar mühelose Leichtigkeit, alles unter seinen Willen zu beugen«, schrieb er, »ist eine Feindin aller Arten von Vergnügen. Das heißt fortgleiten, aber nicht gehen, schlafen, aber nicht leben.«

Denn das Paradoxon ist natürlich, dass in diesem Fall nur der Weg des Aufstiegs selbst zählt. Montaigne wusste genau, dass das Leben unerträglich langweilig wird, sobald man ganz oben angekommen ist.

☞ Siehe auch: *LIGET*, SELBSTGEFÄLLIGKEIT

RUHE

Er träumte von einer »psychozivilisierten Gesellschaft«, deren Mitglieder ihre Emotionen mit Hilfe eines elektronischen Chips kontrollieren könnten, der in ihr Gehirn implantiert wäre. Rage, Furcht, Lust, Gelassenheit: Sie alle könnten durch Stimulierung des limbischen Systems mittels dieses Geräts, das er »Stimoceiver« nannte, per Fernsteuerung an- und abgeschaltet werden.

Dies ist kein früher Drehbuchentwurf für ›Matrix‹.

Hier geht es um die Ziele von José Delgado, der in den 1960ern und Anfang der 1970er ein gefeierter Neurowissenschaftler in Yale war.

Delgados Ruhm erlebte seinen Höhepunkt, als es 1965 dramatische Bilder eines seiner Experimente zur Emotionsbeeinflussung auf die Titelseite der ›New York Times‹ schafften. Der unbewaffnete Wissenschaftler steht in einer Stierkampfarena im spanischen Córdoba. In der einen Hand hält er das rote Reiztuch, in der anderen einen kleinen Steuerungskasten. Mehrere Meter entfernt schnaubt und trampelt ein Stier. Er stürmt auf den Wissenschaftler zu. Sekundenbruchteile bevor er aufgespießt würde, drückt Delgado einen Schalter, der einen elektronischen Chip im Gehirn des Stiers aktiviert. Das Tier stoppt und dreht ab. Es wirkt passiv und entspannt. Seine »Aggression« und »Zerstörungswut«, berichtete Delgado, »ließen auf der Stelle nach«.

Es mag sein, dass wir uns, wenn Gefühle zu stark werden, einen von Delgados Steuerungskästen herbeisehnen. Wenn die Angst Schockwellen hinter die Augen jagt, Furcht in der Brust hämmert oder die Liebe so stürmisch ist, dass wir befürchten, den Halt zu verlieren. Wenn wir sie dann einfach abschalten könnten, und sei es nur zeitweilig, um uns eine Pause zu verschaffen, um Zeit zum *Denken* zu haben! Doch selbst für Meister der Meditation oder Stoiker sind diese Notbremsen schwer zu ziehen. Wir können zwar bis zehn zählen, uns auf die Lippen beißen oder uns sagen, »auch dies geht vorbei«, aber nur wenige von uns können die Ruhe im richtigen Moment heraufbeschwören.

Allerdings sind die Berichte der Journalisten, die über Delgados Experiment schrieben und so begeistert über den Traum von der Ruhe auf Kommando waren, nicht ganz richtig. Einer der Gehirnbereiche des Stiers, die stimuliert wurden, war der Nucleus caudatus, der dafür zuständig ist, dass sich die Beine bewegen und eine Kurve laufen. Es ist also nicht genau klar, ob die »Zerstörungswut« des Stiers unterdrückt wurde oder ob das angreifende Tier bloß gezwungen wurde, eine plötzliche Drehung nach rechts zu machen – und daher verständlicherweise ziemlich aus der Spur gekommen war.

Heute glättet man die schartigen Kanten des Geistes vor allem mit Pharmazeutika, den sogenannten »chemischen Fesseln«, die Alzheimer-Patienten in personell unterbesetzten Pflegeheimen oder Häftlinge in überbelegten Gefängnistrakten fügsam und ruhig halten. In den 1970ern sah es jedoch so aus, als könnte die Neurotechnologie die Medikamente auf diesem Feld bald schlagen. Obwohl sie ein invasives Verfahren nötig machten, glaubte Delgado, seine elektronischen Implantate würden letztlich eine elegantere Lösung bei aus den Fugen geratenen Emotionen bieten als die Methode, die seinerzeit in Nervenheilanstalten favorisiert wurde: die Lobotomie. Doch solange sich seine Technologie noch in einem frühen Entwicklungsstadium befand, waren Delgados einzige menschliche Versuchsobjekte Patienten, die wegen extremer Erkrankungen wie Epilepsie und Schizophrenie im Rhode Island Asylum in Behandlung waren. Eine zu Haftstrafen verurteilte drogenabhängige Frau bat Delgado, ihr eine seiner Elektroden einzupflanzen, doch er weigerte sich.

Was für uns als »normale« emotionale Reaktion gilt, spiegelt sich in den tiefsitzenden Vorurteilen der Gesellschaften, in denen wir leben, wider. Fünf Jahre nach Delgados theatralischem Auftritt in der Stierkampfarena und mitten in den sozialen Unruhen, die seit den 1960ern durch Amerikas Stadtzentren schwappten, machte die Neurotechnologie erneut Schlagzeilen. Zwei Forscher an der Harvard Medical School schlugen vor, den Aufwieglern – von denen die meisten junge schwarze Männer waren – Stimoceiver ins Gehirn zu implantieren. Der Vorschlag, dem nie nachgegangen wurde, stigmatisierte den ZORN der Afroamerikaner, die gegen Ungerechtigkeit protestierten, als übermäßig und krankhaft, als etwas, das nach einer invasiven medizinischen Intervention verlangte. Heute finden wir das schockierend und viele würden die Angelegenheit lieber vergessen. Doch diese Geschichte macht deutlich, wie sehr die Kategorie »normale« emotionale Reaktion politisch aufgeheizt – und wandelbar – sein kann.

☞ Siehe auch: APATHIE

RUINENLUST

Die unwiderstehliche Anziehungskraft, die zerfallende Gebäude und verlassene Orte auf uns ausüben.

☞ Siehe auch: MORBIDE NEUGIER, *MONO NO AWARE*

SAMMELZWANG

Ein einzelner gelber Strumpf, ein Schal mit Lippenstiftspuren, eine Handvoll getrockneter Rosenblätter in einem Bündel Briefe. Das sind nur ein paar der Reliquien, die Mercedes de Acosta, Theaterautorin, Dichterin und lesbische Verführerin von hohen Gnaden, zur Erinnerung an ihre Liebesaffären mit einigen der wichtigsten Hollywood-Diven, darunter Isadora Duncan, Marlene Dietrich und Greta Garbo, gesammelt hatte.

Die Dinge, die wir sorgfältig verstauen, damit unser künftiges Selbst sie ansehen, riechen und mit den Fingerspitzen berühren kann, sind die Verwahrungsorte unseres Innenlebens. »Denn im Endergebnis sammelt man immer nur sich selbst«, schrieb der Philosoph Jean Baudrillard. Mit den Überresten ihrer oft heimlichen Liebesaffären häufte de Acosta Beweise für ihre Zugehörigkeit, Liebe und, wichtiger, ihr Geliebtwerden an.

Wenn menschliche Beziehungen schwierig sind und uns viel abverlangen, können Objekte ungeheuer beruhigend sein. Von alten Schallplatten bis zu Schuhen, das Versammeln von Schätzen um uns herum kann unser Selbstwertgefühl in einer ungewissen Welt stärken, uns ein Gefühl von Dauer und sogar Erfüllung vermitteln und der Welt zeigen, wer wir sein wollen. Es können aber auch Eifersucht und Besitzgier hineinspielen, etwa wenn wir aus Statusgründen eine bestimmte Markensonnenbrille haben wollen oder Spaß daran haben, irgendwelches Zeug zu horten, allein damit unsere Rivalen es nicht haben können. Wenn wir erwachsen sind, können Sammlungen Monumente unserer Kennerschaft sein und uns bedeutend klingende Bezeichnungen verleihen – ein Philokartist sammelt Ansichtskarten, ein Numismatiker ist auf Münzen spezialisiert, der Sammler von Teddybären ist ein Arktophilist (siehe auch NEUGIER). Solche Sammlungen mögen ein Bedürfnis nach Ordnung und Kontrolle bezeugen, aber es hat auch etwas köstlich Perverses, Freude an einer Aufgabe zu haben, die man nie zu Ende bringen kann.

Liegt denn der Sammelzwang jenseits unserer Kontrolle? Psychotherapeuten ziehen häufig eine Verbindung zwischen dem Drang, Besitz um jeden Preis behalten zu wollen, und früheren Erfahrungen von Entbehrung und traumatischem Verlust. Der für seinen Geiz berüchtigte Ebenezer Scrooge aus Charles Dickens' Erzählung ›Ein Weihnachtslied in Prosa‹ inspiziert jeden Abend vor dem Zubettgehen seine Einnahmen. Laut dem Psychoanalytiker Stephen Grosz kann diese Obsession von Profit und Verlust als eine Art von fehlgeleiteter Trauer, als Kompensation für den tragischen frühen Tod seiner Mutter und die nachfolgende emotionale Vernachlässigung durch seinen Vater interpretiert werden. Sie ist ein Versuch, durch das Einnehmen von Geld das Unwiederbringliche zurückzuerlangen.

Im Extremfall kann der Sammelzwang katastrophale Folgen haben. Deckenhohe Stapel alter Zeitungen und Räume mit gefährlichen Türmen aus unbrauchbaren Staubsaugern können für die Menschen, die versuchen, dazwischen zu leben, eine echte Bedrohung darstellen. Doch trotz des Risikos haben diese Sammlungen eine Bedeutung. Für manche sind sie eine Form, sich gegen eine feindliche Welt zu verbarrikadieren, für andere eine Möglichkeit, Einsamkeit zu vertreiben, indem sie den schwindelerregenden Leerraum füllen (siehe *PEUR DES ES-PACES*). Vor allem aber können für Sammler diese Dinge, die dem Außenstehenden einfach nur als »alter Plunder« erscheinen, eine reale emotionale Resonanz auslösen. Selbst die griesgrämige Sesamstraßen-Puppe Oscar the Grouch wusste das. Er zählt all die nutzlosen Dinge in der Mülltonne auf, die sein Zuhause ist: eine kaputte Uhr, ein weggeworfener Schirm, eine verrostete Posaune. Obwohl Oscar jeden hasst und es nie riskieren würde, mit den anderen Muppets auch nur zu reden, weil er Angst hat, dass ihn ein anderer Grouch dabei sieht, verschafft ihm sein sorgsam angesammelter Müll doch die Wärme einer emotionalen Bindung in einer feindseligen Welt. Zu seiner kostbaren Sammlung gehört auch ein durchgelaufener Turnschuh, den ihm seine Mutter am Tag seiner Geburt geschenkt hat: Oscar liebt ihn, weil er Abfall ist.

☞ Siehe auch: NEUGIER, NOSTALGIE

SAUDADE

Man geht davon aus, dass bei den Portugiesen erstmals im Zeitalter der Entdeckungen von der Emotion *saudade* (ausgesprochen *soh*-dad beziehungsweise soh-*datsch*-e in Brasilien) die Rede war. Schiffe setzten im Hafen von Lissabon die Segel, um nach Afrika oder Südamerika zu fahren. Die, die zurückblieben, verbrachten ihre Tage damit, den Horizont abzusuchen und sich nach der Rückkehr ihrer Liebsten zu sehnen. Trobairitz sangen in ihren *catigas d'amigo* (»Liedern über den Freund«) von ihrer *soidade* (so die ältere Schreibweise). Die wehmütigen Texte erzählten von der Sehnsucht nach dem fernen Geliebten und dem Glück vergangener Tage. Heute empfindet man *saudade* nicht nur für Menschen, die weit weg sind, sondern auch für ferne Orte und sogar verlegte Gegenstände.

Saudade ist eine melancholische Sehnsucht nach Menschen oder Dingen, die weit weg oder verloren sind. Sie ist immer da und pulsiert mit ihrer von TRAUER angehauchten HOFFNUNG unter der Oberfläche. Es ist ein leises Sehnen, in dem Resignation und das Vergnügen der Erinnerung an frühere Freuden mitschwingt.

Manche Emotionen sind so eng mit bestimmten künstlerischen Formen verbunden, dass man sie sich nicht ohne sie vorstellen kann. Melancholie und der Blues. Nationalstolz und Nationalhymnen. Anfang des 19. Jahrhunderts fand *saudade* ihre moderne Form in der Musik des Fado. Der Fado – wörtlich »Schicksal« oder »Bestimmung« – entstand in den engen Gassen des Lissabonner Stadtviertels Alfama, wo Seeleute und Prostituierte lebten. Beeinflusst von der afro-brasilianischen Musik, die die königliche Familie und ihr Gefolge bei der Rückkehr aus dem Exil in Brasilien in den 1820ern nach Portugal mitgebracht haben, wecken die schluchzenden Gitarren und sehnsuchtsvollen Stimmen des Fado Bilder von Armut, Verlust und untreuen Liebenden. Und es heißt, der Fado würde seine Sänger von der bittersüßen Melancholie der *saudade* befreien.

Daher nennt man Fado singen *matar saudades* – die *saudade* töten.

☞ Siehe auch: NOSTALGIE

SCHADENFREUDE

Die unerwartete Erregung, die wir angesichts des Pechs anderer empfinden, ist ein köstliches, klammheimliches menschliches Vergnügen. Natürlich setzen wir die schönste Trauermiene auf, wenn unsere grausam attraktive Freundin einen Korb bekommt. Doch hinter dem Bedauern spüren wir einen Impuls, einen kleinen Kitzel, der unsere Augen glänzen und unsere Mundwinkel zucken lässt. Schon die Griechen und die Römer gaben zu, dass sie gelegentlich einen Freudenstich verspürten, wenn sie vom Missgeschick anderer hörten, und nannten dies *epichairekakia* (wörtlich: über Übles frohlocken) beziehungsweise *malevolentia* (Böswilligkeit). Schadenfreude gibt es nicht nur bei deutschen Muttersprachlern, das deutsche Wort wird auch in anderen Ländern wie etwa Portugal verwendet, um seiner Freude über das Unglück anderer Ausdruck zu verleihen. Im angelsächsischen Sprachraum versteht man Schadenfreude sogar als netteren Gegensatz zu Spott oder Häme.

Der römische Dichter und Philosoph Lukrez sah unser Entzücken über den Kampf anderer nicht als Zeichen moralischen Bankrotts. Wenn wir freudig am sicheren Ufer stehen und beobachten, wie ein Schiff auf der stürmischen See herumgeworfen wird, erfreuen wir uns nicht etwa am Spektakel des Leids anderer, schrieb er, »sondern aus Wonnegefühl, dass man selber vom Leiden frei ist«. Die schlechten Neuigkeiten anderer – Scheidung, Entlassung – können die Erleichterung auslösen, dass dies uns nicht gerade passiert. Dies ist die Art von »Gott sei Dank, ich bin's nicht«-Hochstimmung wie nach einem knappen Entkommen. Wie Iris Murdoch beobachtete, kann sogar der Tod eines entfernten Bekannten so etwas Ähnliches wie EUPHORIE, eine Begeisterung über das eigene Lebendigsein, auslösen – »ein Leuchten voller Begeisterung und Freude … ein bisher noch nicht diagnostiziertes Gefühl, außerordentlich gut mit der Welt in Einklang zu sein« (siehe auch ERLEICHTERUNG).

In Wahrheit verschlingen wir die Neuigkeiten über das Unglück anderer noch aus einer ganzen Reihe von Gründen so gierig. RIVALITÄT ist einer und dann sind da NEID, GROLL, Unterhaltung, Zerstreuung ... Wenn sie ehrlich mit sich sind, müssten die meisten Menschen sich sicherlich eingestehen, dass sie einen wenig noblen Anfall von Freude erleben, wenn sie hören, dass der immer so erfolgreiche Arbeitskollege vom Chef eine Abreibung bekommen hat. Wir freuen uns, wenn unsere Konkurrenten auf die Nase fallen, weil wir – möglicherweise fälschlich – annehmen, dass unsere Aktien steigen, wenn deren Aktien fallen. Aus ähnlichen Gründen lieben wir es, über Fehltritte von Prominenten zu lesen. Wenn man nach den Verkaufszahlen der Zeitschriften geht, erfreuen wir uns ja auch sehr an den körperlichen Unzulänglichkeiten der Reichen und Schönen, ihrer Cellulite und den kollabierten Nasenlöchern, ihren Männerbrüsten und krummen Beinen. Und wir können uns kaum ein HÄMISCHES HÄNDEREIBEN versagen, wenn wichtigtuerische Politiker mit runtergelassenen Hosen dastehen – wie tief doch die Mächtigen fallen! –, weil endlich einmal der Spieß umgedreht ist und wir es sind, die sich überlegen fühlen. Es geht nicht allein darum, dass wir eifersüchtig sind und ihre Macht und ihren Erfolg begehren. Wir sind auch wütend, weil wir es sind, die ihnen Bedeutung verliehen haben; ein Teil von uns möchte sie daher bestraft sehen, damit unser *eigener* Status wiederhergestellt wird.

Schadenfreude mag als Gegenteil von EMPATHIE erscheinen, aber auch das Empfinden stellvertretender Trauer über das Unglück anderer kann unmerklich in die Freuden von MITLEID und sogar SELBSTGEFÄLLIGKEIT übergehen. Zudem kennen wir alle Leute, die eine schöne Katastrophe schlicht lieben, solange sie nicht selbst betroffen sind (häufig sind das sogar die, die im Krisenfall am hilfreichsten sind, weil sie nicht durch Unbeholfenheit oder ein Übermaß an MITGEFÜHL gelähmt sind). Dieses ganze aufregende, geschwätzige Drama, die endlosen Telefonate, die Gelegenheit, in der schmutzigen Wäsche anderer herumzuwühlen, sodass man seine eigene nicht zu genau anschauen muss! Elend liebt Gesellschaft, lautet der alte Spruch. Es wirkt beruhigend auf uns. Kaum jemand gibt aber zu, dass er oder sie einen Kick bekommt, wenn er von den falschen Entscheidungen, auf Abwege geratenen Partnern oder undankbaren Kindern anderer Leute hört. Das macht uns bewusst, dass sich nicht nur unsere eigenen Hoffnungen zerschlagen. Sondern die aller anderen auch.

☞ Siehe auch: NEUGIER, MORBIDE NEUGIER

SCHAM

Der griechische Philosoph Plutarch empfand sie als einen der größten Schäden, die unsere Seele erleiden kann. Und für den französischen Philosophen Jean-Paul Sartre war sie wie »eine innere Hämorrhagie«. Wir verachten uns, wenn wir – und das erleben wir alle von Zeit zu Zeit – unseren eigenen Ansprüchen nicht genügen. Wir winden uns bei dem Gedanken, unserer Familie oder Freunden gegenübertreten zu müssen, nachdem wir verhaftet oder als Betrüger entlarvt wurden. Oder bei einer Form von Sex erwischt wurden, die uns nie jemand zugetraut hätte: »Wie sollt ich fürder Gottes Angesicht und das der Engel schauen?«, heult Adam in Miltons ›Das verlorene Paradies‹. »Hüllt mich, ihr Tannen! Cedern hüllt mich ein / Dass ich den Himmel nicht mehr sehen kann!«

Während SCHULD normalerweise als innere Erfahrung gilt,

die dadurch charakterisiert ist, dass man die Stimme des Gewissens *hört*, hat Scham mehr mit einem Gefühl der gesellschaftlichen Verurteilung und dem Schrecken zu tun, *gesehen* zu werden. Wenn wir Scham empfinden, möchten wir unsichtbar werden – für uns selbst wie für andere Leute. Scham macht uns zu begabten Schauspielern. Wenn wir alleine sind, verziehen wir das Gesicht und verkriechen uns unter der Decke. In der Öffentlichkeit machen wir unverdrossen einfach weiter, vermeiden es, anderen in die Augen zu sehen, und hoffen, dass wir unsere Pein hinter einem breiten Lächeln verbergen können. Wenig ist beschämender als die Scham selbst.

In den 1940ern unterschied die Kulturanthropologin Ruth Benedict zwischen »Schuldkulturen« und »Schamkulturen«, ein Ansatz, der noch heute Einfluss hat. Das katholische Phänomen Schuld ist hinreichend bekannt, aber Benedict führte aus, dass alle christlichen Gemeinschaften typische »Schuldkulturen« seien, deren Mitglieder angehalten werden, eine internalisierte, persönliche Schuld zu empfinden, wenn sie den Moralkodex übertreten. Im Gegensatz dazu würden »Schamkulturen« – für Benedict war hier Japan beispielhaft – ihren Status quo durch die Androhung öffentlicher Demütigung und Ausgrenzung erhalten. In einer »Schamkultur«, so Benedict, wird das Gruppeninteresse über das des Individuums gestellt und jene, die hinsichtlich des erwarteten Verhaltens versagen, bringen Unehre nicht nur über sich selbst, sondern auch über ihre ganze Familie.

Heutige Anthropologen weisen zu Recht darauf hin, dass es zu simplifizierend ist, eine ganze Kultur auf eine einzige Emotion zu reduzieren. Doch greifen Journalisten und andere, die versuchen, eine Denkart zu verstehen, die zu Ehrenmorden und rituellem Selbstmord führen kann, immer noch – und manchmal zu schnell – auf das Konzept »Schamkultur« zurück. Die Konsequenz ist, dass Scham plötzlich als etwas Fremdes und

Merkwürdiges erscheint, das nur, oder besonders stark, von Immigranten aus anderen Kulturen empfunden wird, die ihre Leidenschaften nicht fest genug im Griff haben. Aber das ist keine angemessene Reflexion über die Rolle, die Scham in der westlichen Kultur spielt. Denn »Scham und Schande«, so Salman Rushdie, »sind kein ausschließliches Privileg des Ostens«.

Benedict hatte Unrecht, wenn sie das Christentum als Religion charakterisiert, die nur von Schuld dominiert ist: Die Bestrafung mittels Scham hat eine lange Tradition in den christlichen Gesellschaften sowohl in Europa wie auch in den USA. Wer sich etwa im 19. Jahrhundert im puritanischen Neuengland über die strikten Moralkodizes seiner Gemeinde hinwegsetzte, erhielt eine öffentliche Bestrafung, um die Schande noch zu verstärken. Ein Mann und eine Frau, die 1867 beim außerehelichen Sex erwischt worden waren, wurden beide auf den Marktplatz gebracht. Der Mann wurde ausgepeitscht und die Frau wurde gezwungen, »am Pfahl anwesend zu sein ... damit sie in gewissem Maß die Scham für ihre Sünde erleben muss«. Scham wird immer noch als Bestrafung eingesetzt. Wenn Sie Ihre E-Mails durchsehen, fällt es schwer, dem »Klick-Köder« zu widerstehen, der in der Bildschirmecke blinkt: weggeduckte, in Tränen aufgelöste Promis unter Schlagzeilen wie »Meine Drogenschande!« oder »Aufgedeckt!«. In einer Gesellschaft, in der Fotos nahezu augenblicklich in der ganzen Welt verbreitet werden können, ist es denkbar, dass Scham – und das zugehörige öffentliche Event, die Entschuldigung (siehe GEWISSENSBISSE) – wichtiger als je wird, um uns im Zaum zu halten.

Natürlich muss man nicht erst dabei erwischt werden, wie man einen Fünfer aus dem Portemonnaie der Mitbewohnerin klaut, oder in flagranti mit dem verheirateten Nachbarn, um Scham zu empfinden. Es wird einige wenige Menschen geben, die alle Normen und Standards perfekt erfüllen. Doch die meisten tun das nicht. Die meisten schleppen das Gefühl mit sich herum, diese

Standards nicht ganz zu erfüllen, nicht ganz so perfekt zu sein – und so verachten wir uns dafür und lernen, unsere sogenannten »Makel« wie auch die Scham darüber zu verbergen. In den letzten dreißig Jahren sind die Anerkennung und die Wertschätzung von Anderssein zu einem Schlüsselthema in der politischen Debatte in weiten Teilen Europas und in Amerika geworden. Das führte zu einem Wandel, der aber bei weitem nicht alle Gebiete abdeckt. Die Haltungen hinsichtlich Geschlecht, Sexualität, Rasse, körperlichen Behinderungen und weiteren Bereichen unseres Lebens können immer noch Objekt von stillschweigender und manchmal offener Missbilligung sein. Seit den Stonewall-Unruhen 1969 gehen Frauen und Männer unter dem Banner »Gay Pride« auf die Straße. Die Prämisse ist klar: Angesichts von Intoleranz kann man sich nur als ganzer Mensch fühlen, wenn man wahrgenommen wird und wenn man stolz darauf ist.

Neuerdings haben Sexualtheoretiker diese Betonung von STOLZ angezweifelt und sich gefragt, ob dadurch nicht andere Teile homosexuellen Lebens ausblendet werden, die beschämender und sogar würdeloser erscheinen könnten. Sie haben die Bewegung »Gay Shame« initiiert. Ein Vermächtnis davon könnte die Bereitschaft sein, über Scham als wertvolle Emotion zu reden und nicht nur als die zerstörerische, vergiftende, die sie für uns geworden ist. Wenn man seine Identität unter Berücksichtigung von Eigenschaften herausbilden muss, die allgemein missbilligt werden, könnte das darauf hinauslaufen, dass die Existenz von Scham anerkannt – ja sogar gefeiert werden sollte. Wahrscheinlich ist es so, dass wir uns selbst nur dann am deutlichsten erkennen können, wenn wir unsere Schamgefühle beachten und ihre Windungen und Wendungen beobachten. Und wir werden dann entdecken, wie erstaunlich häufig die Person, die wir sein wollen, mit der Person kollidiert, die wir wirklich sind.

☞ Siehe auch: DEMÜTIGUNG

SCHOCK

Im September 1914 kehrten die ersten Soldaten von der Front zurück, die jene Symptome aufwiesen, die später als *shell shock* (wörtlich »Granatenschock«, deutsch »Kriegszittern«) bezeichnet wurden. Mit »ihrem Stammeln und zusammenhanglosen Reden«, ihren zuckenden Gesichtern und dem taumelnden Gang stellten sie die Ärzte vor das Problem, eine Erklärung und Behandlungsmöglichkeiten zu finden. Der Psychologe Charles Myers leistete hier Pionierarbeit: Ursache der merkwürdigen Symptome waren ihm zufolge Granatenexplosionen in nächster Nähe, die dazu führten, dass das Gehirn im Schädel herumgeschleudert und mit mikroskopischen Läsionen übersät wurde. Andere Militärpsychologen meinten, dass der Stress des Lebens im Schützengraben – mit der ständigen Todesangst und den grauenhaften Traumata – die Widerstandskraft der Soldaten unterminiert habe, sodass sie der Hysterie anheimfielen, einem emotionalem Zustand mit psychosomatischen Symptomen. Wie auch immer, diese Form des Schocks drohte eine ganze Generation junger Männer zu taumelnden, stotternden Schatten ihrer selbst zu machen.

Geschockt zu werden – vom französischen *choquer*, anstoßen, schlagen – bedeutet, dass einen etwas Unangenehmes plötzlich zum Stillstand bringt. Zusammenstöße, Angriffe, unerwartete Nachrichten: all dies kann bewirken, dass man die Welt nicht mehr als sicheren Ort begreifen kann. Man kann es gar nicht glauben, man versteht nicht, was da geschieht. Ein Schock kann rasch zu Sprachlosigkeit und Erstarrung führen. Manche sagen, Schock sei eine Art psychischer Anästhesie, die uns hilft, eine schreckliche Situation zu überleben. Doch wenn die Betäubung nachlässt, hallt das, was uns schockiert, nach, erscheint in unseren Träumen, beeinflusst unsere Gewohnheiten, sogar unsere

Erwartung, wie sich andere uns gegenüber verhalten sollten – und das manchmal für das gesamte restliche Leben.

Die Vorstellung, dass ein schwerer Schock zu einer tiefen und dauerhaften psychischen Wunde werden kann, ist relativ neu. Als das Wort »Schock« vor rund 400 Jahren im Englischen erstmals benutzt wurde, war es ein militärischer Begriff, der das Aufeinandertreffen heranstürmender Turnierkämpfer oder den Zusammenstoß von Armeen beschrieb. In Shakespeares ›Richard III.‹ ist von einer bevorstehenden Schlacht als einem »Schock der Waffen« die Rede. Erst im 18. Jahrhundert begann man in England davon zu sprechen, dass der Geist heftig angegriffen worden sei – wie auf einem Schlachtfeld. Und wenn man früher gesagt hatte, dass man »zu Tode erschrocken« war, wurde es nun zu »geschockt sein«. Dabei war leicht geschockt zu werden für einige in jener Zeit sogar etwas, worüber man stolz war.

Das medizinische Verständnis des menschlichen Körpers und Geistes erlebte im 18. Jahrhundert eine Revolution. Das war auch der Pionierarbeit des Londoner Arztes und Anatoms Thomas Willis zu verdanken. Er sezierte und untersuchte die Leichen gehenkter Straftäter und erklärte, dass der Körper nicht durch merkwürdige Säfte belebt würde, sondern durch ein feines Geflecht von Nerven und Fasern unter der Haut. Dieses Netzwerk würde die Lebensgeister vom und zum Gehirn leiten und so wiederum den übrigen Körper beleben, etwa die Augenlider vor Schreck aufspringen oder die Wangen vor Entzücken rosig werden lassen. Die äußere Welt beeinflusste die innere ebenfalls über diese Fasern: Man dachte, die Nerven – und vor allem jene kordelähnlichen Strukturen, die das Herz umgaben und als »Herzfasern« bekannt waren – würden im Zustand der Anspannung zittern und bei der leisesten Berührung pulsieren und mitschwingen.

Im Gefolge von Willis' Arbeit sprachen Ärzte nicht mehr vom Ungleichgewicht der Säfte, wenn es um starke emotionale

Reaktionen ging, sondern vermehrt vom Zustand der Nerven einer Person. Frauen, Künstlern und Angehörigen der Oberschicht, deren Körper nicht durch harte Arbeit belastet war, wurde ein besonders feinfühliges und sensibles Nervensystem zugeschrieben – ein erstrebenswertes Merkmal in dieser Epoche. Daher besitzen solche Menschen auch, so glaubte man, eine überlegene ästhetische Sensibilität, einen feineren Sinn für Moral und die Fähigkeit, die Gefühle anderer zu erahnen (siehe EMPATHIE, EKEL). Aber diese sensiblen Persönlichkeiten mussten auch vorsichtig sein: Der Schock aufgrund einer unerwarteten Neuigkeit oder eines grausamen Anblicks könne so mächtig auf dem Instrument ihres Körpers widerhallen, dass Wahnsinn die Folge sei. In Johann Wolfgang Goethes Roman ›Die Leiden des jungen Werther‹ schleudert der Schock, erfahren zu müssen, dass seine Angebetete mit einem anderen verlobt ist, den Titelhelden in ein mentales Chaos. Ein hereinbrechendes Gewitter tut sein Übriges. »Es ist natürlich, wenn uns ein Unglück oder etwas Schreckliches im Vergnügen überrascht, dass es stärkere Eindrücke auf uns macht als sonst, teils wegen des Gegensatzes, der sich so lebhaft empfinden lässt, teils und noch mehr, weil unsere Sinne einmal der Fühlbarkeit geöffnet sind und also desto schneller einen Eindruck annehmen.«

Den Begriff »Kriegszittern« für eine psychische Verletzung haben die Ärzte schon lange aufgegeben und sprechen stattdessen von posttraumatischer Belastungsstörung. Heute beschreibt der medizinische Gebrauch des Wortes »Schock« meist einen lebensbedrohlichen Zustand aufgrund von Blutverlust oder einer allergischen Reaktion: Der Blutdruck sackt ab, die Atmung wird flach und die Haut kalt und mit Schweiß bedeckt. Dadurch, dass der Schock sich im 20. Jahrhundert als rein physiologische Reaktion konsolidiert hat, fällt es uns leichter, über den emotionalen Schock als etwas Geläufiges zu sprechen. Er kann sogar eine

Note von Verwöhntsein bekommen, als etwas, das am ehesten Menschen mit einem kleinen Erfahrungshorizont oder besonders nervösen Typen widerfährt. Ein unhöflicher Autofahrer, ein unverschämter Nachbar kann den Schock der Empörung auslösen (siehe BELEIDIGTSEIN). Oder es ist ein Schock der Entrüstung und Verständnislosigkeit, wenn unsere Erwartungen heftig enttäuscht wurden: *Wieso konnten sie das tun?* Der Mund schnappt auf und zu wie bei einem Fisch. Der Kopf versucht, das Ganze zu verarbeiten. Den Künstlern und Intellektuellen des 18. Jahrhunderts, die so stolz darauf waren, leicht geschockt werden zu können, wäre diese Reaktion vielleicht sogar erstrebenswert erschienen. Im Gegensatz dazu hoffen heutige Künstler eher, ihr Publikum zu schockieren – und zeigen sich selbst deshalb als durch nichts zu schocken.

☞ Für weitere militärische Emotionen siehe: HEIMWEH

☞ Siehe auch: FURCHT, TRAUER

SCHRECKEN

»Wenn das Licht ausgeht und man spürt etwas hinter sich, man hört es, spürt seinen Atem am Ohr, aber wenn man sich umdreht, ist da nichts …«

So antwortete Stephen King, als man ihn bat, zu beschreiben, was Schrecken sei. Schrecken ist heftiger als ein unheimliches Gefühl, unmittelbarer als Bedrohlichkeit, weniger mit Blut und Ekel verbunden als Grauen, wir verspüren ihn angesichts einer nicht fassbaren, unsichtbaren Bedrohung und er lässt uns steif werden und zur Salzsäule erstarren. Der italienische Arzt Angelo Mosso, der im 19. Jahrhundert lebte und viel Zeit damit verbrachte, die physiologischen Reaktionen auf unterschiedliche Arten von Furcht zu untersuchen, beobachtete bei Soldaten: »Eine der schrecklichsten Wirkungen ... ist die Lähmung, welche uns an der Flucht und Verteidigung hindert. Die Geschichte der Schlachten und Gemetzel ... ist voll von furchtbaren Begebenheiten, wo das Entsetzen sogar den Instinkt der Flucht in seinem Opfer erstickte.«

Die Dichter und Philosophen der Romantik waren vom Schrecken fasziniert. Für den Schweizer Maler Johann Heinrich Füssli war das Ziel ernsthafter Künstler, Schrecken zu erzeugen. »Die Axt, das Rad, das Sägemehl und das blutbefleckte Laken« verursachten bloß Übelkeit, schrieb er. Dagegen sei Schrecken, wie beim mittelalterlichen Konzept der »Ehrfurcht«, eine erhöhende, sogar reinigende Emotion (siehe FURCHT). Füsslis Gemälde ›Der Nachtmahr‹ (1781), das einen Alb zeigt, der auf der Brust einer leblosen Frau hockt und mit runden Augen aus der Leinwand starrt, sollte die Betrachter nach Luft ringen lassen. Aber es waren nicht nur Kobolde und Dämonen, die Schrecken verbreiteten. Laut dem Philosophen Edmund Burke konnten auch gewaltige zerklüftete Landschaften Wanderer überwältigen und Schrecken und Staunen in ihren Herzen entfachen. So wie Wordsworth es in ›Das Präludium‹ formulierte: »... großerhabne Formen, deren Leben / Nicht nach des Menschenlebens Weise ist ... waren nachts im Traume mir Bedrückung.«

Auf den ersten Blick scheint viel von diesem reichen poetischen Erbe aus der heutigen politischen Rhetorik, in der Schrecken eine zentrale Rolle spielt, verschwunden zu sein. »Es ist nur natürlich, sich zu fragen, ob die Zukunft Amerikas von Furcht bestimmt sein wird«, sagte George W. Bush in einer Rede vor dem Kongress nach dem 11. September 2001. »Manche sprechen von einem Zeitalter des Terrors.« Das steht in krassem Gegensatz zur Antrittsrede zur ersten Amtszeit von Franklin D. Roosevelt 1933, als er warnte: »Das Einzige, was wir zu fürchten haben, ist die Furcht selbst.« Das Schlagwort »Krieg gegen den Terror« weckt ein Gefühl der Bedrohung. Vielleicht war das die Absicht der Redenschreiber, die sich diese Formulierung ausgedacht haben. Wenn Sie gesagt bekommen, dass ein Szenario des Schreckens Sie bedroht, fühlen Sie sich gleich viel eher eingeschüchtert und überwältigt. Wenn man mit vagen, schwer fassbaren Kräften konfrontiert wird – ein Virus in einem Briefumschlag oder auf einer Website –, erscheint Selbstverteidigung zwecklos und der Schrecken lässt erstarren.

Das ist der Punkt, an dem wir, wie Mossos von Schrecken erfüllte Soldaten, stumm werden und zur Salzsäule erstarren. Und es kann so weit kommen, dass wir nicht widersprechen können, wenn jemand anderes in unserem Namen Vergeltung üben will.

↪ Siehe auch: BEDROHLICHKEIT, FURCHT

SCHULD

Stellen Sie sich Oscar Madisons Zwangslage in Gene Saks Verfilmung von Neil Simons Broadway-Hit ›Ein seltsames Paar‹ vor. Er nimmt seinen Freund Felix Ungar auf, der selbstmordgefährdet ist, weil ihn seine Frau rausgeworfen hat. Aber Felix nörgelt und jammert rum, putzt und wischt die ganze Zeit. Er besteht sogar darauf, Untersetzer zu benutzen! Er macht Oscar, der »geschieden, pleite und schlampig« ist, das Leben zur Hölle. Oscar hat die Nase voll und wirft Felix ebenfalls raus. Doch Felix rächt sich auf seine spezielle Weise, die einen in Verzweiflung treiben kann:

Felix: Denk dran, du bist verantwortlich dafür, was mit mir passiert. Das wird dir zur Last gelegt … Entweder komme ich und hole meine restlichen Sachen, oder jemand anderes wird es tun.

Oscar (blockiert die Tür): Du gehst nirgendwo hin, ehe du das nicht zurücknimmst.

Felix: Nehme was zurück?

Oscar: »Das wird dir zur Last gelegt«. Was zum Teufel ist das? Der Fluch der Katzenmenschen?

Felix' Rache bürdet Oscar eines der im 20. Jahrhundert am meisten gefürchteten Leiden auf: Schuld. Sie ist der Fluch unserer Zeit.

Es sollte eigentlich eine einfache Transaktion sein: Wir übertreten Regeln und empfinden daraufhin eine beklemmende SCHAM, wir fürchten unsere Bestrafung und spüren eine KLAUSTROPHOBIE, wenn wir uns die vorwurfsvollen Blicke und die kaum verhüllte Kritik vorstellen. Da dies unerträglich ist, beeilen wir uns, den Schaden wiedergutzumachen. Wenn wir Glück haben, werden unsere – mehr oder weniger geschickten – Versuche zu büßen akzeptiert und das Schuldgefühl lässt nach (oder wir erleben sogar den Gefühlskick der Absolution!). Schadenersatz ist der Kernpunkt der Angelegenheit. Schuld verlangt, dass wir unsere Schulden zurückzahlen.

Doch so einfach ist es nie. Moralkodizes werden nicht von allen anerkannt und noch weniger das Verhalten, das nötig ist, um Wiedergutmachung zu leisten. In der Vergangenheit tauchte Schuld gar nicht bei den Auflistungen von Gefühlen auf. Das Wort beschrieb die Tatsache einer Verantwortlichkeit, kein Gefühl – obwohl GEWISSENSBISSE und Zerknirschung immer weit oben standen. Was in unserer Zeit als Schuld gilt, ist ein makabres Gefühl von Stagnation, eine ungute Empfindung, die immer wieder hochkommt. Und es wird von der Angst begleitet, zu übertreiben oder im Unrecht zu sein. Das macht es möglich, dass wir einerseits davon sprechen können, uns schuldig zu fühlen, und im gleichen Atemzug andeuten, nichts Falsches getan zu haben (Letzteres ist dann mehr eine Beschwörung: »Mach mir keine Schuldgefühle!« oder ein Versuch, die gegenteilige Behauptung herauszulocken: »Aber ich habe solche Schuldgefühle!«). Das andere Extrem sind Schuldgefühle, die nicht abgearbeitet werden können, weil nicht klar ist, wieso man sie überhaupt hat – die Schuld, der einzige Überlebende eines Autounfalls zu sein oder eine Auszeichnung bekommen zu haben und der ebenso begabte Kollege nicht; die Schuld, die Kinder empfinden, weil sie glauben, sie seien für die Scheidung der Eltern verantwortlich. Manche Leute übernehmen zu wenig Schuld, andere zu viel. Und manche lassen sich Schuld aufhalsen.

Diese moderne Sichtweise von Schuld als einem Gefühl, das verdreht und weitergegeben werden kann, kam Ende des 19. Jahrhunderts in den Schriften von Sigmund Freud zutage. Es beginnt mit einem Traum, den Freud 1895 hatte. Tagsüber hatte Freuds Freund »Otto« (der Arzt Oscar Rie) ihn besucht und sie hatten über eine Patientin namens Irma gesprochen, die beide behandelten. Freud hatte bei Irma Hysterie diagnostiziert und hielt ihre Symptome für psychosomatisch, doch Rie berichtete, sie mache keine Fortschritte. Das ließ Freud mit einem ungutem Gefühl zurück. Wollte Otto andeuten, dass Freuds psychoanalytische Behandlung nicht wirkte? In der Nacht träumte Freud, er würde Irmas Hals untersuchen und lauter weiße Flecke entdecken. Als Ursache vermutete er eine Spritze, die Otto Irma gegeben hatte. Otto war offenbar nachlässig gewesen und hatte die Nadel nicht richtig sterilisiert. Als Freud am nächsten Morgen erwachte, wurde ihm klar, dass er Otto die Schuld daran gegeben hatte, dass Irmas Genesung keine Fortschritte machte. Er betrachtete seinen Traum als Form von »Wunscherfüllung« und erkannte erst dadurch, dass er irgendwo in seinem Kopf fürchtete, Irmas andauernde Krankheit sei sein eigenes Verschulden.

In Freuds späteren Schriften begegnet uns Schuld als ein Gefühl, das wir unbedingt vermeiden wollen – ein Gefühl, das das Ich, das einen so großen Wunsch nach Perfektion hat, immer gern versteckt. Freud legte dar, dass die Schuld selbst im Über-Ich zu lokalisieren ist. Das Über-Ich ist ein strafender Teil des Bewusstseins, das die autoritären – und oft übertriebenen – Forderungen der Eltern internalisiert hat und sie immer und immer wiederholt (Freud sagte dazu, dass das Über-Ich den »Charakter des Vaters« bewahre). Freud nahm damit das alte Modell wieder auf, nach dem Schuldgefühle die Konsequenz des Verstoßes gegen eine mächtige Autorität sind, aber an die Stelle von Gott setzte er die wütenden Eltern, das Schreckgespenst der Kindheit. Wenn wir älter werden, verspüren wir das Verlangen, diese tyrannische Forderung abzulehnen oder ihr nicht zu gehorchen. Doch sie bricht sich immer wieder Bahn, nicht selten in merkwürdigen Träumen oder in einem übertriebenen Bedürfnis, etwas wiedergutzumachen. Das kann dazu führen, anderen Leuten Schuld aufzuhalsen. Wir sind so sehr bemüht, die unangenehmen Forderungen unseres eigenen schlechten Gewissens zu vermeiden, dass wir die Schuld auf andere verlagern, insbesondere jene, denen wir verübeln, dass sie uns unsere Unzulänglichkeiten vor Augen halten – in Freuds Fall sein Freund Otto, in dem von Felix sein Freund Oscar.

Freuds Vorstellungen führten zu einem neuen Diskurs über Schuld. Die Phrase, einen »Schuldkomplex« zu haben, wurde Anfang des 20. Jahrhunderts zur Modediagnose und formt die Debatten über Depression und Angst immer noch. Wie Alfred Adler, einer der frühen Architekten der Psychotherapie, 1927 formulierte, ist der Schuldkomplex eine Kombination aus Selbstanklage und Bereuen, die nach »Überlegenheit« hinsichtlich der »unnützlichen Seite des Lebens« strebt. Auch die Schuld selbst, mit ihrer sirrenden Besessenheit von Selbstbestrafung und Vorwürfen, sei eine Art von Vermeidung, ein sich Drücken vor dem Nützlichsein: Wir fühlen uns schuldig statt zu tun, was wir, wie wir wissen, tun sollten. Diese Adlerianische Sicht von Schuld als Form der Stagnation oder Verhinderung hatte großen Einfluss auf die moderne Selbsthilfebewegung, in der Schuld als Feind von Produktivität wie auch Selbstverwirklichung gesehen wird. Wenn man so sehr damit beschäftigt ist, für eine Schuld zu büßen, die man sich eigentlich gar nicht aufgeladen hat, hat man wenig Zeit, sich am Leben zu erfreuen.

Kann Schuld also je zum Verschwinden gebracht werden? In ›Ein seltsames Paar‹ zeigt eine improvisierte Zeremonie zwischen Oscar und Felix den eher irrationalen Bestandteil unseres Wunsches nach Vergebung. Zum versöhnlichen Schluss der Geschichte wedelt Felix mit der Hand über Oscars Kopf (»Ich nehme den Fluch hinweg«). Oscar mag sich darüber lustig machen und Felix als »Böse Hexe des Nordens« bezeichnen, doch demjenigen, der die ganze Nacht mit dem Schlimmsten rechnend durch New York gefahren ist, um Felix zu suchen, und sich ausgemalt hat, welche Schuld auf ihm lasten wird, steht zweifellos Erleichterung ins Gesicht geschrieben.

Die meisten haben nicht diese Chance, zum Ursprung der Schuld zurückzukehren und darum zu bitten, sie von uns zu nehmen. Vielleicht sind die Menschen tot, die für sie verantwortlich sind. Vielleicht sind wir zu sehr gedemütigt, um mit ihnen Kontakt aufzunehmen. Vielleicht befürchten wir, dass ein Gespräch sowieso keine Lösung bringen, sondern nur alte Wunden aufreißen und zu noch mehr Schuldgefühlen führen würde. Stattdessen stecken wir in endlosen Selbstgesprächen fest. War es mein Fehler? Oder ihrer? Sollte ich mehr Verantwortung dafür übernehmen? Oder weniger? Sind die Menschen, die unsere Schuldgefühle auslösen, eine Art Engel (»Wie konnte ich sie nur verletzen? Sie war doch immer nur nett zu mir!«) oder schamlose Manipulierer mit unerreichbaren Maßstäben?

Die Wahrheit liegt wie immer irgendwo in der Mitte. Die kognitive Verhaltenstherapie empfiehlt, das Verhältnis mittels eines »Schuld-Tortendiagramms« zu visualisieren, um sich selbst das Ausmaß zu demonstrieren, in dem man sich für die schlimmen Ereignisse verantwortlich fühlt. Doch auch wenn wir die Sprechzimmer der Therapeuten in der Hoffnung betreten mögen, dass sie uns wie bei der Beichte Absolution erteilen oder mit einem zeremoniellen Handwedeln unsere unangenehmen Schuldgefühle ausmerzen, ist klar, dass ein guter Therapeut das Ziel weit niedriger setzt. Es kann weniger darum gehen, Schuld ganz verschwinden zu lassen, als vielmehr darum, sich mit ihrem Hintergrundrauschen zu arrangieren.

☞ Zu weiteren Gefühlen, die mit Schuld verbunden sind, siehe: ANTIZIPATION, DANKBARKEIT

☞ Siehe auch: GEWISSENSBISSE

SEHNSUCHT

*Schon lange hatte ich mich nicht mehr
nach irgendetwas wirklich gesehnt,
und die Wirkung auf mich war entsetzlich.*
– SAMUEL BECKETT, »DAS ENDE«

Sie beginnt mit einem leichten Prickeln. Vielleicht einem flüchtigen Rachegedanken. Einem Hauch von Anziehung. Wir schütteln sie ab, aber sie kriecht wieder hoch. Sie kann sich gefährlich anfühlen und verlockend, aber auch frustrierend. Solange sich ihr kein Hindernis in den Weg stellt, ist Sehnsucht nur ein vorübergehender Zustand, der sich bei Sättigung rasch auflöst. Doch was ist mit dem Verbotenen, dem, das uns versagt wird, dem, das knapp außerhalb unserer Reichweite glitzert? Die Geschichte unserer Sehnsüchte ist die Geschichte davon, wie wir uns in ihnen verlieren.

Sei es die Sehnsucht nach einer Person, nach einem Objekt oder etwas Immateriellem wie »Ruhm« oder »Ehre«, es hat Menschen immer wieder irritiert, wie der Wunsch oder das Begehren nach etwas von uns Besitz ergreifen kann. Im Mittelalter wurden die Gottesdienstbesucher davor gewarnt, Sehnsüchte nach Verbotenem zu nähren – sie war die innere Sünde der *delectatio morosa*, der Lust am sündigen Gedanken (wörtlich: ergötzender Aufschub). Die verbotenen Gedanken konnten alles Mögliche sein – vom Hass auf einen Nebenbuhler bis zum Wunsch, eine Verletzung zu rächen. Aber die häufigste – und betörendste – Form war, sich von der sexuellen Versuchung vereinnahmen zu lassen. Zu Beginn der viktorianischen Zeit sprach man von der Krankheit der »Monomanie«, wenn alle Gedanken um eine fixe Idee kreisten: Kapitän Ahabs Verlangen, Moby Dick zu töten, oder Heathcliffs Fixierung auf »sein entschwundenes Idol« Cathy. Eine Monomanie konnte Menschen geistig verwirren und sogar dazu führen, dass sie Körper und Gesundheit vernachlässigten. Im 20. Jahrhundert legte der Philosoph Georges Bataille dar, dass nicht allein die Person, die von der Sehnsucht verzehrt wird, unter dem Gewicht des obsessiven Bedürfnisses verschwindet. Die Person oder das Objekt der Sehnsucht löst sich auch allmählich auf, scheint zu verschwinden und wird durch einen schimmernden »Todeshof« ersetzt, so Bataille, »und es ist unmöglich zu sagen, ob es sich um Entsetzen oder Anziehung handelt« (siehe MORBIDE NEUGIER).

Es ist verständlich, wenn Sie meinen, dass wir heute die Idee überwunden haben, Sehnsüchte seien etwas, das sowohl uns als auch den Dingen oder Personen, die wir begehren, nicht zusteht. In einer Kultur, die von der Vorstellung der Selbstverwirklichung besessen ist, gilt das Verfolgen seiner innigsten Absichten als anspornend und wichtig (siehe BEFRIEDIGUNG). Wenn es um Sex geht, könnten wir das 20. Jahrhundert als ein Zeitalter betrachten, in dem Begehren von der Scham und der Verworrenheit religiöser Sünden befreit wurde, und daraus folgern, dass sexuelles Begehren zu etwas Alltäglichem geworden ist und nicht mehr so sehr etwas ist, das uns bezaubert oder in dem wir versinken. Sexualforscher des 20. Jahrhunderts, etwa Alfred Kinsey und das Duo William H. Masters und Virginia E. Johnson, machten es sich zur Aufgabe, sexuelle Sehnsüchte davon zu befreien, sie mit Verstößen gegen Verbote zu assoziieren, und machten Sexualforschung zu einer respektablen Wissenschaft mit weißen Kitteln und Laboren. In ihren Studien und anderen, die folgten, wurde Sehnsucht mit einem körperlichen Appetit gleichgesetzt, vergleichbar mit Hunger oder Durst. Indem es den Sexualtrieb als ebenso natürlich und unvermeidlich wie den Bedarf an Essen oder Schutz darstellte, führte dieses Modell auch zu einer Simplifizierung. Denn so entstand das Bild einer einfachen Kette von Auslösern und Beweggründen, die emotionale Sehnsucht mit körperlicher Erregung und leidenschaftliche Vertrautheit mit genitaler Befriedigung verknüpfte. Aber so funktioniert Sehnsucht einfach nicht. Erregung kann sich auch einstellen, wenn Sie keine Sehnsucht verspüren. Und ein Verlangen führt nicht immer zu einem befriedigenden Ende. Sehnsucht ist mehr als ein biologischer Instinkt und bewegt sich auf kreisförmigen Wegen durch die Phantasie: Sie ist sonderbar und sondert uns auch ab.

Dass die Sehnsucht sich so entsetzlich anfühlen kann, wie Beckett es darstellte, liegt vielleicht daran, dass sie der Angst so nah ist. Und so mögen die Versuche von Theologen, Ärzten und sogar Sexualforschern, unsere Sehnsüchte als etwas darzustellen, was wir nicht selbst beeinflussen können – etwas, das der Teufel geschickt hat, als Produkt eines kranken Geistes oder als einen biologischen Instinkt, den uns Jahrtausende der Evolution eingepflanzt haben –, dem geschuldet sein, wie unangenehm Sehnen sein kann. Vielleicht ängstigen uns auch unsere Triebe, weil sie dazu führen können, dass wir auf Abwege geraten, unsere Liebsten verletzen und den Status quo sprengen. Vielleicht befürchten wir, das ersehnte Objekt zu idealisieren, und haben Angst vor dem Aufruhr, den wir schaffen: Wir klammern uns an jene, die wir begehren, und verstoßen sie. Anbetung und Verachtung wechseln sich ab. Was Sehnsucht unter anderem so schwer erträglich macht, sind die FRUSTRATION und ENTTÄUSCHUNG, die so oft mit ihr einhergehen. Etwas versteckter wirkt dabei wohl die SCHAM: Die Art, wie wir uns nach jemandem sehnen, gibt etwas von uns preis, zwingt uns zuzugeben, dass uns etwas fehlt, dass es etwas gibt, das wir noch nicht haben und nicht leicht bekommen können.

☞ Siehe auch: *MAN*, VERWUNDBARKEIT

SELBSTGEFÄLLIGKEIT

Wenige Figuren in der englischen Literatur sind so selbstgefällig wie Emma Woodhouse, die Heldin von Jane Austens Roman ›Emma‹. Sie ist »schön, klug und reich« und nichts bereitet ihr mehr Vergnügen als ihre eigenen beeindruckenden Leistungen. Besonders entzückt ist sie über ihren jüngsten Erfolg beim Verkuppeln. »… so viele Leute sagten, Mr. Weston würde niemals wieder heiraten«, sagt sie, aber ich habe »die Heirat selbst vermittelt« und ich habe »recht behalten«. Sie setzt ihre verzückte Betrachtung immer weiter fort. »Ich habe diese Heirat ... geplant« und wurde »mit einem solchen Erfolg gesegnet«. Schließlich hält es Mr. Knightley nicht mehr aus. »Sie haben einfach eine glückliche Eingebung gehabt; und das ist alles, was darüber zu sagen ist.« Aber Emmas Selbstbeweihräucherung kennt keine Grenzen: »Und haben Sie nie das Vergnügen und den Triumph einer glücklichen Eingebung kennengelernt? Dann tun Sie mir leid.«

Das rosenwangige Leuchten vor lauter eigener BEFRIEDIGUNG. Ding! Die SIEGESFREUDE einer gewonnenen Redeschlacht. Ding! Das ENTZÜCKEN – mit einer Extraprise VERACHTUNG –, wenn der Konkurrent fällt und man die eigene Überlegenheit spürt. Ding! Ding! Ding! Kein Wunder, dass Selbstgefälligkeit ein so unwiderstehliches Gefühl ist. Mit seinem Aufblitzen eines triumphierenden Grinsens ist es eine wohltuende Oase in einer Welt der Fehler und Entschuldigungen, ein kleiner Moment vollkommenen Rechthabens, eine gepflegte, glatte, glänzende Gefühlsplakette (das englische Wort »smug« oder »smugge« bezeichnete ursprünglich eine saubere, adrette Erscheinung, erst ab Mitte des 19. Jahrhunderts kam auch die Bedeutung »eingebildet« hinzu). Selbstgefälligkeit fühlt sich so ununterdrückbar schön an, dass man meinen sollte, wir würden am liebsten alle den ganzen Tag von Kopf bis Fuß darin eingehüllt herumlaufen. Welch ein Jammer, dass sie von allen anderen abgelehnt wird.

☞ Siehe auch: GLÜCK, HASS

SELBSTMITLEID

Er bläst Trübsal. Er schmollt. Er hockt in der Ecke, der Kopf hängt zwischen den Knien aus glänzendem gebürsteten Stahl. Der depressive Roboter Marvin aus Douglas Adams Roman ›Per Anhalter durch die Galaxis‹ ist mit der neuesten Technologie namens Echtes Menschliches Persönlichkeitsbild (EMP) programmiert. Sein Ärger über seine Mitreisenden wird nur noch durch seine grimmige Überzeugung übertroffen, dass man ihn falsch behandelt und missversteht.

Der Philosoph Max Scheler schrieb, dass Selbstmitleid eine Glanzleistung der Vorstellungskraft verlange: Mit einer phantasievollen Verdoppelung müssen wir uns neben uns stellen. Die Person – oder der Roboter –, die sich selbst bemitleidet, betrachte sich selbst als jemand anderen, so Scheler. Sie blickt herab auf ihr hilfloses Selbst, vergießt eine Träne ob der Ungerechtigkeit *ihrer* jämmerlichen Situation. Wenn wir uns auf diese Weise in zwei Ichs aufteilen, erscheint Selbstmitleid als ziemlich wohltuende Emotion: Laufen die Dinge nicht so, wie wir wollen, fühlt sich die eine Hälfte der anderen überlegen und erfreut sich der ERLEICHTERUNG, die das Bemitleiden anderer mit sich bringen kann.

Manchmal ist Selbstmitleid kaum mehr als ein kurzes und erfreuliches Verwöhnen, eines, das wir ruhig genießen dürfen. Dann wird es langweilig und wir bewegen uns weiter. Doch manchmal bleiben wir wie Marvin im Gefühl der Ungerechtigkeit stecken. Und das isoliert uns auch, denn Selbstmitleid verengt unseren Horizont so extrem, dass wir uns unmöglich noch vorstellen können, welchen Standpunkt andere einnehmen und dass sie vielleicht auch zu kämpfen haben. Das ist der Punkt, an dem die Verachtung, die dem Mitleid zugrunde liegt, wirklich zutage tritt: Wir verabscheuen uns dann selbst, hoffen nicht mehr auf Besserung und können auch keinen anderen ertragen.

Frustrierte Familien und Freunde haben auf alle möglichen Weisen versucht, geliebte Menschen den Fängen langfristigen Selbstmitleids zu entreißen. Üblicherweise geschieht das in Variationen zum Thema »Schau, wie gut es dir geht« – wonach es allen bloß noch schlechter geht. Ein Vorgehen, das vielleicht Erfolg bringt, wird in neueren Forschungen zum Thema Altruismus empfohlen: Ermutigen Sie Ihren geliebten depressiven Roboter, nach dem Zufallsprinzip Fremden (oder Aliens) kleine Nettigkeiten zu erweisen. Dann entdeckt er vielleicht seine Mitgefühlsmuskeln wieder – und bedenkt sich dann auch selbst wieder mit ein wenig Nettigkeit.

☞ Siehe auch: MITGEFÜHL, MITLEID

SELBSTVERTRAUEN

In den düsteren 1930er-Jahren zu Zeiten der Weltwirtschaftskrise gab es einen Typus, der mit Witz, Charisma und seinem Überlebenstalent allen Widrigkeiten zu Trotz die Phantasie der amerikanischen Öffentlichkeit fesselte: der smarte Hochstapler. Schwindelnd und tricksend fand er – und manchmal auch sie – den Weg auf die Kinoleinwände sowie auf die Buchseiten von Krimis und bezauberte und ängstigte das Publikum gleichermaßen.

»Der Hochstapler ist der Aristokrat unter den Gaunern«, stellte der eindeutig für ihn eingenommene Professor David Maurer fest, als er 1940 über die Geheimnisse der Hochstapelei schrieb. »Hochstapler sind keine Betrüger im herkömmlichen Sinn. Sie sind höflich, raffiniert und gewieft.«

Selbstvertrauen hat immer etwas Blendendes. Wir verspüren einen Hauch von Neid in Gegenwart von Menschen, die mühelos in eine Party eintauchen, Hände schütteln, alle wichtigen Leute für sich einnehmen (jeder lacht über ihre Witze!). Doch auch wenn das Fehlen von Selbstzweifeln bei anderen eine so große Ausstrahlungskraft hat – vielleicht durchsetzt mit einem leisen Zweifel, ob man ihnen trauen kann –, das eigene Selbstvertrauen ist ein flüchtiges Phänomen, es geht genauso schnell verloren, wie es gefunden wird. Das lateinische Wort dafür, *confidentia*, von dem sich auch der englische Begriff *confidence* ableitet, setzt sich aus den Wörtern *cum* (mit) und *fides* (Glauben) zusammen. Dabei ging es eher um das Vertrauen auf göttliche Hilfe: Ein Zeichen am Himmel oder ein visionärer Traum verliehen Mut für geplante Unternehmungen und brachten die segensreiche Erwartung, dass sich alles zu den eigenen Gunsten entwickeln würde. Es war die Sache göttlichen Wohlwollens. Man hatte es nicht unter Kontrolle.

Und uns quält heute noch der Verdacht, dass sich Selbstvertrauen unserer Kontrolle entzieht. Man weiß, wie man mit dem Rad eine scharfe Kurve fahren kann, in welchem Winkel man den Papierball in den Abfallkorb werfen muss, wann man zur Pirouette auf den Rollerskates ansetzen muss, damit es nicht zu einem peinlichen Sturz kommt. Aber man kann nicht genau erklären, warum und wieso. »Lass dein bewusstes Sein los«, sagt Obi-Wan Kenobi zu Luke Skywalker, als er ihn die Nutzung der Macht lehrt. »Handle nach deinem Instinkt.« Wenn sogar ein künftiger Jedi-Meister darum kämpfen muss, nicht zu viel nachzudenken, können Sie darauf wetten, dass wir normalen Sterblichen das erst recht tun.

In den 1950ern fragten sich amerikanische Psychologen, ob man dem Geheimnis des Selbstvertrauens auf den Grund gehen könne. Der Schlüssel schien das Denken an sich zu sein. In den

1970ern verkündeten Selbsthilfegurus schließlich, dass der einzige Unterschied zwischen einem selbst und der charismatischen Person, der sich alle Türen weit öffnen, Selbstvertrauen sei. Und wie würde man das erlangen? Man solle sich selbst mit einem Trick hereinlegen, indem man ein wenig magisches Denken einsetze: »Fake it till you make it« (Tu als ob, bis du es kannst). Dieses Mantra wurde vom Durchsetzungstraining bis zu den Anonymen Alkoholikern übernommen. Zeugt das nicht von einer gewissen Geringschätzung anderen gegenüber, wenn wir die Leute glauben machen, wir hätten mehr Vertrauen in unsere Fähigkeiten, als es tatsächlich der Fall ist? Wenn es so stimmt, dann hat der Hochstapler sein Ziel erreicht. Nicht zuletzt deshalb, weil dieses Mantra uns glauben lassen könnte, dass Selbstvertrauen allein ein sinnvoller Ersatz für Kompetenz wäre (siehe FREMDSCHÄMEN).

In jüngster Zeit sind Psychologen eher zu dem Schluss gekommen, dass das geheuchelte Selbstvertrauen uns nur mehr Selbstzweifel beschert: Am Ende fühlen wir uns dann gleichzeitig wie ein Betrüger und wie dessen Opfer und sind unsicher, ob wir uns überhaupt trauen dürfen. Studien haben gezeigt, dass wir, wenn wir ständig vorgeben, jemand anderes zu sein, das Vertrauen in die Fähigkeiten, die wir *haben*, verlieren – oder aber Angst haben, dass man uns auf die Schliche kommt (siehe HOCHSTAPLERGEFÜHL). Mehr noch, zu viel Selbstvertrauen kann hinderlich sein, indem es uns den Wunsch nach Verbesserung nimmt, der Menschen mit weniger Selbstvertrauen zu mehr Anstrengung veranlasst. Wir sollten also vielleicht, statt immer dem glorreichen Gefühl der Unbesiegbarkeit nachzujagen, mehr Vertrauen in kleinere, stillere Gefühle setzen und lernen, UNGEWISSHEIT, Zögern und Verlegenheit gleichfalls zu schätzen.

☞ Siehe auch: WOHLFÜHLEN IN SEINER HAUT

SIEGESFREUDE

Manche menschlichen Geräusche klingen eher nach tierischen Lauten: Keuchen, Zischen, Kreischen. Den Piraten erscheint das »grauenhafte Kreischen«, das klagend durch das Schiff zieht, seltsam und gespenstisch, »gruseliger« als das Pfeifen der neunschwänzigen Katze oder das Todesröcheln des Teufels. Doch die verlorenen Jungs erkennen darin sofort das krähende Geräusch, das ihr Anführer Peter Pan jedes Mal von sich gibt, wenn er einen Piraten in sein nasses Grab schickt.

Das Herz wird leicht und die Brust schwillt an, wenn wir einen Gegner besiegt haben. Wir springen vom Schreibtisch auf und werfen die Arme in die Luft. Oder heben geliebte Menschen hoch und wirbeln sie im Kreis herum. Und kaum etwas steckt mehr an als das Toben und Pfeifen, das bei Sportveranstaltungen unter den Fans der Gewinner ausbricht. Die Leidenschaft, zu erobern, und das prickelnde Gefühl, wenn es uns gelingt, unterscheidet Menschen von Maschinen, den Schachweltmeister Garri Kasparow vom IBM-Supercomputer Deep Blue.

Doch in der Siegesfreude liegt auch eine Aggression, ein Nachhall der Triumphzüge des Altertums, bei denen es nicht reichte zu gewinnen. Man musste seinem Gegner auch noch eine schwere DEMÜTIGUNG zufügen. Im 9. Jahrhundert v. Chr. ließ der assyrische König Assurnasirpal II. Friese für seinen Palast in Kalhu (dem modernen Nimrud am Tigris im heutigen Irak) anfertigen, die seine militärischen Erfolge feierten. Sie zeigen, wie Menschen in den eroberten Ländern aus ihren Verstecken gezerrt werden. Beamte beaufsichtigen gefesselte Gefangene bei der Arbeit in Minen oder zählen die abgeschlagenen Köpfe der Getöteten. Und all diese Reliefs mussten die Gefangenen selbst anfertigen. Die Friese zeigen – wie die römischen Triumphbögen – den grausamsten Teil der Siegesfreude, den Wunsch, den Verlierer noch weiter herabzuwürdigen.

Doch vielleicht hatte das seinen Preis. Siegesfreude birgt auch Risiken. »Ich kann nicht anders … ich muss krähen, wenn ich froh mit mir bin«, bekennt Peter Pan. Sein plötzlicher Ruhm verleiht ihm das Gefühl, unbesiegbar zu sein. Deshalb legt Wendy geistesgegenwärtig die Hand auf Peters Mund, als er Tiger Lily befreit hat. Sein Krähen würde sie alle verraten …

☞ Siehe auch: SELBSTGEFÄLLIGKEIT

SONG

Gibt es eine Kränkung, die so stark empfunden wird wie Ungerechtigkeit? Ein kleineres Stück Torte oder ein kleinerer Anteil vom Erbe kann still und leise einen schmorenden Groll erzeugen. Das Gejammer »Das ist unfair!« mag zwar kindisch sein, kann aber dazu führen, dass geplagte Eltern die Smarties-Verteilung unter den Geschwistern so sorgfältig überwachen wie Physiker die Kernspaltung. Doch es ist auch im Erwachsenenleben ein allzu bekanntes Phänomen, dass wir daran Anstoß nehmen, wenn wir weniger als den gerechten Anteil bekommen haben (siehe auch VERSCHNUPFTSEIN).

Die Menschen, die auf dem pazifischen Atoll Ifalik leben, haben kein Problem damit, ihre Gefühle gerechter Empörung zuzugeben. *Song* heißt die spezielle Wut, die aufkommt, wenn jemand gegen eine der Kardinalregeln des Wertesystems auf Ifalik verstößt, indem er sich weigert, angemessen zu teilen. Wenn ein Schildkrötenjäger die Früchte seiner Jagd nicht in genau gleichen Portionen verteilt oder eine Frau eine Zigarette raucht und sich nicht darum kümmert, anderen einen Zug abzugeben, machen die Übergangenen keinen Versuch, ihr Entsetzen zu verbergen oder ihre Missbilligung zu zügeln. Wer in einer kapitalistischen Gesellschaft mit freier Marktwirtschaft lebt, dem mag Wut, weil man übergangen wird, engstirnig oder sogar anmaßend erscheinen (»Jag doch selber eine Schildkröte!«) (siehe auch MITARBEITERFRUST). Doch bei den Ifalik wird *song* als vollkommen gerechtfertigte Reaktion akzeptiert. Sie trägt dazu bei, dass in einer Kultur, die sich beim täglichen Überleben vor allem auf wechselseitige Abhängigkeit und Kooperation verlässt, die Dinge reibungslos ablaufen.

☞ Siehe auch: GROLL, RIVALITÄT

SORGE

Charlie Browns Leben besteht darin, sich Sorgen zu machen – über sein Baseballteam, seine Schulnoten, seine Einsamkeit, seinen unkonventionellen Hund Snoopy. Er ist zweifellos der nachdenklichste Achtjährige in der Comic-Geschichte. Im Allgemeinen gehört es nicht zur Kindheit, von Beunruhigung und Sorgen geplagt zu werden, sondern dies ist eine Nebenwirkung des Erwachsenenlebens.

Das englische *worry* (*to worry*, sich sorgen) stammt vom altenglischen *wyrgan*, würgen, und die ältesten Bedeutungen umfassten Erdrosselung durch Schlangen und Ersticken an üblen Gerüchen. Es wurde verwendet, wenn Tiere ihre Beute mit Bissen und Schütteln ängstigten (beispielsweise Hunde und Wölfe Schafe), aber zumindest im 17. Jahrhundert konnten das Liebende auch mit Küssen und heftigen Umarmungen besorgen. Im frühen 19. Jahrhundert definierte das ›Oxford English Dictionary‹ Sorge erstmals als »Geisteszustand der Beunruhigung aufgrund der Ärgernisse und Kümmernisse des Lebens«. Sich Sorgen zu machen wird schon bald danach zur Gewohnheit literarischer Figuren und ist Beweis für intensive Anteilnahme auf Kosten der eigenen Befindlichkeit. Sie konnte laut sein: In Harriet Beecher Stowes Roman ›Onkel Toms Hütte‹ ist Eliza, die Sklavin, die davonlaufen wird, wegen ihres Kindes »sehr verstört ... schluchzte ... unter Tränen ...« oder leise, verborgen hinter einem optimistischen Lächeln. Doch auch dann konnte Sorge tödlich sein, so erschöpfend und auszehrend, dass sorgenvolle Menschen, so wie die kleine Nelly in Charles Dickens' Roman ›Der Raritätenladen‹, unter ihrer Last starben.

Der Autor Samuel Smiles, Selbsthilfeguru der viktorianischen Mittelschicht, unterstrich die Gefahren des Besorgtseins: »Die Heiterkeit«, schrieb er, »ist gleichbedeutend mit Ruhe, denn sie gestattet der Natur, ihre Stärke wiederzugewinnen; dagegen zehren Sorgen und Unfrieden an der Kraft.« Die Sorgen, die Smiles vor allem meinte, resultierten aus wenig tiefgreifenden Problemen: dem Auf und Ab des sozialen Status, Verstößen gegen die Etikette, der neuesten geheimen Liebesaffäre. Die Tatsache, dass Sorgen an der Kraft zehrten, war schon besorgniserregend genug. In einer Welt, in der Produktivität und die persönliche energetische Verbesserung wichtige Werte darstellten, war es ziemlich verantwortungslos, sich der Sorge hinzugeben (siehe auch LANGEWEILE). Vor diesem Hintergrund wurden in den 1890ern einige der Befürchtungen aus dem Bereich der Sorge einer bedeutenden neuen medizinischen Diagnose zugeschlagen: der ANGST. Nachdem ursprünglich unerfüllte sexuelle Erregung als Auslöser galt, ist sie mittlerweile die affektive Störung, die in den Vereinigten Staaten am häufigsten diagnostiziert wird.

Vielleicht hat die Erfindung der Angst den Wald-und-Wiesen-Sorgen zu einem Happy End verholfen. Fast 150 Jahre nach Samuel Smiles machen zwar moderne Selbsthilfebücher immer noch die Möglichkeit eines sorgenfreien Lebens schmackhaft – ›Sorge dich nicht – lebe!‹, ›Women Who Worry Too Much – how to stop worry & anxiety from ruining relationships, work and fun‹ (Frauen, die sich zu sehr sorgen – wie man verhindert, dass Sorgen und Angst Beziehungen, Arbeit und Spaß kaputtmachen) –, aber die neuere psychologische Forschung warnt davor, Sorgen immer nur als Problem wahrzunehmen.

Schwarzsehen (immer den schlimmstmöglichen Ausgang zu erwarten) mag kontraproduktiv sein, aber wenn wir wegen unserer Probleme besorgt sind, kann das auch das Vorstellungsvermögen fördern. Sie zu schütteln wie ein Hund seine Beute und sie von allen Seiten zu untersuchen, lässt neue Ideen aufkommen und vorhandene sich neu formieren. Auch wenn das offenkundig erscheint: Eine Langzeituntersuchung, über die 2006 in der Zeitschrift ›Psychological Medicine‹ berichtet wurde, hat bestätigt, dass Besorgte weniger Unfälle haben. Manche Forscher haben sogar die These aufgestellt, dass es ein »Sorgen-Gen« geben könnte, das von Generation zu Generation weitergegeben wird. Während Stress und Angst das Leben verkürzen können, scheinen jene, die eher diese nicht so tiefgreifende, optimalere Emotion verspüren, länger zu leben und sich häufiger fortzupflanzen. Also sollten wir zumindest einige unserer Sorgen willkommen heißen.

Schließlich sind nicht alle Sorgen von Natur aus gleich. Manche Dinge sind es wert, sich darüber aufzuregen, wie F. Scott Fitzgerald seiner elfjährigen Tochter Scottie 1933 nahelegte:

Mach dir keine Sorgen über Puppen, Jungen, Kerbtiere, Eltern, Enttäuschungen, Erfüllung von Wünschen oder die Zukunft.
 Worüber du dir welche machen solltest:

Sorge dich um Mut
Sorge dich um Sauberkeit
Sorge dich um Tüchtigkeit
Sorge dich ums Reiten …

☞ Siehe auch: BEDROHLICHKEIT

SORGLOSIGKEIT

Man kann Ginger Rogers und Fred Astaire nicht beim Tanzen zusehen, ohne sich ein bisschen unbeschwert zu fühlen. In der Screwball-Komödie ›Sorgenfrei durch Dr. Flagg – Carefree‹ spielt Rogers eine Radiosängerin, die ihre Freiheit so sehr genießt, dass sie immer wieder davor zurückschreckt, einen Hochzeitstermin festzusetzen. Schließlich schickt sie ihr Verlobter zu einem Psychiater (Astaire), der sie hypnotisiert und mit Schlagsahne und Gurken füttert, um ihre Träume aufzudecken. Natürlich endet es damit, dass sie sich stattdessen in ihn verliebt.

Der Plot ist lächerlich. Aber wenn man zuschaut, wie dieses Paar herumwirbelt und steppt, scherzt und pfeift, weil es verliebt ist, dann bringt einen das selbst an grauen Tagen zum Grinsen.

Sich frei von Sorgen zu fühlen, macht glückselig und mutig. Plötzlich bedeuten einem andere Leute und ihre Erwartungen nur noch sehr wenig. Verpflichtungen verschwinden. Man verspürt Leichtigkeit und Kühnheit. Die Chance, ein Abenteuer zu erleben! Manchmal ist es ein rebellisches Gefühl, eine Zunge, die man der langweiligen Welt mit ihren festgelegten Schlafenszeiten und ihrem vernünftigen Essen herausstreckt. Manchmal ist es auch mit einer kleinen Warnung, vielleicht sogar Drohung, verbunden. Die Anhänger des FC Chelsea demonstrieren ihre Nonchalance, um die Gegner zu verunsichern, und singen (zur Melodie von ›Lord of the Dance‹):

Carefree, wherever we may be
We are the famous CFC
And we don't care
Whoever you may be
Cause we are the famous CFC.

(Sorglos, wo auch immer wir sind
Wir sind der berühmte CFC
Und es kümmert uns nicht
Wer auch immer ihr seid
Denn wir sind der berühmte CFC.)

Daher ist es immer ernüchternd, wenn eine leise Stimme im Ohr zu winseln beginnt: Was, wenn du abstürzt? Oder dein Ziel nicht erreichst? Was, wenn du durch deine Nachlässigkeit ein Trümmerfeld verletzter Gefühle hinterlässt?

Für den Schriftsteller D. H. Lawrence war Sorglosigkeit eine Fertigkeit, die es zu pflegen galt. In seinem Essay ›On Insouciance‹ (Über Unbekümmertheit) erinnert er sich an einen heißen Nachmittag, den er auf einem Balkon in Spanien verbringt. Er beobachtet entspannt und vergnügt zwei Männer, die eine Wiese mähen: »Zisch! Zisch! sind die Sensenschwünge zu hören.« Doch auf dem Balkon nebenan legen zwei Frauen los. Sie reden über die internationale Politik. »Sie sorgen sich!«, klagt Lawrence. »Sie lassen sich von ihren Sorgen richtiggehend auffressen. Sie sind so damit beschäftigt, sich über den Faschismus und den Völkerbund Sorgen zu machen ... dass sie gar nicht merken, wo sie sind.«

Nonchalance war für Lawrence eine revolutionäre Haltung. Ein Protest gegen die Entfremdung der modernen, technologisierten Welt und eine Rückkehr zu den natürlichen Rhythmen des Lebens. Daher beschwor er seine Leser, ihre Aufmerksamkeit den kleinen, kurzlebigen Erscheinungen zu widmen – dem Gefühl der Sonnenstrahlen im Gesicht, der genauen Blauschattierung einer Männerhose, dem Zischen der Sensen –, statt sich immer in abstrakte Gedanken und politische Auseinandersetzungen zu flüchten.

In dieser Hinsicht antizipierte Lawrence die heutigen vielgerühmten Achtsamkeitstechniken, bei denen es weniger darum geht, die kleinen Ablenkungen des Alltags zu ignorieren, als sich vielmehr bewusster mit ihnen in Einklang zu bringen. Ob ein vorbeifahrender Lkw die Fenster klirren lässt oder Sie Ihre Kinder oben streiten hören, indem Sie den Geräuschen innen wie außen Ihre Aufmerksamkeit schenken, wird der Druck des Lebens vorübergehend schwinden. Und später dann, nachdem Sie eine Chance hatten, tief Luft zu holen, gehen Sie hinaus und schlenkern mit den Beinen oder tanzen wie Ginger und Fred.

Denn genau so, liebe Freunde, könnte die Revolution beginnen.

☞ Siehe auch: *DOLCE FAR NIENTE*

STAUNEN

Das Mekka für Kinder liegt tief unter dem Londoner Bahnhof Charing Cross in einer kaninchenverschlagähnlichen Ladenarkade versteckt: Davenports Magic Shop. Mit offenem Mund und glänzenden Augen stehen sie da, wenn die Angestellten Spielkarten schweben lassen und glitschige Bälle unter Tassen wegzaubern. Die Eltern lungern mit wissendem Lächeln in der

Nähe der Tür herum. Doch gelegentlich fällt auch den Erwachsenen plötzlich die Kinnlade runter, als wenn sich für einen kurzen Moment der Vorhang zu einer anderen Welt öffnet und alles so merkwürdig und verzaubert scheint wie einst in der Kindheit.

Wahrscheinlich verbinden viele von uns heute verblüfft, baff, geblendet oder erstaunt zu sein mit Kindlichkeit und Naivität. Doch vom 12. bis zum 17. Jahrhundert galt Staunen als wichtige Reaktion auf die Rätsel des Lebens. Zu jener Zeit glaubten Philosophen und Wissenschaftler, dass sie in einer Welt voller außergewöhnlicher und wundersamer Dinge lebten. Dies war eine Welt der Fabeltiere, in der Reiche Krokodilzähne kauften, weil sie sie für Drachenzähne hielten, oder Bezoarsteine*, weil sie glaubten, sie wären ein Gegengift, und stellten sie in ihrem Kuriositätenkabinett aus. Das war eine Welt, in der »Missgeburten« – Kinder, die mit zusätzlichen Gliedmaßen geboren wurden und nur wenige Stunden lebten – als göttliche Warnung vor bevorstehenden Katastrophen galten.

Es galt als so wesentliche menschliche Erfahrung, dass René Descartes, als er 1649 seine Liste der sechs »ursprünglichen Leidenschaften« aufstellte, Staunen oder Verwunderung als erste

---

* Bezoar- oder Magensteine sind vielleicht aus dem Zaubertrankunterricht von Harry Potter bekannt, aber im Mittelalter wurden sie von Ärzten wirklich benutzt. Es handelt sich um glatte, erstaunlich leichte Bälle aus den zusammengeklumpten unverdaulichen Materialien, die den Weg in den Magen von Ziegen und anderen Wiederkäuern finden – Obst- und Pflanzenfasern, kleine Zweige und vor allem Haare. Manche mittelalterlichen Ärzte empfahlen, die wertvollen und gesuchten Steine zu mahlen und in Tinkturen aufzulösen, andere stellten sie auf kunstvoll verzierten Ständern aus. Der französische Chirurg Ambroise Paré beschrieb 1575 ein Experiment, das er durchführte, um die Wirksamkeit von Bezoaren als Gegengift zu testen. Die Testperson war ein Koch, der wegen des Diebstahls von zwei Silberschüsseln gehenkt werden sollte. Der Gefangene war einverstanden, stattdessen Gift – und Bezoar als Gegengift – einzunehmen, um zu sehen, ob er überlebte. Unglücklicherweise tat er das nicht.

nannte (danach erst kamen Liebe, Hass, Begehren, Freude und Traurigkeit). Er definierte es als »eine plötzliche Überraschung der Seele, die bewirkt, dass sie sich dazu gebracht sieht, mit Aufmerksamkeit die Objekte zu betrachten, die ihr als selten und außerordentlich erscheinen« (siehe auch ÜBERRASCHUNG).

Es zeugt von der Bedeutung des Staunens in dieser Epoche, dass es Gegenstand hitziger Debatten war. Für viele Theologen war Staunen mit seiner Ergebenheit und DEMÜTIGUNG die einzig angemessene Reaktion auf Gottes Schöpfung. Augustinus warnte vor dem Versuch, »die Sterne und die Sandkörner zu zählen«, denn das sei Beweis eitler Neugier und des Stolzes, der den Weg zu demütiger Verehrung verschloss. Andere hingegen hielten die durch das Staunen ausgelöste Starre für nur vorübergehend, sodass sie rasch zweckdienlicher Neugier weichen könne: »Allgemein in der menschlichen Natur liegt der Trieb nach Erkenntnis«, schreibt Aristoteles im Abschnitt ›Das Staunen‹ und »… den Ausgangspunkt bildet bei allen die Verwunderung, dass die Sache sich wirklich so verhalten sollte.« Heute sprechen wir immer noch sowohl vom Staunen *wie* als auch vom Staunen *dass*. In einem Text aus dem 13. Jahrhundert, der dem Philosophen und Theologen Albertus Magnus zugeschrieben wird, heißt es, dass das Ziel des Gelehrten sei, die Zahl der »Wunder abnehmen zu lassen«.

Irgendwann in der zweiten Hälfte des 17. Jahrhunderts wurden die Wunder in der Tat weniger. Im neuen kulturellen Klima der Aufklärung stellten die Naturphilosophen die Ordnung über die Merkwürdigkeit und versuchten mit ihren Experimenten, zeitlose Gesetze zu enthüllen, statt über Wunder und andere Anomalien zu staunen und vor Ehrfurcht zu erstarren. Das war nicht nur ein Wandel der philosophischen Haltung. Zu Beginn des 18. Jahrhunderts kamen die mit ausgestopften Krokodilen und Straußeneiern vollgestopften Wohnungen aus der Mode und machten Platz für ein neues Bedürfnis nach Weite,

Licht und Ordnung – und damit ging auch der alte, lukrative Handel mit Kuriositäten zurück.

In den Jahrhunderten, die darauf folgten, versuchten viele, dem Staunen über Wunder wieder das kulturelle Gewicht zu verschaffen, das es einmal gehabt hatte. Sowohl die Dichter der Romantik im 19. Jahrhundert als auch die Hippies im 20. Jahrhundert beklagten die Entzauberung der Regenbögen und machten sich – notfalls mit Hilfe von Chemie – auf die Suche nach dem Gefühl der Ehrfurcht und des Staunens, das frühere Generationen so einfach verspürt hatten (siehe auch EINSAMKEIT).

Ihnen sollte kein Erfolg beschieden sein. Heute hat Neugier als angemessene emotionale Haltung der gebildeten Stände das Staunen nahezu vollkommen verdrängt.

☞ Siehe auch: NEUGIER, SCHRECKEN

STOLZ

Den Kopf von Königin Idia kann man im British Museum in London betrachten. Der am Anfang des 16. Jahrhunderts im alten afrikanischen Königreich Benin (das im Südwesten des heutigen Nigeria lag) entstandene Bronzeguss zeigt eine erstaunlich schöne Frau. Sie strahlt Stille und Würde aus. Sie blickt nach unten, die Lippen sind geschlossen, das Kinn wirkt entschlossen. Ihr Ausdruck zeigt weder Begehren noch Triumph und schon gar nicht Hilfsbedürftigkeit oder Selbstgefälligkeit. Stattdessen sieht man eine Frau, die zurückhaltend wirkt, sogar spröde, die aber ein unerschütterliches Gespür für ihre Leistungen hat. Idia war die Mutter des Oba Esigie, der Ende des 15. und Anfang des 16. Jahrhunderts in Benin herrschte. Sie war einer der mächtigsten Menschen ihrer Gesellschaft, verehrt wegen ihres überragenden Könnens als Militärstrategin und dafür, wie sie das rituelle Leben am Hofe bestimmte. Das kulturelle Leben Benins erlebte eine Blüte zu dieser Zeit. Kein Wunder, dass sie so ein starkes Bewusstsein für ihren eigenen Wert besaß.

Für die meisten ist Stolz etwas, das in Wellen auftreten sollte. Er ist ein Gefühl von Fülle, System und Überblick, das aufsteigt, wenn wir ein Hindernis überwunden oder etwas Schwieriges geleistet haben. Stolz kann uns so sehr erfüllen, dass wir platzen könnten und uns die Tränen kommen, etwa wenn wir eine Auszeichnung erhalten oder die Erfolge unserer Kinder sehen (siehe *NACHES*). In diesen bewegenden Momenten scheint unser Inneres – das sich so oft inkohärent anfühlen kann – in leuchtende Farben getaucht zu sein, jeder Winkel glänzt in Rot-, Orange- und Blautönen. Während wir uns bei SCHAM am liebsten vor allen Blicken verstecken wollen, möchten wir bei Stolz – und sei es auch nur für einen Augenblick – gesehen werden.

Daher ist es merkwürdig, dass wir Stolz auch als Emotion erachten, die uns blind macht. Die Philosophen unterscheiden zwischen falschem und echtem Stolz – und auch wenn solche moralistischen Töne unangenehm sind (wer bestimmt, was was ist?), hat diese Unterscheidung etwas Hilfreiches. Es gibt viele Gründe, warum Stolz, selbst der, den Philosophen als »echt« bezeichnen, mit Vorsicht zu genießen ist und warum die meisten Weltreligionen ihn als Sünde betrachten. Stolz kann uns blind für unsere Grenzen machen und dazu führen, dass wir uns übernehmen und die Sünde begehen, die die Alten als Hybris bezeichneten und die vor dem Fall kommt. Er kann kompromisslos sein und beim kleinsten Kratzer zum Angriff übergehen (siehe *ABHIMAN*). Aber der »falsche« Stolz, von manchen auch als »Stolzfalle« bezeichnet, ist etwas anderes. Um ihn handelt es sich, wenn wir uns stark fühlen wollen, in Wirklichkeit aber defensiv und zerbrechlich sind. Dies ist der Stolz, der uns dazu bringt, Hilfe abzulehnen oder die erforderliche Entschuldigung zu verweigern. Dies ist der Stolz, der weder Fehler noch Verlieren eingestehen kann und es uns umso schwerer macht, unser wahres Selbst anzunehmen – das Selbst, das nun einmal unvollkommen, unzufrieden und hilfsbedürftig ist. Dies ist der Stolz, der am weitesten verbreitet ist und dem am wenigsten zu trauen ist. In der Kurzgeschichte »Stolz« von Alice Munro wird der ungenannte Erzähler zornig, weil seine einzige Freundin nebenbei erwähnt, dass er mit einer kleinen Operation seine Hasenscharte richten lassen könnte. Verspürt er EMPÖRUNG? Hat er das Gefühl, dass er einen »Makel« korrigieren lassen sollte? Später in der Geschichte kommt das wahre Dilemma zum Vorschein: »Sie hatte recht. Aber wie konnte ich erklären, dass ich einfach nicht imstande war, in eine Arztpraxis zu spazieren und zuzugeben, dass ich mich nach etwas sehnte, was ich nicht hatte?«

Der Direktor des British Museum befragte 2010 den nigerianischen Dichter und Theaterautor Wole Soyinka zu den Benin-Bronzen, zu denen auch der Kopf der Königin Idia gehört. Soyinka sprach bewegend davon, was er spürte, als er die Bronzen sah: »Sie verstärken das Selbstwertgefühl, denn sie machen dir deutlich, dass die afrikanische Gesellschaft einige wirklich große Zivilisationen hervorgebracht hat, einige große Kulturen schuf.« Die Propaganda der Kolonialzeit, die die Afrikaner als zurückgeblieben und unzivilisiert darstellte, war so wirkungsvoll, dass selbst die britischen Soldaten, die 1897 in den Palast von Benin kamen und seinen üppigen Schmuck entdeckten, sich nicht vorstellen konnten, dass die verzierten Skulpturen und Täfelungen vor Ort hergestellt worden waren. Sie glaubten, das, was sie da stahlen, sei Beute, die die Armee von Benin in Europa gemacht hätte. Angesichts einer solchen kulturellen Missachtung erscheint es als ein hochgestecktes Ziel, Stolz auf die eigene Geschichte und Identität zu entwickeln. Dies ist der Stolz, auf den die diversen Bewusstmachungs-Festivals im 20. Jahrhundert den Blick gerichtet hatten – homosexueller Stolz, schwarzer Stolz, behinderter Stolz. Soyinkas Reaktion auf die Benin-Bronzen beschreibt eine Erfahrung von Verlust und Stolz: Manchmal können wir uns nur dann, wenn wir eingestehen können, dass uns etwas genommen wurde, wieder als Ganzes fühlen.

☞ Für mehr zum Thema Selbstwertgefühl siehe:
ZUFRIEDENHEIT

STRASSENWUT

Man wartet nicht, bis die Ampel umspringt. Man drängt sich vorbei in die Parklücke. Wenn sie der Meinung sind, dass andere die Verkehrsregeln missachten, beginnen manche Autofahrer vor EMPÖRUNG zu schnauben und versuchen, sich zu rächen. Es gibt Geschichten von Fahrern, die sich gegenseitig schneiden, das Auto vor sich rammen und sogar aussteigen und ein Brecheisen schwingen.

Der englische Begriff dafür, »Road Rage«, kam erstmals Ende der 1980er bei Nachrichtenexperten auf, die der plötzliche Ausbruch von Gewalt auf amerikanischen Highways beunruhigte. Heute ist diese Aggressivität auf beiden Seiten des Atlantiks zu etwas geworden, das zu den üblichen Gefahren des Straßenverkehrs gehört.

Auf vollen Straßen zu fahren, ist ohne Frage stressig. Aber ist das der einzige Grund für eine solche Aggressivität? Ein bedeutsamerer Faktor könnte sein, dass wir hinter dem Lenkrad vorübergehend enthemmt sind. In unseren Autos fühlen wir uns unsichtbar und sicher, als würden wir eine Maske oder eine Rüstung tragen. Genauso ist es, wenn wir uns im Internet durch Chatrooms klicken oder Beiträge in Kommentar-Threads verfassen. Ohne direkten Augenkontakt können wir nicht so leicht emotionale Hinweise erkennen. Das führt dazu, dass wir andere Fahrer nicht primär als andere Menschen wahrnehmen und zudem sogar zulassen, dass paranoide oder feindselige Gefühle diese Lücke füllen. Ein verlegenes Zwinkern, ein entschuldigendes Lächeln – und, bezeichnenderweise, ein kurzer Augenkontakt – können ein ziemliches Stück weit dafür sorgen, dass sich Empörung in Luft auflöst. Sitzen wir jedoch einzeln in unseren Autos, haben wir kaum eine Chance, diese Verbindungen aufzubauen.

In einer mittlerweile klassischen Studie zum prosozialen Verhalten (oder einem Verhalten, das sozialen Zusammenhalt und Freundschaften fördert), die 2005 veröffentlicht wurde, haben die Psychologen Kevin Haley und Daniel Fessler Folgendes nachgewiesen: Das subtile Einblenden von Augen führte dazu, dass die Teilnehmer ihres Experiments sich großzügiger und gewissenhafter verhielten. Nachfolgende Experimente haben bestätigt, dass Menschen verantwortungsbewusster handeln, wenn Augen auf der Vertrauenskasse in der Cafeteria, in der Nähe von Recycling-Tonnen und sogar auf einer Spendenwebsite abgebildet waren. Könnte etwas so Simples wie das Bekleben von Autos mit Augen auch die Straßenwut dämpfen?

☞ Siehe auch: BELEIDIGTSEIN, PARANOIA, RAGE

TECHNIKSTRESS

Der griechische Philosoph Aristoteles beobachtete, dass wir viel eher einen heftigen Wutausbruch bekommen, wenn uns jemand kränkt, von dem wir denken, dass er unter uns steht. Er ging sogar noch weiter und sagte, wenn man von jemandem beleidigt würde, der sich weiter unten in der Hackordnung befinde, sei man absolut berechtigt, denjenigen anzuschreien, zu verfluchen und sogar zu schlagen: Das sei die einzige natürliche Reaktion.

Heute betrachten wir Wut im Allgemeinen nicht mehr unter diesen hierarchischen Gesichtspunkten, aber vielleicht sollten wir das tun. Es könnte doch sein, dass dies just der Grund ist, warum Computer und andere elektronische Geräte solch mörderische Reaktionen hervorrufen. Diese willigen elektronischen Sklaven sollen unser Leben einfacher machen. Doch meist fühlt es sich so an, als hätten sie das Kommando übernommen. Sie zwingen uns, mit ihnen zu verhandeln, zu kooperieren, ihre dicken Gebrauchsanleitungen zu lesen …

Aristoteles wäre wütend geworden.

☞ Mehr zu einer emotionalen Maschine findet sich unter SELBSTMITLEID

☞ Siehe auch: MITARBEITERFRUST, RAGE, *RINGXIETY*

TORSCHLUSSPANIK

Sie ist das gehetzte, an den Nerven zehrende Gefühl, wenn wir merken, dass uns die Zeit davonläuft. Das Herz hämmert und im Nacken kribbelt es, während die Deadline immer näher rückt. Doch wir stecken fest. Die möglichen Entscheidungen verwirren uns und wir haben Angst, die falsche zu treffen. Das Leben und die Fülle seiner Möglichkeiten finden ohne uns statt.

Der Begriff Torschlusspanik entstand im Mittelalter. Man sah den Feind anrücken und wusste, dass das Burgtor gleich geschlossen wird. Also ließen Hirten ihre Tiere zurück und Reisende ihre Habseligkeiten und brachten sich über die Zugbrücke in Sicherheit. Auch Stadttore wurden abends geschlossen. Selbst wenn kein Feind in der Nähe war – man musste auf jeden Fall draußen übernachten, wenn man nicht rechtzeitig reinkam.

Heute sind es nur noch metaphorische Tore, auf die wir zurennen. Aber die blinde Panik kann genauso schrecklich sein. Im Deutschen wird Torschlusspanik auch gern benutzt, um das Gefühl zu beschreiben, das manche Frauen beim Ticken der biologischen Uhr überfällt. Verstärkt durch die Panikmache in Zeitungen und Anzeigen zum Thema Fruchtbarkeit, kann die Baby-Panik selbst den gesündesten Verstand ramponieren (siehe auch BRÜTIGKEIT). Torschlusspanik kann aber auch zu fahrlässigen Entscheidungen führen, die wir nur treffen, weil uns angesichts einer drohenden Deadline das Herz bis zum Halse schlägt oder weil wir fürchten, etwas zu verpassen: sei es der Spontankauf von Schuhen, nur weil der Laden schließt, ein Wetteinsatz in letzter Minute beim Pferderennen oder eine überstürzte Heirat ... Deshalb kennt man in Deutschland auch den Spruch: »Torschlusspanik ist ein schlechter Ratgeber.«

☛ Siehe auch: FURCHT, PANIK

TOSKA

Vieles von unserem Gefühlsleben hat mit Landschaften zu tun. Die schroffe Wildnis der Berge schenkte den Romantikern die Liebe zur Einsamkeit und zum Schrecken. Viele Bewohner Nordeuropas feiern ein Gefühl der Gemütlichkeit, als Gegenmittel für das platte Land und feuchte Luft (siehe *GEZELLIGHEID*). In Russland heißt es, dass *toska* (die Betonung liegt auf der ersten Silbe) über die großen europäischen Tiefebenen herangeweht käme und eine wahnsinnig machende »Unzufriedenheit« brächte, ein unerfüllbares Suchen. Für Nabokov war *toska* ein eindeutig russisches Gefühl, »ein dumpfes Seelenweh, eine gegenstandslose Versessenheit, ein krankhaftes Schmachten, eine vage Rastlosigkeit.« Und wie das bei solchen Emotionen häufig der Fall ist, hat auch *toska* mehrere Schattierungen. Im Lauf der Jahrhunderte haben Philosophen und Dichter *toska* mit gewaltigen metaphysischen Qualen verbunden, aber das Wort wird auch in der russischen Umgangssprache verwendet. Dort fängt es ebenso den diffusen Nebel ein, den die tägliche Pendelei mit sich bringt, wie die Sehnsucht eines gebrochenen Herzens.

☛ Siehe auch: ACEDIA, LANGEWEILE, *VIRAHA*

TRAUER

Ihre Beine wurden durch einen Schlag in die Kniekehlen amputiert. Schrammen auf ihrem Rücken zeugen von dem Versuch, den Torso zu zerbrechen. Die Steinfigur, die vor mindestens 22 000 vielleicht sogar 26 000 Jahren entstanden ist, zeigt eine hochschwangere Frau und wurde sicher absichtlich zerstört. Wie kam es zu diesem gewaltsamen Ende?

Eine Theorie, die von den Archäologen, die sie gefunden haben, vertreten wird, lautet: Die Figur wurde zertrümmert, nachdem die Frau, die sie darstellte, bei der Geburt gestorben war. Heftige WUT als Teil qualvoller Trauer kennen wir alle. Es gibt keinen Grund zu der Annahme, dass sie unsere Vorfahren nicht auch kannten.

Von allen Emotionen sind die Verwirrung und der Schmerz der Trauer am persönlichsten und unermesslichsten, sodass es unangebracht ist, von *der* Trauer zu sprechen. Lemony Snicket bekennt in dem Roman ›Der schreckliche Anfang‹, der mit dem Tod der Eltern beginnt, dass es sinnlos sei, zu beschreiben, »wie furchtbar sich Violet, Klaus und sogar Sunny in der folgenden Zeit fühlten. Wenn du jemals einen Menschen verloren hast, der dir sehr wichtig war, dann weißt du, wie sich das anfühlt, wenn nicht, dann kannst du es dir auch nicht vorstellen.« Es geht nicht nur darum, dass es schwer ist, die Trauer anderer einzuschätzen. Wenn wir Glück haben, ist tiefe Trauer etwas, das wir nur wenige Male in unserem Leben durchmachen müssen. Nahezu immer führt sie zu einer großen Orientierungslosigkeit. Sie ist eine Emotion, die wir kaum proben können.

Möglicherweise erleben wir einen SCHOCK, der uns jegliche Kraft nimmt: »Eine Woche lang rückten sie fast wortlos wie Schlafwandler durch ein Weltall des Alptraums«, schrieb Gabriel

García Márquez. Oder wir empfinden, wie die Lyrikerin Emily Dickinson, eine merkwürdige Steifheit, die alle Gefühle erstickt zu haben scheint (siehe FÖRMLICHES GEFÜHL). Es kann ERLEICHTERUNG mitschwingen, dass der todkranke geliebte Mensch nicht mehr leiden muss, oder DANKBARKEIT, dass uns die Last der Pflege genommen ist (angesichts dieser Gefühle kann sich dann auch SCHAM bemerkbar machen). Oder wir ertappen uns dabei, dass wir beim Leichenschmaus schmutzige Witze reißen oder bei der Trauerfeier in unangemessenes Kichern ausbrechen. Für viele ist dieses Überkochen der Emotionen eine normale, wenn auch gelegentlich ein wenig verpönte Erleichterung. Bei den Koma im Norden von Ghana ist es hingegen der Brauch, dass die Enkel während der Beerdigung von Großeltern lachen und scherzen und die Bestattungsriten verspotten – sie versuchen sogar, die Leiche zu entführen – und mit ihrem Verhalten den Trauernden einen Moment der »Erleichterung durch Komik« verschaffen.

Doch in Wahrheit hat zu dem Zeitpunkt, wenn die Bestattung vorbei ist, die Trauer überhaupt kaum richtig begonnen. In ›Über die Trauer‹ schrieb C.S. Lewis über sein Gefühl des Hangens und Bangens in den Monaten und sogar Jahren nach dem Tod seiner Frau Joy: »Es macht das Leben zu einem dauernden Provisorium.« Rastlosigkeit beherrschte ihn. »Es lohnt sich nicht, irgendetwas anzufangen. Ich finde keine Ruhe. Ich gähne, bin zappelig, ich rauche zu viel.« So viele Gewohnheiten und Hoffnungen müssen neu gestaltet werden, wenn einem ein Teil seines Lebens unter den Füßen weggezogen wird. Lewis hing herum und wartete darauf, dass etwas geschah. »Ich glaube, ich fange an zu begreifen, warum das Gefühl der Trauer so sehr dem der Spannung gleicht«, schrieb er.

Es ist eine Spannung, die aber auch mit härteren Gefühlen durchsetzt ist: der Wut und der Bitterkeit, verlassen worden zu sein, den Vorwürfen, die wir uns vielleicht machen, dass wir selbst an unserem Elend schuld sind – *hätte ich doch bloß nicht geliebt*, denken wir, oder wenigstens *nicht so sehr*. Und dann lässt der heftige Stich einer Erinnerung den Kummer wieder hochkommen. Ein Schatten im Spiegel, der Schlüssel, den man im Türschloss zu hören meint, die Erwartung eines Anrufs, der nie kommt. Beim Trauern verfolgt uns der Verlust des geliebten Menschen. In den zwei Jahren nach dem Tod von Marc Chagalls Frau Bella findet sich auf seinen Bildern ein immer wiederkehrendes Thema: Der Maler kommt Hand in Hand mit seiner Gespensterbraut aus dem dunklen Hintergrund, er stützt ihre schlaffe Form und sie streckt die Hand nach ihm aus. Während Außenstehende diese Versunkenheit als hartnäckige Weigerung betrachten »weiterzumachen«, fragen sich die, die in ihr gefangen sind, ob solche Geister je Ruhe geben werden.

Trotzdem hat diese Emotion, die uns so eigenartig und einsam sein lässt, Konventionen und Drehbücher mit Regieanweisungen, die von Kultur zu Kultur anders sind und uns vorschreiben, wie wir zu trauern zu haben. Laut al-Buharis ›Sammlung der Hadithe‹, der Mohammed zugeschriebenen Aussprüche, die im 9. Jahrhundert aufgeschrieben wurden, dürfen Trauernde um ihre Toten weinen. Schreien, sich winden, ins Gesicht schlagen und die Kleider zerreißen sind aber streng verboten, denn »ein Toter hört, nachdem er begraben ist, die Schritte seiner Trauergemeinde« und die laute Klage um ihn quält ihn. Im Gegensatz dazu konnte man 1997 in den Wochen nach dem Tod von Prinzessin Diana beobachten, wie die britische Reserviertheit einer neuen Ära der Emotionalität Platz machte. Einige von jenen, die unberührt blieben oder das Niederlegen von Teddybären und Blumen für kitschig und sentimental hielten, räumten ein, dass sie sich befangen fühlten, so, als würden sie sich starrköpfig weigern zu trauern. All das war, wie es Jacqueline Rose formulierte, »so sehr von Zwang diktiert – es musste nicht nur getrauert werden, sondern die Trauer musste auch gezeigt werden«.

Solche Rituale schreiben nicht nur vor, wie wir Trauer erfahren sollen, sondern auch, wie sie voranschreiten sollte. Allgemein sprechen wir von verschiedenen »Phasen« der Trauer. Zuerst kommt das Nicht-wahrhaben-Wollen, es folgen Wut, Verhandeln und Depression. Am Schluss kommt die Akzeptanz – die oft als »Abschluss« beschönigt wird. Dieses Modell der »fünf Phasen der Trauer« lässt sich auf die Arbeit der Schweizer Psychiaterin Elisabeth Kübler-Ross Ende der 1960er-Jahre zurückführen, obwohl es dabei nicht um die Trauer über den Verlust eines geliebten Menschen geht, sondern um ihre Untersuchungen zu Menschen, die eine tödliche Diagnose bekommen hatten (siehe EUPHORIE). Wir sollten uns zunehmend fragen, wie hilfreich dieses rigide Modell mit seiner Abfolge von Phasen überhaupt ist (Kübler-Ross selbst war sich da nicht so sicher). Für viele von uns hat der Weg vom Leugnen zum Akzeptieren eher etwas von Ebbe und Flut. Und für andere ist Trauer ein endloser Kreislauf, etwas, das wir nie wirklich »überwinden«, auch wenn wir lernen, damit zu leben. »Aber man kommt da nicht so drüber hinweg wie ein Zug ... raus aus dem Tunnel«, schrieb Julian Barnes. »Man kommt heraus wie eine Möwe aus einer Öllache. Man ist geteert und gefedert fürs Leben.«

☞ Siehe auch: TRAURIGKEIT

TRAURIGKEIT

Jemand ergreift Ihre Hand: »Etwas Schreckliches ist passiert.«

Nach dem SCHOCK setzt etwas anderes ein – das Gefühl, in sich zusammenzufallen, erschöpft zu sein. Der Mut sinkt, die Gliedmaßen werden schwach, Energie ist nicht – nicht mehr – nötig: Die Zeit, wütend zu werden, zu versuchen, die Dinge zu ändern, ist vorbei. Traurigkeit kann uns verstummen lassen – was gibt es noch zu sagen? –, aber vielleicht suchen wir auch im Reden und Weinen Trost. Egal, wie sie in unserem Leben erscheint, Traurigkeit ist eine der Emotionen, die der Resignation und dem Sich-Fügen am nächsten kommen. Sie ist da, wo das Unwiderrufliche geschieht: wenn wir etwas oder jemanden verlieren und nichts sie zurückbringen kann.

Bereits im Altenglischen hatte Traurigkeit damit zu tun, dass etwas genug war oder man etwas satt hatte. »Ich bin ein einsames Ding«, gesteht das müde Schlachtschild in einem der Rätsel des ›Exeter Book‹, das aus dem 10. Jahrhundert stammt. »Verletzt vom Eisen, gequält vom Schwert, traurig gemacht von den Schlachten.« In diesem Sinne war Traurigkeit nicht als ein depressiver oder niedergeschlagener Gemütszustand zu verstehen, sondern als Überdruss mit einem Ausschlag in Richtung Langeweile.

In der Renaissance war Traurigkeit als Thema ebenso beliebt, wie es das Glück heute ist. Besonders interessierte dabei die Ärzte und Philosophen dieser Epoche das Verhältnis zwischen Traurigkeit und Gewicht. Die Mediziner vertraten die These, dass ein Übermaß an einer dichten Substanz, einem Saft, der schwarze Galle genannt wurde, Traurigkeit bewirke. Sie zog den Körper herunter und bewirkte, dass die Bewegungen der Beladenen unbeholfen waren, sie den Kopf hängen ließen und einen langsamen Gang bekamen. Doch diese körperliche Schwere galt auch als dafür verantwortlich, dass sie den Charakter gewichtiger machte – also ging Traurigkeit einher mit mehr Nüchternheit, Bestimmtheit und Standhaftigkeit. Protestantische Theologen stellten die These auf, dass Kummer, der eine Person wortwörtlich niederdrückte, sie auch bescheiden machte. Dabei sahen sie das englische *humble* in Verbindung mit dem lateinischen *humus*, Erdboden (siehe DEMÜTIGUNG). Sie schilderten auch eine besondere Form der Traurigkeit, eine zuträgliche Trauer, die aus der Erkenntnis der eigenen spirituellen Unzulänglichkeit und Unwürdigkeit vor Gott resultierte.

Zu wissen, was Trübsinn ist, galt vielen auch als emotionales Training, als eine Lektion in Belastbarkeit. In seinem ›Castell of Helth‹, einem medizinischen Traktat und frühen Selbsthilfebuch, das 1539 erschien, legte der englische Jurist Thomas Elyot seinen Lesern nahe, sich mit dem Kummer anderer Menschen vertraut zu machen, um den eigenen besser ertragen zu können. Dabei bot er auch längere Beschreibungen der Ursachen für Traurigkeit – von der Undankbarkeit der Kinder bis zum Ausbleiben der Beförderung. In diesem Sinn galt die Vertrautheit mit normaler Traurigkeit den Menschen der frühen Moderne als ein Schutzfaktor gegen ihre schlimmeren Erscheinungsformen – die Krankheit MELANCHOLIE oder die selbstzerstörerische VERZWEIFLUNG.

Man kann sich schwer vorstellen, dass Elyots ›Castell of Helth‹ von Verlegern heutiger Selbsthilfebücher sonderlich enthusiastisch aufgenommen würde. Eine Auflistung von Gründen, trübsinnig zu sein, dürfte es kaum auf die Bestsellerliste schaffen. Doch der Gedanke, dass wir die Kunst der Traurigkeit *erlernen* sollten – wie wir ihre vielen Schattierungen erfahren und auch ertragen können –, findet auch heute eine Resonanz. Zu denen, die befürchten, dass wir verlernen, traurig zu sein, gehören die Psychiater Allan Horwitz und Jerome Wakefield. In ihrem Buch ›The Lost Sadness‹ (Die verlorene Traurigkeit) untersuchen sie die weitgehend anerkannte »Epidemie« der Depression. Sie verwerfen die These, dass diese am größeren Druck des Lebens im 21. Jahrhundert liege, und sagen stattdessen, dass der astronomische Anstieg der Zahl von Menschen, denen eine Depression attestiert wurde, das Ergebnis von Überdiagnosen sei. Und die Überdiagnose selbst sei Folge einer unzureichenden Beschreibung der Depression im häufig verwendeten ›Diagnostic and

Statistical Manual of Mental Disorders‹ (DSM) der American Psychiatric Association. Sie behaupten nicht, dass Depression nicht existiere: Das tut sie sehr wohl, und mit ihrer schwerfälligen Apathie bis zur blanken, zermürbenden Verzweiflung führt sie zu einer enormen Entkräftung. Was Horwitz und Wakefield meinen, ist, dass manchmal bei Menschen, die einfach nur traurig sind, eine Depression diagnostiziert wird und dass diese Überdiagnose die einzige Ursache für den sprunghaften Anstieg der Fälle sei.

Die erste Ausgabe des ›DSM‹ erschien 1952, zu einem Zeitpunkt, als die Kritik an der fehlender Konsistenz bei der Diagnose psychischer Störungen wuchs. Um theoretische Streitigkeiten über den Grund psychischer Krankheiten – sind sie das Resultat der Hirnchemie, sozialer Ungerechtigkeit oder von Familientraumata? – zu vermeiden, waren im ›DSM‹ nur Symptome aufgeführt und der Kontext wurde komplett weggelassen. Das bedeutete jedoch, dass die alte Unterscheidung zwischen Pathologie und Passion wegfiel, die traditionell Krankheiten wie Melancholie von einfacher Traurigkeit unterschied. Bei jedem, der fünf von neun Symptomen über mindestens zwei Wochen hinweg zeigte, konnte eine Depression diagnostiziert werden – selbst wenn es für die depressive Stimmung, den mangelnden Appetit, die Schlaflosigkeit und so weiter eine plausible Erklärung gab, etwa den Verlust des Arbeitsplatzes oder das Ende einer Beziehung. Die ersten Ausgaben des ›DSM‹ enthielten eine »Trauer-Klausel«, die besagte, dass innerhalb von zwei Monaten nach dem Verlust eines geliebten Menschen bei niemandem eine Depression diagnostiziert werden durfte. Dieser Ausschluss wurde aber im 2013 erschienenen ›DSM-5‹ gestrichen und so die alte Unterscheidung zwischen verständlicher und ungerechtfertigter Traurigkeit getilgt – jedenfalls in der diagnostischen Klassifizierung. Das ist aber auch nicht nur eine Angelegenheit des Sprechzimmers: Die Darstellung des ›DSM‹, was eine Depression ausmacht, findet auch den Weg in die gesundheitliche Bildungsarbeit an Schulen und erscheint auf öffentlich finanzierten Gesundheitsseiten im Internet und in Zeitschriftenartikeln. Angesichts der zunehmenden Möglichkeiten der Selbstdiagnose (siehe CYBERCHONDRIE) und des Zeitmangels unserer Allgemeinmediziner scheint der Wunsch, eine klinische Diagnose zu bekommen, größer zu werden. Wir haben das Bedürfnis nach einer klaren Auskunft und damit geht einher, dass wir immer weniger bereit sind, Traurigkeit als natürliche Konsequenz des Lebens zu akzeptieren.

Ist es grundlegend falsch, dass man schlechte Gefühle loswerden will? Vielleicht nicht. Aber die heutigen Antidepressiva, die uns zur Auswahl stehen – Fluoxetin und die anderen SSRIs (Selektiven Serotonin-Wiederaufnahmehemmer) –, haben Nebenwirkungen und wirken nicht immer. Wichtiger noch: Wenn wir Traurigkeit als Problem betrachten, das mit Medikamenten beseitigt werden muss, sind wir möglicherweise schlecht dafür gerüstet, in der Zukunft zurechtzukommen. Für die Psychotherapeutin Susie Orbach hat die Übermedikamentierung einen erodierenden Effekt, weil sie als Botschaft vermittelt: »Schmerz kann nicht ausgehalten, durchlebt und ertragen werden.« Und das nimmt uns die Möglichkeit, Kummer als bereichernden Teil des Lebens zu begreifen. »Unsere Reaktionen auf widrige Umstände sind das, was uns menschlich macht, und unsere Fähigkeit, diese Gefühle zu überleben und durch sie und an ihnen zu wachsen, ist Teil dessen, was Reife ausmacht«, schreibt Orbach. Wenn Traurigkeit durch die Diagnose Depression ausgeblendet wird, sind wir noch weniger willens, und das ist entscheidend, uns überhaupt zuzugestehen, dass wir traurig sind, weil wir fürchten, dies könnte unserem Erfolg in der Welt im Weg stehen, und uns damit das Stigma verpasst wird, das psychische Krankheiten immer noch umgibt. Und diese Unterdrückung könnte die Traurigkeit sogar noch größer machen.

Mit den Empfindungen von Überdruss und Akzeptanz, der Stille und sogar APATHIE, die dazugehören, ist Traurigkeit, im Gegensatz zur Depression, ein wichtiger Teil unseres Lebens. Sie ist der Prozess, durch den wir uns nach einem Verlust oder einer ENTTÄUSCHUNG wieder sammeln und auf ein neues Selbst einstellen. Traurigkeit schützt uns, während wir innehalten, und verleiht uns Kraft. Und wie man noch im 16. Jahrhundert genau wusste, können wir der Traurigkeit weniger entgegensetzen, wenn wir sie als etwas Fremdes betrachten, das nicht zu uns gehört. Das wiederum macht uns sehr viel verletzlicher im Hinblick auf ihre schlimmeren Erscheinungsformen.

▻ Siehe auch: TRAUER

TROST

Die Vororte sind übersät mit kleinen Denkmälern für Kummer. Ein verlorener Teddy, der an eine Laterne gelehnt wurde, ein lächelnder Plastikfrosch, der im Rinnstein schmachtet. Wie verheerend der Verlust eines Lieblingsspielzeugs ist, ist allen Eltern bestens bekannt, die erfahren haben, welche tiefe Bedeutung ein einäugiger Hase oder eine gut durchgekaute Kuscheldecke in der emotionalen Welt eines Kindes haben kann.

Die Vorstellung, dass Kinder eine tiefgreifende Verbindung zu ihren Spielsachen haben, ist ein Stück weit der Arbeit des Kinderarztes und Psychoanalytikers Donald Winnicott zu verdanken. Anfang der 1950er begann er sich dafür zu interessieren, dass Eltern ihren Babys oft etwas Weiches zum Kuscheln geben, damit sie allein schlafen können. Winnicotts These war, dass diese Objekte mehr als eine verlässliche Präsenz oder ein Elternersatz sind. Sie müssen, so Winnicott, auch Wärme, Stofflichkeit und Beweglichkeit bieten, damit es dem Kind möglich ist, ihnen ein Eigenleben zu verleihen. Als wären sie eine Erweiterung seines eigenen Geistes, benutzt das Kind solche »Übergangsobjekte«, um seine eigenen Wünsche und Ängste auszuleben – das vielleicht berühmteste Beispiel ist die Schmusedecke von Linus in der Comic-Serie ›Peanuts‹ von Charles M. Schultz. Diese richtet sich nötigenfalls auf und verscheucht die Feinde ihres Besitzers. Winnicott bezeichnete diese Objekte als »Brücke« oder »dritte Welt«, die sich zwischen dem Geist des Babys und der realen Welt befindet. Wenn das Baby dann gelernt hat, den Unterschied zwischen sich und anderen zu erkennen und zu akzeptieren, nimmt die Bedeutung des Objekts ab.

Doch völlig schwindet unser Bedürfnis für Übergangsobjekte nie. Es entsteht beispielsweise in der Krisensituation der TRAUER oder des SCHRECKENs. So ist ein Grund, warum Krankenwagen und Polizeiwagen mit weichem Spielzeug oder »Traumateddys« ausgerüstet sind, dass Opfer von Autounfällen (üblicherweise Kinder, aber gelegentlich auch Erwachsene) manchmal zum Beruhigen etwas zum Kuscheln benötigen. In solchen Momenten kann uns ein atmender Mensch möglicherweise nicht so viel Trost geben wie ein ausgestopftes Spielzeug.

Was ist es, das uns Sicherheit in einer rücksichtslosen Welt gibt? Vielleicht ist es Eiscreme oder ein Federbett, ein Lieblingsfilm oder den Hund knuddeln. Die Dinge oder Rituale, die wir nutzen, um uns bei Leid oder Sorgen zu trösten, bieten einen zeitweiligen Rückzug, sie helfen uns, dass wir uns gehalten, erfüllt oder sicher fühlen. Trost kommt vom mittelhochdeutschen *tröst*, das auch Ermutigung bedeutete – es ist also keine Schwäche, Trost zu suchen. Wir gestehen ein, dass etwas fehlt und wir uns zurückziehen müssen, um weiterzukommen. In diesem Sinne ist Trost zu suchen etwas, das uns verwundbar macht und wahrlich viel Mut erfordert.

Vor dem Ausbruch des Zweiten Weltkriegs hatten viele Psychologen geglaubt, dass Babys eine Bindung zu jedweder Person entwickeln würden, die sie füttert (eine Theorie, die »cupboard love«, »Küchenschrankliebe«, genannt wurde). Doch in der Folge traumatischer Trennungen von Familien während des Kriegs rückten Fragen nach Sicherheit und Beruhigung in den Vordergrund (siehe ANGST). Diese Fragen führten neben Winnicotts Arbeit zu John Bowlbys einflussreicher Forschung über Bindung und zu einer neuen Gewichtung des körperlichen Kontakts. Letztere ist vor allem der Arbeit von Harry Harlow zu verdanken, einem Primatenforscher an der University of Wisconsin. Er hatte festgestellt, dass junge Rhesusaffen, die direkt nach der Geburt von ihren Müttern getrennt wurden, teilnahmslos und niedergeschlagen wirkten und abnahmen, obwohl sie von den Forschern gefüttert wurden. Noch wichtiger war seine Beobachtung, dass sie sich an ihre Stoffwindeln klammerten, wenn sie Angst hatten. Daraufhin entwickelte Harlow ein Experiment, mit dem die Auswirkungen taktiler Empfindungen – die er »Kontakt-Trost« nannte – getestet werden sollten.

Er fertigte zwei Attrappen oder »Mütter« aus Draht an und stellte sie in den Käfig der Affenjungen. Die eine Attrappe bekam eine Flasche zum Füttern, ansonsten blieb der nackte Draht sichtbar. Die andere Attrappe wurde mit weichem Frotteestoff überzogen, hatte aber keine Flasche. Die Affenjungen gingen zum Trinken zur »Drahtmutter«, aber wenn sie Angst hatten, etwa wenn plötzlich ein Spielzeug, das sich bewegte, im Käfig war, kletterten sie Trost suchend an der »Stoffmutter« hoch und blieben dort. Für uns ist es heute herzzerreißend, die Fotos von dem Experiment zu sehen, aber Harlows Arbeit legte den Grundstein für die moderne Kinderbetreuung. Er zeigte auf, dass die Bindung zwischen Eltern und Kindern auf mehr als der Versorgung mit Nahrung basiert – dass Wärme, Weichheit und »Kontakt-Trost« für das Überleben ebenfalls wichtig sind. Eins der bekanntesten Beispiele dafür, wie diese neuen Erkenntnisse

Einzug in die Kinderpsychologie gehalten haben, ist die große Bedeutung, die wir heute dem Hautkontakt zwischen Neugeborenen und Eltern (auch als Känguruh-Methode bezeichnet) beimessen. Es hat sich erwiesen, dass Hautkontakt Kleinkinder nicht nur tröstet und beruhigt, sondern auch ihr Immunsystem stärkt: Man geht davon aus, dass selbst die winzigen Babys auf Intensivstationen mit Hautkontakt besser gedeihen als ohne.

Die Ergebnisse von Winnicott und Harlow bezeugen auch, dass Trost dauerhaft eine Rolle in unserem Gefühlsleben spielt. Erwachsenen kann es schwerfallen, Verletzlichkeit und Bedürftigkeit zuzugeben (siehe *AMAE*). Manchmal sind wir vielleicht mutig genug, Trost bei anderen Menschen zu suchen und darum zu bitten, dass sie uns in den Arm nehmen, streicheln oder für uns singen. Zu anderen Zeiten finden wir Trost heimlich und im Dunkeln, möglicherweise indem wir uns wieder »Übergangsobjekten« zuwenden. Laut Winnicott können im Erwachsenenleben Bilder und Filme, Gebete und Rituale, aber auch Sucht und Zwangshandlungen die gleiche Funktion wie ein Teddy haben, indem sie uns zeitweilig Halt geben und etwas sind, das wir festhalten können. Für einen Moment können sie die gnadenlose Außenwelt verdrängen und unsere schmerzvolle innere Gefühlslandschaft widerspiegeln. Sie erlauben uns zu sagen: »Ja, ganz genau so fühle ich mich.«

Es gibt wenig, das trostreicher ist.

☞ Siehe auch: ERLEICHTERUNG, ZUFRIEDENHEIT

ÜBERRASCHUNG

Im Jahre 1872 beschrieb Charles Darwin, der zu dieser Zeit bereits ein bedeutender Naturforscher war und für seine Evolutionstheorie gefeiert wurde, ein merkwürdiges Experiment, das er mit sich selbst im Reptilienhaus des Londoner Zoos durchgeführt hatte. Er stellte sich vor einen Glasbehälter, in dem sich eine höchst giftige Puffotter befand, und drückte »mit dem festen Entschlusse, nicht zurückzufahren, wenn die Schlange auf mich losstürzte« seine Nase an die Glasscheibe. Natürlich sprang Darwin gleich mehrere Schritte zurück, sobald die wütende Puffotter Richtung Scheibe vorstieß.

Später gab er zu, dass der Vorgang ihn »amüsiert« habe. Wie Henri Bergson, der Theoretiker des Lachens Anfang des 20. Jahrhunderts, wusste auch Darwin, dass unser Körper grotesk wirken kann, wenn er sich entgegen unseren Absichten fehlverhält. Laut Bergson wirken wir vor allem dann lächerlich, sogar für uns selbst, wenn automatische Verhaltensweisen des Körpers ablaufen.

Überraschung gehört zu den Emotionen, die am schnellsten einsetzen und am flüchtigsten sind. Ausgelöst wird sie durch ein verblüffendes Ereignis, auf das wir überhaupt nicht vorbereitet sind. Sie flammt auf und verschwindet dann nahezu sofort wieder. Niemand kann sehr lange überrascht bleiben (auch wenn man manchmal *sagt*, man wäre es: »Was mich an deinem Verhalten überrascht ...«). Überraschung packt uns geradezu und setzt heftige Reaktionen in Gang: die Augen schnellen auf und die Pupillen weiten sich, die Augenbrauen schießen nach oben und der Unterkiefer klappt nach unten. Dies ist ein Reflex, mit dem wir geboren werden – und sogar schon im Mutterleib reagieren Babys auf laute Geräusche mit dem Moro- oder Schreckreflex. Während ein SCHOCK uns zum Schweigen bringt und auf der Stelle erstarren lässt, ist die Reaktion bei Überraschungen meist weit lauter. Überraschungen lassen uns zurückspringen, Möbel umwerfen, loslassen, was immer wir in der Hand halten, oder auch laut nach Luft schnappen und spitze Schreie ausstoßen. Wir können überrascht (und entzückt!) sein, wenn unsere Freunde hinter dem Sofa hervorspringen, um unseren Geburtstag zu feiern, verblüfft (und entrüstet!) bei einer unerwarteten Steuerforderung.*

Als René Descartes seine Liste der »ursprünglichen Leidenschaften« aufstellte, nannte man jede plötzliche und überwältigende Emotion »Überraschung«. STAUNEN, schrieb er, sei »eine plötzliche Überraschung der Seele«. HASS, sogar LIEBE konnten als Überraschungen empfunden werden, die die Gliedmaßen sich krümmen lassen und das Herz ergreifen. Es ist das Gefühl, dass der gesamte Körper von einer von außen wirkenden Kraft gepackt wird, die Überraschung so desorientierend wirken lässt. Manchen gefällt es, mitgerissen zu werden (siehe *ILINX*). Aber es gibt auch andere, die Überraschungen als würdelos, beschämend und sogar ärgerlich empfinden. Am seltsamsten am Überraschtwerden ist wohl, dass wir für kurze Zeit

---

* Manche Sprachen kennen diesen Unterschied: Auf Ifalik ist *rus* eine böse Überraschung und *ker* eine schöne.

die Kontrolle verlieren – und die schleichende Erkenntnis, dass wir unseren Körper nicht ganz so beherrschen, wie wir es gern hätten. Die Reflexreaktionen unseres Körpers machen uns, wie Bergson sagte, lächerlich. Aber die mangelnde Kontrolle ist auch enervierend.

Alle Emotionen schließen einen unwillkürlichen Aspekt ein. Der Umstand, dass so viele unserer Empfindungen in den Bereichen Wut, Freude und Ekel ungewollt und meist im ungelegenen Moment aufsteigen, macht sie ebenso leidig wie verlockend. Diese Momente emotionalen Ungehorsams interessierten Charles Darwin besonders. Warum springen wir überrascht vor einer Schlange zurück, die sicher in einem Glasbehälter gefangen ist? Oder schließen die Augen, wenn wir im Dunkeln Angst haben? Er fragte sich, ob diese unnötigen emotionalen Reaktionen Überbleibsel emotionaler Gewohnheiten aus viel früherer Zeit seien. Anscheinend hatte der Körper vor sehr langer Zeit gelernt, auf bestimmte Weise zu empfinden, und war einfach gezwungen, diese früheren Szenarien durchzuspielen. Darwins Theorie stellte die geliebte Vorstellung in Frage, dass unsere Emotionen unser Innerstes repräsentieren, und ersetzte sie durch das Bild von menschlichen Emotionen, die durch gewaltige Kräfte geformt wurden, die weit über unsere individuellen Lebensspannen hinausgehen. Er zeigte uns, dass unsere Emotionen nicht allein uns gehören. Und dass wir, auch wenn wir uns gerne vorstellen, die Lenker unserer Körper zu sein, eher Passagiere sind, die mitreisen dürfen.

☞ Siehe auch: FURCHT

ÜBERWÄLTIGUNG

Von all den Sorgen, die wir uns im frühen 21. Jahrhundert machen, ist die drohende »Informationsüberflutung« scheinbar die einzige, die ausschließlich modern ist. Wir gondeln durch eine brodelnde, wirbelnde Masse von digitalen Informationen und beruhigen uns mit dem Irrglauben, dabei noch die Kontrolle zu haben. Doch eine falsche Bewegung und wir fallen hinein, schlagen um uns und schnappen nach Luft. Während das deutsche Wort »überwältigen« mit Gewalt und walten, herrschen, zu tun hat, kommt das *whelm* im englischen *overwhelmed* vom mittelenglischen Wort für kentern. Die Wasserassoziationen, die mit der überwältigenden Informationsflut einhergehen, passen hier also doppelt. Wir mögen versuchen, wieder an die Oberfläche zu gelangen, aber es wird nicht lange dauern, bis wir das Gefühl haben, zu versinken – es ist das Gefühl der Niederlage, wenn wir von der Übersättigung überwältigt werden (siehe EKEL).

Die Technik ist zwar neu, doch die Angst, von der Vielzahl der Informationen überwältigt zu werden, ist es nicht. Ende des 15. Jahrhunderts, nachdem Gutenberg die Druckerpresse erfunden hatte, überschwemmten immer mehr billige Bücher den Markt. Die Klagen über »zu viele Informationen« folgten auf dem Fuße.

Vorher konnte man noch glauben, alles zu wissen, was es zu wissen gab. Im 10. Jahrhundert arbeitete die Gelehrte und Buchhändlerin Lubna von Córdoba in der großen Bibliothek im andalusischen Umayyadenpalast, einem der großen Gelehrtenzentren der mittelalterlichen arabischen Welt. Sie war eine hochgeachtete Universalgelehrte: laut ihren Zeitgenossen eine »ausgezeichnete« Dichterin, die auch Mathematik und Wissenschaften »beherrschte«. Das war keineswegs eine Übertreibung. Da Lubna die islamischen Hadithe kopierte und mehrfach nach Bagdad reiste, um Bücher vorsokratischer Philosophen zu erwerben und zu verkaufen, kann man davon ausgehen, dass sie das meiste Wissen der damaligen Welt im Kopf hatte.

In den Jahrzehnten nach der Erfindung der Druckerpresse verliehen die ersten Autoren ihrem Gefühl Ausdruck, der Flut an neuen Informationen nicht mehr Herr werden zu können. Erasmus von Rotterdam fragte sich, ob es irgendeinen Ort auf der Welt gebe, der frei von diesen Massen neuer Bücher sei. Und wie bei unserer heutigen Informationsüberflutung sorgten sich Leser, ob sie dem veröffentlichten Material wirklich trauen könnten. Wichtige Ideen würden, wie es Erasmus formulierte, all ihre Qualität verlieren, wenn sie einmal mit all den anderen vermischt seien. Andere teilten diese Befürchtungen. Der Reformator Calvin beklagte sich über den »undurchdringlichen Wald von Büchern«, Descartes über die VERWIRRUNG, die von der Copia herrühre. So hieß eine römische Göttin des Überflusses. Dies brachte die damaligen Zeitgenossen in eine Zwangslage, die uns nicht unbekannt ist. Wie kann man erkennen, was wichtig ist? Sollten sie versuchen, ihr Urteil zu schulen, indem sie einen Kanon von Klassikern lasen und alles andere ignorierten? (Aber selbst dann stellte sich die Frage, was in den Kanon aufgenommen werden sollte und was nicht.) Oder vielleicht sollten sie das Lesen überhaupt einstellen und hoffen, dass sie eine göttliche Eingebung hatten.

Eine praktikablere Lösung für diese frühe Überwältigung war die Erfindung von Techniken zur Auswahl, Weiterverarbeitung und Archivierung von Ideen. Spätestens seit Plinius' ›Naturalis historia‹, also mindestens seit 1500 Jahren, gab es alphabetisch aufgebaute Nachschlagewerke, aber jetzt wurden sie enorm beliebt. Eines der größten war das 1631 erschienene ›Theatrum magnum vitae humanae‹ (Großes Schaufenster – oder Schauplatz – des menschlichen Lebens) des Niederländers Laurens Beyerlinck, das acht Bände und zehn Millionen Wörter umfasste. Ein neues Buchgenre hatte gleichfalls Konjunktur. Es stellte Highlights rund um ein Thema zusammen, etwa das Florilegium (Blütenlese), in dem zitierbare Redewendungen und Aussprüche gesammelt und nach Stichworten geordnet waren, sodass der eilige Reden- oder Briefschreiber seinen Worten einen Anstrich von Gelehrsamkeit verleihen konnte. An den Universitäten wurden Techniken gelehrt, sich Notizen und Exzerpte zu machen, und man erfand Ablagesysteme für diese Notizen (Schränke mit Reihen von Haken, an die man das Papier, geordnet nach Themen oder Gedanken, aufhängen konnte). Niemand musste so ein Buch ein zweites Mal lesen.

Heute versuchen wir mit ähnlichen Mitteln, der »Informationsüberflutung« Herr zu werden. Suchmaschinen durchforsten das Terrain, während Studenten lernen, ihr Lektüreprogramm nach dem SMART-Prinzip zu organisieren (spezifisch, messbar, angemessen, realistisch, terminierbar), damit die Dinge beherrschbarer erscheinen. Auch wenn man leicht entmutigt wird, eine Folge der drohenden Überwältigung ist, dass wir gezwungen werden, eine größere Könnerschaft darin auszubilden, wie wir lesen. Das Bild einer Lubna in ihrer Bibliothek, die peinlich genau lateinische und griechische Texte kopiert, ist weit entfernt von allem, was wir uns heute für uns vorstellen können.

Stattdessen könnten wir uns von Samuel Johnson Mut machen lassen. Er hatte offenbar freudig akzeptiert, dass die immense Zunahme neuer Bücher beim Leser unterschiedliche Aufmerksamkeitsebenen nötig machte. Er arbeitete vier verschiedene Modi aus: »genaues Studieren, sorgfältiges Durchlesen, bloßes Lesen und Lesen aus Neugier«. Das Erste verlangte eine starke Konzentration, das Letzte war ein Überfliegen inmitten der Gesprächsfetzen und Geräusche in einem Kaffeehaus. Einzig mit diesem pragmatischen Zugang konnte Johnson dem

Gefühl der Überwältigung Einhalt gebieten – in dem Wissen, dass »die Anzahl der Schriftsteller so lange zunimmt, bis keine Leser mehr übrig bleiben«.

▸ Siehe auch: VERBLÜFFUNG

UMPFIGKEIT

Perkin Flump hat sehr schlechte Laune.* Das langsame Stück, das sein Großvater auf dem Flumpet (einer Kombination von Flügelhorn und Trompete) spielt, ist einfach zu laut. Das Wasser, mit dem er sich waschen soll, ist zu kalt. Der Boden, auf dem er jeden Tag läuft, ist zu holprig, sodass seine Füße wehtun. Sein Frühstücks-Porridge ist zu klumpig und klebrig.
»Geht es dir gut?«, fragt seine Mutter.
»Nein, es geht mir nicht gut«, schnauzt er zurück. »Ich fühle mich total falsch. Ich fühle mich wie igittigitt, nur schrecklich. Ich fühle mich umpfig.«
»Was ist umpfig?«, fragt seine Mutter.
»Ich bin umpfig«, erklärt er ihr. »Dies ist ein Alles-zu-viel-Morgen. Ich bin einfach angefressen und gehe jetzt in den Hof, um für mich allein umpfig zu sein.«
Dort entdecken seine Schwester Posie und sein kleiner Bruder Pootle, dass eine kleine graue Wolke hartnäckig über seinem Kopf schwebt. Sie versuchen, sich vor ihr zu verstecken, blasen sie an, singen sie sogar an, doch nichts vertreibt sie. Erst als sein Großvater ihn mit der Flumpet aufheitern will und dies durch

---

* ›Die Flumps‹ war eine TV-Zeichentrickserie für Kinder in den 1970ern. Es ging um das Familienleben runder, pelziger Wesen, die in Nordengland wohnten. Umpfig fühlte sich Perkin in der Episode »The Cloud«.

eine Möhre, die das Instrument verstopft, kläglich misslingt, fängt Perkin an zu kichern, die Wolke steigt hoch und immer höher, bis sie schließlich davonschwebt.

Umpfigkeit: Ein Gefühl, dass alles »zu viel« ist und alles irgendwie schiefläuft.

Das einzige bekannte Gegenmittel: Lachen.

☞ Siehe auch: *MATUTOLYPEA*

UNGEDULD

Es war der Polsterer der Kardiologen Meyer Friedman und Ray Rosenman, dem als Erstem auffiel, wie die Stühle im Wartezimmer der beiden Ärzte abgenutzt waren. Seltsame durchgescheuerte Stellen fanden sich auf den Armlehnen (durch nervöses Fingerklopfen) und an den Vorderkanten der Sitze (durch ruheloses Herumrutschen), während die Rückenlehnen noch wie neu waren. Niemand saß entspannt auf diesen Stühlen. Niemand lehnte sich während der Wartezeit an. Die Patienten, in der Mehrzahl erfolgreiche, vielbeschäftigte Männer mittleren Alters, die unter verstopften Arterien und hohem Blutdruck litten, konnten die unproduktive Zeit, zu der sie hier verdammt waren, nicht ertragen.

Diese Wartezimmerstühle brachten Friedman und Rosenman in den 1950ern schließlich auf das Konzept der Typ-A-Persönlichkeit. Typ-A-Menschen waren Patienten, die sich durch ihr Empfinden von »Zeitnot« ständig unter Druck setzten. Sie waren allesamt erfolgreich und ehrgeizig – und hatten ein wesentlich höheres Risiko, an Herzerkrankungen oder Schlaganfällen zu sterben. (Wie sich herausstellte, war diese Benennung ziemlich kontraproduktiv: Trotz der Nachteile wollten letztendlich alle ein Typ A sein, insbesondere die Typ-A-Menschen ...)

Mit Hetzen und Hupen und den unerfüllbaren Anforderungen scheint Ungeduld die unvermeidliche Konsequenz unseres Lebensstils zu sein, der arm an Zeit und reich an Ablenkungen ist. Die Schlange im Supermarkt oder der störrische Lift, der nicht kommt, egal, wie oft wir den Knopf drücken, sind der pure Hohn angesichts der eindringlichen Forderung, jeden Augenblick produktiv zu nutzen und das Optimum aus unserem Leben zu machen. In Wahrheit war Warten nie leicht. Friedrich Nietzsche schrieb: »Das Warten-Können ist so schwer, dass die größten Dichter es nicht verschmäht haben, das Nicht-warten-Können zum Motiv ihrer Dichtungen zu machen.« *Impatience*, das englische Wort für Ungeduld, ist vom lateinischen *pati*, erdulden, abgeleitet und bedeutet »Unvermögen, zu erdulden«. Nicht nur heute, auch im 17. Jahrhundert galt das Klischee, dass die Zeit beim Warten langsamer vergeht (»Bis die Liebe alle Rechte hat, geht die Zeit auf Krücken«, sagt der blasierte Claudio in ›Viel Lärm um Nichts‹). Allerdings kann, wie jeder weiß, dieser Stillstand, bis unsere Wünsche erfüllt werden, auch eine köstliche Qual bedeuten (siehe ANTIZIPATION).

Die ungeduldigen Patienten in der Praxis von Friedman und Rosenman erinnern uns daran, dass ein »Unvermögen, zu erdulden« viel mehr beinhaltet, als in unserer auf sofortige Reaktion ausgerichteten Welt nicht auf die Belohnung warten zu können. Jene Männer kämpften mit dem Teil ihres Selbst, der gezwungen war, der Geduldige zu sein – der geschwächte, unzuverlässige Teil, der es erforderlich machte, zeitweilig die Kontrolle in Expertenhände und an den Zeitplan eines anderen abzugeben, und ihnen damit die UNGEWISSHEIT ihrer Zukunft vor Augen hielt.

☞ Siehe auch: ANTIZIPATION, TORSCHLUSSPANIK

UNGEWISSHEIT

*Alles ist sehr ungewiss und gerade das
finde ich beruhigend.*
– TOVE JANSSON, ›WINTER IM MUMINTAL‹

Sich zu verirren, ist heutzutage kein Problem mehr. Wenn Sie meinen, Sie seien in die falsche Straße eingebogen, können Sie das Smartphone herausziehen, auf den Bildschirm tippen und Ihren Standort via Satellit erkennen. Es gibt Apps, die uns mitteilen, ob ein Zug Verspätung hat, und Websites, die vorhersagen, welche Filme oder Bücher uns gefallen werden. Dank der massenhaften Zunahme neuer Technologien gibt es anscheinend immer weniger, was im Ungewissen bleiben muss. Aber manchmal sollten wir uns fragen, was wir dabei so verpassen.

Ungewissheit wird oft als unangenehme emotionale Erfahrung beschrieben, als eine, die wir gern vermeiden möchten. Sich an den wichtigsten Kreuzungen des Lebens unsicher zu fühlen, ist schwer zu ertragen. Doch auch noch so viel Googeln kann uns nicht sagen, ob wir unseren Job kündigen oder ein Kind bekommen sollten (siehe TORSCHLUSSPANIK). Stattdessen schwanken wir zwischen Bruchstücken von Ratschlägen hin und her, unsere Unentschlossenheit engt uns ein und nervt. Kein Wunder, dass der Wunsch, die Ungewissheit mit Hilfe verlässlicher Strukturen zu überwinden, als evolutionärer Vorteil des Menschen gilt.

Doch auch wenn uns Vorhersagbarkeit zeitweilig rettet, sind Zögern und Zweifeln Teil unseres Lebensaufbaus. Zum einen oder anderen Zeitpunkt kämpft jeder von uns mit der Tatsache, dass unsere Zukunft ungewiss ist. Selbst die arriviertesten theoretischen Physiker können uns keine Antworten geben. Laut der Heisenberg'schen Unschärferelation ist es unmöglich, Ort und

Impuls eines Teilchens gleichzeitig genau zu bestimmen, denn immer, wenn man die eine Größe misst, ändert sich die andere. Wenn unser Universum schon auf atomarer Ebene so aufgebaut ist, kann man wetten, dass dies auch für unser tagtägliches Leben gilt: »Soll ich die Tomaten kaufen? Aber dann brauche ich auch den Blumenkohl. Aber mag sie den Blumenkohl?« und so weiter.

Freiheit, Zufallsentdeckungen, Launen, Kreativität: Das sind die Freuden der Ungewissheit. Nicht zu wissen, was herauskommt, kann unendlichen Spaß bringen – darum lesen wir immer wieder Krimis und darum ist eine Liebesaffäre ganz am Anfang besonders intensiv. Viele Künstler sind der Ansicht, dass man dem Verlangen, alles herauszufinden, widerstehen müsse, das Nichtwissen sei wertvoller. Nur »wenn jemand fähig ist, im Ungewissen, in Mysterien, Zweifeln zu sein, ohne jegliches reizbare Greifen nach Fakten und Verstandesgründen«, schrieb der Dichter John Keats, ist er wirklich frei zu schaffen und zu erkunden.

Erlauben Sie sich das Verlaufen, vielleicht erhaschen Sie dann auch diese Freiheit.

☞ Siehe auch: ANTIZIPATION, NEUGIER, SCHRECKEN

VERACHTUNG

»Das war kein einfaches Gähnen«, erklärte Richter Daniel Rozak der fassungslosen Familie von Clifton Williams, als dieser wegen Missachtung des Gerichts abgeführt wurde. Beim Prozess seines Cousins wegen eines Drogendelikts saß Williams 2009 als Zuschauer auf der Galerie eines Gerichtssaals in Illinois, hatte den Rücken durchgestreckt, die Arme gereckt und ein enormes Gähnen losgelassen. Dies sei keine unwillkürliche Müdigkeitsreaktion gewesen, folgerte Richter Rozak, sondern ein willentlicher Versuch, die Autorität des Gerichts zu untergraben.

Ob wir höhnisch grinsen, feixen, uns hochnäsig verhalten oder uns in absoluter Gleichgültigkeit abwenden, Verachtung ist immer eine aristokratische Emotion. Sie erfüllt uns mit dem Gefühl der Überlegenheit, an deren Rändern Spott oder EKEL aufscheinen. Selbst in ihrer mildesten Form behandelt die Verachtung mit amüsierter Distanz von oben herab. Kein Wunder, dass Verachtung auch aufrührerisch und politisch wirksam sein kann.

Die Vorstellung, dass Verachtung Veränderungen bewirken

kann, wurde von der Philosophie nicht immer anerkannt. Viele Philosophen sprachen ihr jeglichen Wert ab. Immanuel Kant argumentierte, Verachtung und die abweisenden Handlungen, die ihr unweigerlich folgen, würden dem moralischen Grundprinzip zuwiderlaufen, dass alle Menschen, unabhängig von ihrer sozialen Position oder Herkunft, mit Respekt und Achtung zu behandeln seien. An der Verachtung störte Kant die Endgültigkeit: Sie weigere sich anzunehmen, dass sich Menschen ändern können. Während WUT Revolutionen anschürt und EMPÖRUNG Ungerechtigkeit offenlegt, schlägt Verachtung Türen zu. Das hielt Kant für einen schrecklichen Irrtum, weil Menschen die »ursprüngliche Anlage zum Guten ... nie verlieren können«.

Kants Darstellung der Verachtung war einflussreich, aber hatte er recht? Clifton Williams' Gähnen verlangt eine andere Denkweise. Es könnte schließlich auch andere Gründe für sein Gähnen gegeben haben. Vielleicht war er müde. Vielleicht war er nervös – denn wir gähnen oft, wenn wir Angst haben. Das ist ein Relikt von unseren tierischen Vorfahren, die ihre Schnauzen öffnen, um die Zähne zu zeigen, wenn sie bedroht werden. Deshalb sieht man Fallschirmspringer und Truppen vor dem Einsatz oft gähnend herumstehen. Selbst wenn Williams' Gähnen willentlich verächtlich war, könnte er einfach privat Dampf abgelassen haben, etwa wie man die Augen hinter dem Rücken einer anderen Person verdreht. Wenn er aber tatsächlich den anderen im Gerichtssaal seine Verachtung zeigen wollte, dann macht dieses Bewusstsein, für ein Publikum zu agieren, das Gähnen tatsächlich zu einer politischen Handlung.

Der britische Philosoph J. L. Austin argumentierte 1955, dass manche Dinge, die wir sagen, nicht nur die Wirklichkeit beschreiben, sondern sie auch verändern. Sagt man beispielsweise »Ich liebe dich«, drückt man nicht bloß ein Gefühl aus, sondern verändert auch das Wesen seiner Beziehung: Es handelt sich um eine Verpflichtung und kann sogar eine Art von Frage sein, die eine Antwort verlangt (»Liebst du mich nicht auch?«). Emotionale Gesten wie das Anheben der Augenbraue oder das Rümpfen der Nase gleichen dem. Sie drücken etwas aus *und* bewirken etwas (Austin nannte das den »performativen« Aspekt): Sie haben eine Auswirkung, und die ist oft beabsichtigt. Im Fall von Williams' Gähnen könnte es ihm in einer Umgebung, in der er sich wahrscheinlich als alles andere als wichtig empfand, das *Gefühl* eines höheren Rangs verschafft haben. Aber mehr noch: Es provozierte und irritierte und wandelte somit seinen realen Status vom passiven Zuschauer zum aktiven Teilnehmer am Verfahren. In diesem Sinne beschwor Williams' Gähnen eher eine Debatte herauf, statt eine Tür zuzuschlagen.

Verachtung kann eine Form des politischen Protests der Machtlosen sein. Wenn diejenigen Geringschätzung ausdrücken, die traditionellerweise nicht als Menschen gelten, die auf andere herabsehen können (Frauen, Schwarze), kann das dazu führen, dass Privilegien zerfallen und eine Neuausrichtung der Macht für möglich gehalten wird. Historisch gesehen galten Frauen entweder als Opfer verächtlicher Männer oder sie wurden übermäßig für ihren Mangel an Ehrerbietung bestraft. Im Großbritannien des 16. und 17. Jahrhunderts wurden aus Angst vor Hexerei und aufsässigen Frauen beispielsweise Ehefrauen, die ihre Männer beleidigten, wegen »Zänkerei« verurteilt. Und in Schottland wurden einige sogar gezwungen, eine Schandmaske zu tragen, eine Art Zaum mit einer dornenbestückten Metallplatte, um die Zunge zur Bestrafung festzuhalten.

Im 20. Jahrhundert wurde Verachtung, zusammen mit ihren nahen Verwandten Spott und Lächerlichmachen, zu einer Kernstrategie der Protestkultur. Suffragetten liefen 1911 die ganze Nacht Rollschuh, um die Volkszählung zu umgehen (»Wir zählen nicht, also lassen wir uns nicht zählen«). In jüngerer Zeit haben sich Hunderte von Frauen an einer Online-Kampagne beteiligt, bei der es um das ironisch so genannte »Mansplaining« (eine Zusammensetzung aus »man« und »explaining«) ging. Es beschreibt die Angewohnheit von Männern, ihren Kolleginnen eine Sache in viel zu simplen (und manchmal schlicht falschen) Begriffen zu erklären, weil sie davon ausgehen, dass die so Aufgeklärten über eine bestimmte Angelegenheit nicht so viel wissen können wie sie selbst. In der Frauenbewegung des 20. und 21. Jahrhunderts hat Verachtung eine entscheidende Rolle gespielt – der Konvention wird ins Gesicht gelacht, in der Hoffnung, dass sich das Bewusstsein verändert. Oder dass wenigstens ein Gespräch beginnt.

↦ Siehe auch: GEREIZTHEIT

VERBLÜFFUNG

Während der Industriellen Revolution erfanden Ingenieure eine Vorrichtung, mit der heißer Dampf in einer Maschine umgelenkt wurde und so seinem natürlichen Weg Zügel angelegt wurden. Sie nannten sie *baffler* – nach dem alten Wort für einen Zauberer. Heute kennt man sie unter anderem als Schalldämpfer und Lärmschutz – und sie sind immer noch raffiniert. Auf Flugplätzen werden sie beispielsweise gegen das Dröhnen der Maschinen eingesetzt, indem man die Schallwellen erst in die eine und dann in die andere Richtung lenkt, bis der Lärm gedämpft ist.

Verblüfft (*baffled*) zu sein, ist ein wenig, als wäre man eine von diesen Schallwellen, die durch Zauberei auf dem falschen Fuß erwischt werden. Dies ist der Fall, wenn es zu viele Möglichkeiten gibt (siehe UNGEWISSHEIT), insbesondere solche, die zu einem schlampigen Haufen zusammengeworfen sind (siehe KONFUSION), die es schwermachen, den Dingen zu folgen oder zu entscheiden, in welche Richtung man weitermachen will (siehe ÜBERWÄLTIGUNG), die einen frustrieren (siehe ZORN) oder ärgerlich (siehe UNGEDULD) oder gar gereizt (siehe EKEL) machen, vor allem aber erschöpft (siehe APATHIE) aufgrund eines Übermaßes an Informationen, wodurch man sich blockiert fühlt (siehe LANGEWEILE), was sich in einem Gefühl von Existenzangst angesichts der wahllosen Sinnlosigkeit der Dinge niederschlägt.

☞ Siehe auch: VERWIRRUNG

VERLEGENHEIT

Das konfuse, einschnürende Gefühl, das uns befällt, wenn wir in einer Buchhandlung laut furzen, uns im Restaurant ein Geburtstagsständchen gesungen wird oder wir etwas Harmloses sagen, das andere als »wirklich sehr ungehörig« missverstehen, war größtenteils eine Erfindung der steifen Höflichkeit der Salons der englischen Regency-Zeit. Das veraltete Embarras wie das englische *embarrassment* leiten sich vom altfranzösischen *embarasser* (behindern, hemmen) ab. Verlegenheit, die sich ursprünglich auf Untätigkeit und zu langes Liegen bezog, hatte im 18. Jahrhundert dann die Bedeutung von Befangenheit, Unsicherheit und Verwirrung angenommen. Dies ähnelte dem um 1750 in England adoptierten *embarrassment*, welches das Gefühl beschrieb, eingeschränkt, sogar verkrüppelt zu sein, nachdem man mit einem Verstoß gegen die Etikette das Gespräch ins Stocken gebracht hat. Diese neue Kategorie war frei von der moralischen Dimension des älteren, umfassenderen Begriffs SCHAM. Während Scham mit dem längeren Elend der privaten Selbstgeißelung assoziiert wird, betrifft Verlegenheit soziale

Demütigung und bestraft kleinere oder flüchtige Übertretungen in der Öffentlichkeit.

Wenn Sie schnell in Verlegenheit geraten, beneiden Sie sicherlich jene, denen ihre Taktlosigkeiten leicht von der Zunge gehen. In der Öffentlichkeit überschwänglich gelobt zu werden oder versehentlich einen angeheirateten Verwandten zu kritisieren, kann einen verlegen machen und den Wunsch aufkommen lassen, sich in Luft aufzulösen – worauf der Horror folgt, dass einen die Verlegenheit darüber, verlegen zu sein, noch mehr aus der Spur bringt. Aber vielleicht sind wir zu hart mit uns selbst. Laut dem Soziologen Erving Goffman dient Verlegenheit einem wichtigen Zweck. Wir zeigen damit, dass wir es gemerkt haben, wenn wir gegen eine soziale Regel verstoßen, und geben ein Signal, dass wir es das nächste Mal besser machen werden. Neuere Studien an der University of California haben gezeigt, dass Menschen, die leichter in Verlegenheit geraten, auch altruistischer sind – was Schaulustige bestätigen können. Im Film ›Vier Hochzeiten und ein Todesfall‹ schlägt Charles (Hugh Grant) den Kopf gegen eine Zeltstange, nachdem ein Witz schrecklich ins Auge gegangen ist. Carrie (Andie McDowall) lächelt nicht nur, weil sie ein amüsantes Beispiel englischer Repression beobachten kann, sondern auch, weil ihr die extreme Selbstbestrafung von Charles zeigt, wie verlegen er ist und wie sehr es ihn trifft, dass er beleidigend war. Wegen dieser Verbindung zwischen Verlegenheit und der Erhaltung des sozialen Gleichgewichts hat der Philosoph Rom Harré die Behauptung aufgestellt, dass Verlegenheit und nicht mehr Scham nun das wesentliche »Instrument zur Erzielung von Konformität« sei.

Stammeln und das Starren auf den Boden sind Zeichen von Verlegenheit, aber was sie wirklich verrät, ist das Rotwerden. Allerdings ist die Verbindung zwischen Verlegenheit und Rotwerden relativ jung. Vor 1800 konnte ein Gesicht aus verschiedenen Gründen rot anlaufen – darunter Bescheidenheit und EKSTASE, STOLZ und SCHAM, LIEBE und WUT. Als Charlotte Corday für den Mord an dem Revolutionsführer Jean-Paul Marat 1793 in Paris hingerichtet wurde, sei ihr abgetrennter Kopf, so heißt es, vor Zorn rot geworden. Laut dem Pariser Chirurgen Jean-Joseph Sue war das ein unmissverständliches »Zeichen der Entrüstung« über ihre Bestrafung. Binnen fünfzig Jahren hatten es viktorianische Physiologen geschafft, die Geschichte von Cordays Rotwerden umzuschreiben und zu behaupten, die Mörderin wäre nicht aus Zorn errötet, sondern aus unwillkürlicher Scham über ihre Missetat. Thomas Henry Burgess schrieb 1839 in ›The Physiology or Mechanism of Blushing‹ (Die Physiologie oder der Mechanismus des Errötens), es sei zwischen dem »echten« Erröten aus Scham und der bloßen Rotfärbung des Gesichts aus Wut, Erregung oder Krankheit zu unterscheiden. Das wahre Erröten sei, so Burgess, ein moralischer Instinkt, den Gott uns eingepflanzt habe, um unzulässiges Verhalten zu verhindern. Die roten Flecken, die sich auf Wangen, Nasenspitze und sogar Ohrläppchen ausbreiteten und unsere Schuld für alle sichtbar machten, wären eine starke Abschreckung.

Fasziniert von der Vorstellung, dass dem menschlichen Körper Moral angeboren ist, machten sich die Ärzte im 19. Jahrhundert eifrig daran, ungewöhnliche Formen des Errötens zu verzeichnen. Sie untersuchten Schlafwandler mit rotem Gesicht und tauschten schreckliche Geschichten über weibliche Insassen von Nervenheilanstalten aus, deren Schenkel bei Untersuchungen ihres Intimbereichs rot würden. Sie fragten sich, ob Menschen auch erröten könnten, wenn sie allein wären, und debattierten hitzig, ob Menschen anderer Rassen überhaupt rot werden könnten – und falls nicht, ob das bedeuten würde, dass sie von Natur aus unehrlich seien. Eine bestimmte »Negerin« wurde zu einer Art Star, weil sie im Gesicht eine Narbe hatte, die rot glühte, wenn sie »plötzlich angeredet oder in irgendeiner

Weise mit einem unbedeutenden Vorwurf konfroniert wurde«, während der Rest des Gesichts die Farbe nicht wechselte. Die Vorstellung von einem moralischen Reflex wurde dann in ›Der Ausdruck der Gemütsbewegungen bei dem Menschen und den Tieren‹ (1872) von Charles Darwin neu überdacht. Er war es, der als Erster die Verbindung zwischen Erröten und Verlegenheit als gesellschaftliche Erfahrung zementierte – als etwas, das im Gegensatz zu einer moralischen Kategorie wie Scham oder Schuld steht. Er führte aus, dass das Blut zur Hautoberfläche fließt, »so oft wir glauben, dass andere unsere persönliche Erscheinung geringschätzen oder auch nur beachten, wird unsere Aufmerksamkeit lebhaft auf die äußeren und sichtbaren Teile unseres Körpers gelenkt«. Er wagte auch die Behauptung, dass sich Erröten als Reflex entwickelt haben könnte, da uns das Brechen von Tabus das Gefühl gibt, beobachtet zu werden. Indem das Erröten uns also abschreckt, Regeln zu brechen, erleichterte es den in den Kinderschuhen steckenden Gesellschaften das Überleben. Dieser Gedanke wurde von Goffman begeistert aufgegriffen.

Darwins Theorie war sehr einflussreich, aber allmählich lockert sich die Verknüpfung zwischen Erröten, Verlegenheit und Konformität. Und wie bereits in prä-viktorianischer Zeit vertreten heutige Physiologen die Ansicht, dass wir nicht nur rot werden, wenn wir verlegen sind, sondern auch, wenn ein plötzlicher Gefühlsumschwung stattfindet, wie etwa bei Furcht, Wut und Stress. In solchen Momenten setzt der Körper Adrenalin frei, das wiederum die Kapillaren in unseren Wangen weitet, diese werden dadurch stärker durchblutet und es entstehen Flecken auf der Haut. In dieses Bild passt der Gedanke, dass das »moralische Erröten« sich speziell herausgebildet hätte, um uns von Regelverstößen abzuhalten, sogar noch weniger.

Und in der Tat wirkt Verlegenheit nicht immer in der Weise, wie sie Darwin und Goffman vorschlagen. Es gilt zwar generell, dass die Angst vor der eigenen Verlegenheit dafür sorgt, dass wir die Grenzen sozialer Ehrbarkeit nicht überschreiten, aber Verlegenheit an sich kann auch zerstörerisch sein. Sie kann lähmend sein, wenn sie uns wie im Falle von Schüchternheit in quälenden Feedback-Schleifen gefangen hält (»Ich wünschte, ich würde nicht so leicht verlegen, das ist so peinlich!«). Sie kann einen auf die Palme bringen, etwa wenn Teenager, jener am eifrigsten auf Konformität bedachte Stamm, schwitzen und sich winden, weil die Eltern sich für ihre Begriffe peinlich benehmen. Manchmal kann Verlegenheit auch Großzügigkeit und Hilfe verhindern, etwa wenn wir dem Drang widerstehen, jemandem in einem vollen Bus unseren Platz anzubieten, weil wir befürchten, die Aufmerksamkeit auf uns zu lenken. Oder annehmen, jemand sei schwanger, während sie in Wahrheit ... Verlegenheit mag unsere sozialen Regeln zementieren, aber sie schafft gelegentlich Momente der Verwirrung, was auch dazu führen kann, dass wir die Regeln aus Versehen brechen.

☞ Siehe auch: FREMDSCHÄMEN

VERSCHNUPFTSEIN

Es gibt keine Oden darüber. Keine Konzerte oder Gemälde, die sein arrogantes kleines Schniefen wiedergeben. In der britischen Psyche nimmt das Verschnupftsein trotz all seiner offenkundigen Belanglosigkeit einen besonderen Platz ein.

Verschnupft zu sein bedeutet, leicht verstimmt zu sein, ein wenig beleidigt worden zu sein. Es tritt ein, wenn wir kurzfristig unseren Platz in der Hackordnung verlieren – etwa, wenn wir ein hübsches Geschenk erwarten und feststellen, dass uns etwas Abgelegtes angedreht wurde, oder wenn eine Fopperei schiefgeht und wir das Gefühl haben, BELEIDIGT worden zu sein, oder ein Gespräch in Streit abkippt, was bei uns zu EMPÖRUNG führt. Für einen selbst ist Verschnupftsein ein ernstzunehmendes Gefühl, wenn auch ein vorübergehendes, doch für den Außenstehenden ist der Verschnupfte mit seinen geschürzten Lippen und dem arroganten Ausdruck schlicht ein bisschen lächerlich.

Miffed, der englische Ausdruck für verschnupft, weist einen beeindruckenden Stammbaum auf, der mindestens bis ins 17. Jahrhundert reicht. Damals bedeutete ein Gebaren, das als *mifty* oder *miffy* bezeichnet wurde, dass man gereizt oder verstimmt wirkte. Auch wenn es seltsam erscheint, das Verschnupftsein sollte wegen seiner subtilen Tiefgründigkeit durchaus geschätzt werden: Nach außen weist es eine defensive Kruste auf, im Inneren findet man verschiedene Lagen der Täuschung und der Verwirrung aufgrund von ENTTÄUSCHUNG. Vor allem aber ist es mit dem gesegnet, was französische Dekonstruktivisten als *jouissance* bezeichnen, einer spielerischen Mehrdeutigkeit, die dem Leser viel Interpretationsspielraum lässt. Denn wenn ein Brite oder eine Britin sagt, man sei »ein wenig verschnupft«, kann das in Wahrheit bedeuten, dass man ganz extrem verschnupft ist.

☞ Siehe auch: MEHRDEUTIGKEITSPHOBIE, HASS

VERSCHWINDENWOLLEN

In New York gibt es einen Mann, der Menschen hilft zu verschwinden. Er fälscht ihnen eine neue Identität, verwischt ihre Spuren mit digitalen Irreführungen und dann schickt er sie mit einem Prepaid-Telefon und einer einfachen Fahrkarte los – alles natürlich bar bezahlt.

Das ist eine reizvolle Dienstleistung. Wer hat nicht schon das eine oder andere Mal den dringenden Wunsch verspürt, völlig zu verschwinden? Wenn das Knäuel aus Erwartungen und Enttäuschungen immer dicker wird, wenn einen die KLAUSTROPHOBIE angesichts von Schulden und Verpflichtungen zu ersticken droht, ist Weglaufen verlockend. In Neil LaButes Theaterstück ›Tag der Gnade‹ bekommt Ben am 11. September 2001 die Chance, die Vergangenheit komplett auszulöschen. Er war mit seiner Geliebten zusammen, als beide eigentlich im World Trade Center arbeiten sollten. Nun können sie ein neues Leben beginnen, denn sie gelten offiziell und ohne ihre Schuld als tot.

Für die meisten von uns bleibt das eine Phantasie, zu erschütternd, um auch nur den Gedanken daran zu riskieren. Doch wagen Sie ab und an einen Versuch. Verpassen Sie absichtlich den nächsten Zug oder versäumen es, Ihr Telefon aufzuladen. Damit stehlen Sie sich ein paar Momente puren Alleinseins und erleben für kurze Zeit das Gefühl, außerhalb von allem zu sein – und erhaschen einen Zipfel davon, wie es sich anfühlen könnte, wirklich für sich selbst zu sein.

☞ Siehe auch: *DÉPAYSEMENT*, EINSAMKEIT, FERNWEH

VERWIRRUNG

Ordnung. Planung. Organisation. Das sind die Prinzipien des fleißigen und effizienten Lebens.

In unserer erfolgsorientierten Hochdruckwelt ist wenig Platz für Unordnung oder die Verwirrung, die sie umflattert.

Für den Psychoanalytiker Adam Phillips ist Verwirrung der Ausgangspunkt der therapeutischen Beziehung. Es sei das

Durcheinandersein, das Menschen zur Analyse bringe, schreibt er. In der Hoffnung, einen Sinn in ihren destruktiven Beziehungsmustern oder den schwer zu beschreibenden Sehnsüchten zu erkennen, wollen manche seiner Patienten vor allem, dass er Klarheit in ihren Kopf bringt, entwirrt, ihn reorganisiert und die Spinnweben wegfegt, bis der Geist wieder rein ist. Dieser Drang zur Ordnung überrascht nicht. Von einem unaufgeräumten Schreibtisch bis zur Weigerung, seinen Terminkalender zu pflegen – Desorganisation wird gelegentlich als dickköpfig und kontraproduktiv dargestellt: als ein unbewusster Drang, uns selbst zu frustrieren, uns davon abzuhalten, unsere Ziele zu verfolgen oder den Erfolg zu erlangen, den wir ersehnen.

Aber Unordnung ist nicht immer ein Hindernis. Manchmal kann sie sogar hilfreich sein. Viele haben das ein oder andere Mal etwas von Interesse gefunden, als sie in einem unordentlichen Eingangskorb nach einer langweiligen Rechnung suchten. Ähnlich könnten, wenn wir das Durcheinander unseres Kopfes durchwühlen, unerwartete Ideen auftauchen oder uns Verbindungen zwischen Dingen klar werden, von denen wir vorher nichts wussten. Für Phillips ist daher letztlich der Wirrwarr das Interessanteste am psychoanalytischen Prozess. Am spannendsten ist es dabei für ihn, wie wir absichtlich – wenn auch unbewusst – diese Zustände der Unordnung und Verwirrung schaffen, unsere Beziehungen durcheinanderwirbeln oder ein Chaos am Arbeitsplatz hinterlassen, weil wir etwas Neues entdecken wollen.

Unter den großen verlorenen Seelen der Literatur ist König Lear vielleicht das beste Beispiel für kreative Desorientierung. Der vergessliche alte Mann verbannt sich selbst trübsinnig in die sturmumtoste Heide. Verwirrt ob seiner Identität, glaubt er sich von seinen Kindern verstoßen und verirrt sich in der Wildnis jenseits der Schlosstore. Seine Verwirrtheit ist Ausgangspunkt für einen fieberhaften Selbstfindungsprozess, die ihn jene

Frage stellen lässt, die sich durch das ganze Stück zieht: »Wer hier denn kann mir sagen, wer ich bin?«

Von Zeit zu Zeit macht es uns alle wütend, das Durcheinander zu ertragen, betäubt uns Gestammel und ängstigt uns Verwirrtheit. Unordnung ist nicht leicht auszuhalten. Aber die Verwirrungen, die uns zwingen, »Wer bin ich?« oder »Was bedeutet das?« zu fragen, sind wertvoll. Wenn wir das Chaos möglicher Antworten durchsuchen, stoßen wir vielleicht auf eine bestimmte Idee, ein Bild oder eine Meinung, dank derer die Dinge plötzlich einen Sinn bekommen.

»Alles, was verhindert, dass etwas geschieht, macht etwas anderes möglich«, schreibt Phillips. Das erinnert an die alte Weisheit: Verlier etwas und du stolperst bei der Suche danach vielleicht über etwas viel Besseres.

☞ Siehe auch: *DÉPAYSEMENT*, ÜBERWÄLTIGUNG

VERWUNDBARKEIT

Tritt sanft, du trittst ja auf meine Träume.
– W. B. YEATS, ›ER WÜNSCHT SICH DIE KLEIDER DES HIMMELS‹

Die Sehnsucht nach Zusammengehörigkeit macht uns am verwundbarsten. Es sind jene Momente, wenn wir auf eine gefährlich helle Bühne stolpern, wo all unsere Unzulänglichkeiten sichtbar sind, und flüstern, was wir wirklich wollen: Sex, Vergebung, ein Kind. Verwundbarkeit ist präsent, wenn wir all unseren Mut zusammennehmen, um etwas zu erbitten: »Das ist mir wichtig und ich möchte, dass es dir auch wichtig ist.« Sie ist auch vorhanden, wenn wir eine Verpflichtung eingehen – »Ich liebe dich«; »Ich vertraue dir« – oder bekennen, dass wir zärtliche, fröhliche oder ängstliche Gefühle hegen. Sie fühlt sich an, als würde Wind durch den Brustkorb pfeifen. Sie kann unangenehm sein. Bloßstellend. Verwundbarkeit ist, die Träume wie in Yeats' Gedicht auszubreiten und zu hoffen, dass niemand auf ihnen herumtrampeln wird.

In den letzten zehn Jahren haben Psychologen und Sozialwissenschaftler begonnen, sich für Verwundbarkeit zu interessieren. Ihre Untersuchungen haben ergeben, dass jene Momente, in denen wir uns als nackt und schutzlos erfahren, entscheidend dafür sind, Nähe aufzubauen, ein Identitätsgefühl zu entwickeln und Selbstwert zu nähren. Das ist kein neuer Gedanke. Gelehrte des Mittelalters sprachen davon, dass man Tapferkeit finden müsse, um rechtschaffen zu leben und aus dem Herzen zu sprechen – und dies galt als Kardinaltugend (siehe MUT).

Vielleicht resultiert das Interesse an Verwundbarkeit im 21. Jahrhundert aus einer Unzufriedenheit mit der Selbstfindungsbewegung und ihren aufdringlichen, narzisstischen Zurschaustellungen von Erfolgen. Oder aber die Verwundbarkeit hat das Forscherinteresse geweckt, weil sie eine zentrale Rolle im Leben des 21. Jahrhunderts spielt. Wir geben Details zu unseren Bankkonten online ein, verschicken persönliche Informationen per E-Mail – und eine sanfte Stimme in unserem Kopf fragt, wie sicher unsere Geheimnisse denn sind. Und am Arbeitsplatz? Es wird vielleicht zu einem wesentlichen Faktor, robust genug zu sein, die Verwundbarkeit unserer Position auszuhalten, damit wir durch ein Leben als »prekär« Arbeitende steuern können, die von einem kurzfristigen Vertrag zum nächsten springen (zu dem, was passiert, wenn wir dabei scheitern, siehe MITARBEITERFRUST). Selbst Prekarier, die im kreativen Bereich arbeiten und als Beispiel für den Unternehmergeist gelten, der aufkommt, wenn uns die Sicherheit des Arbeitsplatzes verweigert wird, können Schwierigkeiten haben, mit Verwundbarkeit umzugehen. Sie müssen lernen, wagemutig genug zu sein, den Kunden neue Ideen vorzulegen, und belastbar genug, um deren »Nein« zu verkraften. In der Lage zu sein, sich mit den Unannehmlichkeiten der Verwundbarkeit zu »arrangieren«, könnte künftig eine spezielle emotionale Tugend werden, aber das ist nicht unbedingt nur gut.

Für jede Person, die starr vor Abwehr in die Therapeutenpraxis kommt, gibt es eine andere, bei der extreme Offenheit zum Selbstschutzmechanismus geworden ist. Aber »Mitteilungsbedürftige« und unglücklich Verliebte, die sich extrem verwundbar machen, können mit ihrer völligen Offenheit die Menschen abschrecken, denen sie näherkommen möchten. Ihr Verhalten mag wie der Wunsch nach mehr Intimität und Authentizität wirken. Ist es aber ein sich wiederholendes Muster, erweist es sich als seltsame Form, Menschen abzustoßen. Dabei geht es letztendlich um Vertrauen, denn die Bereitschaft, sich zu offenbaren, bringt ein Stück weit auch das Problem mit sich, zu vertrauensselig zu sein – und damit zu schnell verletzt zu werden.

Wenn es so ist, dass statt des Selbstwertgefühls die Verwundbarkeit stärker entwickelt werden soll, dann müssen wir über Ausgewogenheit reden – über einen optimalen Mittelweg. Zu sagen »Ich liebe dich« ist das Risiko wert. Aber ein ganzes Leben am Abgrund leben? Um für uns wertvoll zu sein, darf die Verwundbarkeit nicht als beängstigende Komplettveränderung oder ein ständiges Hintergrundrauschen verstanden werden. Sie kann bewusst und in vorsichtigem Maß praktiziert werden.

☞ Mehr zu Emotionen am Arbeitsplatz findet sich unter:
FRÖHLICHKEIT

☞ Und zum Mut, seine Überzeugungen zu leben, siehe:
BASOREXIE

VERZWEIFLUNG

Ein toter Mann liegt auf der Straße. Ein Fuchs trabt vorbei. Im Haus daneben bedient eine Prostituierte ihren Kunden. Diese Szene, die George Grosz während des Ersten Weltkriegs (1916) in Deutschland gemalt hat, trägt den Titel ›Selbstmord‹ und drückt jene Art von Nihilismus aus, über den nur wenige von uns länger nachdenken wollen. Der Mann, dem nicht einmal ein Name zugestanden wird, liegt unbeachtet da. Und die Welt unterbricht kaum ihren Schritt.

Die Empfindung, dass einem das eigene Leben nicht mehr passt, macht sich so langsam breit, dass man ihr Kommen kaum bemerkt. Die Kleider scheinen jemand anderem zu gehören. Der Arbeitsplatz, der einst befriedigend erschien, muss nun ertragen werden. Was möglicherweise als Entfremdung oder Gefühl von Sinnlosigkeit beginnt, kann schnell in Scham höchst klaustrophobischer Art übergehen. Man malt sich die VERACHTUNG und ENTTÄUSCHUNG seiner Familie aus, man entdeckt MITLEID und EKEL im Blick Fremder. Wenn sie dann richtig Fahrt aufgenommen hat, dröhnt die Verzweiflung einem in den Ohren. Man hört den eigenen Herzschlag, während man in den leeren Abfluss starrt. Man kann sich selbst nicht mehr ertragen, kann sich aber auch nicht aufgeben: Verzweiflung ist ein nagendes Gefühl, ein qualvolles Schwanken.

Eine gewisse Erleichterung bringt die Erkenntnis, dass unsere Versuche, Dinge zu ändern, fruchtlos sind (»Sie räumt nie die Spülmaschine aus, das bringt mich zur Verzweiflung!«). Aber die Verzweiflung, die wir ganz tief in unserem Inneren verspüren, ist anders. Sie klemmt sich hinter perfekt geführte höfliche Konversationen. Sie bleibt verborgen. Der dänische Philosoph Søren Kierkegaard schrieb 1849 in ›Die Krankheit zum Tode‹:

»Das wirklich Gefährlichste und Schlimmste (sich selbst zu verlieren) kann in der Welt so still hingehen, als wäre es nichts. Kein anderer Verlust kann so still hingehen; dass man einen Arm, ein Bein, fünf Taler, ein Weib usw. verliert, das merkt man doch!«

Bereits in den frühesten schriftlichen Zeugnissen stellte die christliche Tradition Verzweiflung als etwas dar, dem man sich geschlagen gibt, eine Sünde und Versuchung, aus einer anderen Welt kommend und kaum sichtbar. Die Einsiedler, die in den ersten Jahrhunderten n. Chr. in der Wüste auf dem Sinai lebten, glaubten, dass sie von Mittagsdämonen verbreitet würde, die sie mit dem Übel ansteckten (siehe ACEDIA). In späteren Jahrhunderten wurde Verzweiflung als eine betörende Kreatur dargestellt, die Männer und Frauen in den Tod lockte. In Edmund Spensers ›The Faerie Queene‹ (Die Feenkönigin) ist die Verzweiflung ein ausgezehrter Mann, der in einer einsamen Höhle in einer grauen, trostlosen Landschaft lebt. Obwohl seine Erscheinung erbärmlich ist, kann er Streitfragen wunderbar verdrehen und täuscht den Ritter vom Roten Kreuz mit dem Versprechen, ihm ewige Ruhe und glückliches Behagen, wie er es sich wünschen und ersehnen würde, zu verschaffen. Verzweiflung unterschied sich von der Krankheit Schwermut, auch wenn für beide großer Kummer und eine Neigung zum Selbstmord charakteristisch waren (siehe MELANCHOLIE). Die Verzweifelten waren gesund. Ihre Seele hatte dabei versagt, der Versuchung zu widerstehen.

In der ersten Hälfte des 20. Jahrhunderts brachten Existentialisten wie Sartre und Camus eine andere Sichtweise der Verzweiflung ein. Für sie handelte es sich nicht um eine irrationale Krise und schon gar nicht um Sünde. Vielmehr sahen sie in ihr eine Grundhaltung angesichts eines Universums, in dem es weder Schicksal noch Gott oder ein Ziel gab. Deshalb betrachteten sie Verzweiflung – die Hoffnung verloren zu haben, jemals den

Sinn des Lebens zu finden – als sowohl schmerzhaft wie auch befreiend, als Quelle von Schrecken und auch von großem Glück.

Für Camus drückte der griechische Sisyphos-Mythos diesen optimistischen Aspekt der Verzweiflung aus. Der Sterbliche Sisyphos wird wegen seiner Unverschämtheit und Anmaßung von den Göttern zu einer sinnlosen Arbeit verurteilt. Er muss einen riesigen Stein einen Berg hinaufwälzen, sein Gesicht ist vor Anstrengung verzerrt, seine Schulter stemmt sich gegen den Felsen. Stück für Stück drückt er den Stein hinauf; wenn er oben angekommen ist, rollt der Stein wieder nach unten und Sisyphos muss ihn von Neuem hinaufwuchten. Am meisten interessiert Camus der Moment, wenn Sisyphos wieder den Berg hinunterläuft, um von vorn zu beginnen. Was empfindet er während dieser Pause? Die meisten von uns stellen sich vielleicht vor, dass er aus Frustration weint oder vor Empörung wütet und er dann, wenn er erkennt, dass seine Arbeit nie beendet sein wird und absolut sinnlos ist, in ein schwarzes Loch des Schweigens fällt.

Doch für Camus erfolgte Sisyphos' Befreiung genau an dem Punkt, als er die Hoffnung aufgab, je einen Sinn zu finden. »Ich sehe, wie dieser Mann schwerfälligen, aber gleichmäßigen Schrittes zu der Qual hinuntergeht, deren Ende er nicht kennt«, schrieb Camus. Sisyphos erkennt, dass sein Schicksal einfach die Summe seiner Handlungen ist, ein Leben, das er selbst schafft. Statt aufzugeben, findet er sich mit der Sinnlosigkeit all dessen ab. Und aus seiner Verzweiflung ob der Zwecklosigkeit seiner Lage entsteht eine seltsame Leichtigkeit. Er wird, so Camus, »stärker als sein Fels«.

↪ Siehe auch: HOFFNUNG, TRAURIGKEIT

VIRAHA

Mir, der bei seinem Erscheinen errötenden,
ihn, den beredsamen Koser,
Mir, der mit lieblichem Lächeln begrüßten,
ihn, der dies Gewand macht loser,
Freundin, den Kesi-Besieger, den klaren,
Bring ihn zum Spiele mir,
liebesbewegt sich der wunschesgewählten zu paaren.
– JAYADEVA, ›GĪTAGOVINDA‹

Im späten 12. Jahrhundert verfasste der Dichter Jayadeva im indischen Königreich Orissa das Epos ›Gītagovinda‹. Seine zwölf Kapitel waren nicht zum Lesen gedacht, sondern sollten als Kernstück des Gottesdienstes im Bhakti-Tempel bei Fackelschein gesungen und getanzt werden. Das Epos drückt die Grundprinzipien des Bhakti (von Sanskrit *bhaj*, teilen, lieben) aus. Bhakti ist ein Weg des religiösen Lebens im Hinduismus und ein überhöhter, ekstatischer Verehrungsstil, der sich zwischen dem 4. und 9. Jahrhundert über den indischen Subkontinent verbreitete. Das Konzept Bhakti betont das Streben nach spiritueller Intimität mit dem Göttlichen und drückt spirituelle Hingabe oft in der Sprache erotischer Lust aus.

Das ›Gītagovinda‹ erzählt die Liebesgeschichte vom Ziegenhirten Govinda (einer Inkarnation des Gottes Krishna) und der Kuhhirtin Radha. Als Radha entdeckt, dass Govinda untreu war, versteckt sie sich zwischen den Kletterpflanzen im Wald und fleht ihre Freundin um Hilfe an, den Gott zurückzugewinnen. Ihre Verse sind empfindsam und sinnlich, beschwören die sexuelle Intensität ihrer ersten Begegnung herauf und das Sehnen, das sie jetzt nach dem abwesenden Gott verspürt. Sie fangen ein Gefühl ein, das auf Sanskrit *viraha* genannt wird und meist mit

Sehnsucht übersetzt wird oder der speziellen Form von Liebe, die man während des Getrenntseins oder nachdem man verlassen wurde empfindet. *Viraha* ist ein Aspekt von *sringara rasa* (erotischer und romantischer Liebe), einem der neun *rasas* oder Themen, die die menschliche Erfahrung formen, und ist das Empfinden, sich ohne eine geliebte Person unvollständig zu fühlen und auf die EKSTASE der ersehnten Wiedervereinigung fixiert zu sein.

Viraha erinnert auch an andere Formen romantischer Betörung, nicht nur die erotische – die Lieder der okzitanischen Trobadore oder das unstillbare Verlangen, das im portugiesischen Fado musikalischen Ausdruck findet (siehe *SAUDADE*). Der Unterschied ist, dass *viraha* auch ein religiöses Gefühl ist und zudem ein optimistisches. Die zwölf Kapitel des ›Gītagovinda‹ – in deren Verlauf Krishna erkennt, dass seine Untreue ein Fehler war, *viraha* nach Radha empfindet und das Paar sich wieder vereint – symbolisieren die Suche der Seele nach ihrer spirituellen Heimat.

Viraha wird häufig in einen Gegensatz zur christlichen Trennung zwischen »Fleischeslust« und der höheren spirituellen Liebe gestellt (siehe SEHNSUCHT). Doch in Wahrheit haben selbst christliche Autoren die Einheit mit Gott eindeutig schlüpfrig formuliert. »Schmetter mein Herz«, flehte John Donne in einem seiner Sonette an den Heiligen Geist, »Ich wär nur frei ... wenn du mich vergewaltigtest.«

↠ Siehe auch: LIEBE

VORWURF

Es gibt Leute, die den Mut haben, jemand Fremden wegen einer beiläufigen rassistischen Bemerkung oder der Weigerung, den Platz im Bus einer älteren Person zu überlassen, zurechtzuweisen. Man stellt sich vor, dass dies ziemlich befriedigend ist und sie mit Selbstgerechtigkeit erfüllt (siehe SELBSTGEFÄLLIGKEIT).

Doch in einer Welt, in der man sich kaum auf moralische Regeln einigen kann, in der Gefühle verletzt und Dinge falsch aufgefasst werden können, kann auf den Wunsch nach Zurechtweisung rasch die Vorahnung der Reue folgen. So kommen wir vielleicht zu dem Schluss, wir sollten uns damit begnügen, unseren Vorwurf höchstens mit kleinen Nadelstichen des Tadels, einem kühlen Blick, beiläufigen Bemerkungen, Seufzern und Gemurmel zum Ausdruck zu bringen.

Wenn wir uns darauf einlassen, führt das selten zu der Zerknirschtheit oder sofortigen Verhaltensänderung, die wir gern hätten. Stattdessen bleiben unsere gut gemeinten Anstrengungen unbemerkt oder ernten im schlimmsten Fall ihrerseits Vorwürfe (»Wenn Sie mir etwas zu sagen haben, dann sagen Sie es mir ins Gesicht!«). Nichts ist irritierender, als wenn andere uns gegenüber vorwurfsvoll sind. Niemand mag es, wenn er auf seine Fehler hingewiesen wird. Und auch nicht, wenn ein anderer meint, er dürfe uns kritisieren.

Und so laufen wir durch die Stadt, würden gerne Zurechtweisungen von uns geben und platzen fast, weil wir den Tadel nicht äußern. Und werden zu Schöpfern eloquenter, wuterfüllter innerer Monologe, zu Experten des Hüstelns, und schäumen vor unartikuliertem Zorn.

☞ Siehe auch: VERSCHNUPFTSEIN

WANDERLUST

☞ Siehe FERNWEH

WARM GLOW

Armer Larry David. Selbst eine simple Spende ist ein Minenfeld für den partiell autobiographischen Star der Sitcom ›Lass es, Larry!‹. Larry strahlt voller Stolz, als er zur Eröffnung eines neuen Museumstrakts kommt und seinen Namen auf der Wand als Spender verewigt sieht. »Se-ehr gut«, erklärt er seiner Frau Cheryl und macht sich bereit, die Bewunderung der Ehrengäste aufzusaugen. Doch dann sieht er den Spendernamen am anderen neuen Trakt des Museums. Anonymus. Seine Laune sinkt: »Jetzt sieht das so aus, als hätte ich das nur aus Ehrsucht gemacht.« Und als Cheryl ihm dann zuflüstert, dass der geheimnisvolle Spender sein Freund Ted Danson ist, empört sich Larry über Teds Chuzpe. »Niemand hat mir gesagt, ich könnte das anonym tun – und dann den Leuten erzählen!«, schnaubt er. »Dann hätte ich das doch so gemacht!«

Wir sind schnell argwöhnisch hinsichtlich der Motive anderer, zu helfen – und manchmal auch hinsichtlich unserer eigenen. Für Larry David ist das Motiv für die Spende der Wunsch, anderen eine Nasenlänge voraus zu sein und Ansehen zu gewinnen. Einige könnten annehmen, dass wir eine Gegenleistung erwarten (siehe *OIME*) oder bloß unseren unerträglichen kleinen Heiligenschein polieren wollen (siehe SELBSTGEFÄLLIGKEIT).

In Wahrheit gehen die meisten von uns ein bisschen beschwingter weiter, nachdem sie geholfen haben, einen Kinderwagen zu tragen, oder den Nachbarn die Einkaufstüten ins Haus geschleppt haben. Spontane Nettigkeiten verschaffen ein bescheidenes Gefühl von Solidarität der Kategorie »Wir sitzen doch alle in einem Boot« und sogar einen Anflug von STOLZ, dass wir in der Lage waren, überhaupt etwas Sinnvolles zustande zu bringen. Auch wenn wir auf das Dankeschön »Es war mir ein Vergnügen« erwidern, können wir dieses Vergnügen nicht genauer benennen. Einige haben »Altru-Hedonismus« vorgeschlagen. Etwas weniger hässlich ist die Phrase, die der viktorianische Philosoph Herbert Spencer (sonst nicht für Prägnanz bekannt) vorzieht: »altruistische Freuden«. Angesichts dieser Wettbewerbsbeiträge könnte doch *warm glow* (wörtlich »warmes Leuchten«, übertragen »wohlige Wärme«) das Rennen machen, auch wenn es an Heiligenscheine und Selbstzufriedenheit erinnert.

Vielleicht lässt sich dieser blinde Fleck in der englischen (und deutschen) Sprache auf ein Unbehagen an der Vorstellung zurückführen, dass Freundlichkeit überhaupt Freude machen könnte. Der Gedanke, dass Menschen von Natur aus egoistisch sind, ist in der westlichen Kultur fest verankert. Im 16. Jahrhundert stellte der protestantische Reformer Johannes Calvin in seinen Predigten die Menschen als falsche und moralisch verderbte Geschöpfe dar, denen es schwerfallen würde, wirklich zum

Wohle anderer zu handeln. Er lehrte die Frommen, sich zu bemühen, ihre schlechte Natur zu überwinden und ihre »christliche Pflicht« zu erfüllen. Großzügigkeit und Freundlichkeit wären nicht angeboren, sondern verlangten gemeinsame Anstrengungen. Freundlichkeit sollte uns etwas abverlangen, eventuell sogar wehtun.

Heute argumentieren Neurowissenschaftler anders. In den letzten zehn Jahren haben Forschungen zum Thema Altruismus ergeben, dass einer der wichtigsten Pfade für Freude im Gehirn, das mesolimbische System, das Dopamin in die Bereiche transportiert, die mit Belohnung verbunden sind, ebenso stark beteiligt ist, wenn wir Spenden geben, wie dann, wenn wir Geld erhalten. Die fMRT-Bilder dieser Studien zeigen, wie unser Gehirn beim Vergnügen des Gebens wortwörtlich leuchtet. Natürlich gibt es auch noch viele andere Gründe, im eigenen Interesse altruistisch zu sein: Anderen zu helfen schweißt unsere Gesellschaften zusammen und schafft wechselseitige Netzwerke. Dennoch ist es irgendwie merkwürdig erleichternd, dass das Vergnügen biologisch unvermeidlich ist, eine Art »Belohnung der Natur« für ein Verhalten, das dem Überleben unserer Art dient. Vielleicht verändert dieses Wissen im Lauf der Zeit unser Denken so stark, dass wir eines Tages vergessen haben, dass Freundlichkeit jemals als Pflicht galt, und sie nur noch als Vergnügen genießen. Und vielleicht tauchen im Gefolge davon bald weitere Begriffe für das *warm glow*, das wir verspüren, auf.

☛ Zu anderen Gründen, warum wir vielleicht zögern zu helfen, siehe: MITGEFÜHL, MITLEID

WIDERSTREBEN

Verbindlichkeiten. Überall bekommen wir gesagt, dass wir sie eingehen sollen. Zeitschriften und Selbsthilfebücher drängen uns, den Absprung zu wagen: Sei entschlossen. Werde dir klar darüber, was du willst, und sage es auch.

Schenke der leisen Stimme keine Beachtung, die dir einflüstert, wenigstens ein bisschen auf die Bremse zu treten und das Reiben des Gummiklötzchens auf der Stahlfelge zu hören. Keine Chance dem Trödeln, vergiss nicht den Reisepass und verschieb auch nicht den Anruf. Für so eine unverbindliche Emotion wie das Widerstreben gibt es keinen Platz. Doch genau diese Ambivalenz verspürte die Fliegerin Amelia Earhart am 7. Februar 1931, dem Morgen ihrer Hochzeit mit George Putnam. »Lass Dich nochmals an meine Abneigung gegen das Heiraten erinnern«, schrieb sie. Ihr gingen damals nicht in letzter Minute die Nerven durch, sondern genau dieses Gespräch hatte das Paar immer und immer wieder geführt. Sie sah sich nicht in der Rolle der pflichtbewussten Ehefrau, die sie wie ein Korsett einzwängen würde. Sie wollte fliegen.

Nach allem, was man gehört hat, war die Ehe glücklich. Ihr Widerstreben tat dem Paar gute Dienste und funktionierte als Frühwarnsystem. »Was unser gemeinsames Leben angeht, so sollst Du wissen, dass ich Dich in keiner Weise irgendeinem mittelalterlichen Treueschwur unterwerfen will, so wie ich mich umgekehrt als nicht an Dich gebunden betrachten möchte«, schrieb sie weiter. Und sie baute einen Fallschirm ein, indem sie sich das Versprechen geben ließ: »… dass Du mich in einem Jahr gehen lässt, falls wir kein gemeinsames Glück finden.« Die Ehe war intakt, als Amelia Earhart nur sechs Jahre später starb, fünf Jahre, nachdem sie als erste Frau im Alleinflug den Atlantik überquert hatte. Ihre Knochen ruhen irgendwo auf dem Grund des Pazifiks.

☞ Für weitere Vorteile der Ambivalenz siehe:
UNGEWISSHEIT

WOHLFÜHLEN IN SEINER HAUT

Es wurden damals keine Bestätigungen im Spiegel gesucht. Auch keine aufmunternden Worte, um sich zum bestmöglichen Selbst anzutreiben. In den 1890ern, als der Begriff »Selbstwertgefühl« Eingang in die psychologische Literatur fand, bedeutete sich in seiner Haut wohlzufühlen einzig, sich mit seinen eigenen Unzulänglichkeiten abzufinden.

Der Philosoph und Psychologe William James gilt als der Erste, der versucht hat, den Begriff »Selbstwertgefühl« zu gebrauchen und sich zu fragen, wie er nutzbar zu machen wäre. Er war der Meinung, jenes flüchtige Gefühl, dass es »einem merkwürdig leicht ums Herz« wird, das wir haben, wenn wir uns damit zufrieden geben, wer wir sind, könnten wir nur verspüren, wenn wir unsere Phantasien über großen Erfolg aufgeben und unsere Energien stattdessen auf die Dinge konzentrieren, von denen wir wissen, dass sie innerhalb unserer Reichweite liegen (eine Lasagne hinkriegen oder nicht vergessen, die Freunde in der Kneipe zu treffen). »Wie angenehm ist uns zumute an dem Tag, wo wir das Bestreben aufgeben, jung zu sein – oder schlank! Gott sei Dank!, sagen wir, diese Illusionen sind vorbei«, formulierte er. Ein schöner Nebeneffekt wäre vielleicht, dass uns das auch ermutigen könnte, künftig mehr zu leisten, weil das Selbstwertgefühl bestimmt, welches Tun und Verhalten wir bestärken. Aber das war nur eine Art Zusatznutzen. James fasste seine Einsicht in einer eleganten Gleichung zusammen:

$$\text{Selbsteinschätzung} = \frac{\text{Erfolg}}{\text{Prätentionen}}$$

Die Vorstellung von unseren künftigen Leistungen (Prätentionen) sollte mehr oder weniger zu dem passen, wozu wir nach nüchterner Einschätzung *wirklich fähig* sind (Erfolg). Wenn die Erwartungen, die wir an uns stellen, unsere Fähigkeiten übersteigen, verdammen wir uns selbst zu lebenslanger Unzulänglichkeit und Unzufriedenheit. Das sollte aber nicht bedeuten, dass keiner mehr nach etwas streben sollte: Streng dich mehr an, um mehr Kompetenz (oder Erfolg) zu erlangen, dann kannst du deine Augen auf größere und bessere Ziele richten. Für James war Selbstwertgefühl ein sorgfältiges Austarieren, bei dem es darum geht, stets nachzuprüfen und anzugleichen, um so seine Ambitionen und Leistungen langsam und im Einklang voranzubringen.

James' Theorie zum Selbstwertgefühl war in der ersten Hälfte des 20. Jahrhunderts größtenteils vergessen, weil die Psychologen dieser Zeit das Thema Sicherheit dringlicher fanden (siehe TROST). Doch als das Interesse an positiver Psychologie in den 1960ern aufkam, hatte das zur Folge, dass das Selbstwertgefühl von einer neuen Forschergeneration neu betrachtet wurde. Sie schlugen versuchsweise vor, dass es eine Verbindung zwischen dem Sich-Wohlfühlen in seiner Haut und einem sozial verantwortungsbewussteren Handeln gebe. Auch wenn kaum belastbare Beweise dafür existierten, stach die Idee amerikanischen Politikern ins Auge. Ende der 1980er setzte die Regierung eine

Projektgruppe ein und in den 1990ern wurden kalifornische Schulen angewiesen, den Schülern Aktivitäten zur Hebung des Selbstwertgefühls anzubieten. Diese Übungen gingen von der Vorstellung aus, dass der Selbstwert mit Hilfe allgemeiner positiver Verstärkung künstlich verbessert werden könne. Doch in dem Hype, dass Selbstwert der Geheimschlüssel zur Lösung aller sozialen Übel sei, vergaß man James' elegante Gleichung. Statt die Ambitionen der Kinder herunterzuschrauben, damit sie ihren Fähigkeiten angemessen waren, oder ihre Fähigkeiten zu verbessern, damit sie zu ihren Ambitionen passten, wurde das Selbstwertgefühl an sich zum Ziel, das es zu erreichen galt. (Und jenen, die es nicht erreichten – den Einzelgängern, den »Plumpen«, denen, die sich leicht frustrieren oder einschüchtern ließen –, wurde ein weiteres »Problem« attestiert, gegen das sie zu kämpfen hatten: mangelndes Selbstwertgefühl.)

In den letzten zehn Jahren geriet die Selbstwert-Bewegung in die Kritik, insbesondere durch Jean Twenge, eine Psychologin an der University of San Diego, deren Forschungen gezeigt haben, dass der Versuch, ein höheres Selbstwertgefühl aufzubauen, nicht zu einem stärkeren, sondern zu einem deutlich geringeren Maß an ZUFRIEDENHEIT führt. Ein aufgeblähter Glaube an die eigenen Fähigkeiten kann zu Narzissmus führen und der wiederum zu jener EINSAMKEIT, die daraus resultiert, dass man glaubt – oder meint, das glauben zu müssen –, man stehe »über dem Durchschnitt« und hebe sich von der Menge ab. Mehr noch, es ist wahrscheinlicher, dass wir unzufrieden und irritiert werden, weil wir es nicht schaffen, unseren aufgeblähten Erwartungen gerecht zu werden. Zudem ist es noch unwahrscheinlicher, dass wir diesen Erwartungen gerecht werden, wenn wir schlecht darauf vorbereitet sind, uns für die Entwicklung unserer Fähigkeiten Hilfe zu suchen: Andere um Rat zu bitten, verlangt eine gewisse Demut.

Vor allem aber besteht die Gefahr, dass wir uns beim Versuch, den Selbstwert zu sichern, schlecht fühlen, weil das ein nahezu unerreichbares Ziel ist. Seit es in den 1990ern in Schulen auf beiden Seiten des Atlantiks präsentiert wurde, ist das Selbstwertgefühl zu einer Art dauerhaftem Attribut geworden, wie Klavier spielen zu können oder Französisch zu sprechen. Für James hingegen war das Sich-Wohlfühlen in seiner Haut, auch wenn es etwas war, an dem man manchmal arbeiten kann, letztendlich eine »Emotion« (genauer bezeichnete er es als Emotion des »sozialen Selbst«). Für ihn war der Selbstwert kein Dauerzustand, sondern etwas, das zu- und abnimmt. An manchen Tagen sind wir optimistisch und fühlen uns fähig (»Ja, ich habe die Lasagne *hinbekommen*!«). An anderen, wenn bei der Arbeit wie im Privatleben alle Anstrengungen zu nichts führen, fühlen wir uns schrecklich schlecht. Betrachtet man den Selbstwert als sich ständig ändernde Emotion und nicht als zu erwerbende Fähigkeit, kann uns das die Last einer weiteren unlösbaren Aufgabe nehmen. Gibt man es auf, sein Selbstwertgefühl zu erhöhen, könnte das Ergebnis sein, dass man sich viel wohler in seiner Haut fühlt.

☞ Siehe auch: SELBSTVERTRAUEN

WUT

Die Augen lodern und blitzen. Die Wangen werden tiefrot und die Lippen beben. Die Muskeln spannen sich an und man verspürt einen unbändigen Drang, etwas zu zerstören. Selbst die Haare sind aufgerichtet ... Dies könnte eine Darstellung sein, wie sich Dr. Banner in das Monster Hulk verwandelt. Tatsächlich beschreibt so aber der Stoiker Seneca die Wut in einem der wichtigsten und ältesten erhaltenen Texte über den Umgang mit

Wut: ›De Ira‹ – ›Über die Wut‹. In der im 1. Jahrhundert n. Chr. verfassten Abhandlung sagt Seneca, dass von allen Affekten »kein anderer so widerwärtig und keiner so außer sich« sei, sie sei eine »kurze Geisteskrankheit«, während der wir eher einem wilden Tier als einem zivilisierten Menschen gleichen. Seneca glaubte, wie zuvor schon Aristoteles, dass sie entstünde, wenn man das Gefühl hat, erniedrigt oder beleidigt zu werden – insbesondere durch jemanden, für den sich das nicht ziemt (siehe TECHNIKSTRESS). Er räumte zwar ein, dass Wut auf dem Schlachtfeld für Krieger nützlich sein könnte, aber auf den Marktplätzen und in den Fluren der Paläste Roms hielt er sie für unangebracht. Hier würde das Toben nur zu Zerrüttungen führen: zu erbitterten Streitigkeiten und Ausbrüchen, die man später bereuen würde. Er riet zu lernen, wie man die Wut beim ersten Anflug zügelt und stattdessen rational über die Situation nachdenkt (siehe APATHIE).

Wut gehört in eine widerspenstige Kategorie von Gefühlen. Sie umfasst gärenden GROLL und Koller aus FASSÜBERLÄUFTGEFÜHL, ZORNesausbrüche und plötzliche Anfälle von RAGE. Sie kann furchteinflößend gezügelt oder aber wild und gewalttätig sein. Sie kann ausfällig werden und Ehen zerstören oder Arbeitsplätze kosten, aber auch politisches Handeln befeuern (siehe EMPÖRUNG) und uns zu größerer Anstrengung anspornen (siehe *LIGET*). Ihr wahrscheinlich einziger Fixpunkt ist die Frage, zu der alle, die im Lauf der Jahrhunderte über sie geschrieben haben, wieder und wieder zurückkehren: Soll man sie herauslassen oder nicht? »Ich wünschte, du würdest wütend«, sagt Diane Keaton in Woody Allens ›Manhattan‹ (1979). Worauf Allen entgegnet: »Ich werde nicht wütend, okay. Ich meine, ich neige zum Verinnerlichen ... Ich bekomme stattdessen einen Tumor.«

Vielleicht halten Sie es für eine moderne Vorstellung, dass es für die Gesundheit besser sei, seine Wut herauszulassen (besser nach außen statt nach innen!). Weit gefehlt. Manche Ärzte im Mittelalter und in der frühen Neuzeit hielten es ebenfalls für gut, den Zorn herauszulassen. Selbst wenn Wut an den Lebensgeistern des Körpers zehrt, galt sie zu einigen Zeiten doch als zuträglich. Der islamische Gelehrte Ibn Butlan erklärte im 11. Jahrhundert, dass Wut jene revitalisieren könne, die durch Krankheit geschwächt und ans Bett gefesselt seien, weil sie die Hitze des Körpers in die Extremitäten treibe. Er glaubte sogar, sie könne Lähmungen heilen. Vier Jahrhunderte später gab der Arzt Lluís Alcanyís in einem Traktat über die Pest die Geschichte eines Doktors wieder, der einen extrem geschwächten Patienten behandelte, indem er sich an dessen Bett setzte und ihn ständig an erlittene Kränkungen erinnerte. Der Patient genas. Doch der heilsame, wärmende Effekt der Wut war damit nicht am Ende: In seinem Werk ›De Prolongatione Vitae‹ führte der Arzt und Alchemist Roger Bacon im 13. Jahrhundert aus, dass regelmäßige Wutanfälle den Alterungsprozess verlangsamen könnten, da dieser daraus resultiere, dass der Körper gegen Ende des Lebens kälter und trockener würde. Wut – und weniger die letzten Modediäten und teuren Cremes – galt als das probate Mittel, den Schwung und den jugendlichen Glanz ins Leben zu bringen, die damals schon ebenso begehrt waren wie heute.

Anfang des 20. Jahrhunderts fand die Vorstellung vom gesunden Dampfablassen immer größere Verbreitung. Sigmund Freud hatte behauptet, dass unterdrückte Emotionen zu körperlichen Symptomen von Kopfschmerzen bis zu Magen-Darm-Erkrankungen führen könnten. Mit dieser Erkenntnis gewappnet, richtete ein Bataillon von Psychologen und Psychiatern Mitte des Jahrhunderts in Großbritannien und Amerika seine Aufmerksamkeit darauf, die angestaute Wut ihrer Patienten freizulassen. Ein Beispiel für diesen Ansatz war die »Ventilation Therapy«, die Ende der 1950er in den Synanon-Selbsthilfe-Zentren für

Drogenabhängige in Kalifornien praktiziert wurde. Bei den Gruppensitzungen wurden die Patienten ermuntert, sich gegenseitig anzustacheln, tiefer in ihrem emotionalen Schmerz zu wühlen. Normalerweise dauerte es nicht lange, bis irgendwer einen Ausbruch bekam – und der Heilungsprozess begann, wie man meinte. Ähnlich sah man bei der Urschreitherapie und sogar bei R.D. Laings therapeutischer Wohngemeinschaft in Kingsley Hall Ende der 1960er in Großbritannien die Äußerung von Wut als Durchbruch im Therapieprozess. Ein Wutausbruch galt als Ausdruck der authentischen Identität einer Person, der das falsche Selbst einriss, das die Patienten aufgebaut hatten, um besser mit dem Leben in einer unehrlichen Welt klarzukommen. Diese Therapeuten glaubten, Wut könne Patienten wieder mit ihrem wahren Selbst verbinden und sie aus den Abhängigkeiten oder dem Wahn befreien, in denen sie Zuflucht gesucht hatten. Bei manchen funktionierte das.

Heutige Psychotherapeuten sind weniger daran interessiert, läuternde oder »authentische« Wutäußerungen zu provozieren. Ihr Augenmerk gilt dem Versuch zu verstehen, woher die Wut kommt – und warum wir sie manchmal brauchen, um besser mit unserem Leben zurechtzukommen. Wut lodert unvermittelt und auf eigenartige Weise auf. Als übliche Reaktion auf schmerzliche Kritik oder die Entdeckung, dass wir unfair behandelt wurden, kann sie uns zu größeren Anstrengungen motivieren. Aber ein Wutanfall kann uns auch auf andere Weise guttun. Er kann eine Muskelanspannung auflösen oder vorübergehend andere, häufig unangenehmere Emotionen wie Angst oder Minderwertigkeitsgefühle überlagern. Vielleicht hilft uns der Wutausbruch, mit Schuldgefühlen umzugehen: Indem wir wegen jemand anderem explodieren, verlagern wir die Schuldzuweisung und verschaffen uns zeitweilig ERLEICHTERUNG. In diesen Fällen mag die Wut »authentisch« erscheinen, aber Psychoanalytiker sehen darin eher eine Attrappe, eine Stichflamme, die wir unbewusst dem schmerzhaften Gefühl, das sie verschleiert, vorziehen.

Im 21. Jahrhundert haben sich also die Begriffe in der Debatte über das Ausleben von Wut erneut verschoben. Die Frage lautet nun nicht mehr, ob wir unsere Wut äußern sollen, um gesund zu bleiben, sondern welche anderen Gefühle unsere Wut – sei sie zähnefletschend oder leise kochend – in Schach hält.

☞ Was geschieht, wenn wir sie in uns hineinfressen, finden Sie unter: GROLL

Z

ŻAL

Das Leben des Komponisten und Klaviervirtuosen Frédéric Chopin kannte die jähen Wendungen und den bittern Groll, die aufkommen, wenn man alles verliert. Seine Emigration aus Polen, seine stürmische Beziehung mit der Schriftstellerin George Sand, seine angegriffene Gesundheit, die ihn zwang, die Gesellschaft anderer zu meiden, die merkwürdigen Halluzinationen, die die Schwindsucht ankündigten, die ihn mit 39 dahinraffte. Für Chopin war es die unübersetzbare polnische Emotion *żal*, die jene morbide Intensität erzeugte, die wir auch heute noch aus seinem Werk heraushören können, das wohl zur bewegendsten Klaviermusik gehört, die je geschaffen wurde. *Żal* war, so Chopins Freund und Biograph Franz Liszt, der »Grund seines Empfindens«.

Żal (*dschal* ausgesprochen) ist die Melancholie, die man bei einem unwiederbringlichen Verlust empfindet. Es ist keine geradlinige Niedergeschlagenheit. *Żal* ist launenhaft und verändert seine Form. Im einen Moment ist es resignativ, im nächsten rebellisch. Es verbindet die ENTTÄUSCHUNG, die REUE und sogar den heftigen Zorn, die aufkommen, wenn uns ein gewisser Teil unseres Lebens ein für alle Mal genommen wurde.

Liszt zufolge bedeutete Chopins *żal* vor allem »das Gären des Hasses, den Aufruhr der Vorwürfe, den Vorsatz der Rache …«. Den stärksten Ausdruck fand Chopins *żal*, so Liszt, in den späten Werken des Komponisten – in den Etüden, den Scherzos, die mal ironisch, mal stolz oder sogar hochmütig von der Verzweiflung erzählen, das Ende der Dinge zu erkennen.

☞ Siehe auch: GROLL, RACHSUCHT

ZORN

☞ Siehe: FRUSTRATION

ZUFRIEDENHEIT

Zufriedenheit ist ein unzuverlässiges Gefühl. Sie schleicht sich davon und lässt uns mit dem Kampf gegen die nagende Unzufriedenheit und die Stiche der Gier allein. Und wenn sie uns verlassen hat, erscheint es absolut unwahrscheinlich, dass wir akzeptieren können, was wir haben – und sind. Doch dann kommt sie zurückgekrochen – im stillen Glanz eines frühen Morgens, in der Kneipe, wenn wir im Hafen Fritten essen, und wir erkennen für einen kurzen Moment, dass das Leben wahrlich so, wie es ist, perfekt genug ist.

☞ Siehe auch: WOHLFÜHLEN IN SEINER HAUT

Über die Autorin

Tiffany Watt Smith, Dr. phil., wuchs in London auf und studierte Philosophie und Anglistik in Cambridge. Sie promovierte über das kulturgeschichtliche Phänomen des Zurückschreckens und Zusammenzuckens in der Literatur des 19. Jahrhunderts. Schon dabei stieß sie auf zahlreiche andere Gefühle, mit denen sie sich näher beschäftigen wollte. Sie arbeitet als Kulturwissenschaftlerin am »Centre for the History of the Emotions« der Queen Mary University in London. Bevor sie sich Wissenschaft und Forschung widmete, war sie einige Jahre an verschiedenen Theatern tätig. Mit großer Begeisterung bereitet sie, wie im vorliegenden Buch, ihre Forschungen für ein nicht-akademisches Publikum auf; sie schreibt u. a. für den ›Guardian‹ und ›The New Scientist‹ und ist häufig zu Gast bei ›BBC‹.

Anmerkungen und weiterführende Literatur

MOTTO
Und wie köstlich ... Oscar Wilde, ›Das Bildnis des Dorian Gray‹ (1891), dt. von Lutz-W. Wolff. dtv, München 2013, S. 24.

EINLEITUNG
»*Leitthema*« ... John Constable an Rev. John Fisher, 23. Oktober 1821, zitiert in: John E. Thornes, ›John Constable's Skies: A Fusion of Art and Science‹. University of Birmingham Press, Birmingham 1999, S. 199.

»*als würde man sagen* ...« Siri Hustvedt, ›Leben, denken, schauen‹, dt. von Uli Aumüller und Erica Fischer. Rowohlt, Reinbek bei Hamburg 2014, S. 53.

Anfang des 19. Jahrhunderts forderte der Philosoph Thomas Brown ... Die Geschichte des Begriffs »Emotion« findet sich in: Thomas Dixon, »Emotion: The History of a Keyword in Crisis«, *Emotion Review* 4(4), Oktober 2012, S. 338–344.

»*Im Alter von acht Tagen runzelte er oft die Stirn* ...« Die Aufzeichnungen von Darwins Beobachtungen bei seinem Sohn befinden sich im Darwin Archive der Cambridge University Library (DAR 210.11.1). Mit freundlicher Genehmigung des Darwin Correspondence Project.

Fußnote: *Es gibt gewisse Hinweise* ... Brief von Emma Wedgwood, 23. Januar 1839. Nachdruck in: Frederick Burkhardt und Sydney Smith (Hg.), ›The Correspondence of Charles Darwin, Bd. 2: 1837–1843‹. Cambridge University Press, Cambridge 1987.

»*der gesunde Menschenverstand sagt* ...« William James, »What is an Emotion?«, *Mind* 9, 1884, S. 188–205, 190, 195.

»*Es ist nicht einfach, Gefühle wissenschaftlich zu behandeln*« ... Sigmund Freud, ›Das Unbehagen in der Kultur‹. Fischer Bücherei, Frankfurt am Main und Hamburg 1971 (409.–448. Tausend), S. 63, 64.

»*Es gibt Leute*« ... François de La Rochfoucauld, ›Maximen und Reflexionen‹, dt. von Konrad Nußbächer. Reclam, Stuttgart 1965, S. 21.

gibt es bei den Machiguenga in Peru ... zitiert in: J. A. Russell, »Culture and the Categorization of Emotions«, *Psychological Bulletin* 110(3), 1991, S. 426–450.

Historiker hatten lange gemutmaßt ... Jan Plamper, ›Geschichte und Gefühl. Grundlagen der Emotionsgeschichte‹. Siedler, München 2012.

Das ›Buch der Riten‹, eine konfuzianische Sammlung ... ›Li-gi. Das Buch der Riten, Sitten und Gebräuche‹, dt. von Richard Wilhelm. Diederichs, München 1994 (Neuausgabe, 2. Aufl.).

Der Philosoph René Descartes sprach ... René Descartes, ›Die Leidenschaften der Seele‹ (1649), dt. von Klaus Hammacher. Meiner, Hamburg 1996 (2., durchges. Auflage).

Fußnote: *Emotionsforscher* ... *streiten* ... Paul Ekman, E. Richard Sorenson und Wallace V. Friesen, »Pan-Cultural Elements in Facial Displays of Emotion«, *Science* 164(3875), 4. April 1969, S. 86–88. Zu den Psychologen, die das FACS (Facial Action Coding System, Gesichtsbewegungs-Kodierungssystem) in Frage gestellt haben, gehören Rachael Jack und Kollegen: R. Jack et al., »Cultural Confusions Show that Facial Expressions Are Not Universal«, *Current Biology* 19, 2009, S. 1543–1548.

Geertz stellte eine elegante Frage ... Clifford Geertz, ›Dichte Beschreibung. Beiträge zum Verstehen kultureller Systeme‹, dt. von Brigitte Luchesi und Rolf Bindemann. Suhrkamp, Frankfurt am Main 1987, S. 10.

Der heutige Enthusiasmus ... Die Vorstellung des EQ wurde populär gemacht durch: Daniel Goleman, ›Emotionale Intelligenz‹, dt. von Friedrich Griese, Hanser, München, Wien 1996. Das Buch basiert allerdings auf früheren Forschungen; am bekanntesten ist: P. Salovey und J. D. Mayer, »Emotional Intelligence«, *Imagination, Cognition, and Personality* 9, 1990, S. 185–211.

ABHIMAN

»Die Bestrafung« ist enthalten in: Rabindranath Tagore, ›Der Ruf der weiten Welt. Erzählungen‹, dt. von Nirmalendu Sarkar. Draupadi, Heidelberg 2014, S. 26–35.

Englische Übersetzer haben ... Swati Datta, »Locating and Collating Translated Stories of Rabindranath Tagore«, *Translation Today* 2(1), März 2005, S. 203–204.

ACEDIA

»*hässlichen Finsternis*«. Cassian, ›Von den Einrichtungen der Klöster‹. Fünftes Buch: Vom Geiste der Unmäßigkeit, 2. Kapitel, dt. von Antonius Abt. Bibliothek der Kirchenväter Bd. 59, Kempten 1879. www.unifr.ch/bkv/kapitel3291-1.htm.

als würde man heruntergezogen ... Sprüche der Amma Theodora gesammelt in: ›Apophthegmata Patrum‹, in: Patricia Cox Miller (Hg.), ›Women in Early Christianity: Translation from the Greek Texts‹. Catholic University of America Press, Washington, D. C. 2005, S. 247.

AGORAPHOBIE

Madame B. stopfte ihre Wohnung mit Möbeln voll ... Henri Legrand du Saulle, »Etude Clinique sur la Peur des Espaces (Agoraphobie des Allemands)«, *Annalea Médico-Psychologiques* 34, 1878, S. 405–433.

während Freud von der Störung ... Sigmund Freud, ›Hemmung, Symptom und Angst‹ (1926). Fischer, Frankfurt am Main 1992.
Bereits 1871 entschied sich ... Carl Friedrich Otto Westphal, »Die Agoraphobie, eine neuropathische Erscheinung«, *Archiv für Psychiatrie und Nervenkrankheiten* 3, 1871, S. 138–162.
Forscher vom University College London und von der Southampton University ... L. Yardley et al., »Relationship Between Balance System Function and Agoraphobic Avoidance«, *Behaviour Research and Therapy* 33(4), Juni 1995, S. 435–439.
Feministische Kritikerinnen ... Joyce Davodson, »›... the world was getting smaller‹: Women, Agoraphobia and Bodily Boundaries«, *Area* 32(1), 2000, S. 31–40.

AMAE
Laut dem japanischen Psychoanalytiker Takeo Doi ist amae ... Takeo Doi, ›*Amae*. Freiheit in Geborgenheit. Zur Struktur japanischer Psyche‹, dt. von Helga Herborth. Suhrkamp, Frankfurt am Main 1982.

ANGST
Angst ist der Schwindel ... Søren Kierkegaard, ›Der Begriff Angst‹, dt. von Christian Schrempf. Fr. Richter, Leipzig 1890, S. 58.
Zu den Symptomen der Angstneurose ... Sigmund Freud, »Über die Berechtigung, von der Neurasthenie einen bestimmten Symptomenkomplex als ›Angstneurose‹ abzutrennen«. Wien, Dezember 1894. Freud, Gesammelte Werke 1893–1939. Abschnitt 1893–1909, www.textlog.de.
»*Zeitalter der Angst*«. W. H. Auden, ›Das Zeitalter der Angst. Ein barockes Hirtengedicht‹, dt. von Kurt Heinrich Hansen. Heyne, München 1979.
»*Wessen Auge veranlasst wird* ...« Kierkegaard, a. a. O., S. 58, 94.

ANTIZIPATION
»*Da wartet nur mal ab*« ... Angela Carter, ›Wie's uns gefällt‹, dt. von Joachim Kalka. Klett-Cotta, Stuttgart 1993 (2. Aufl.), S. 83.

APATHIE
»*bei aller Leidenschaftslosigkeit*« *als voller Liebe.* ›Des Kaisers Marcus Aurelius Antonius Selbstbetrachtungen‹, dt. von Albert Wittstock. Erstes Buch, 9. Abschnitt. Projekt Gutenberg – DE.
»*Zuschauerapathie*« *oder* »*Zuschauereffekt*« ... Bibb Latané und John Darley, »Group Inhibition of Bystander Intervention in Emergencies«, *Journal of Personality and Social Psychology* 10(3) 1968, S. 215–211.
Allerdings waren jene ersten Berichte über den Fall Genovese ... Kevin Cook, ›Kitty Genovese: The Murder, the Bystanders, the Crime that Changed America‹. W. W. Norton, New York 2014.

APPEL DU VIDE, L'
wie Jean-Paul Sartre feststellte ... Jean Paul Sartre, ›Das Sein und das Nichts. Versuch einer phänomenologischen Ontologie‹, dt. von Justus Streller. Rowohlt, Hamburg 1962, S. 71.

AUSRASTEN
Bei den Gurumba auf Neuguinea ... Philipp Newman, »Wild Man Behavior in a New Guinea Highlands Community«, *American Anthropologist* 66(1), 1964, S. 1–19.
Ganz anders ist amok ... J. E. Carr und E. K. Tan, »In Search of the True Amok: Amok as Viewed with the Malay Culture«, *American Journal of Psychiatry* 133(11), 1976, S. 1295–1299.

AWUMBUK
Dem indigenen Volk der Baining ... Jane Fajans, »Shame, Social Action and the Person Among the Baining«. *Ethos* 11(3), 1983, S. 166–180.
Fußnote: Peter Goldie, ›The Emotions: A Philosophical Exploration‹. Clarendon Press, Oxford 2002, S. 91.

BASOREXIE
Entdeckt in: Charles Harrington Elster, ›There is a Word for It‹. Simon & Schuster, New York 2005, S. 68.

BEDROHLICHKEIT
ein »wurzelloses Phantom«, Jeuan Gethin 1349, zitiert in: Philip Ziegler, ›The Black Death‹. Sutton, Stroud 2003, S. 162.
Manche Chronisten berichteten ... Die Widersprüche betreffen nur die Zahl der Todesopfer. Eine Darstellung der unterschiedlichen Schätzungen findet sich in: R. S. Bray, ›Armies of Pestilence: The Impact of Disease on History‹. James Clark, Cambridge 1996.
In seiner Beschreibung des Pestausbruchs ... Giovanni Boccaccio, ›Das Dekameron. Erster bis fünfter Tag‹, dt. von Ruth Macchi. Büchergilde Gutenberg, Frankfurt am Main, Olten, Wien 1985, S. 18.

BEFRIEDIGUNG
»Du bist ein Lügner und ein Blender ...« ›Grease‹, Regie: Randal Kleiser, USA 1978.
Diese »Revolution des Lächelns« ... Colin Jones, ›The Smile Revolution in Eighteenth Century Paris‹. Oxford University Press, Oxford 2014.
... die große Bibel der Aufklärung ... Denis Diderot und Jean le Rond d'Alembert (Hg.), ›Encyclopédie ou Dictionnaire raisonné des sciences, des arts, et des métiers‹. Briasson, David, Le Breton und Durand, Paris 1751–1772.

BESTÜRZUNG

In den Romanen von Charles Dickens ... Charles Dickens, ›Die Pickwickier‹ (1836), dt. von Josef Thanner. Winkler, München 1969, S. 405.

»*Was solle er sagen* ...« Geoffrey Chaucer, ›Troilus und Criseyde‹, dt. von Wolfgang Obst und Florian Schleburg. Insel, Frankfurt am Main und Leipzig 2000, Drittes Buch, Zeilen 1080–1092, S. 129, 130.

Wer unter dem Stendhal- oder Florenz-Syndrom leidet ... I. Bamford, »Stendhal's Syndrome«, *British Journal of General Practice* 60(581), 2010, S. 945–946.

BRANDIS

»*Außerordentlich geneigt* ...« Douglas Adams, John Lloyd, Sven Böttcher, ›Der tiefere Sinn des Labenz. Das Wörterbuch der bisher unbenannten Gegenstände und Gefühle‹. Heyne, München 2004 (5. Aufl.), S. 50.

BRÜTIGKEIT

»... *die Gebärmutter [ist wie ein Tier]* ...« Platon, ›Timaios‹, dt. von Frank Suhsemil. www.opera-platonis.de/Timaios.pdf, S. 49.

Soziologische Studien zum Kinderwunsch ... R. A. Hadley, »The Experiences of Involuntarily Childless Men as They Age«. Poster der British Sociological Society 2013.

DANKBARKEIT

Es mag »kitschig« erscheinen ... Sonja Lyubomirsky, ›Glücklich sein. Warum Sie es in der Hand haben, zufrieden zu leben‹, dt. von Jürgen Neubauer. Campus, Frankfurt/M., New York 2008, S. 84.

»*das Leben normaler Menschen glücklicher* ... *zu machen*«, Martin E. P. Seligman, ›Der Glücksfaktor. Warum Optimisten länger leben‹, dt. von Siegfried Brockert. Ehrenwirt, Bergisch Gladbach 2003, S. 43.

»*unsichtbaren Hand« des freien Marktes*, Adam Smith, ›Untersuchung über Wesen und Ursachen des Reichtums der Nationen‹ (1776), dt. von Monika Streissler. Mohr Siebeck, Tübingen 2012.

»*Empfindung oder Neigung des Herzens*«, Adam Smith, ›Theorie der ethischen Gefühle‹ (1759), dt. von Walther Eckstein. Meiner, Hamburg 1985, S. 17.

Dankbarkeit ist »ein Wiedervergelten, Zurückzahlen ...«, a. a. O., S. 97.

Aus diesem Grund glaubte McDougall ... William McDougall, ›Outline of Abnormal Psychology‹. Scribners, 1919, S. 334. Dt.: ›Psychopathologie funktioneller Störungen‹, übersetzt von Eva Kaiser. Stark gekürzte Ausgabe. J. A. Barth, Leipzig 1931.

Lyubomirsky und ihre Kollegen definieren Dankbarkeit jetzt ... Kennon M. Sheldon und Sonja Lyubomirsky, »How to Increase and Sustain Positive Emotion: The Effects of Expressing Gratitude and Visualizing Best Possible Selves«, *Journal of Positive Psychology* 1(2), April 2006, S. 73–82.

DEMÜTIGUNG

»*Nationalen Tag der Demütigung* …« Abraham Lincoln, »Proclamation 97: Appointing a Day of National Humiliation, Fasting and Prayer«, 30. März 1863. www.presidency.ucsb.edu/ws/?pid=69891.

»*Alle Grausamkeiten und Brutalitäten* …« »Guest Biography: Kofi Annan«, Maya Angelou's Black History Month Special (2013). http://mayaangelouonpublicradio.com/guest-bios/kofi-annan/.

»*Atombombe unter den Emotionen*«, Evelin Linder, ›Making Enemies: Humiliation and International Conflict‹. Greenwood Press, Santa Barbara 2006, S. xii.

»*Wie viele werden gedemütigt, ohne demütig zu sein!*« Bernhard von Clairvaux, ›Predigten über das Hohelied‹ (1136–1153), Predigt 34, in: Gerhard B. Winkler (Hg. und Übersetzer), ›Bernhard von Clairvaux. Sämtliche Werke‹, Bd. V. Tyrolia, Innsbruck 1994, S. 543.

»*Check your privilege*« (»*Überprüfe deine Privilegien*«) … Mehr dazu findet sich in: Roxanne Gay, ›Bad Feminist: Essays‹. Corsair, London 2014.

DÉPAYSEMENT

Jeden Tag, wenn sie die Zimmer der Gäste reinigte … Auszüge aus ›L'Hôtel‹ sind wiedergegeben in: Sophie Calle, ›M'as-tu vue?‹. Prestel, New York, London 2003, S. 159–165.

EIFERSUCHT

»*Der Mann, der nicht eifersüchtig ist, kann nicht lieben*« … Andreas Capellanus, ›De Amore Libri Tres‹. Zitiert nach: Joseph Black et al. (Hg.), ›The Broadview Anthology of British Literature‹, Bd. 1. Broadview Press, Ontario 2009, S. 366–368.

»*dem grünäugigen Ungeheuer*«, William Shakespeare, ›Othello‹, dt. von Frank Günther. dtv, München 2015 (9. Aufl.), S. 129.

wies das Gericht »den Vollstrecker an …« Gesammelt in: Sir Thomas Raymond, ›Reports of Divers Special Cases, Adjudged in the Courts of King's Bench, Common Pleas and Exchequer in the Reign of King Charles II‹. James Moore, 1793, S. 212.

»*Eifersucht bringt den Ehemann in Wut* …«, ›R. v. Mawgridge‹ (1707) 84 Eng. Rep. 1107. Das Argument von Lord Chief Justice Holt war ein Bibelzitat: Sprüche 6,34.

»*Als Eifersüchtiger leide ich vierfach* …« Roland Barthes, ›Fragmente einer Sprache der Liebe‹ (1980), dt. von Hans-Horst Henschen. Suhrkamp, Frankfurt am Main 2015, S. 77.

Untersuchungen haben gezeigt, dass Richter nach wie vor Verständnis … Jeremy Horder in einem Interview in ›Women's Hour‹, BBC Radio 4, 15. Oktober 2014. www.bbc.co.uk/news/magazine-29612916.

EINGESCHNAPPTSEIN

Früher hielt man es für gegeben ... Shigehisa Kuriyama, ›The Expressiveness of the Body and the Divergence of Greek and Chinese Medicine.‹ Zone, New York 1999, S. 237.

»bei übelwehenden thrazischen Winden« ... Sophokles, ›Antigone‹, dt. von Friedrich Hölderlin, in: Friedrich Hölderlin, ›Sämtliche Werke‹, Bd. II. Tempel-Klassiker, Emil Vollmer, Wiesbaden o. J., S. 285, 294.

EINSAMKEIT

Die Fahrgäste steigen ein ... ›Taxi Driver‹, Regie: Martin Scorsese, USA 1976.

»Einsamkeit führt zu Ignoranz ...« John Evelyn, ›Public Employment and an Active Life Prefer'd to Solitude‹ (1667), in: William Upcott (Hg.), ›The Miscellaneous Writings of John Evelyn. Henry Colburn, London 1825, S. 552.

»Vereinsamung ...« Georg Simmel, »Exkurs über die Soziologie der Sinne«, in: ders., ›Soziologie. Untersuchungen über die Formen der Vergesellschaftung‹. Duncker & Humblot, Berlin 1908, S. 487.

Und der Preis ist hoch ... Diese Forschungen sind dargestellt in: John T. Cacioppo und William H. Patrick, ›Einsamkeit. Woher sie kommt, was sie bewirkt, wie man ihr entrinnt‹, dt. von Jorunn Wissmann. Springer Spektrum, Heidelberg 2011.

In Japan ist hikikomori ... Tamaki Saito, ›Hikikomori: Adolescence without End‹, übers. von Jeffrey Anles. University of Minnesota Press, Minnesota 2013.

EKEL

Wenn Evolutionspsychologen von »universellen Basisemotionen« sprechen ... Paul Ekman, »Biological and Cultural Contributions to Body and Facial Movement«, in: John Blacking (Hg.), ›The Anthropology of the Body‹. Academic Press, London, New York 1977.

Zunächst einmal gibt es mindestens drei Typen ... Colin McGinn, ›The Meaning of Disgust‹. Oxford University Press, Oxford 2011; William Ian Miller, ›The Anatomy of Disgust‹, Harvard University Press, Cambridge 1997.

»Schmutz« ist »etwas, das fehl am Platz ist« ... Mary Douglas, ›Reinheit und Gefährdung. Eine Studie zu Vorstellungen von Verunreinigung und Tabu‹ (1966), dt. von Brigitte Luchesi. Reimer, Berlin 1985, S. 52–53, 59.

In der frühen Neuzeit sprach man im Englischen ... Diese Geschichte des Ekels basiert auf Forschungsarbeiten von Richard Firth-Godbehere, einem Doktoranden am Queen Mary Centre for the History of the Emotions. Ich bin ihm dankbar, dass er mir seine unveröffentlichten Ergebnisse zugänglich gemacht hat.

In den 1980ern führten die Psychologen ... Paul Rozin, Linda Milman und Carol Nemeroff, »Operation of the Laws of Sympathetic Magic in Disgust and Other Domains«, *Journal of Personality and Social Psychology*, 50(4), April 1986, S. 703–712.

EKSTASE

»Der Schmerz war so stark ...« Teresa von Ávila, Autobiographie. Div. dt. Ausgaben, u. a.: »Sämtliche Schriften der hl. Theresia von Jesu. Erster Band: Leben von ihr selbst beschrieben. Neue deutsche Ausgabe übersetzt nach der spanischen Ausgabe des P. Silverio de S. Teresa C. D. von P. Aloysius ab Immaculata Conceptione aus dem Orden der unbeschuhten Karmeliten. Kösel, München und Kempten 1979, 20. Kapitel.

»Hat das Derwischsein ...« Rumi, ›The Masnavi: Book One‹, übers. von Jawi Mojaddedi. Oxford University Press, Oxford 2004, S. 63.

Eine der Tafeln trägt den Titel »Ekstase 1878«. D. M. Bourneville und P. Régnard, ›Iconographie Photographique de la Salpêtrière‹, Bd. 2, Tafel XXIII: »Attitudes Passionelles – Extase 1878«. Aux Bureaux du Progrès Médical/V. Adrien Delahaye & Co., Paris 1878.

»Was tut es denn, dass es eine Krankheit ist?« ... Fjodor Michailowitsch Dostojewskij, ›Der Idiot‹, dt. von Arthur Luther. dtv, München 2014 (22. Aufl.), S. 296, 297.

EMPATHIE

In den 1890ern reisten die Schriftstellerin ... Vernon Lee und Clementina Anstruther-Thomson, »Beauty and Uglinee« (1897), Nachdruck in: ›Beauty and Ugliness and Other Studies in Psychological Aesthetics. John Lane, London 1912, S. 45–76.

eine »Universallösung« ... Simon Baron-Cohen, ›Zero Degrees of Empathy: A New Theory of Human Cruelty‹. Penguin 2012, S. 127.

»Spiegelneuronen für die Psychologie das tun werden ...« Vilayanur Ramachandran, »Mirror Neurons and Imitation Learning as the Driving Force behind the ›Great Leap Forward‹ in Human Evolution«, *The Edge*, 29. Mai 2000.

»Wenn wir zusehen, wie in diesem Augenblick ...« Adam Smith, ›Theorie der ethischen Gefühle‹ (1759), dt. von Walther Eckstein. Meiner, Hamburg 1985, S. 3.

»Die Natur« ... macht *»die Menschen ... bereit ...«* Thomas Hobbes, ›Leviathan‹, dt. von Jutta Schlösser. Felix Meiner, Hamburg 1996, S. 105.

»Was kann menschlich nobler sein ...« Anonymus, »Moral Weeping«, *Man: A Paper for Ennobling the Species* 1755 (anonymer Zeitungsartikel, tatsächlich geschrieben von dem königlichen Leibarzt Peter Shaw).

EMPÖRUNG

»majestätisch in seinem Zorn ...« Theodore Stanton und Harriet Stanton Blanche (Hg.), ›Elizabeth Cady Stanton, As Revealed in Letters, Diary and Reminiscences‹. Harper & Brothers, New York 1922, S. 311–312.

Aristoteles war der Meinung ... David Konstan, ›The Emotions of the Ancient Greeks. Studies in Aristotle and Classical Literature‹. University of Toronto Press, Toronto 2007, S. 114–115.

»*Zorn über einen schweren, einem anderen nach unserer Vorstellung unrechtmäßig ...*«
Thomas Hobbes, ›Leviathan oder Stoff, Form und Gewalt eines kirchlichen und bürgerlichen Staates‹, dt. von Walter Euchner. Suhrkamp, Frankfurt am Main 1984, S. 43, 266.

Man denke nur an die feurige Rede ... Abdruck der Rede von Julia Gillard, *Sydney Morning Herald*, 10. Oktober 2012.

»*Ihre entlarvenden Anklagen gegen Sklavenhalter ...*« ›Das Leben des Frederick Douglass als Sklave in Amerika von ihm selbst erzählt‹, dt. von Dietlinde Haug. Lamuv, Bornheim-Merten 1986, S. 205.

ENTTÄUSCHUNG

»*seine Freude darin, dass er gravitätisch ...*« Charles Darwin, ›Der Ausdruck der Gemütsbewegungen bei den Menschen und den Tieren‹, dt. von J. Victor Carus. Reprint nach der Stuttgarter Ausgabe von 1872. GRENO, Nördlingen 1986, S. 57–60.

Sie plädierten auf »*doppelte Unzurechnungsfähigkeit*« *...* ›Official Report of the Trial of Mary Harris, Supreme Court of the District of Columbia, Monday, 3 July 1865‹. W. H. & O. H. Morrison, New York 1865, S. 51.

Begriff »*Familienroman*« *...* Sigmund Freud, »Der Familienroman der Neurotiker« (1909). Kleine Schriften Band I – Kapitel 20, projekt.gutenberg.de.

»*dass es überhaupt keinen wirklich idealen Teil des Selbst gibt*«, Melanie Klein, »Über das Gefühl der Einsamkeit«, in: ›Gesammelte Schriften. Band III: Schriften 1946–1963‹, dt. von Elisabeth Vorspohl. Frommann-Holzboog, Stuttgart-Bad Cannstatt 2000, S. 481–482.

ein »*Gefühl des gänzlichen Verraten- und/Verlassenseins ...*« William Wordsworth, ›Präludium oder das Reifen eines Dichtergeistes‹, dt. von Hermann Fischer. Reclam, Stuttgart 1974, X.619–622, S. 278.

ENTZÜCKEN

Für den englischen Philosophen John Locke ... John Locke, ›Ein Versuch über den menschlichen Verstand‹ (1689), dt. von Julius Heinrich von Kirchmann (1872/73), bearbeitet von Michael Holzinger. Berliner Ausgabe 2013, www.zeno org/Lesesaal/N/9781484049358?, II. Buch, 20. Kapitel, Abs. 4.

Entzücken hatte im Spätmittelhochdeutschen ... Digitales Wörterbuch der deutschen Sprache. www.dwds.de, Stichwort »entzücken«.

ERLEICHTERUNG

»*Macht es dir etwas aus, wenn ich ein bisschen weine?*« *...* ›Fanny und Alexander‹, Regie: Ingmar Bergman, Schweden 1982.

»*Wenn Tränen den Stress vermindern ...*« Robert R. Provine, ›Ein seltsames Wesen. Warum wir gähnen, rülpsen, niesen und andere komische Dinge tun‹, dt. von Sebastian Vogel. Rowohlt, Reinbek bei Hamburg 2014, S. 100–101.

ERREGUNG

»lachen, schwatzen und küssen«. Charles Darwin, ›Der Ausdruck der Gemütsbewegungen bei dem Menschen und den Tieren‹, dt. von J. Victor Carus. Reprint nach der Stuttgarter Ausgabe von 1872. GRENO, Nördlingen 1986, S. 214–215.

dass Erregung eine »Emotion der Tat« sei ... Alexander Bain, ›The Emotions and the Will‹, 2. Auflage. Longmans, Green & Co., 1865, S. 148–162.

Mit Adrenalin hatten sie das Geheimnis der Erregung entdeckt ... Otniel Dror, »What is an Excitement?«, in: Frank Biess und Daniel M. Gross (Hg.), ›Science and Emotions After 1945: A Transatlantic Perspective‹. University of Chicago Press, Chicago 2014, S. 121–138.

»Männer ebenso wie Mädels müssen ...« Aldous Huxley, ›Schöne neue Welt‹ (1932), dt. von Herberth E. Herlitschka. Fischer, Frankfurt/M. 1953 (178.–192. Tsd. Februar 1968), S. 201–202.

EUPHORIE

Die tunesische Aktivistin und Bloggerin ... Lina Ben Mhenni, ›A Tunesian Girl‹, http://atunesiangirl.blogspot.de.

Fußnote: John Jones, ›The Mysteries of Opium Revealed‹. Richard Smith, 1701.

Diese Patienten verblüfften ... Théodule Ribot, ›Psychologie der Gefühle‹ (1896), dt. von Christian Ufer. Bonde, Altenburg 1903.

Zwei Ärzte namens Cottrell und Wilson stellten 1926 fest ... S. S. Cottrell und S. A. K. Wilson, »The Affective Symptomatology of Disseminated Sclerosis«, *Journal of Neurology and Psychopathology* 7 (1926), S. 1–30.

Heute berichten nur noch 13 Prozent ... C. Diaz-Olavarrieta et al., »Neuropsychiatric Manifestations of Multiple Sclerosis«, *Journal of Neuropsychiatry and Clinical Neuroscience* 11 (1999), S. 51–57.

Dr.-Feelgood-Gitarrist Wilko Johnson ... »Terminal Cancer Has Made Me Feel Alive«, BBC News, 25. Januar 2013, www.bbc.co.uk/news/entertainment-arts-21187740.

FAGO

»Die implizite Poesie im emotionalen Verständnis ...« Catherine Lutz, ›Unnatural Emotions: Everyday Sentiments on a Micronesian Atoll and Their Challenge to Western Theory‹. University of Chicago Press, Chicago 1988, S. 119.

FERNWEH

»pathologischer Tourismus« ... Philippe Tissié schilderte Dadas Fall in seiner Dissertation: Philippe Auguste Tissié, ›Les aliénés voyageurs: essai médico-physiologique thèse de médicine de Bordeaux no. 29‹ (1887). Eine ausführliche Darstellung findet sich in: Ian Hacking, ›Mad Travelers: Reflections on the Reality of Transient mental Illnesses‹. University of Virginia Press, Virginia 1998.

Solche vorübergehenden Geisteskrankheiten können sich manchmal als eine Art folie à deux *erweisen* ... a. a. O., S. 18.

»*Fernweh wird zur emotionalen Epidemie*«, Daniel Garrison Brinton und Livingston Farrand, ›The Basis of Social Relations; A Study in Ethnic Psychology‹. G. P. Putnam & Sons, New York 1902, S. 113.

FÖRMLICHES GEFÜHL

Die Dichterin Emily Dickinson beschrieb ... Emily Dickinson, »Nach großem Schmerz wird förmlich das Gefühl«, in: Emily Dickinson, ›Gedichte englisch und deutsch‹, herausgegeben und übersetzt von Gunhild Kübler. Fischer, Frankfurt am Main 2011, S. 115.

FREMDSCHÄMEN

Diese scheinbar widersprüchlichen Impulse ... Immaculada Iglesias, »Verguenza ajena«, in: Rom Harré und W. Gerrod Parrott (Hg.), ›The Emotions: Social, Cultural and Biological Dimensions‹. Sage, London 1996, S. 122–131.

FREUDE

»*Zwar war Bertha Young schon dreißig* ...« Katherine Mansfield, »Glück« (1920), in: dies., ›Glück und andere Erzählungen‹, dt. von Heide Steiner. Insel, Berlin 2012, S. 9.

»*Freude ist Lust* ...« Benedictus de Spinoza, »Die Ethik in geometrischer Reihenfolge dargestellt«, in: ›B. v. Spinoza's sämtliche Werke‹, aus dem Lateinischen von Berthold Auerbach. Dritter Band. J. Scheible's Buchhandlung, Stuttgart 1841, S. 271.

»*feuchte Freuden*«, John Wilmot, Earl of Rochester, »Die unvollkommene Erfreuung«, in: ders., ›Der beschädigte Wüstling. Satiren, Lieder und Briefe‹, dt. von Christine Wunnicke. dtv, München 2008, S. 79.

»*... wie ein Falke schwebte sie hoch oben* ...« Virginia Woolf, ›Die Fahrt zum Leuchtturm‹ (1927), dt. von Karl Lerbs. Aufbau, Berlin und Weimar 1987, S. 106.

FRÖHLICHKEIT

Es hat sich gezeigt, dass bei Disney-Mitarbeitern ... Anne Reyers und Jonathan Matusitz, »Emotional Regulation at Walt Disney World: An Impression Management View«, *Journal of Workplace Behavioral Health* 27(3), 2012, S. 139–159.

Zuerst tauchte in Amerika Fröhlichkeit als Arbeitsplatzanforderung ... Carol Z. Stearns, »›Lord Help Me Walk Humbly‹: Anger and Sadness in England and America 1700–1750«, in: Carol Z. Stearns und Peter N. Stearns (Hg.), ›Emotion and Social Change: Toward a New Psychohistory‹. Holmes and Meier, Teaneck 1988. Ebenso: Christina Kotchemidova, »From Good Cheer to ›Drive by Smiling‹: A Social History of Cheerfulness«, *Journal of Social History* 39, 2005, S. 5–37.

»eine grundsätzliche Fröhlichkeit«, Harriet Martineau, ›Retrospect of Western Travel‹ (1838), Bd. 3. M. E. Sharpe, New York 2000, S. 120–121.

Laut dem Handbuch zur Haushaltsführung ... Catherine Beecher und Harriet Beecher Stowe, ›American Women's Home: Or, Principles of Domestic Science‹. J. B. Ford and Co, New York 1869, S. 215.

»Denken und handeln Sie voll Heiterkeit ...« Dale Carnegie, ›Sorge dich nicht – lebe! Die Kunst, zu einem von Ängsten und Aufregungen befreiten Leben zu finden‹, dt. von Ursula Gail. RM Buch und Medien Vertriebs GmbH, o. Ort 2000, S. 141.

In ihrer bahnbrechenden Studie ... Arlie Russell Hochschild, ›Das gekaufte Herz. Zur Kommerzialisierung der Gefühle‹, dt. von Ernst von Kardoff. Campus, Frankfurt/Main, New York 1990 (erweiterte Neuausgabe 2006).

Fußnote: Die Untersuchung, die am Max-Planck-Institut durchgeführt wurde, ist dargestellt in: Andreas Hennenlotter, Christian Dresel, Florian Castorp, Andres O. Ceballos Baumann und Afra M. Wohlschlager, »The Link between Facial Feedback and Neural Activity with Central Circuitries of Emotion – New Insights from Botulinum Toxin-Induced Denervation of Frown Muscles«, *Cerebral Cortex* 19(3), 2009, S. 537–542.

FURCHT

»Wir können zuverlässig ... schließen ...« Charles Darwin, ›Der Ausdruck der Gemütsbewegungen bei dem Menschen und den Tieren‹, dt. von J. Victor Carus. Reprint nach der Stuttgarter Ausgabe von 1872. GRENO, Nördlingen 1986, S. 369–370.

Furcht ist so simpel. Und doch ... Mehr zur Furcht und ihrer Geschichte findet sich in: Joanna Bourke, ›Fear. A Cultural History‹. Virago, London 2005.

»Das Einzige, was wir zu fürchten haben, ist die Furcht selbst« ... Franklin D. Roosevelt, ›Inaugural Address‹, 4. März 1933.

»Wovor ich mich am meisten fürchte, ist die Furcht.« Michel de Montaigne, »Von der Furcht«, in: ›Gedanken und Meinungen über allerley Gegenstände«, dt. von J. J. C. Bode. F. T. Lagarde, Berlin 1793, S. 106–112, Zitat S. 110.

zu Tode »erschreckt«, Bill of Mortality September 1665, Museum of London.

Die Situation wird durch »Furchtvermittler« ... Frank Furedi, ›Culture of Fear: Risk Taking and the Morality of Low Expectation‹. Cassell, London 1997.

»Der Spot tat, was alle Werbespots tun sollen ...« David Foster Wallace, ›Unendlicher Spaß‹ (1996), dt. von Ulrich Blumenbach. Kiepenheuer & Witsch, Köln 2009, S. 599.

GEREIZTHEIT

»Die Freuden, ausgebuht zu werden« ... Filippo Tommaso Marinetti, ›Manifesto of the Futurist Dramatists‹ (1911), in ›Marinetti, Selected Writings‹, hg. von R. W. Flint. Farrar, Straus and Giroux, New York 1972, S. 113–115.

in den »reizbaren Muskeln« selbst ... Edwin Clarke und L.S.Jacyna, ›Nineteenth-Century Origins of Neuroscientific Concepts‹. University of California Press, Berkeley 1987, S.105.
der als »reizbares Herz« ... Charles F.Wooley, ›The Irritable Heart of Soldiers and the Origins of Anglo-American Cardiology: The US Civil War to World War I‹. Ashgate, Farnham 2002.

GEWISSENSBISSE

Auf dem Gemälde des venezianischen Künstlers ... Antonio Vivarini, ›Sankt Petrus Martyr heilt das Bein eines Mannes‹.
Laut der Psychoanalytikerin ... Melanie Klein, »Liebe, Schuldgefühl und Wiedergutmachung« (1937), in: ›Gesammelte Schriften Band I,2: Schriften 1920–1945, Teil 2‹, dt. von Elisabeth Vorspohl, Horst Brühmann, Gerhard Vorkamp. Frommann-Holzboog, Stuttgart-Bad Cannstatt 1996.
Eine Entschuldigung, so die Theorie des Philosophen J.L.Austin ... John L.Austin, ›Zur Theorie der Sprechakte‹, »Erste Vorlesung«, dt. Bearbeitung von Eike von Savigny. Reclam, Stuttgart 1979, S.25–34.
Am 7. November 1497 ... Durham Cathedral Archives and Library: Court Book of Prior's Official, 1487–1498. Nachdruck und Übersetzung unter http://emotions.arts.uwa.edu.au/wiki/items/show/12.

GLÜCK

»*Auch wenn die Freude, die ich dann zuweilen empfinde* ...« Karl Ove Knausgård, ›Sterben‹, dt. von Paul Berf. btb, München 2013, S.49–50.
»*Frage dich selbst, ob du glücklich bist* ...« John Stuart Mill, ›Autobiographie‹, dt. von Jean-Claude Wolf. Felix Meiner, Hamburg 2011, S.116.
»*Leben, Freiheit und das Bestreben nach Glückseligkeit*«, Unabhängigkeitserklärung der Vereinigten Staaten von Amerika, 4.Juli 1776. Gedruckt von Steiner und Cist in deutscher Sprache, Philadelphia 6.–8.Juli 1776 (Faksimile).
»*Glückseligkeit* ...« Alexander Pope, ›Versuch über den Menschen‹, dt. von Jacob Mumsen. Benjamin Gottlob Hoffmann, Hamburg 1809, S.50 (Vierte Epistel).
»*Katalog der Freuden*«, Jeremy Bentham, »Arten von Freuden und Leiden«, 16.14, in: ders., ›Eine Einführung in die Prinzipien der Moral und Gesetzgebung‹ (1789), dt. von Irmgard Nash und Richard Seidenkranz. Senging, Saldenburg 2013, S.44–53.
»*nicht das Glück, sondern irgend ein externes Ziel* ...« John Stuart Mill, ›Autobiographie‹, dt. von Jean-Claude Wolf. Felix Meiner, Hamburg 2011, S.116.
Es gilt sogar nicht immer als erstrebenswert ... M.Joshanloo und D.Weijers, »Aversion of Happiness Across Cultures: A Review of Where and Why People are Averse to Happiness«, *Journal of Happiness Studies* 15(3), 2013, S.717–735.
»*perfekter Steg über das Krokodilbecken*«, Stephen Dunn, »Happiness«, in: ›Between Angels‹. W.W.Norton, New York 1989, S.92.

GROLL

In Cesare Ripas ›Iconologia‹ …, Cesare Ripa, ›Iconologia oder Bilder-Sprache, Anderer Theil … in unsere hochteutsche Mutter-Sprach übersetzt von L.S.D.‹. Wilhelm Serlins, Frankfurt 1670, S. 169. (http://digi.ub.uni-heidelberg.de/diglit/ripa1670).

… *Terrorismus würde durch die »Perversion« von Groll motiviert* … Slavoj Žižek, ›Gewalt. Sechs abseitige Reflexionen‹, dt. von Andreas Leopold Hofbauer. Laika, Hamburg 2011.

»*dass erst hier die menschliche Seele in einem höheren Sinne* Tiefe *bekommen hat.*«, Friedrich Nietzsche, ›Zur Genealogie der Moral. Eine Streitschrift‹, in: Hans Heinz Holz, ›Friedrich Nietzsche. Studienausgabe in 4 Bänden‹, Band 4. Fischer Bücherei, Frankfurt am Main und Hamburg 1968, S. 41.

HÄMISCHES HÄNDEREIBEN

… *eine Reihe von Sicherheitslücken* … »NSA Leaks: UK's Enemies Are ›rubbing their hands with glee‹, Says MI6 Chief«, *Guardian*, 8. November 2013.

Die Antwort findet man in dem 1644 erschienenen Buch … John Bulwer, ›Chirologia or The Naturall Language of the Hand‹ (1644). Southern Illinois Press, Carbondale 1974, S. 40.

HAN

»*Würden wir im Paradies leben*« … Park Kyung-ni, »The Feelings and Thoughts of the Korean People in Literature«, Rede an der Pariser Universität im November 1944.

HASS

Abdel, ein Jugendlicher aus den Banlieues … ›Hass‹ (La Haine), Regie: Mathieu Kassovitz, Frankreich 1995.

»*Denn wenn wir nur mutmaßen, einer sei von dieser Sorte* …« Aristoteles, ›Rhetorik‹ II 4, 1382a, dt. von Gernot Krapinger. Reclam, Stuttgart 1999, S. 89.

Viele Juristen sind der Meinung … Paul Iganski, ›Hate Crime and the City‹. Policy Press, Bristol 2008.

»*Aller Dinge wird man überdrüssig* …« William Hazlitt, ›Vom Vergnügen zu hassen‹ (1823), dt. von Dieter Hornig. Droschl, Graz, Wien 2007, S. 60.

HEIMATGEFÜHL

»*Ich fühlte mich heimatlich berührt.*« John Clare, ›Journey Out of Essex‹ (1841), in: David Powell und Eric Robinson (Hg.), ›John Clare by Himself‹. Routledge, London 2002, S. 257–265, Zitat S. 264. Dt. nur als Hörbuch: ›Reise aus Essex‹, dt. von David Fischbach. Buchfunk, Leipzig 2015.

Der Schriftsteller Iain Sinclair … BBC Radio 3, Free Thinking, 20. Mai 2014.

HEIMWEH

Aber ich wünsche dennoch ... Homer, ›Odyssee‹, 5. Gesang, 219–220, dt. von Johann Heinrich Voß. Insel, Frankfurt am Main 1990 (im Internet unter Projekt Gutenberg).

Zur Zeit des Amerikanischen Sezessionskriegs ... Susan Matt, ›Homesickness: An American History. Oxford University Press, Oxford 2011.

Familien und Freude werden ebenfalls aufgefordert zu schreiben ... ›Social Media Guide for Military Families‹, www.jber.af.mil/shared/media/document/AFD-120302-082.pdf.

Manche Psychologen haben das Reden darüber sogar als Tabu bezeichnet ... Roger Brown, ›Social Psychology‹. Free Press, New York 2003, S. 536.

»unheilbaren Spalt ...« Edward Said, »Reflections on Exile«, in: ›Reflections on Exile: And Other Literary und Cultural Essays‹. Granta, London 2001, S. 173–186.

HOCHSTAPLERGEFÜHL

In dem Brief beklagte er sich bitter ... Franz Kafka, ›Brief an den Vater‹. https://de.wikisource.org/wiki/Brief_an_den_Vater.

Die Psychologinnen Pauline Clance ... P. R. Clance und S. A. Imes, »The Imposter Phenomen in High Achieving Women: Dynamics and Therapeutic Intervention«, *Psychotherapy: Theory, Research and Practice* 15, 1978, S. 241–247.

Der Argwohn, dass sie eine Blenderin sei ... Das Interview mit Maria Klawe zum Thema Hochstapelei findet sich unter www.nytimes.com/2012/04/03/science/giving-women-rhe-access-code.html?_r=0.

HOFFNUNG

Als bei der Soziologin Barbara Ehrenreich Brustkrebs festgestellt wurde ... Barbara Ehrenreich, ›SMILE OR DIE. Wie die Ideologie des Positiven Denkens die Welt verdummt‹, dt. von Gabriele Gockel und Barbara Steckhan, Kollektiv Druck-Reif. Antje Kunstmann, München 2010, S. 31, 42–44.

Allerdings zitiert Ehrenreich auch eine Studie aus dem Jahr 2004 ... Patricia L. Tomich und Vicki S. Helgeson, »Is Finding Something Good in the Bad Always Good? Benefit Finding Among Women With Breast Cancer«, *Health Psychology* 23 (1), Januar 2004, S. 16–23.

HUNGER

Doch auch unsere Emotionen bringen uns dazu, zu viel zu essen. Mehr zu dieser Überlegung findet sich in: Susie Orbach, ›Antidiätbuch‹, dt. von Inge Wacker. Frauenoffensive, München 1979.

»Die ambiowa ruft nach mir ...« Jane Fajans, ›They Make Themselves: Work and Play Among the Baining of Papua New Guinea‹. University of Chicago Press, Chicago 1997, S. 119.

IJIRASHII

»Ich glaub, ich kann's, ich glaub, ich kann's, ich glaub, ich kann's« ... Watty Piper, »Die kleine blaue Lokomotive«, dt. von Ursula Kopsch-Langenhein. Carlsen, Reinbek bei Hamburg 1979.

... *wie das bei Churchill der Fall war* ... Thomas Dixon, ›Weeping Britannia: Portrait of a Nation in Tears‹. Oxford University Press, Oxford 2015.

ILINX

»seltsame Erregung« ... Roger Caillois, ›Die Spiele und die Menschen: Maske und Rausch‹, dt. von Sigrid von Massenbach. Ullstein, Frankfurt/M, Berlin, Wien 1982, S. 32–34.

INHABITIVENESS

»Liebe zu Kontinuität, Dauerhaftigkeit, Gleichförmigkeit, Sesshaftigkeit« ... Sidney Smith, ›The Principles of Phrenology‹. William Tait, 1838, S. 98.

KINDERLIEBE

»glühenden Drang ...« Johann Gaspar Spurzheim, ›Outlines of Phrenology. Treuttel, Wurtz & Richer, 1827, S. 26.

»Sklave elterlicher Pflichten«, Samuel Robert Wells, ›New Physiognomy‹. Samuel R. Wells, 1875, S. 133.

KLAUSTROPHOBIE

Von den vielen Darstellungen ... Edgar Allan Poe, »Das vorzeitige Begräbnis«, dt. von Hans Wollschläger, in: ders. ›Das gesammelte Werk in zehn Bänden. Band 4. Faszination des Grauens‹. Walter, Olten, Freiburg 1976, S. 788–810.

»Sie erleiden einen langsamen Erstickungstod ...« William Tebb, ›Premature Burial and How it May be Prevented‹ (1895). Swan Sonnenschein & Co., 1905, S. 215.

LANGEWEILE

Angeblich war Plinius ... Plinius zitiert in Peter Toohey, ›Boredom: A Lively History‹. Yale University Press, New Haven 2012.

Als die neue emotionale Kategorie »Langeweile« ... Patricia Meyer Spacks, ›Boredom: The Literary History of a State of Mind‹. University of Chicago Press, Chicago 1995.

»tödlich gelangweilt«, Charles Dickens, ›Bleakhaus‹, dt. von Carl Kolb. Winkler, München 1959, S. 15.

»damit wir so hübsch wie möglich aussehen ...« George Eliot, ›Daniel Deronda‹, dt. von Jörg Drewitz. Manesse, Zürich 1994, S. 170.

Es ist kein Zufall, dass viele kreative Menschen ... Interviews mit Künstlern von Dr. Teresa Belton in: Teresa Belton, »A Fresh Look at Boredom«. *Primary Leadership Today* 143, 2008.

»*Es scheint eher die menschliche Fähigkeit zur Langweile zu sein* ...« Ralph Linton, ›Mensch, Kultur, Gesellschaft‹ (1936), dt. von Gabriele Sauer. Hippokrates, Stuttgart 1979, S.78.

LIEBE

Oh, wärst du hier, meine Susie ... Emily Dickinson an Susan Gilbert, 11.Juni 1852, in: Thomas H.Johnson und Theodora Ward (Hg.), ›The Collected Letters of Emily Dickinson‹. Harvard University Press, Cambridge 1986, S. 211–212.

... *und es kommt kein Laut mehr* ... Sappho, »Die Geliebte«, dt. von Hans Rupé, in: Georg Britting et al. (Hg.), ›Lyrik des Abendlands‹. Hanser, München 1978, S. 26–27.

»*Der Ausdruck ist eigentlich* ...« Stendhal, ›Über die Liebe‹, »22. Vom Blitzschlage«, dt. von Arthur Schurig. Eugen Diederichs 1907, Projekt Gutenberg: uber-die-liebe-2940/24.

Ibn Sina ... Zur Erörterung dieser Begriffe und der Medizingeschichte des Liebeswahns s. Marion A.Wells, ›The Secret Wound: Love-Melancholy and Early Modern Romance‹. Stanford University Press, Stanford 2007, S.19–95. Deutsche Ausgabe von Ibn Sina: ›Das Buch der Genesung der Seele. Eine philosophische Enzyklopädie Avicennas‹. Übers. und erläutert von Max Horten. Bonn 1906, Nachdruck Minerva, Frankfurt am Main 1960.

Den ganzen Tag recke ich ... Arnaut Daniel, »Sweet Cries und Cracks«, in: Robert Kehew (Hg.), ›Lark in the Morning: The Verse of the Troubadours‹, übers. von Ezra Pound, W.D. Snodgrass und Robert Kehew. University of Chicago Press, Chicago 2005, S. 205.

»*Ich liebe dich*«, *sagt Alec* ... ›Begegnung‹, Regie: David Lean, Großbritannien 1945.

LIGET

»*Ohne* liget ...« Michelle Z. Rosaldo, ›Knowledge and Passion: Ilongot Notions of Self and Social Life‹ (1980). Cambridge University Press, Cambridge 1993, S.44.

der Wut der Trauer ... Renato Rosaldo, ›Culture and Truth: The Remaking of Social Analysis<. Beacon Press, Boston 1989.

LÍTOST

»*nur schwer vorstellen kann* ...« Milan Kundera, ›Das Buch vom Lachen und Vergessen‹ (1979), dt. von Susanna Roth. Hanser, München Wien 1992, S.164, 165, 166, 203, 166, 204 (in der Reihenfolge der Zitate).

MEHAMEHA

Ein Tahitianer namens Tano ... Robert Levy, ›Tahitians: Mind and Experience in the Society Islands‹. University of Chicago Press, Chicago 1973, S.151.

MEHRDEUTIGKEITSPHOBIE
»*Sein von Mehrdeutigkeitsphobie geprägtes Rezept* ...« Jack Hitt, ›In a Word‹. Dell, New York 1992, S. 14.

MELANCHOLIE
einem »*in Zuckerguss getauchten Elend*«, in dem Song »Sentimental and Melancholy« von Johnny Mercer und Richard Whiting.

»*bei jeder Kleinigkeit ... aufgebracht*« ... Thomas Wright, ›The Passions of the Minde in General‹. London, 1604.

»*schrecklich missgestaltete Erfindungen* ...« Robert Burton, ›The Anatomy of Melancholy‹ (1621). J. W. Moore, 1867, S. 254. Passage in dt. Ausgabe nicht enthalten.

Diesen Gedanken griff der italienische Gelehrte ... Marsilius Ficinus, ›Drei Bücher über das Leben‹, dt. von Michaela Boenke. Fink, Paderborn 2012.

»*Denn das sind Posen* ...« William Shakespeare, ›Hamlet‹, dt. von Frank Günther. dtv, München 2015 (11. Aufl.), S. 29.

»*Ich habe über die Melancholie geschrieben* ...« Robert Burton, ›Anatomie der Melancholie. Über die Allgegenwart der Schwermut, ihre Ursachen und Symptome sowie die Kunst, es mit ihr auszuhalten‹ (1621), dt. von Ulrich Horstmann. dtv, München 1991, S. 23.

MITARBEITERFRUST
Raoul Silva, Bösewicht ... ›James Bond 007: Skyfall‹, Regie: Sam Mendes, USA 2012.

»*Voll Dankbarkeit jetzt und hier* ...« »Ever Onward. IBM Rally Song«, in: ›IBM Songbook‹, IBM Corporation, 1958.

»*Flexibilität, Anpassungsfähigkeit und Bereitschaft, sich neu auszurichten*«, Paolo Virno wird zitiert in: Sianne Ngay, ›Ugly Feelings‹. Harvard University Press, Cambridge 2005, S. 4–5.

Große Firmen setzen inzwischen Berater für Netzsicherheit ein ... In diesem Absatz wird zitiert aus: Eric Shaw und Harley Stock, ›Behavioral Risk Indicators of Malicious Insider Theft of Intellectual Property: Missreading the Writing on the Wall‹. Nasdaq: SYMC, 2011.

»*Mutlosigkeit und Missmut*« ... Zitiert in dem Beitrag »Can Governments Spot Whistle-Blowers?« von Olivia Lang. BBC News, 7. Januar 2011, www.bbc.co.uk/news/world-us-canada-12120850.

MITGEFÜHL
In den zahlreichen Auflistungen der wichtigsten Gefühle ... Martha Nussbaum, »Compassion: The Basic Social Emotion«, *Social Philosophy an Policy* 13(1), Winter 1996, S. 27–58.

Eine frühe Darlegung stammt von Papst Gregor I. ... Zitiert in: Barbara H. Rosenwein, ›Emotional Communities in the Middle Ages‹. Cornell University Press, Ithaca 2006, S. 85.

Forscher am Center for Compassion and Altruism ... http://ccare.stanford.edu/. Zu ähnlichen Ergebnissen kommen Helen Weng et al., »Compassion Training Alters Altruism and Neural Responses to Suffering«, *Psychological Sciences* 24(7), 2013, S. 1171–1180.

MITLEID

»*mit unterwürfiger und flehender Rede*« ... M. Tullius Cicero, ›Über die Auffindung des Stoffes‹, dt. von Theodor Nüßlein. Artemis & Winkler, Düsseldorf/Zürich 1998, S. 159–161.

»*Nichts ... trocknet schneller ...*« Cicero schreibt diesen Satz dem Rhetor Apollonius zu, a. a. O., S. 161.

Im mittelalterlichen christlichen Europa ... Mehr zur Emotionskultur dieser Epoche findet sich in: Sarah McNamer, ›Affective Meditation and the Invention of Medieval Compassion‹. University of Pennsylvania Press, Philadelphia 2011.

»*Wie gut du heute aussiehst, wie famos du heute marschierst ...*« Stefan Zweig, ›Ungeduld des Herzens‹ (1939). Fischer, Frankfurt am Main 1981, S. 98.

»*Seit Menschengedenken ...*« Theodore Zeldin, ›Eine intime Geschichte der Menschheit‹, dt. von Reinhild Böhnke und Anna Maria Brock. dva, Stuttgart 1997, S. 285.

»*... jenes Mitleid, das gar nicht Mit-leiden ist ...*« Stefan Zweig, ›Ungeduld des Herzens‹ (1939). Fischer, Frankfurt am Main 1981, S. 235.

MONO NO AWARE

»*Die Herbstblumen waren im Verwelken ...*« ›Die Geschichte vom Prinzen Genji wie sie geschrieben wurde um das Jahr Eintausend unserer Zeitrechnung von Murasaki, genannt Shikibu, Hofdame der Kaiserin von Japan‹, dt. von Herbert H. Herlitschka. Insel, Wiesbaden 1954, S. 274, 279.

MORBIDE NEUGIER

In seinem Buch ›Der Staat‹, das vor fast 2500 Jahren geschrieben ... Platon, ›Der Staat‹, dt. von Friedrich Schleiermacher. Neuausgabe der 2., verbesserten Auflage Berlin 1828, Akademie Verlag, Berlin 1985, S. 154.

»*mit heftiger Begierde*« ... Immanuel Kant, ›Anthropologie in pragmatischer Hinsicht‹ (1798). Akademieausgabe Band VII, S. 238–239. Im Internet unter https://korpora.zim.uni-duisburg-essen.de/Kant/aa07/238html bzw. 239html.

»*Schattenaspekt*« ... Das Konzept eines Schattens und seiner Integration ist dargelegt im 2. Kapitel (»Der Schatten«) von: C. G. Jung, ›Aion: Beiträge zur Symbolik des Selbst‹. Patmos, Ostfildern 2011, Sonderausgabe, 3. Auflage.

»*die für seine Linderung etwas tun könnten ...*« Susan Sontag, ›Das Leiden anderer betrachten‹, dt. von Reinhard Kaiser. Hanser, München Wien 2003, S. 51.

MUDITA

»reicht es nicht, Erfolg zu haben« ... Zitat, das Gerard Irvine bei der Gedenkfeier für Tom Driberg (»Antipanegyric for Tom Driberg«) am 8. Dezember 1976 Gore Vidal zuschrieb.

MUFFENSAUSEN

Der Magen ist ebenso wie das Herz ... Mehr zu den Verbindungen zwischen Magen, Gefühlen und Geist findet sich in: Ian Miller, ›A Modern History of the Stomach: Gastric Illness, Medicine and British Society 1800–1850‹. Pickering and Chatto, London 2011.

»Er verursacht schlechte Träume ...« Robert Burton, ›The Anatomy of Melancholy‹ (1621). J. W. Moore, 1867, S. 139. Dt. ›Anatomie der Melancholie. Über die Allgegenwart der Schwermut, ihre Ursachen und Symptome sowie die Kunst, es mit ihr auszuhalten‹, dt. von Ulrich Horstmann. dtv, München 1991, Passage in dt. Ausgabe nicht enthalten.

MUT

Die viktorianische Gesellschaft ... John Price, ›Everyday Heroism: Victorian Construction of the Heroic Civilian‹. Bloomsbury, London 2014, S. 22–24.

»Mengen von üppigem Haar ... das lockig und dick ist« ... zitiert in Heather Webb, ›The Medieval Heart‹. Yale University Press, New Haven 2010, S. 112.

Somit war laut Thomas von Aquin ... Thomas von Aquin, ›Summa Theologiae‹ (1271–1272), Teil II.II, Frage 123. Dt.: ›Die katholische Wahrheit oder die theologische Summa des Thomas von Aquin deutsch wiedergegeben durch Ceslaus Maria Schneider‹. G. J. Manz, Regensburg 1886–1892, abrufbar unter www.unifr.ch/bkv/summa/buch1-4-639.htm.

»Wir achten einen Mann, der Schmerzen ...« Adam Smith, ›Theorie der ethischen Gefühle‹ (1759), dt. von Walther Eckstein. Meiner, Hamburg 1985, S. 412.

NACHES

»Ich wusste nicht, dass es Medaillen für den neunten Platz gibt« ... ›Meine Frau, ihre Schwiegereltern und ich‹, Regie: Jay Roach, USA 2004.

NEID

»als würde sie keinen einzigen Penny besitzen«, ›The Tain. A New Translation of the Táin bó Cúailnge‹, übersetzt von Ciaran Carson. Penguin, London 2007, S. 5. Deutsche Übersetzung von Susanne Scharp, die aber einer älteren englischen Übersetzung folgt: ›Der Rinderraub‹. Rütten und Loening, Berlin 1976.

»das einzige Gefühl im menschlichen Leben ...« Nancy Friday, ›Jealousy‹. M. Evans, New York 1997 (2. Auflage, mit einem neuen Vorwort), S. 9. Dt.: ›Eifersucht. Die dunkle Seite der Liebe‹, dt. von Elke vom Scheidt. dtv, München 1989 (Zitat aus dem neuen Vorwort).

»*eine andere Person etwas Begehrenswertes besitzt* ...« Melanie Klein, »Neid und Dankbarkeit« (1957), in: ›Gesammelte Schriften. Band III: Schriften 1946–1963‹, dt. von Elisabeth Vorspohl. Frommann-Holzboog, Stuttgart-Bad Cannstatt 2000, S. 279–367, Zitat S. 289/290.

Solche Phrasen dienten dazu ... Frederic Jameson, ›Das politisch Unbewusste: Literatur als Symbol sozialen Handelns‹, dt. von Ursula Bauer. Rowohlt, Reinbek bei Hamburg 1988.

NEUGIER

Doch selbst in den Jahrzehnten, die Historiker das »Zeitalter der Neugier« getauft haben ... Zur Geschichte der Neugier siehe: Barbara M. Benedict, ›Curiosity. A Cultural History of Early Modern Inquiry‹. University of Chicago Press, Chicago 2001.

»*der spekulative Teil des Schwimmens*« ... Thomas Shadwell, ›The Virtuoso‹ (1676), hg. von Marjorie Hope Nicolson und David Stuart Rodes. University of Nebraska Press, Lincoln 1966, II.2.84, S. 47.

Entwicklungspsychologen haben die These aufgestellt ... Robin Dunbar, ›Klatsch und Tratsch. Warum Frauen die Sprache erfanden‹, dt. von Sebastian Vogel. Bertelsmann, München 1998.

»*Zuhörer-Dieb*«. Mehr zum Thema Lauscher findet sich in: John L. Locke, ›Eavesdropping: An Intimate History‹. Oxford University Press, Oxford 2010.

NGINYIWARRARRINGU

Bei den Pintupi ... J. A. Russell, »Culture and the Categorization of Emotions«, *Psychological Bulletin* 110(3), 1991, S. 426–450.

NOSTALGIE

Der Medizinstudent Johannes Hofer ... Johannes Hofer, ›Dissertatio medica de Nostalgia oder Heimwehe‹. J. Bertschi, Basel 1688. Original lat., engl. Übersetzung von Carolyn Kiser Anspach, *Bulletin of the History of Medicine* 2(6), August 1934, S. 376–391. Eine Zusammenfassung von Hofers Dissertation findet sich in: Daniel Rettig, ›Die guten alten Zeiten. Warum Nostalgie uns glücklich macht‹. dtv, München 2013, S. 17–24.

Anfang des 20. Jahrhunderts ... Zur Geschichte der Nostalgie siehe: Jean Starobinski, »The Idea of Nostalgia«, übers. von William S. Kemp, *Diogenes* 14, Sommer 1966, S. 81.

»*einen Zusammenhang der Dinge, eine Stetigkeit*« ... Virginia Woolf, ›Die Fahrt zum Leuchtturm‹ (1927), dt. von Karl Lerbs. Aufbau, Berlin und Weimar 1987, S. 106.

Fußnote: »*US-Retro-Ministerium* ...« *The Onion*, 4. November 1997, www.theonion.com/articles/us-dept-of-retro-warns-we-may-be-running-out-of-pa-873/.

Eine überraschende Zahl... Eine frühe und einflussreiche Studie ist: Clay Routledge et al., »The Past Makes the Present Meaningful: Nostalgia as an Existential Resource«, *Journal of Personality and Social Psychology* 101(3), 2001, S. 638–652.

»Nostalgie-Workouts«, Clay Routledge, »Nostalgia is Good Medicine«, *Psychology Today*, 11. August 2009. https://www.psychologytoday.com/blog/more-mortal/200908/nostalgia-is-good-medicine.

Ein Forscherteam in Südchina... Xinyue Zhon et al., »Heartwarming Memories: Nostalgia Maintains Physiological Comfort«, *Emotion* 12(4), August 2012, S. 678–684.

PANIK

»und wir haben hier eine Panik.« ›Der weiße Hai‹, Regie: Steven Spielberg, USA 1975.

Wenn ein Individuum Teil einer Masse wird... Gustave Le Bon, ›Psychologie der Massen‹ (1895), dt. von Rudolf Eisler. Anaconda, Köln 2016.

PARANOIA

Unter anderem angeregt durch die Memoiren des deutschen Richters... Daniel Paul Schreber, ›Denkwürdigkeiten eines Nervenkranken, nebst Nachträgen und einem Anhang über die Frage: »Unter welchen Voraussetzungen darf eine für geisteskrank erachtete Person gegen ihren erklärten Willen in einer Heilanstalt festgehalten werden?«. Faksimile der Erstausgabe von 1903, Psychosozial, Gießen 2003.

»dass es nichts Banaleres und Spießigeres gebe...« Vladimir, Nabokov, ›Pnin‹, dt. von Dieter E. Zimmer. Vladimir Nabokov, ›Gesammelte Werke‹, Band IX. Rowohlt, Reinbek bei Hamburg 1994, S. 117.

Der Psychologe Daniel Freeman, der den Anstieg der Paranoia... Daniel Freeman und Jason Freeman, ›Paranoia: The 21st-Century-Fear‹. Oxford University Press, Oxford 2008.

Penny Garner, die sich aufgrund der Pflege ihrer Mutter... Oliver James, ›Contented Dementia: 24-hour Wraparound Care for Lifelong Well-being‹. Ebury Press, London 2008.

PERVERSHEIT

Und weil uns unsere Vernunft mit aller Macht... Edgar Allan Poe, »Der Alb der Perversheit«, dt. von Hans Wollschläger, in: ders. ›Das gesammelte Werk in zehn Bänden. Band 4. Faszination des Grauens‹. Walter, Olten, Freiburg 1976, S. 828–838, Zitat S. 833–834.

RACHSUCHT

»Schande... besteht nicht darin...« Jeremy Bentham, »Honorary Satisfaction«, in: ›Collected Works‹, Bd. 2, hg. von John Bowring. William Tait, 1838, S. 379.

»*Angriffslust, Hass* ...« Norbert Elias, ›Über den Prozess der Zivilisation‹, Bd. 1, ›Wandlungen des Verhaltens in den westlichen Oberschichten des Abendlandes‹. Francke, Bern und München o. J. (zweite, um eine Einleitung vermehrte Auflage, c. 1969), S. 273, 276.

»*Die Rache ist eine Art von wildwachsender Gerichtsbarkeit* ...« Francis Bacon, »Über die Rache«, in: Francis Bacon, Essays‹, dt. von Elisabeth Schücking. Diederich'sche, Leipzig 1979 (4. Aufl.), S. 17–18.

Der königliche Hofmarschall Hieronimo zerreißt die Eingaben ... Thomas Kyd, ›Hieronimo‹ (1592), dt. von Oliver Schmäring. Suhrkamp Theater Verlag, Frankfurt am Main 2016. Bühnenmanuskript, III. Akt, 13. Szene.

RAGE

»*weit aus dem Rahmen fallen*« ... »Intermittent Explosive Disorder«, ›Diagnostic and Statistical Manual of Mental Disorders: DSVM-V‹. American Psychiatric Publishing, Arlington 2013.

»*Nur wo der begründete Verdacht besteht* ...« Hannah Arendt, ›Macht und Gewalt‹, dt. von Gisela Uellenberg. Büchergilde Gutenberg, Frankfurt am Main, Wien, Zürich 2005, S. 93–94.

REUE

»*Für diese Tat sollen dich Qualen* ...« Francis Rous, »Thule or Vertues Historie«, II (1598). The Spencer Society, 1878.

Forscher von der School of Business der Stanford University ... Rebecca L. Schaumberg und Francis J. Flyn, »Uneasy Lies the Head that Wears the Crown: The Link between Guilt-Proneness and Leadership«. *Journal of Personality and Social Psychology* 103(2), August 2012, S. 327–342.

RINGXIETY

... *laut dem Psychologen David Laramie* ... Über Laramies Untersuchung berichtet der Artikel »Do you Suffer from Ringxiety«, *Guardian*, 1. Juni 2006, www.theguardian.com/technology/2006/jun/01/mobilephones.guardianweeklytechnologysection.

RIVALITÄT

»*Krieg eines jeden gegen jeden*«, Thomas Hobbes, ›Leviathan oder Stoff, Form und Gewalt eines kirchlichen und bürgerlichen Staates‹, dt. von Walter Euchner. Suhrkamp, Frankfurt am Main 1984, S. 96.

»*Es ist am besten, wenn sie sterben*« ... Herbert Spencer, ›Social Statics: or the Conditions Essential to Human Happiness Specified‹. London 1851, S. 379–380.

In den ersten Dekaden des 20. Jahrhunderts ... Peter Stearns, »The Rise of Sibling Jealousy in the Twentieth Century«, *Symbiotic Interaction* 13(1), Frühjahr 1990, S. 83–101.

»Der Konkurrenzkampf macht einen fertig!« Arthur Miller, ›Der Tod des Handlungsreisenden. Zwei Akte und ein Requiem‹ (1949), I. Akt, dt. von Katrin Janecke. Fischer, Frankfurt am Main 1976, S. 124.

… dass Kinder insbesondere Einfallsreichtum und Kreativität zeigen … Claire Hughes, ›Social Understanding and Social Lives: From Toddlerhood Through to the Transition to School‹. Psychology Press, London 2011, S. 105–121.

»Diese so gar mühelose Leichtigkeit …« Michel de Montaigne, »Über die Nachteile, welche mit Hoheit und Größe verknüpft sind« (1585–1588), dt. von J.J.C. Bode. ›Essays‹, Kap. 12. Reclam, Leipzig 1793. gutenberg.spiegel.de/buch/essay-6733/12.

RUHE

Er träumte von einer »psychozivilisierten Gesellschaft« … John Horgan, »The Forgotten Era of the Brain«. *Scientific American* 203, 2005, S. 66–73.

Allerdings sind die Berichte der Journalisten … Peter J. Snyder et al., ›Science and the Media: Delgado's Brave Bulls and the Ethics of Scientific Discourse‹. Academic Press, London, New York 2009, S. 32–34.

SAMMELZWANG

»Denn im Endergebnis sammelt man immer nur sich selbst.« Jean Baudrillard, ›Das System der Dinge. Über unser Verhältnis zu den alltäglichen Gegenständen‹, dt. von Joseph Garzuly. Campus, Frankfurt/Main, New York 2007 (3. Aufl.), S. 116.

Laut dem Psychoanalytiker Stephen Grosz … Stephen Grosz, ›Die Frau, die nicht lieben wollte und andere wahre Geschichten über das Unbewusste‹, dt. von Bernhard Robben. Fischer, Frankfurt am Main 2013, S. 124–125.

Oscar the Grouch wusste das. Jeff Moss, »I Love Trash« (gesungen von Oscar the Grouch).

SCHADENFREUDE

»sondern aus Wonnegefühl …« Lukrez, ›Über die Natur der Dinge‹, Zweites Buch, Absatz »Wonne des Weisen«, dt. von Hermann Diels, 1924. www.textlog.de/lukrez-wonne-weisen.html.

»ein Leuchten voller Begeisterung …« Iris Murdoch und J. B. Priestly, ›A severed Head‹ (1961). Random House, London 2008, S. 33. Dt.: ›Kopf ab!‹. Stück in drei Akten, dt. von Hilde Spiel. Theatermanuskript, Fischer, Frankfurt am Main o. J. (ca. 1966).

SCHAM

Der griechische Philosoph Plutarch empfand … Plutarch, »Über die falsche Schamhaftigkeit«, in: ›Plutarchs moralische Abhandungen‹, Vierter Band, dt. von Johann Friedrich Kaltwasser. Johann Christian Hermann, Frankfurt am Main 1789, S. 556–589.

»*eine innere Hämorrhagie*«, Jean Paul Sartre, ›Das Sein und das Nichts. Versuch einer phänomenologischen Ontologie‹, dt. von Hans Schöneberg und Traugott König. Rowohlt, Reinbek bei Hamburg 2009 (15. Aufl.), S. 465.

»*Wie sollt ich fürder Gottes Angesicht* ...« John Milton, ›Das verlorene Paradies‹ (1674), Neunter Gesang, dt. von Adolf Böttger. Reclam, Leipzig o.J. www.zeno.org/Literatur/M/Milton,+John/Epos/Das+verlorene+Paradies.

In den 1940ern ... Ruth Benedict, ›Chrysantheme und Schwert. Formen der japanischen Kultur‹ (1946), dt. von Jobst-Mathias Spannagel. Suhrkamp, Frankfurt am Main 2006.

»*Scham und Schande* ...«, Salman Rushdie, ›Scham und Schande‹, dt. von Karin Graf. Piper, München, Zürich 1985, S. 34.

»*am Pfahl anwesend zu sein* ...« Zitiert in John Demos, »Shame and Guilt in Early New England«, in: Rom Harré und W. Gerrod Parrott (Hg.), ›The Emotions: Social, Cultural and Biological Dimensions‹. Sage, London 2000, S. 74–88, S. 76.

Sie haben die Bewegung »*Gay Shame*« *initiiert* ... Helen Love, ›Feeling Backwards: Loss and the Politics of Queer History‹. Harvard University Press, Cambridge 2009.

SCHOCK

Ursache der merkwürdigen Symptome waren ihm zufolge ... C. S. Myers, »A Contribution to the Study of Shell-Shock«, *The Lancet* 1, 13. Februar 1915, S. 316–320.

»*Schock der Waffen*«, William Shakespeare, ›Richard III‹, V.3, 94. dtv, München 2009 (2. Aufl.), S. 276 (in der Übersetzung von Frank Günther heißt es »Sturm«, S. 277).

Er sezierte und untersuchte die Leichen gehenkter Straftäter ... Thomas Willis, ›Cerebri Anatome: cui accessit nervorum descriptio et usus‹ (1664).

»*Es ist natürlich, wenn uns ein Unglück oder etwas Schreckliches im Vergnügen überrascht* ...« Johann Wolfgang von Goethe, ›Die Leiden des jungen Werther‹ (1774). Goethes Werke, Weimarer Ausgabe I.19, Nachdruck dtv, München 1987, Bd. 22, S. 34.

SCHRECKEN

»*Wenn das Licht ausgeht* ...« https://www.facebook.com/OfficialStephenKing/posts/355794961226759.

»*Eine der schrecklichsten Wirkungen* ... *ist die Lähmung* ...« Angelo Mosso, ›Die Furcht‹ (1884), dt. von W. Finger. Hirzel, Leipzig 1889, S. 211.

»*Die Axt, das Rad, das Sägemehl und das blutbefleckte Laken*« ... Heinrich Füssli, ›Aphorismen über die Kunst‹, dt. von Eudo C. Mason. Benno Schwabe, Klosterberg, Basel 1944, Aphorismus Nr. 91, S. 73.

Schrecken und Staunen ... Edmund Burke, ›A Philosophical Enquiry into the Origin of Our Ideas of the Sublime and the Beautiful‹ (1757). J. Dodsley, 1767,

S. 98. Dt.: ›Philosophische Untersuchung über den Ursprung unserer Ideen vom Erhabenen und Schönen‹ (1757), dt. von Friedrich Bassenge. Meiner, Hamburg 1989, II.2.

»... *groß-erhabne Formen* ...« William Wordsworth, ›Präludium oder das Reifen eines Dichtergeistes‹, dt. von Hermann Fischer. Reclam, Stuttgart 1974, I.416-417, 419, S. 43.

»*Es ist nur natürlich, sich zu fragen* ...« »President Bush Addresses the Nation«, *Washington Post*, 20. September 2001.

»*Das Einzige, was wir zu fürchten haben, ist die Furcht selbst.*« Franklin D. Roosevelt, ›Inaugural Address‹, 4. März 1933.

SCHULD

»*Denk dran, du bist verantwortlich, was mit mir passiert* ...« ›Ein seltsames Paar‹, Regie: Gene Saks, USA 1968.

Es beginnt mit einem Traum, den Freud 1895 hatte ... Sigmund Freud, ›Die Traumdeutung‹ (1899). Fischer, Frankfurt am Main und Hamburg 1961, »II. Die Methode der Traumdeutung«, S. 89–109.

Freud sagte dazu, dass das Über-Ich den »*Charakter des Vaters*« *bewahre* ... Sigmund Freud, »Das Ich und das Es« (1923), in: ›Sigmund Freud, Studienausgabe, Psychologie des Unbewussten‹. Fischer, Frankfurt am Main 2000, S. 273–330.

Wie Alfred Adler, einer der frühen Architekten der Psychotherapie ... Alfred Adler, »Weiteres zur individualpsychologischen Traumtheorie« (1927), in: Gisela Eife (Hg.), ›Alfred Adler: Persönlichkeitstheorie, Psychopathologie, Psychotherapie (1913–1937)‹, Alfred Adler Studienausgabe, Band 003. Vandenhoeck & Ruprecht, Göttingen 2010, S. 286–291, Zitat S. 287.

SEHNSUCHT

Schon lange hatte ich mich ... Samuel Beckett, »Das Ende« (1945), in: ›Samuel Beckett: Stücke. Kleine Prosa. Auswahl in einem Band‹, dt. von Erika und Elmar Tophoven. Suhrkamp, Frankfurt am Main 1967, S. 71–96, S. 76.

»*sein entschwundenes Idol*«, Emily Brontë, ›Sturmhöhe‹, dt. von Michaela Meßner. dtv, München 2014 (Sonderausgabe), S. 432.

Im 20. Jahrhundert legte der Philosoph Georges Bataille dar ... Georges Bataille, ›Der heilige Eros‹, dt. von Max Hölzer. Ullstein, Frankfurt/M., Berlin, Wien 1974, S. 233.

Sexualforscher des 20. Jahrhunderts ... William H. Masters und Virginia E. Johnson, ›Die sexuelle Reaktion‹, dt. von V. Sigusch und D. J. Wilson. Rowohlt, Reinbek bei Hamburg 1970.

SELBSTGEFÄLLIGKEIT

»*schön, klug und reich*« ... Jane Austen, ›Emma‹ (1815), dt. von Helga Schulz. dtv, München 2014 (Sonderausgabe, 2. Aufl.), S. 7, 14–16.

SELBSTMITLEID

Der depressive Roboter Marvin ... Douglas Adams, ›Per Anhalter durch die Galaxis‹ (1979), dt. von Benjamin Schwarz. Ullstein, Berlin 1997 (24. Aufl.).

Der Philosoph Max Scheler schrieb ... Max Scheler, »Fellow Feeling, Benevolence, Forms and Kind of Love«, in: ›On Feeling, Knowing and Valuation: Selected Writings‹, hg. von Harold J. Bershady. University of Chicago Press, Chicago 1992, S. 70–82, S. 72. Die ersten Kapitel der Auswahl sind entnommen aus: Max Scheler, ›Wesen und Formen der Sympathie‹ (1923), Gesammelte Werke Band 7. Francke, Bern und München 1973.

SELBSTVERTRAUEN

»*Der* Hochstapler *ist der Aristokrat* ...« David Maurer, ›The Big Con: The Story of the Confidence Man‹ (1940). Anchor, 1999, S. 1.

»*Lass dein bewusstes Sein los* ...« ›Krieg der Sterne‹ (später: ›Star Wars Episode IV – Eine neue Hoffnung‹). Regie: George Lucas, USA 1977.

In jüngster Zeit sind Psychologen eher ... Tomas Chamorro-Premuzic, ›Confidence: The Surprising Truth about How Much You Need and How to Get It‹. Profile, London 2013.

SIEGESFREUDE

das »grauenhafte Kreischen« ... J. M. Barrie, ›Peter Pan‹, dt. von Petar Skunca, 2014. Peter Pan online lesen, Kapitel 15. www.peter-pan.eu/kapitel-15.html.

»*Ich kann nicht anders ... ich muss krähen* ...« a. a. O., Kapitel 3. www.peter-pan.eu/kapitel-3.html.

SONG

Die Menschen, die auf dem pazifischen Atoll Ifalik leben ... Catherine Lutz, ›Unnatural Emotions: Everyday Sentiments on a Micronesian Atoll and Their Challenge to Western Theory‹. University of Chicago Press, Chicago 1988.

SORGE

»*sehr verstört ... schluchzte ... unter Tränen* ...« Harriet Beecher Stowe, ›Onkel Toms Hütte‹ (1853), dt. von Susanne Althoetmar-Smarczyk, dtv, München 2016 (3. Aufl.), S. 41.

wie die kleine Nelly ... Charles Dickens, ›Der Raritätenladen‹ (1841), dt. von Leo Feld. Insel, Frankfurt am Main 1984.

»*Die Heiterkeit ... ist gleichbedeutend mit* ...« Samuel Smiles, ›Der Charakter‹ (1872), »8. Kapitel. Die Gemütsruhe«, dt. von Heinrich Schmidt. Alfred Kröner, Leipzig 1921. gutenberg.spiegel.de/buch/der-charakter-2584/9.

Eine Langzeituntersuchung ... W. E. Lee, M. E. J. Wadsworth und M. Hotop, »The Protective Role of Trait Anxiety: A Longitudinal Cohort Study«, *Psychological Medicine* 36, 2006, S. 345–351.

Manche Forscher haben sogar die These aufgestellt, dass es ein »Sorgen-Gen« geben könnte ... Christian Montag et al., »COMT Genetic Variation Affects Fear Processing: Psychophysiological Evidence«, *Behavioural Neuroscience* 122(4), 2008, S. 901–909.
Mach dir keine Sorgen über Puppen ... »F. Scott Fitzgerald an seine 11 Jahre alte Tochter im Ferienlager«, *New York Times Magazine*, 15. Juni 1933.

SORGLOSIGKEIT

»Zisch! Zisch! sind die Sensenschwünge zu hören ...« D. H. Lawrence, »On Insouciance«, in: ›D. H. Lawrence: Late Essays and Articles‹, Bd. 2, hg. von James T. Boulton. Cambridge University Press, Cambridge 2004, S. 94–97.

STAUNEN

Doch vom 12. bis zum 17. Jahrhundert ... Lorraine Daston und Katharine Park, ›Wunder und die Ordnung der Natur: 1150–1750‹, dt. von Sebastian Wohlfeil und Christa Krüger. Eichborn, Frankfurt am Main 2002.
Fußnote: Ambroise Paré, »Concerning Poisons etc.«, Nachdruck in: ›The Workes of That Famous Chirurgion Ambrose Parey‹ [sic], übers. von Thomas Johnson. Richard Cotes, 1649, S. 529–530. (Das 1575 erstmals veröffentlichte Gesamtwerk erschien auch in deutscher Übersetzung.)
»eine plötzliche Überraschung der Seele ...« René Descartes, ›Die Leidenschaften der Seele‹ (1649), dt. von Klaus Hammacher. Meiner, Hamburg 1996 (2., durchges. Auflage), S. 109.
Augustinus warnte vor dem Versuch, »die Sterne und die Sandkörner zu zählen« ... Augustinus, ›Des heiligen Kirchenvaters Aurelius Augustinus Bekenntnisse‹, Fünftes Buch, erster Absatz, dt. von Dr. Alfred Hofmann. Bibliothek der Kirchenväter, 1. Reihe, Band 18, München 1914. www.unifr.ch/bkv/buch19.htm.
»Allgemein in der menschlichen Natur ...« Aristoteles, ›Metaphysik‹, »I. Ausgangspunkt und Ziel der Wissenschaft«, dt. von Adolf Lasson. Eugen Diederichs, Jena 1907. www.zeno.org/Philosophie/M/Aristoteles/Metaphysik.
Albertus Magnus ... »Wunder abnehmen zu lassen« Bernardus Geyer (Hg.), ›Alberti Magni opera omnia‹, Tomus 16, Metaphysica, Teil 1, Bücher 1–5. Aschendorff, Münster 1960.

STOLZ

»Sie hatte recht. Aber wie konnte ich erklären ...« Alice Munro, »Stolz«, in: dies., ›Liebes Leben‹, dt. von Heidi Zerning. Fischer, Frankfurt am Main 2013, S. 157–180, Zitat S. 178.
Der Direktor des British Museum befragte 2010 ... »In Conversation with Wole Soyinka«, www.britishmuseum.org/channel/events/2010/audio_wole_soyinka.aspx.

STRASSENWUT
In einer mittlerweile klassischen Studie zum prosozialen Verhalten ... K.J.Haley und D.M.T.Fessler, »Nobody's Watching? Subtle Cues Affect Generosity in an Anonymous Economic Game«, *Evolutionary Human Behaviour* 26, 2005, S.245–256.

TECHNIKSTRESS
Aristoteles beobachtete ... Aristoteles, ›Rhetorik‹ II 2, dt. von Gernot Krapinger. Reclam, Stuttgart 1999, S.77–82.

TOSKA
»ein dumpfes Seelenweh ...« Vladimir Nabokov, ›Kommentar zu Eugen Onegin‹, dt. von Sabine Baumann. Stroemfeld, Frankfurt am Main und Basel 2009, S.162.

TRAUER
Die Steinfigur ... »Hochschwangere Frau, Kunstkammer St.Petersburg«, Abbildung in: Jill Cook, ›Ice Age: Arrival of the Modern Mind‹. Ausstellungskatalog, British Museum Press, London 2013, S.81.

»wie furchtbar sich Violet, Klaus und sogar Sunny ...« Lemony Snicket, ›Eine Reihe betrüblicher Ereignisse. Band 1. Der schreckliche Anfang‹, dt. von Klaus Weimann. Manhattan, München 2004, S.17.

»Eine Woche lang rückten sie fast wortlos ...« Gabriel García Márquez, ›Hundert Jahre Einsamkeit‹ (1976), dt. von Curt Meyer-Clason. dtv, München 1984, S.18.

Bei den Koma im Norden von Ghana ... Franz Kröger und Ben Baluri Saibu, ›First Notes on Koma Culture: Life in a Remote Area of Northern Ghana‹. Lit, Berlin, Münster 2010, S.405–406.

»Es macht das Leben zu einem dauernden Provisorium ...« C.S.Lewis, ›Über die Trauer‹ (1961), dt. von Alfred Kuoni. Benzinger, Zürich 1991, S.50.

»Ich glaube, ich fange an zu begreifen ...« a.a.O., S.63.

»ein Toter hört, nachdem er begraben ist ...« Al-Buhari, ›Die Sammlung der Hadithe‹, ausgew., übers. und hrsg. von Dieter Ferchl. Reclam, Stuttgart 1991, S.183.

»so sehr von Zwang diktiert ...« Jacqueline Rose, »The Cult of Celebrity«, *London Review of Books*, 20.August 1998.

Dieses Modell der »fünf Phasen der Trauer«, Elisabeth Kübler-Ross, ›Interviews mit Sterbenden‹. Kreuz-Verlag, Stuttgart 1971.

»Aber man kommt da nicht so drüber hinweg wie ein Zug ...« Julian Barnes, ›Flauberts Papagei‹ (1984), dt. von Michael Walter. Kiepenheuer & Witsch, Köln 2012, S.226.

TRAURIGKEIT
Bereits im Altenglischen ... Zu finden in: Erin Sullivan, ›Beyond Melancholy: Sadness and Selfhood in Renaissance England‹. Oxford University Press, Oxford

2016. Ich bin Erin dankbar, dass sie mir ihr Buch vor Erscheinen zugänglich gemacht hat.

»Ich bin ein einsames Ding« ... Paul Franklin Baum, ›Anglo-Saxon Riddles of the Exeter Book‹. Duke University Press, Durham 1963, S. 49 (K-D.5).

In seinem ›Castell of Helth‹ ... Thomas Elyot, ›The Castell of Helth‹ (1595), S. 100–102.

Zu denen, die befürchten ... A. Horwitz und J. C. Wakefield, ›The Lost Sadness: How Psychiatry Transformed Normal Sorrow into Depressive Disorder‹. Oxford University Press, Oxford 2007.

»Schmerz kann nicht ausgehalten ...« Susie Orbach, »Prozac«, in: ›Towards Emotional Literacy‹. Virago, London 1999, S. 237–241, Zitat S. 240.

TROST

Winnicotts These war, dass diese Objekte ... Donald Winnicott, »Transitional Objects and Transitional Phenomena«, *International Journal of Psychoanalysis* 34, 1953, S. 89–97. Eine deutsche Fassung erschien erst in *Psyche* 23, 1969: »Übergangsobjekte und Übergangsphänomene. Eine Studie über den ersten, nicht zum Selbst gehörenden Besitz«.

Vor dem Ausbruch des Zweiten Weltkriegs ... Marga Vicedo, ›The Nature and Nurture of Love. From Imprinting to Attachment in Cold War America‹. University of Chicago Press, Chicago 2013.

Er fertigte zwei Attrappen oder »Mütter« aus Draht an ... Harry Harlow, »The Nature of Love«, *American Psychologist* 13, 1958, S. 573–685.

ÜBERRASCHUNG

»mit dem festen Entschlusse ....« Charles Darwin, ›Der Ausdruck der Gemütsbewegungen bei dem Menschen und den Tieren‹, dt. von J. Victor Carus. Reprint nach der Stuttgarter Ausgabe von 1872. GRENO, Nördlingen 1986, S. 39.

Laut Bergson wirken wir vor allem dann lächerlich ... Henri Bergson, ›Das Lachen‹ (1900), dt. von Walter Fränzel. Eugen Diederichs, Jena 1914. Erstes Kapitel: Vom Komischen im allgemeinen / Komische Formen und komische Bewegungen / Umfang des Komischen. gutenberg.spiegel.de/buch/das-lachen-7892/3.

»eine plötzliche Überraschung der Seele«, René Descartes, ›Die Leidenschaften der Seele‹ (1649), dt. von Klaus Hammacher. Meiner, Hamburg 1996 (2., durchges. Auflage), S. 109.

ÜBERWÄLTIGUNG

eine »ausgezeichnete« Dichterin ... Ibn Baškuwal, ›Kitap al-Silla‹, Bd. 2. Kairo 2008, S. 324.

Erasmus von Rotterdam fragte sich ... Desiderius Erasmus von Rotterdam, ›Adagia‹, II.1.1. Ausgewählte Schriften Band 7. WBG, Darmstadt 1990.

Eine praktikablere Lösung ... Ann M. Blair, ›Too much to Know: Managing Scholarly Information before the Modern Age‹. University Press, New Haven 2010.
»genaues Studieren ...« Samuel Johnson, ›The Adventurer‹ 115, 11. Dezember 1753. Nachdruck in: W. J. Bate, John M. Bullitt und L. F. Powell (Hg.), ›The Idler and The Adventurer‹. Yale University Press, New Haven 1963, S. 456–461.

UNGEDULD
Diese Wartezimmerstühle brachten ... Meyer Friedman und Ray H. Rosenman, ›Treating Type A Behaviour – And Your Heart‹. Fawcett, New York 1985.
»Das Warten-Können ist so schwer ...« Friedrich Nietzsche, ›Menschliches, Allzumenschliches. Ein Buch für freie Geister‹, in: Hans Heinz Holz, ›Friedrich Nietzsche. Studienausgabe in 4 Bänden‹, Band 2. Fischer Bücherei, Frankfurt am Main und Hamburg 1968, S. 67.
»Bis die Liebe alle Rechte hat, geht die Zeit auf Krücken«, William Shakespeare, ›Viel Lärm um nichts‹, dt. von Frank Günther. dtv, München 2012 (5. Aufl.), S. 59.

UNGEWISSHEIT
Alles ist sehr ungewiss ... Tove Jansson, ›Winter im Mumintal‹, dt. von Birgitta Kicherer. Arena, Würzburg 2006, S. 23.
Nur »wenn jemand fähig ist, im Ungewissen ...« John Keats, Brief an George und Tom Keats, 22. Dezember 1817, in: John Keats, ›Richtmaß des Schönen. Briefe‹, dt. von Christa Schuenke. Reclam, Leipzig 1985, S. 38.

VERACHTUNG
»Das war kein einfaches Gähnen« ... »Clifton Williams, Illinois Man Jailed for Yawning Freed After 3 Weeks«, *Huffington Post*, 9. September 2009.
... weil Menschen die »ursprüngliche Anlage zum Guten ...« Immanuel Kant, ›Die Religion innerhalb der Grenzen der bloßen Vernunft‹, Felix Meiner, Leipzig 1922, S. 49.
Der britische Philosoph J. L. Austin argumentierte 1955 ... John L. Austin, ›Zur Theorie der Sprechakte‹, »Erste Vorlesung«, dt. Bearbeitung von Eike von Savigny. Reclam, Stuttgart 1979, S. 25–34.
In jüngerer Zeit haben sich Hunderte von Frauen an einer Online-Kampagne beteiligt ... Die Bewegung wurde durch einen Essay von Rebecca Solnit ausgelöst, der nachgedruckt wurde in ihrem Buch ›Wenn Männer mir die Welt erklären‹, dt. von Kathrin Razum und Bettina Münch. Hoffmann und Campe, Hamburg 2015.

VERLEGENHEIT
Laut dem Soziologen Erving Goffman ... Erving Goffman, »Embarrassment and Social Organisation«, *American Journal of Sociology* 62(3), 1956, S. 264–271.

Im Film ›Vier Hochzeiten und ein Todesfall‹ ... Regie: Mike Newell, Großbritannien 1994.
»Instrument zur Erzielung von Konformität« ... Rom Harré, »Embarrassment: A *Conceptual* Analysis«, in: Roy Crozier (Hg.), ›Perspectives from Social Psychology‹. Cambridge University Press, Cambridge 1990, S. 181–204, Zitat S. 181.
»Zeichen der Entrüstung« ... Siehe »The Guillotine: Some of its Victims«, *The Courier*, 14. Juni 1844.
Das wahre Erröten ... Thomas Henry Burgess, ›The Physiology or Mechanism of Blushing‹. John Churchill, 1839, S. 48–61.
Eine bestimmte »Negerin« ... Charles Darwin, ›Der Ausdruck der Gemütsbewegungen bei dem Menschen und den Tieren‹, dt. von J. Victor Carus. Reprint nach der Stuttgarter Ausgabe von 1872. GRENO, Nördlingen 1986, S. 326.
Er führte aus, dass das Blut ... Ibid., S. 316–355, Zitat S. 346.

VERSCHWINDENWOLLEN

In Neil LaButes Theaterstück ... Neil LaBute, ›Tag der Gnade‹, dt. von Frank Heibert. Rowohlt Theater Verlag, Reinbek, Bühnenmanuskript. DE: Deutsches Theater Berlin, 2003.

VERWIRRUNG

Es sei das Durcheinandersein, das Menschen zur Analyse bringe ... Adam Phillips, »Clutter«. Nachdruck in ›One Way and Another‹. Hamish Hamilton, London 2013, S. 117–128.
»Wer hier denn kann mir sagen, wer ich bin?«, William Shakespeare, ›König Lear‹, I. 4, dt. von Frank Günther. dtv, München 2016 (5. Aufl.), S. 61.

VERWUNDBARKEIT

Tritt sanft ... W. B. Yeats, »Er wünscht sich die Kleider des Himmels« in: William Butler Yeats, ›Die Gedichte‹, Neuübersetzung von Marcel Beyer, Mirko Bonné, Gerhard Falkner, Norbert Hummel und Christa Schuenke. Luchterhand, München 2005, S. 81.
In den letzten zehn Jahren ... Brené Brown, »The Power of Vulnerability», https://www.ted.com/talks/brene_brown_on_vulnerability.
Selbst Prekarier, die im kreativen Bereich arbeiten ... Guy Standing, ›Prekariat. Die neue explosive Klasse‹, dt. von Sven Wunderlich. Unrast, Münster 2015.

VERZWEIFLUNG

»Das wirklich Gefährlichste und Schlimmste ...« Sören Kierkegaard, ›Die Krankheit zum Tode. Eine christlich-psychologische Entwicklung zur Erbauung und Erweckung von Anti-Climacus« (1849), dt. von H. Gottsched und Chr. Schrempf. Eugen Diederichs, Jena 1917, S. 30.

Obwohl seine Erscheinung erbärmlich ist ... Edmund Spenser, ›The Faerie Queene‹ (1590), IX:40. Wordsworth Editions, London 1999, S. 97.
»Ich sehe, wie dieser Mann schwerfälligen ...« Albert Camus, ›Der Mythos des Sisyphos. Ein Versuch über das Absurde‹ (1942), dt. von Hans Georg Brenner und Wolfdietrich Rasch. Rowohlt, Hamburg 1970, S. 99.

VIRAHA
»Mir, der bei seinem Erscheinen errötenden ...« ›Gītagovinda: Das indische Hohelied des bengalischen Dichters Jayadeva‹. Nach der metrischen Übersetzung Friedrich Rückerts neu hrsg. von Herman Kreyenborg. Insel, Leipzig 1920, S. 13. www.zeno.org/Philosophie/M/Jayadeva/Gitagovinda,+ein+Singspiel+vpn+Jayadeva/Gitagivinda/2. Die englische Übersetzung ist zitiert und erläutert in: William M. Reddy, ›The Making of Romantic Love: Longing and Sexuality in Europe, South Asia and Japan, 900–1200 CE‹. University of Chicago Press, Chicago 2012, S. 256–266.
»Schmetter mein Herz ...«, John Donne, »Meditation: Schmetter mein Herz« (1633), dt. Von Maik Hamburger, in: John Donne, ›Zwar ist auch Dichtung Sünde. Gedichte‹. Reclam, Leipzig 1985, S. 161.

WARM GLOW
Larry strahlt voller Stolz, als er zur Eröffnung ... ›Lass es, Larry!‹, Staffel 6, Episode 2: »The Anonymous Donor«.
»altruistische Freuden«, Herbert Spencer, ›Die Principien der Ethik‹, Bd. 1, Teil 1: »Die Thatsachen der Ethik«, dt. von Benjamin Vetter. Schweizerbart, Stuttgart 1894, S. 233.
Der Gedanke, dass Menschen von Natur aus egoistisch sind ... Zur Evolution dieser Vorstellung siehe: Barbara Taylor, »A Short History of KINDNESS«, in: Barbara Taylor und Adam Phillips, ›On Kindness‹. Penguin, London 2009, S. 15–47 (Calvin wird auf S. 22 behandelt).
In den letzten zehn Jahren ... J. Moll et al., »Human Fronto-Mesolimbic Networks Guide Decisions About Charitable Donations«, *Proceedings of the National Academy of Sciences* 103(42), 17. Oktober 2006, S. 15 623–15 628.

WIDERSTREBEN
»Lass dich nochmals an meine Abneigung gegen das Heiraten erinnern ...« Amelia Earhart an George Putnam, 7. Februar 1931, abgedruckt in: Shaun Usher (Hg.), ›Letters of Note: Briefe, die die Welt bedeuten‹, Brief Nr. 46, dt. von Katja Scholtz. Heyne, München 2014, S. 148.

WOHLFÜHLEN IN SEINER HAUT
»einem merkwürdig leicht ums Herz« ... William James, ›Psychologie‹, dt. von Dr. Marie Dürr. Quelle und Meyer, Leipzig 1909, S. 186–187.

Doch als das Interesse an positiver Psychologie ... Mehr zur Geschichte der Selbstwert-Bewegung findet sich in: Peter N. Stearns, ›Anxious Parents: A History of Modern Child-rearing in America‹. New York University Press, New York 2003.

In den letzten zehn Jahren geriet die Selbstwert-Bewegung ... Jean M. Twenge, ›Generation Me‹. Free Press, New York 2006.

WUT

In die Einleitung zu diesem Abschnitt ist Material aus Senecas Abhandlung eingearbeitet: Seneca, ›Über die Wut‹, dt. von Jula Wildberger. Reclam, Stuttgart 2007, Zitate S. 7.

Vielleicht halten Sie es für eine moderne Vorstellung ... Eine Diskussion der therapeutischen Nutzung von Wut und Material zu den hier genannten Ärzten findet sich im Kapitel »Anger and the Mind-Body Connection in Medieval and Early Modern Medicine«, in: Elena Carrera, ›Emotions and Health, 1200–1700‹. Brill, Leiden 2013, S. 95–146.

Ein Beispiel für diesen Ansatz war die »Ventilation Therapy« ... Eva S. Moskowitz, ›In Therapy we trust: America's Obsession with Self Fulfillment‹. Johns Hopkins University Press, Baltimore 2001, S. 234–235.

Heutige Psychotherapeuten ... Leslie S. Greenberg und Sandra C. Paivo, ›Working with Emotions in Psychotherapy‹. Guilford Press, New York 2003.

ŻAL

»*Grund seines Empfindens*«, Franz Liszt, ›Friedrich Chopin‹, dt. von La Mara. Gesammelte Schriften von Franz Liszt, Erster Band. Breitkopf und Härtel, Leipzig 1880, S. 17–18.

Dank

Die zündende Idee zu diesem Buch hatte Kirty Topiwala von Wellcome Collection, und Fay Bound Alberti war der Meinung, dass ich die Richtige sei, sie aufzugreifen. Danke euch beiden. Kirty und Cecily Gayford haben das Projekt mit großem Feingefühl betreut, ich hätte mir keine besseren Lektorinnen wünschen können. Elsa Richardson bin ich für ihre Sorgfalt als Recherche-Assistentin in der Schlussphase dankbar. Dank gebührt auch Andrew Franklin für seine Begeisterung und ausgezeichneten Witze, Trevor Horwood für beharrliches Lektorieren, meinem Agenten Jon Elek für seine Unterstützung und seinen Sachverstand sowie Penny Daniel, Drew Jerrison und den Teams bei Profile Books und Wellcome Collection, dass sie dieses Projekt zur Veröffentlichung und auch weiter gelotst haben.

Wissenschaftliche Recherchen sind nicht so einsam, wie sie erscheinen mögen, und ich schätze mich sehr glücklich, so großherzige Kollegen zu haben. Mein tief empfundener Dank und mein Respekt gehören Thomas Dixon, Jen Harvie, Katherine Angel, Elena Carrera und Rhodri Hayward. Danke all denen, die dem Queen Mary Centre for the History of Emotions Artikel überlassen haben, für unseren Blog geschrieben haben oder im Pub Ideen ausgetauscht haben: Dieses Projekt ist eurer Arbeit verpflichtet. Ich möchte auch allen an der Queen Mary's School of English and Drama sowie dem Wellcome Trust, der die Aktivitäten des Centres unterstützt, und der British Academy für die Unterstützung meiner eigenen Recherchen danken.

Während meiner Recherchen für dieses Buch haben sich viele Leute Zeit genommen, um meine Fragen zu beantworten, sprachen über ihre Emotionen und machten mir unveröffentlichte Ergebnisse zugänglich. Mein aufrichtiger Dank gilt Carolyn Burdett, Susie Orbach, Dan Susman, Jade Shepherd, Richard Firth-Godbehere, Erin Sullivan, Barbara Taylor, Nathan Abrams, Nadia Davids, Joanna Cohen, Colin Jones, Adrian Howe, Alice Haddon, Mandy Reichwald, Enda Hughes sowie Tom und Cat Watt-Smith. Und für ihre Hilfe bei unbekannten Vorstellungen und fremden Begriffen danke ich Preti Taneja, Yukiko Kinoshita, James und Kyoko Bowskill, Tiziana Morosetti, Margherita Laera, Llyr Gwyn, Gregory Tate, Marta Magalhães, Yaron Shavit, Julia Boffey und meinen Mit-Mehrdeutigkeitsphobikern Kieron Humphrey und Stephen Burn. Jedwede Fehler sind allein von mir zu verantworten.

Ich danke H. Plewis für die Bereitstellung eines ruhigen und beflügelnden Arbeitsplatzes in einem kritischen Moment und den vielen Freunden, die geduldig zugehört haben, während dieses Projekt Form annahm. Ich bin, wie immer, meinen hilfreichen Eltern Ursula und Ian sehr dankbar, vor allem, weil sie dazu beigetragen haben, dass ich den Spagat schaffen konnte, während des Schreibens ein Baby zu bekommen.

Und vor allem danke ich dir, Michael. Für all das, was du getan hast, um mich zu inspirieren, zu ermutigen und mir den Freiraum zu schaffen, damit ich dies hier abschließen konnte, schenke ich dir meine ewige Liebe und tiefste Bewunderung. Und dies gilt auch für Alice, die mitten in der Zeit des Schreibens ankam. Du bist noch zu klein, um das zu verstehen – aber du machst die Welt lebendig.